ANNALES SÉNÉGALAISES

DE

1854 à 1885

SUIVIES DES

TRAITÉS PASSÉS AVEC LES INDIGÈNES

OUVRAGE PUBLIÉ AVEC L'AUTORISATION DU MINISTRE
DE LA MARINE

PARIS
MAISONNEUVE FRÈRES ET CH. LECLERC, ÉDITEURS
25, QUAI VOLTAIRE, 25
1885

ANNALES SÉNÉGALAISES

ANGERS, IMP. BURDIN ET Cie, RUE GARNIER, 4.

ANNALES SÉNÉGALAISES

DE

1854 à 1885

SUIVIES DES

TRAITÉS PASSÉS AVEC LES INDIGÈNES

OUVRAGE PUBLIÉ AVEC L'AUTORISATION DU MINISTRE
DE LA MARINE

PARIS
MAISONNEUVE FRÈRES ET CH. LECLERC, ÉDITEURS
25, QUAI VOLTAIRE, 25
1885

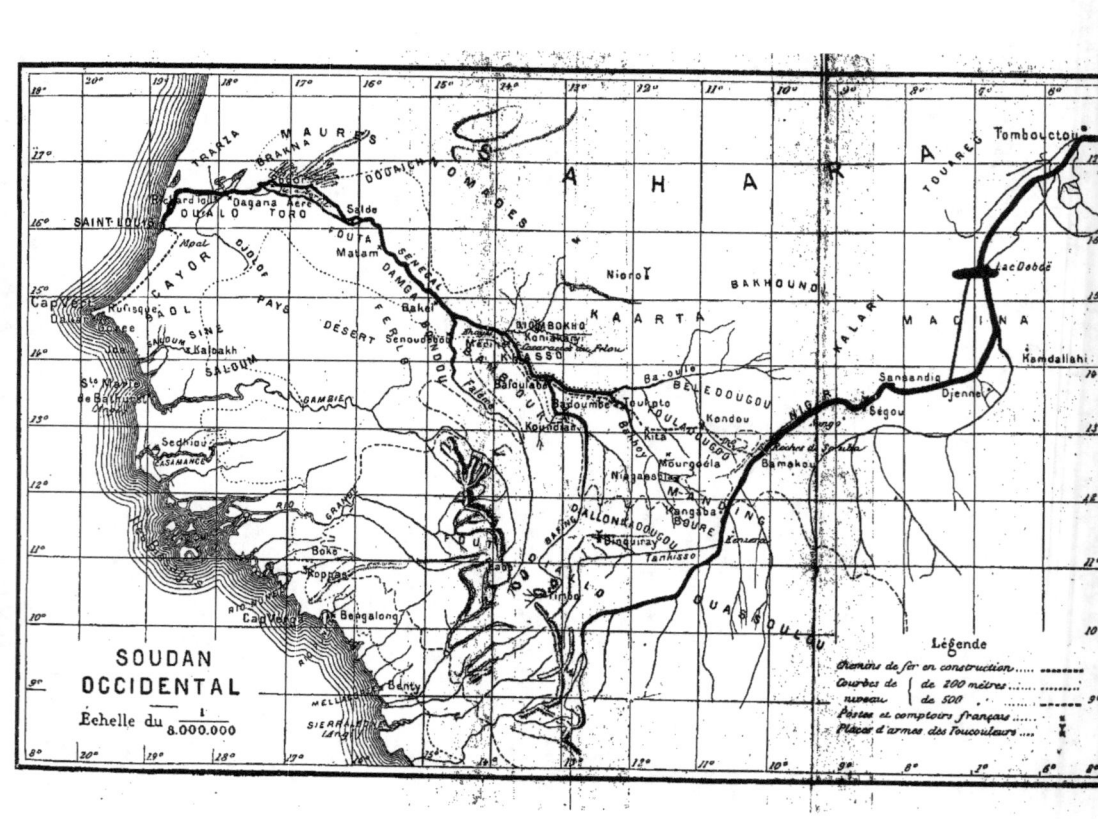

AVANT-PROPOS

La connaissance des Traités qui nous lient avec les différents États indigènes du Sénégal intéresse tout le monde dans la colonie ; les fonctionnaires et militaires tout naturellement, puisqu'ils peuvent être appelés à exercer quelque commandement territorial et à traiter certaines questions relatives à la politique du pays. Puis les commerçants, qui sont bien aises de savoir quel degré de sécurité, quelles garanties peuvent présenter leurs opérations commerciales avec telle ou telle population. C'est pourquoi nous publierons l'énumération complète de ces Traités.

Il ne sera pas non plus sans intérêt de voir à la suite de quels événements de guerre nous avons imposé nos conditions à des populations naguère encore si fières vis-à-vis de nous.

Nous ferons donc d'abord un récit succinct, un simple journal des guerres qui ont été menées à bonne fin au Sénégal et dont le résultat avantageux a été l'état actuel de nos relations avec les populations voisines.

On s'étonnera peut-être de nous voir, tout en étant très sobre de considérations politiques et autres, entrer dans des détails minutieux et même fastidieux de dates, de distances, d'heures de départ, d'effectif et de composition de colonnes, énumérer les moindres coups de main, les moindres razzias; nous l'avons fait avec intention et encore dans un but d'utilité.

On peut avoir à opérer de nouveau, au moins momentanément, dans certaines parties du pays, et il sera précieux, pour ceux qui commanderont alors nos colonnes, de savoir ce qu'on peut faire sous ce climat, avec des moyens donnés en troupes et en matériel, de connaître la longueur des étapes, les heures du jour et de la nuit où les blancs peuvent marcher, les itinéraires que l'on peut suivre, dans quelle saison on peut parcourir telle ou telle province, les lieux où campent ordinairement les Maures et où l'on peut faire des razzias sur eux, ceux où ils passent le fleuve le plus habituellement; la manière d'attaquer ou de se défendre des différents peuples, jusqu'à quel point ils sont redoutables, et comment il faut s'y prendre pour les réduire.

Jusqu'en 1854, nous n'occupions au Sénégal que quelques territoires très restreints et les plus puissants des chefs indigènes nous considéraient comme leurs tributaires. On payait encore tous les ans, et avec un certain cérémonial, à un petit chef noir de quelques cases dans l'île de Sor, le loyer du terrain sur lequel est bâtie la ville de Saint-Louis.

Ces coutumes, que nous étions forcés de payer aux moindres chefs, et que les Ouolofs appelaient *Amkoubel*, étaient désignées par les Maures sous le nom de *djezia*, mot arabe qui signifie : le tribut religieux que les infidèles juifs ou chrétiens doivent payer aux musulmans pour obtenir d'eux la paix.

Aujourd'hui les choses sont bien changées et nous possédons, d'une part, vers l'intérieur, de Saint-Louis jusqu'au Niger, et, d'autre part, le long de la côte, du cap Blanc à la Mellacorée, des territoires considérables dont la superficie égale celle de l'Algérie.

Comme on le verra dans ces *Annales* il a fallu trente années de luttes intermittentes pour arriver à ce résultat; mais, pour ne pas s'exagérer les choses, il convient de remarquer que les forces militaires du Sénégal n'ont jamais dépassé trois bataillons d'infanterie, dont deux indigènes, un escadron de spahis, mi-partie français et indigène, et deux batteries d'artillerie. Dans deux circonstances seulement, la colonie demanda et obtint l'envoi momentané de France, en 1854, d'une section du génie, et d'Algérie, en 1860, de trois compagnies de tirailleurs algériens et d'un peloton du train des équipages.

Nous espérons être entrés aujourd'hui dans une période de paix; cette paix ne peut qu'être consolidée par l'établissement des voies ferrées et nous devons chercher à la rendre féconde. Pour cela, la première condition est de bien administrer les populations soumises. Les commandants de cercles et de postes devront mettre tous leurs soins, toute leur vigilance à maintenir la tranquillité dans leur commandement, afin que les indigènes puissent travailler et produire en toute sécurité pour alimenter nos comptoirs de leurs produits, et qu'ils reconnaissent que notre domination leur est avantageuse.

En raison de la différence de races et de religion, il faut les laisser, autant que possible, régler eux-mêmes leurs affaires intérieures. Il faut cependant surveiller leurs chefs pour s'opposer aux exactions qu'ils voudraient commettre, tout en leur montrant la considération sans laquelle ils n'auraient plus aucune autorité sur leurs administrés et ne pourraient plus être rendus responsables du bon ordre.

En agissant ainsi, les commandants territoriaux rendront des services aussi méritoires que les plus brillants services de guerre. Ils contribueront aux progrès déjà si remarquables de la colonie qui possède aujourd'hui des routes, des ponts, des plantations, un port, des phares, des lignes télégraphiques et des voies ferrées, toutes choses dont elle était dépourvue en 1854, époque où son commerce ne montait qu'à 20 millions, tandis qu'il est aujourd'hui de 50 millions.

Pour les événements survenus depuis 1854 jusqu'en 1866, ces *Annales* sont la réimpression des notices historiques publiées dans les Annuaires du Sénégal de 1861 et de 1867.

Pour les événements survenus de 1866 à 1885, on a résumé succinctement les rapports officiels des gouverneurs de la colonie ou des chefs d'expéditions.

Enfin la liste des traités a été complétée et mise à jour.

GOUVERNEURS DU SÉNÉGAL
de 1850 à 1885

PROTET, capitaine de frégate, puis capitaine de vaisseau, du 10 octobre 1850 au 16 décembre 1854.

FAIDHERBE, chef de bataillon, puis lieutenant-colonel et colonel du génie, du 16 décembre 1854 au 4 décembre 1861.

JAURÉGUIBERRY, capitaine de vaisseau, du 4 décembre 1861 au 14 juillet 1863.

FAIDHERBE, général de brigade, du 14 juillet 1863 au 12 juillet 1865.

PINET-LAPRADE, colonel du génie, du 12 juillet 1865 au 18 août 1869. Décédé à Saint-Louis.

TRÉDOS, commissaire de la marine, *par intérim*, du 18 août 1869 au 17 octobre 1869.

VALIÈRE, colonel d'infanterie de marine, du 17 octobre 1869 au 14 juin 1876.

BRIÈRE DE L'ISLE, colonel d'infanterie de marine, puis général de brigade, du 14 juin 1876 au 15 avril 1881.

DE LANNEAU, capitaine de vaisseau, puis contre-amiral, du 15 avril 1881 au 5 août 1881. Décédé à Saint-Louis.

DEVILLE DE PÉRIÈRE, commissaire de la marine, *par intérim*, du 5 août 1881 au 2 octobre 1881.

CANARD, colonel de spahis, du 2 octobre 1881 au 28 juin 1882.
VALLON, capitaine de vaisseau, du 28 juin 1882 au 16 novembre 1882.
René SERVATIUS, du 16 novembre 1882 au 20 juin 1883. Décédé à Saint-Louis.
Le Boucher, directeur de l'intérieur, *intérimaire*, du 20 juin 1883 au 15 août 1883.
Bourdiaux, colonel d'artillerie de marine, *intérimaire*, du 15 août 1883 au 15 avril 1884.
SEIGNAC-LESSEPS, entré en fonctions le 15 avril 1884.

ANNALES SÉNÉGALAISES

DE

1854 à 1885

CHAPITRE PREMIER

§ 1. — Expédition du Dimar

En 1854, les commerçants du Sénégal adressèrent au gouverneur de la colonie une pétition pour se plaindre de la situation intolérable qui leur était faite par les exactions et les brigandages des indigènes Wolofs, Maures et Toucouleurs; ils demandaient que, par un vigoureux effort, il fût mis un terme à cet état de choses, dût le commerce en souffrir pendant quelques années.

Ils demandaient spécialement :

La suppression des escales, sorte de foires annuelles où se faisait la traite des gommes sous la surveillance des chefs maures et dans des conditions humiliantes et onéreuses pour nous, et leur remplacement par des établissements de commerce permanents et fortifiés : l'un à Dagana, où nous avions déjà un petit fort, l'autre à Podor, où nous en avions eu un autrefois.

Le ministre ayant approuvé ce programme, le gouverneur du Sénégal reçut en bâtiments, troupes et approvisionnements ce qui était nécessaire pour en assurer l'exécution.

En conséquence, le 18 mars 1854, le gouverneur, capitaine de vaisseau Protet, quitta Saint-Louis et se transporta avec tout son monde et tous ses moyens à Podor, où l'on s'attendait à une grande résistance de la part des Toucouleurs, mais que l'on trouva, au contraire, abandonné. Les travaux du poste fortifié, dirigés par le capitaine du génie Faidherbe, commencèrent le 27 mars ; le 1er mai, le fort était achevé.

On avait à se venger d'agressions commises par les Toucouleurs du Dimar et spécialement par ceux de Dialmatch. Pendant la construction du poste de Podor, ils vinrent enlever un enseigne de vaisseau qui chassait à une petite distance du camp français. Ils s'étaient figuré, par ce moyen, nous empêcher de les attaquer, ayant écrit au gouverneur que s'il marchait sur Dialmatch, ils tueraient cet officier.

Naturellement on ne tint aucun compte de leurs menaces et le gouverneur se porta avec toutes ses forces devant Dialmatch.

La colonne débarqua à Fanaye le 6 mai, sans

rencontrer de résistance. Après une marche longue et pénible, elle n'arriva qu'à onze heures du matin en vue de Dialmatch qui dans le pays était réputé imprenable. Les femmes et les enfants l'avaient évacué et 2,000 défenseurs, armés de fusils, garnissaient les créneaux de l'enceinte qui était en outre armée de deux pièces de canon de traite.

Pendant que les colonnes d'assaut se formaient, l'artillerie ouvrit le feu contre la ville. Les obus allumèrent quelques incendies mais ne purent faire brèche dans le tata, ni en déloger les défenseurs qui continuaient bravement à tirer, principalement contre les volontaires de Saint-Louis qui, poussant des cris, lançant leurs fusils en l'air, s'étaient portés en avant et tiraillaient inutilement contre un ennemi bien abrité. A ce jeu, ils perdirent une cinquantaine des leurs et se retirèrent.

Cependant les troupes régulières massées à 200 mètres de l'enceinte s'élancent à l'assaut, en trois colonnes, sous un feu très vif. Arrivées à 100 mètres, elles hésitent, puis s'arrêtent. Une vingtaine de soldats d'infanterie de la colonne du centre, avec quatre officiers, et le détachement des sapeurs du génie, dont il ne restait plus que cinq hommes debout sur dix, continuent seuls bravement leur mouvement en avant et atteignent le tata qu'ils cherchent à escalader ou dont ils embouchent les créneaux.

Bientôt les autres troupes, électrisées par cet exemple et entraînées par quelques officiers, reprennent le mouvement offensif et se rendent enfin maîtresses de Dialmatch dont les défenseurs s'enfuirent par l'extrémité opposée.

Nos pertes furent de 175 hommes tués ou blessés sur un effectif de 600 combattants.

Malgré ce fait d'armes les commerçants du Sénégal adressèrent au gouverneur de la colonie une nouvelle pétition. Reprenant et développant le programme énoncé dans la première, ils concluaient en disant qu'il était indispensable, dans l'intérêt de la colonie, d'avoir des gouverneurs y séjournant un temps assez long pour acquérir une connaissance suffisante du pays et une expérience sans laquelle rien de sérieux ne pouvait être fondé.

Des démarches furent faites auprès de M. Ducos, alors ministre de la Marine, pour que M. Faidherbe[1] fût nommé chef de bataillon et gouverneur de la colonie. Le ministre de la guerre, maréchal Vaillant, ayant consenti à la nomination au grade de chef de bataillon, le ministre de la Marine nomma le commandant Faidherbe gouverneur du Sénégal.

La suppression des *escales* et des *coutumes* nous mettait nécessairement aux prises avec les Maures.

Mohammed-El-Habib, roi des Trarza, à qui, en 1850, une députation d'habitants et de négociants de Saint-Louis avait été envoyée pour demander la paix, avait pris l'habitude de dire, depuis cette démarche qui avait redoublé son arrogance, qu'à

---

[1] Cet officier, qui était depuis deux ans dans la colonie, avait pris part avec le commandant Baudin à l'expédition de Grand-Bassam, au combat d'Eboué et avait construit le fort de Dabou.

la première rupture avec les blancs il viendrait faire son salam dans l'église de Saint-Louis, et le chef des Azouna, Mohammed-Aly, se vantait de prendre la ville avec les seuls guerriers de sa tribu.

Certes les Européens faisaient bonne justice de ces propos extravagants, mais pour beaucoup d'habitants de Saint-Louis, ils exprimaient une vérité incontestable.

Quoi qu'il en soit, voici les ordres qui furent donnés par le ministère au gouverneur, en différentes dépêches de l'année 1854, pour changer les choses de fond en comble :

« Nous devons *dicter nos volontés aux chefs Maures, pour le commerce des gommes*. Il faut *supprimer les escales en 1854, employer la force* si l'on ne peut rien obtenir par la persuasion. Il faut *supprimer tout tribut* payé par nous aux États du fleuve, sauf à donner, quand il nous plaira, quelques preuves de notre munificence aux chefs dont nous serons contents. Nous devons être *les suzerains du fleuve*. Il faut *émanciper complètement le Oualo* en l'arrachant aux Trarza et *protéger en général les populations agricoles de la rive gauche contre les Maures*. Enfin, il faut entreprendre l'exécution de ce programme avec *conviction et résolution*. »

§ 2. — Conquête du Oualo

Après une vigoureuse leçon, donnée le 15 janvier 1855, au village de Bokol qui faisait déserter nos soldats noirs, et à la suite de laquelle le Dimar nous accorda une satisfaction complète sur tous les points en litige, le nouveau gouverneur du Sénégal dut procéder à l'exécution des ordres ministériels ; il s'occupa d'abord de la question du Oualo, le moment des escales n'étant pas encore venu.

Comme les autres années, les tribus Trarza, nommées El-Guebla (les Méridionales), c'est-à-dire les Takharedjent, les Dagbadji, les Ouled-Akchar et Ouled-Béniouk (Azouna) et les Ouled-bou-Ali, avaient passé sur la rive gauche avec leurs tentes et leurs troupeaux et commençaient, malgré les anciens traités, à exercer leurs ravages ordinaires sur les contrées voisines. Comme ces tribus étaient encore sur les bords mêmes du fleuve, il était facile de les enlever toutes à la fois, au moyen de la garnison de Saint-Louis et des bateaux à vapeur de la flottille.

Attendre l'arrivée du roi des Trarza, qui était encore dans l'intérieur, et lui demander l'évacuation du Oualo, cela eut été pris pour une plaisanterie par ce chef orgueilleux et tout puissant qui, non seulement était maître du Oualo, mais faisait tout ce qu'il voulait dans le Dimar, dans le Djolof, dans le Cayor et chez les Brakna.

La reine du Oualo elle-même, quoiqu'elle ne fût que la très humble servante de Mohammed-El-Habib et de son fils Ely (son neveu à elle), avait osé écrire au gouverneur, dans les premiers jours de 1855, pour lui intimer l'ordre d'évacuer les îles de

Roup, de Diombor, de Thionq, etc., îles qui entourent Saint-Louis à une portée de canon.

C'est pourquoi, décidé à employer les moyens propres à assurer sérieusement l'exécution du programme tracé, le gouverneur voulut aller droit au but en attaquant immédiatement les Maures du Oualo. Ce n'était du reste que faire respecter les traités. Malheureusement, Chems, chef des Aidou-El-Hadj (Darmancours), étant venu à Saint-Louis et s'y étant assuré qu'on voulait enfin sérieusement les réformes dont il était question depuis nombre d'années, jeta l'alarme chez les El-Guebla, fit battre le tam-tam de guerre dans le Oualo et avertit les tribus de se mettre en lieu sûr, parce que, indubitablement, les blancs allaient tomber sur elles, comme ils l'avaient fait sur Bokol. Cela dérangea les combinaisons arrêtées, car les tribus suivirent ses conseils, les unes en s'enfonçant un peu dans le Oualo, les autres en repassant promptement sur la rive droite. Une seule ne bougea pas, celle des Azouna. Cette tribu de brigands, dont le nom seul faisait trembler le Oualo, le Cayor et le Djolof, était tellement habituée à inspirer l'effroi, qu'elle ne supposait même pas qu'on osât l'attaquer. Elle resta campée entre Diekten et Tiaggar, on dut donc se contenter de faire une tentative sur les Azouna et on organisa une razzia contre eux.

15 février 1855. Une petite colonne composée de 50 hommes de la garnison de Podor, et des compagnies de débarquement du *Galibi*, du *Grand-Bassam*, du *Marabout* et du *Rubis*, commandée par

M. Desmarais, lieutenant de vaisseau, descendit de Dagana, sur le *Rubis*, dans la nuit du 14 au 15 février, et débarqua à deux heures du matin, à deux lieues au-dessus de Tiaggar. 50 spahis partis de Dagana la veille au soir, sous le commandement de M. le capitaine Bilhau, avaient passé la Taouey à minuit, étaient venus reconnaître M. Desmarais au lieu de son débarquement et descendaient avec lui vers Tiaggar. De son côté, le Gouverneur partit de Saint-Louis avec les troupes de la garnison le 14, à une heure de l'après-midi, sur l'*Épervier*, l'*Anacréon* et les deux bateaux écuries. Sous prétexte d'un vol imaginaire, on avait fait bloquer l'île depuis le matin par la police et par les douaniers, pour que les préparatifs du départ ne pussent pas être signalés au dehors.

Le 15, à cinq heures du matin, la colonne débarquait à 200 mètres au-dessous de Diekten, avec un obusier de montagne, et s'avançait dans l'obscurité pour chercher le camp des Azouna. A la pointe du jour, on arrivait sur le camp composé de 150 tentes environ, mais les Maures éveillés par les femmes qui pilaient le mil, et qui nous avaient entendu venir, étaient déjà en pleine fuite devant nous avec leurs troupeaux, abandonnant leurs tentes, tous leurs effets, leurs vivres, leurs marchandises et une centaine de têtes de bétail, de chevaux et d'ânes. Comme cela était prévu, ils tombèrent dans la colonne qui arrivait au même moment par le haut du fleuve, et le capitaine des spahis Bilhau les chargea à fond, leur tua 6 ou 7 hommes et leur enleva 700 bœufs et 69 prisonniers, la plupart femmes et enfants. L'infanterie appuya le mouvement et contribua par tous ses moyens à cette brillante affaire.

Le camp des Azouna fut pillé par les volontaires de Saint-Louis, qui y firent un très riche butin, et les tentes furent livrées aux flammes, de sorte qu'en deux heures il ne restait plus une trace du camp de cette tribu tant redoutée.

Après avoir pris un moment de repos et avoir relâché environ 60 individus du village de Tiaggar qui avaient été pris en même temps que les 69 Azouna, la colonne se mit en route pour Richard-Toll, où elle arriva dans l'après-midi. Les hommes, quoique fatigués, étaient gais et bien portants. Les spahis étaient restés vingt-deux heures à cheval.

Une des grandes inquiétudes de la population de Saint-Louis, c'était de manquer de lait et de beurre pendant la guerre avec les Maures, comme cela était arrivé dans des circonstances analogues. Pour éviter cet inconvénient, en même temps que le Gouverneur partait pour la razzia des Azouna, il envoya M. le lieutenant de vaisseau Butel avec le bateau à vapeur le *Serpent* et une flottille d'embarcations armées, pour enlever et amener dans l'île de Roup, auprès de Saint-Louis, les troupeaux de la tribu des Tendra, marabouts qui approvisionnent la ville et qui se trouvaient près de Mbéray. M. Butel dirigea parfaitement l'opération qui eut un succès complet, en ce sens qu'il ramena 600 vaches, à la grande satisfaction des habitants de Saint-Louis, assurés de ne pas manquer de sanglé pendant toute la durée de la guerre.

La reine du Oualo, Ndété-Yalla, et ses gens, stupéfaits en apprenant la destruction du camp des Azouna et la razzia faite sur les Tendra, furent bien embarrassés sur le parti qu'ils avaient à prendre. Il paraît même que, dans le premier moment, ils refusèrent d'accueillir quelques Azouna fugitifs ; mais bientôt l'ascendant, l'intimidation exercés de longue date par les Maures, et les mauvaises dispositions à notre égard des captifs de la couronne, l'emportèrent sur les sympathies ou les craintes que nous pouvions inspirer, et ces malheureux Ouolof prirent la fatale résolution de se mettre avec leurs oppresseurs contre nous qui voulions cette fois sérieusement les en délivrer.

Le gouverneur avait cependant écrit aux chefs du pays qu'il allait prochainement achever d'en chasser les Maures; bonnes paroles, cadeaux, promesses, il n'avait rien négligé pour que Ndété-Yalla et son peuple, comprenant leurs intérêts, se joignissent à nous dans l'œuvre d'affranchissement de la rive gauche. Tout cela fut inutile et le Oualo commença le premier les hostilités contre nous, comme on va le voir, par une insigne trahison.

20 février 1855. Décidé à marcher directement sur la capitale du Oualo en pénétrant dans ce pays par le pont de Leybar, Lampsar et Ross, le gouverneur voulait rejeter les tribus qu'il s'attendait à y trouver et à voir fuir devant lui, sur une petite colonne auxiliaire partant de Richard-Toll, sous le commandement de M. Desmarais et longeant la Taouey et le lac jusqu'à Nder. A cet effet, le capitaine Bilhau avait reçu l'ordre de se rendre le 23, de Dagana à Richard-Toll, avec un peloton de spahis, pendant que l'aviso à vapeur le *Grand-Bassam* devait y amener plusieurs compagnies de débarquement. Parti à six heures du matin, M. Bilhau s'étonna de trouver les habitants en armes dans les premiers villages près desquels il passa, mais sur leurs protestations qu'ils ne feraient pas la guerre aux Français, tant que ceux-ci ne leur feraient pas de mal, il continua sa route. Arrivé à la hauteur de Mbilor et de Keurmbay, il reconnut, à n'en plus douter, qu'il était tombé dans un guet-apens et se vit bientôt en présence d'un grand nombre de fantassins et de cavaliers qui, se promettant d'avoir bon marché de la poignée de spahis qu'il commandait, commencèrent à l'entourer de toutes parts. M. Bilhau, dans cette circonstance critique, chercha de quel côté il avait le plus de chance d'opérer sa retraite. Il fit demi-tour, et, retournant rapidement sur ses pas, il parvint à distancer un instant la nuée d'ennemis qui le poursuivaient avec acharnement; mais, un marigot lui barrant le passage, il se vit bientôt acculé dans l'angle de ce marigot sur les bords mêmes du fleuve. Décidé à vendre chèrement sa vie, il fit mettre pied à terre à ses spahis, plaça ses chevaux à l'abri sous la berge, et par un feu de mousqueterie bien nourri, il chercha à retarder le moment fatal et inévitable où, écrasé par le nombre, il serait enlevé ou massacré. Déjà deux spahis étaient blessés et un cheval enlevé, lorsque l'apparition du bateau à vapeur le *Grand-Bassam*, qui avait reçu l'ordre de naviguer de manière à protéger au besoin l'escadron, vint le sauver d'une perte certaine. M. l'enseigne de vaisseau Méron mit à terre les compagnies de débarquement, sous les ordres de M. l'enseigne de vaisseau Fougères ; au moyen de ce renfort et avec l'aide de l'artillerie du bateau, on repoussa vigoureusement l'ennemi en lui faisant éprouver quelques pertes et le bateau transporta les spahis à Richard-Toll.

En présence de ces faits et du soulèvement général du Oualo, la petite colonne de M. Desmarais, sans moyens de transport pour son artillerie, ne put s'engager dans le pays et se borna, après un engagement avec les gens de Ndombo, d'une rive à l'autre de la Taouey, à contenir les populations voisines et à brûler les villages de Khouma et de Mbilor.

Pendant que cela se passait à Richard-Toll, le gouverneur était en route avec la colonne principale composée d'environ 400 hommes de troupes de toutes armes, et d'autant de volontaires avec deux obusiers et un peloton de spahis.

Ces volontaires étaient des gens de Saint-Louis qui avaient l'habitude d'aider les gouverneurs dans les expéditions. Pour la guerre sérieuse qu'on entreprenait alors, on leur fit comprendre qu'ils ne pourraient plus, comme autrefois, marchander leur concours, et qu'on ne leur permettrait plus de discuter, en pleine expédition, s'ils continueraient ou non à marcher. Une fois bien avertis, ils montrèrent toute l'obéissance qui convient à des troupes, firent preuve de courage et de dévouement dans bien des circonstances et rendirent de très bons services, surtout dans les razzias.

Partie de Bouëtville le 21, la colonne avait passé le pont de Leybar, nouvellement construit, et bivouaqué près de ce village. Nos moyens de transport organisés avec des ânes et des bœufs porteurs auxquels on avait eu le tort de mettre des croupières dont ils n'avaient pas l'habitude, nous avaient déjà beaucoup retardés et nous avaient causé mille désagréments.

Le second jour, on se rendit à Lampsar, en passant le marigot des fours à chaux, en face de Diaoudoun, point important où il a été construit depuis un pont qui nous donne accès de plain-pied dans le Oualo, comme celui de Leybar nous donne accès dans le Cayor. Dans cette seconde journée de marche, nos transports nous avaient donné tant de mal qu'il n'y avait pas moyen de continuer à s'en servir pour s'engager dans le cœur du pays. Cependant, renoncer à l'expédition après avoir annoncé au Oualo une marche sur Nder, cela eut produit un effet désastreux : il fallut donc prendre un parti extrême.

On décida qu'on laisserait là tous les bagages, les sacs et couvertures des soldats, qui les chargeaient trop. C'étaient des couvertures très lourdes, des couvertures d'hôpital, la colonie n'ayant pas alors de petites couvertures de campement. On distribua à chacun douze biscuits pour six jours. Les hommes mirent leurs cartouches et leurs biscuits dans leurs sacs de campement, et la colonne ainsi allégée se mit en marche avec un troupeau de bœufs à abattre.

On trouva les villages de Killen et de Ross abandonnés, malgré les lettres rassurantes que le gouverneur avait envoyées à Béquio, chef de cette province. On respecta ces villages. La colonne eut à traverser de nombreux marigots, où les hommes avaient de l'eau au-dessus de la ceinture, et où les obusiers de montagne traînés disparaissaient complètement sous l'eau; on se tira gaiement de ces difficultés qui avaient étonné les troupes au premier abord.

25 février 1855. Le 25 au matin, dans les environs de Dioubouldou, on se trouva en présence de l'armée des Maures et du Oualo réunies, elle nous présentait le combat à l'entrée d'un bois qu'il faut traverser pour aller à Nder. L'ennemi était sur la lisière et en dehors du bois, la cavalerie au centre et deux corps de fantassins aux ailes. Entre ces groupes et nous, se trouvait une plaine couverte d'herbes touffues et hautes de six pieds. Un grand nombre d'hommes y étaient embusqués. Un autre corps composé de cavalerie et d'infanterie maure, principalement des Dakhalifa, cherchait à nous tourner par notre gauche pour nous envelopper.

On déploya en avant une ligne de tirailleurs composée de la compagnie des carabiniers du capitaine Benoît et de volontaires; les spahis furent avertis de se préparer à charger; on tira deux coups d'obusiers; les tirailleurs prirent le pas de course, débusquèrent presqu'à bout portant les noirs cachés dans l'herbe ou dans les buissons et les spahis s'élançant alors au galop sous le commandement de M. le capitaine de Latouloubre, complétèrent la déroute de l'ennemi à grands coups de sabre sur la tête des fuyards.

Une trentaine de cadavres restèrent sur le champ de bataille et les fuyards firent quatre lieues sans se retourner avec leurs nombreux blessés. Pendant que cela se passait, notre arrière-garde renforcée d'une compagnie et commandée par M. le capitaine Bruyas, repoussait vigoureusement les Maures et les forçait à la retraite.

Nous n'eûmes dans cette brillante affaire que trois hommes tués : un sergent d'infanterie, un spahis et un volontaire, et trois hommes blessés : deux volontaires et le canonier Couderc, qui reçut une balle dans l'œil en pointant son obusier à portée de pistolet de l'ennemi.

La colonne, sans s'arrêter sur le champ de bataille, continua sa marche et arriva à Nder, après avoir brûlé les villages de Dakhalifa et de Naéré, que nous trouvâmes abandonnés.

Cette marche sur Nder fut excessivement pénible. Le manque d'eau fit beaucoup souffrir les hommes. Nder fut pillé et brûlé par les volontaires, ainsi que le village de Témey où l'on avait dit que l'ennemi nous attendrait, ce qu'il n'osa pas faire.

Les guerriers du Oualo, qui étaient partis le matin

de Nder pleins de confiance et emportant des cordes pour attacher les nombreux captifs qu'ils devaient faire dans la bataille, étaient revenus, après leur défaite, abrutis par la peur, prendre la reine et les femmes qui étaient restées dans le village. Ils disaient : « Ce ne sont pas des hommes que nous venons de combattre, mais des démons. » Ils se dispersèrent de tous côtés dans les bois.

Les volontaires de Saint-Louis s'étaient bravement conduits pendant le combat. Amadou-Sar, porte-drapeau des volontaires du Sud, les avait guidés au feu avec beaucoup d'entrain.

Le sérigne de Nder et son taliba, qui étaient venus rôder le soir autour de notre bivouac, furent tués par une patrouille qu'ils avaient provoquée les premiers.

Le 26, la colonne se dirigea de Nder sur Diekten; dans la route et au moment de la grand'halte, on enleva un troupeau de bœufs et les spahis eurent un engagement avec un parti de cavalerie qu'ils surprirent dans un bois et qui accompagnait Marosso, le mari de la reine, et quelques chefs du Oualo. Cinq de ces cavaliers furent tués, et leurs chevaux, parmi lesquels celui de Marosso lui-même, restèrent entre nos mains. Le volontaire Alioun-Sal se distingua dans cette journée où l'on fit encore une vingtaine de prisonniers de la tribu maure des Ouled-Dahman.

De Diekten, on alla le 27 à Richard-Toll, où l'on passa la Taouey.

Le 1ᵉʳ mars, pour tirer vengeance de la trahison

dont s'étaient rendus coupables les riverains de la Taoucy, nous brûlâmes les grands villages de Ndombo, Ntiago, Keurmbay, etc. Nous faillîmes prendre en bloc la population fugitive de ces villages; malheureusement, le hasard nous fit suivre un sentier qu'elle venait de quitter pour se jeter dans les broussailles et nous ne fîmes qu'une quinzaine de prisonniers; mais, rien ne peut donner une idée de la terreur que notre poursuite inspira à ces malheureuses populations, entraînées dans cette guerre par quelques chefs vendus aux Maures.

En somme, en dix jours, on avait pris 2,000 bœufs, 30 chevaux, 50 ânes, un très grand nombre de moutons, 150 prisonniers, on avait tué environ 100 hommes à l'ennemi, fait un butin considérable et brûlé 25 villages. Tout cela ne nous avait coûté que 3 hommes tués, 8 blessés et 3 chevaux perdus. La reine du Oualo se réfugia dans le Cayor avec ses gens et quelques Maures.

Un parti du Oualo, celui des Djios, qui peuple les villages du bord du fleuve, vint faire sa soumission. On s'empara définitivement du village de Dagana, et les habitants qui l'avaient abandonné pour se joindre à nos ennemis, n'y rentrèrent qu'en jurant de ne reconnaître, à l'avenir, d'autres maîtres que les Français.

Pendant ces opérations, tous les bâtiments de la flottille surveillaient les deux rives du fleuve, de Saint-Louis à Podor, et M. Rebell, enseigne de vaisseau, commandant de l'*Anacréon*, faisait une razzia de bœufs.

Mars. Quelques semaines après, le 13 mars, une petite colonne d'observation laissée à Richard-Toll, sous les ordres de M. le capitaine d'infanterie Chirat, s'étant rendue à Ntiago pour détruire les barrages qui interceptaient la navigation de la Taouey, trouva des gens du Oualo qui étaient revenus dans ce village pour prendre du mil. Ces gens ayant fait feu sur nous, le capitaine Chirat les fit attaquer par les spahis qui en tuèrent 8 et en prirent 4, parmi lesquels se trouvaient deux personnages assez importants. Un spahis fut blessé d'un coup de lance.

La reine étant toujours réfugiée dans le Cayor, les débris de l'armée du Oualo s'étaient réunies à Diagan, village de l'intérieur, situé à quelques lieues de Mérinaghen. Les chefs annonçaient qu'ils étaient décidés cette fois à se faire tous tuer plutôt que d'abandonner ce dernier refuge. Ils l'avaient juré par *le nez* de leurs mères, serment le plus respecté des Oualof. Il était donc nécessaire d'aller les attaquer.

A cet effet, le gouverneur réunit une colonne qui s'embarqua le 14 mars, sur l'*Épervier*, remorquant les deux bateaux écuries. Le 15, nous débarquâmes à Richard-Toll ; le 17, après avoir passé par Nder, nous allâmes brûler Sanent, où l'on avait assassiné un traitant de Saint-Louis, le lendemain de la razzia des Azouna. Le 18, après avoir brûlé les villages de Nit et de Foss qui avaient trempé dans cette affaire, nous arrivâmes à Diagan. L'armée ennemie s'était empressée de l'évacuer à notre approche et était en pleine fuite dans le Cayor.

Nous continuâmes notre marche en brûlant Binier-Ndiak-Aram, Diaran, Ndiadier et quelques autres petits villages, nous respectâmes le village d'Ibba, habité par des gens inoffensifs et campâmes à Mbrar, sur les bords du lac de Guier.

Le 19, nous arrivâmes à Mérinaghen. Le village de Lambay qui s'était mal conduit envers le poste, fut saccagé. On ménagea, au contraire, les villages de Diokoul, Moui et Mérina, qui n'avaient encore donné aucun sujet de plaintes.

Le 20, la colonne partit de Mérinaghen pour effectuer son retour, et le 22, à sept heures du matin, elle arrivait à Richard-Toll, ayant fait dix-huit lieues en deux jours et deux heures, sans avoir un traînard et sans avoir un seul homme aux cacolets, résultat dû, en grande partie, au chef de bataillon Colomb, commandant de l'infanterie et à l'excellent esprit des troupes et des officiers de outes armes.

Une petite flottille d'embarcations, commandée par M. Fougère, enseigne de vaisseau, avait suivi dans le lac de Guier les mouvements de la colonne pour laquelle elle portait des approvisionnements.

En vingt jours, nous avions donc parcouru deux fois le Oualo, passé trois fois par la capitale de cet État et fait cent lieues de marche à terre; l'état sanitaire était excellent: les noirs déclaraient qu'ils ne reconnaissaient plus les *toubabs* (blancs) et qu'ils pouvaient à peine les suivre.

C'est pendant cette expédition que le gouverneur, voulant chercher à reconstituer le malheureux

Oualo, offrit à Yoro-Diao, homme de bonne famille, qui s'était déclaré pour nous et nous avait servi de guide, de l'en nommer chef. Yoro-Diao déclina ce rôle pour lui-même, et proposa à sa place son frère Fara-Penda, réfugié dans le Cayor, et qui, du temps de M. Kernel, Gouverneur du Sénégal, en 1833, avait déjà combattu dans nos rangs avec beaucoup de dévouement. Fara-Penda accepta, et, à partir de ce moment, il nous rendit les plus grands services en ralliant petit à petit les gens du Oualo et rétablissant les villages, tout en soutenant une lutte acharnée contre les Maures.

Le Oualo, dont la reine était toujours réfugiée dans le Cayor, se trouvait donc conquis de fait; les guerriers de ce pays, naguère si fiers et si méprisants envers les blancs et les gens de Saint-Louis, ne nous avaient pas opposé une bien grande résistance : les Diambours (hommes libres), désignés sous le nom de Sib et Baor, servaient à contre cœur un gouvernement qui les avait écartés de toutes les places; les Badolo (simples particuliers) pillés continuellement par les Maures et par les chefs du pays, étaient découragés depuis longtemps et avaient perdu toute espèce d'énergie; les Diam-Gallo (captifs de la couronne) seuls intéressés avec les Maures à défendre le gouvernement de Ndété-Yalla, n'étaient que de grands bandits abrutis par une ivresse continuelle à laquelle ils se livraient en compagnie de la reine; habitués au brigandage à main armée, ils étaient susceptibles de montrer du courage dans certaines circonstances, surtout après boire ; mais l'élan de nos tirailleurs et la charge des spahis à Dioubouldou les avaient démoralisés pour toujours. Quant à leur manière de combattre, elle n'avait présenté rien de particulier ; à Dioubouldou, ils avaient parfaitement choisi leur terrain, nous ayant laissé passer un large marigot pour nous attaquer entre ce marigot et un bois qu'ils occupaient, et nous faisant en même temps tourner pour nous interdire le passage du marigot en cas de retraite ; mais les cavaliers n'avaient pas tenu un seul instant, les fantassins seuls, embusqués dans l'herbe, nous avaient attendus presqu'à bout portant.

Leurs armes étaient des fusils de six pieds, et d'un très fort calibre, chargés outre mesure avec un grand nombre de balles, et leurs grands corps étaient ridiculement couverts et même chargés de gris-gris, ou amulettes enveloppées dans des sachets de cuir de toute forme.

Décembre 1855. L'intention du gouvernement n'était pas d'abord d'annexer le Oualo à notre territoire ; on ne cherchait qu'à le reconstituer en lui laissant ses anciennes institutions, à la seule condition qu'il se mît en opposition avec les Maures.

Ce ne fut qu'en décembre 1855, qu'en présence de l'obstination des anciens chefs du pays à se considérer comme sujets du roi des Trarza, le Oualo fut déclaré pays français et divisé en cinq cercles, sous des chefs nommés par nous : ces cercles étaient ceux de Khouma, de Nguiangué, de Nder, de Foss et de Ross.

Les insoumis du Oualo prirent encore part à la lutte des Trarza contre nous jusqu'à la conclusion de la paix avec cette tribu, en 1858.

La reine Ndété-Yalla ne tarda pas à mourir dans son exil, et Sidia, son fils, qu'elle avait eu de Béquio, et qui, Ely écarté, eut été l'héritier du royaume du Oualo, reçut le commandement du cercle de Nder, tout en restant à l'école des otages pendant quelques années.

Une révolte du village de Brenn contre son chef de cercle, Fara-Coumbodj, en septembre 1858, fut sévèrement réprimée par le gouverneur par intérim, M. le capitaine de frégate Robin ; les trois chefs de la révolte furent fusillés et tout rentra dans l'ordre.

Aujourd'hui, le Oualo est un pays tout français, parfaitement soumis aux chefs que nous lui avons donnés, et qui se livre avec ardeur à la culture et au commerce pour rétablir sa prospérité et oublier ses longues souffrances.

CHAPITRE II

GUERRE CONTRE LES TRARZA ET LEURS ALLIÉS DU OUALO ET DES BRAKNA

Mars 1855. Vers le milieu du mois de mars 1855, Mohammed-El-Habib se rapprocha du fleuve avec ses tribus, comme tous les ans à la même époque. Les nouvelles qu'il connaissait déjà de la razzia des

Azouna et de la conquête du Oualo, l'avaient beaucoup affecté ; il ne pouvait évidemment se dispenser de nous faire la guerre, et il avait toujours beaucoup redouté d'être obligé d'en venir à cette extrémité. Heureux dans toutes ses entreprises pendant un règne de plus de vingt-cinq ans, devenu le véritable et seul maître des deux rives du bas Sénégal, nous ayant abaissés plus qu'aucun de ses prédécesseurs, il sentait, par une espèce d'intuition, et malgré l'attitude assez craintive que nous avions prise devant lui, que notre réveil, un jour ou l'autre, pouvait lui devenir fatal; en outre, il y avait division chez les Trarza : une partie des princes de la famille royale était réfugiée dans l'Adrar, chez Ould-Aïda, cheikh des Ouled-Yahia-Ben-Othman, en hostilité avec le roi des Trarza ; aussi Mohammed-El-Habib disait-il, dans son intimité : « Pas de guerre avec les blancs; ils tueraient mon fils aîné Sidy que je ne leur ferais pas la guerre ! »

Cependant, dans les circonstances présentes, il ne pouvait abandonner tout d'un coup le ton superbe dont il avait l'habitude envers nous ; il était obligé de montrer de l'assurance, ne fût-ce que pour en donner à ses peuples. Aussi, à une lettre que lui écrivit le gouverneur pour lui dire que la paix ne se rétablirait qu'aux conditions suivantes : Suppression des escales, — suppression des coutumes, — renonciation au Oualo, — cessation de pillages sur la rive droite, il répondit :

« J'ai reçu tes conditions, voici les miennes : Augmentation des coutumes des Trarza, des Brakna et du Oualo, — destruction immédiate de tous les forts bâtis dans le pays par les Français, — défense à tout bâtiment de guerre d'entrer dans le fleuve, — établissement de coutumes nouvelles pour prendre de l'eau et du bois à Guet-Ndar et à Bop Nkior, — enfin, préalablement à tout pourparler, le gouverneur Faidherbe sera renvoyé ignominieusement en France. »

Ainsi, notre programme lui paraissait aussi peu sérieux, que l'étaient pour lui-même ces conditions dérisoires. La question était donc carrément posée de part et d'autre ; c'était à la force de décider.

L'ennemi qui entrait en ligne contre nous, était plus nombreux, plus redoutable et surtout plus difficile à saisir que les Tiédo du Oualo.

Les Maures guerriers, qui forment à peu près la moitié de la population des Trarza (les autres étant marabouts et sans armes), sont armés de fusils à deux coups et à pierre, qu'ils achètent à nos comptoirs. Beaucoup d'entre eux sont estropiés aux mains et aux bras par suite de l'explosion de quelqu'une de ces armes ; en effet, ces fusils ne sont pas très solides et ils sont souvent beaucoup trop chargés avec deux, trois et quatre balles ; ils sont du reste parfaitement entretenus et leur poignée est généralement renforcée par les forgerons du pays, au moyen d'une gaîne ou d'une simple bande de fer poli. Enfin, ils sont toujours renfermés avec soin dans un étui en cuir, d'où on ne les sort qu'au moment de s'en servir pour combattre.

Les Maures ne sont vêtus que d'une culotte

courte et d'une espèce de gandoura qu'ils relèvent latéralement au-dessus de leurs épaules, de manière à laisser les bras entièrement libres, et qu'ils serrent à la taille par une ceinture ; avec ces vêtements noirs, la tête nue, et leurs longs cheveux bouclés et flottant au vent, ils ont un air excessivement sauvage.

Leurs selles sont petites et ne pèsent, toutes garnies, que quatre kilogrammes au plus, de sorte que, comme les cavaliers eux-mêmes sont généralement maigres, leurs petits chevaux n'ont pas une grande charge à porter et sont susceptibles de fournir de longues courses.

Quant à leur manière de faire la guerre, les Maures n'attaquent que pour enlever du butin ou des captifs; s'il n'y a rien à gagner, ils refusent généralement le combat; ils montrent même moins de vigueur pour défendre leur propre bien que pour enlever celui des autres.

S'ils veulent attaquer une caravane en route, ils s'embusquent dans l'herbe, et, au moment où la caravane arrive sur eux, ils tuent à bout portant quelques hommes, se lèvent en poussant des cris, et, si les conducteurs fuient, ils s'emparent du butin; si les conducteurs se défendent, les agresseurs se sauvent généralement eux-mêmes.

Pour enlever un troupeau, ils le font observer au pâturage pendant quelques jours par des espions; puis, à un moment propice, ils assassinent les bergers qui sont souvent des enfants et se sauvent avec le troupeau. S'ils ont à craindre d'être poursuivis, ce sont des cavaliers qui enlèvent le troupeau et le font courrir à toute vitesse et, dans ce cas, une bande de fantassins s'embusque dans l'herbe sur le chemin que doit suivre la razzia; les maîtres du troupeau, en cherchant à rattrapper leur bien, tombent dans l'embuscade, perdent quelques hommes et cessent généralement la poursuite.

S'agit-il d'enlever un village de noirs, les Maures l'entourent pendant la nuit; à un signal donné, ils tirent des coups de fusil et poussent des cris qui, pour les habitants, sont plus effrayants que les rugissements du lion; les hommes du village se sauvent presque toujours, et les Maures emmènent femmes, enfants et bestiaux.

Les seuls cas où les Maures se battent avec acharnement, c'est dans leurs querelles intestines, suscitées par des haines de famille ou de tribus; alors ils se livrent des combats sérieux, des luttes à mort; mais contre les blancs et contre les noirs que leurs chefs méprisaient presque également, le point d'honneur consistait pour eux à faire du mal à l'ennemi sans en éprouver. Si un noble Trarza était tué par les blancs, ou par les noirs, c'était un déshonneur pour sa famille.

Du reste, ces espèces d'hommes de proie sont infatigables et pleins d'énergie pour supporter les souffrances et les privations; ils montrent en outre une grande cruauté envers les vaincus et les prisonniers; de là, l'immense terreur qu'ils inspiraient.

D'après le portrait qui vient d'en être fait, on voit qu'il n'est pas tout à fait exact de dire, comme en l'a répété souvent, que les Maures sont aussi lâches que cruels, qu'ils manquent complètement de cette qualité, assez mal définie, du reste, que nous nommons courage : le Maure a certainement du courage : ce n'est pas la brillante valeur des héros de nos histoires et de nos romans, ce n'est pas non plus le courage du devoir, le courage sans faste et sans ostentation du soldat qui, à toute heure du jour et de la nuit, est prêt à courir à la mort sur un mot de ses chefs, parce que ce sont les conditions de son noble métier; c'est encore bien moins le courage spontané du dévouement, apanage des âmes d'élite sous toutes les latitudes et dans toutes les classes de la société, mais c'est le courage de l'homme qui vit de rapines à main armée. Puisqu'il tire ses ressources journalières de ces violences, il ne faut pas qu'il en meure. La première condition est qu'il rapporte du butin sans être tué ni blessé, aussi fuit-il devant la résistance ; tout cela est conséquent; mais ne faut-il pas à une bande de ces brigands un grand courage pour traverser le fleuve à la nage, par une nuit noire, malgré les croisières et les crocodiles, pour s'engager dans un pays où ils sont détestés, pour passer entre des villages populeux, se cacher pendant des jours et des nuits en pays ennemi, attaquer hardiment un village qui a quelquefois beaucoup plus de fusils qu'eux, faire des prises considérables et les ramener malgré la poursuite des populations, à travers les forêts, les marigots, les bras du fleuve, où ils peuvent à chaque pas tomber dans des embuscades ?

Quoi qu'il en soit, le retour des Trarza fut tout d'abord signalé par un fâcheux accident : une embarcation chargée d'une assez grande quantité de marchandises et qui se hâlait sans précautions, à la cordelle, fut surprise au marigot des Maringoins par des Maures embusqués dans l'herbe ; son équipage fut tué en grande partie et l'embarcation pillée.

Dans la nuit du 22 au 23 mars, une autre embarcation chargée de mil, revenant seule de Mérinaghen, fut aussi enlevée dans la Taouey ; un homme fut tué et une femme prise, le reste de l'équipage put se sauver.

Le 22 du même mois, le lieutenant d'infanterie de marine Guillon, commandant Mérinaghen, alla avec sa garnison brûler le village de Lambaye, dont les habitants, à l'instigation d'Ely, se montraient hostiles ; il eut un petit engagement dans lequel il blessa 3 hommes sans éprouver aucune perte.

Le 26 mars, le gouverneur partit avec 450 hommes, y compris 200 volontaires, pour aller faire une razzia sur des troupeaux appartenant à l'ennemi, entre Mpal et Dialakhar ; le départ eut lieu à sept heures du soir, on emportait deux jours de vivres ; à dix heures, on campa au pont de Leybar. Le 28, à deux heures du matin, on se remit en marche, et à neuf heures, on bivouaquait sur le marigot de Menguey, en face du village de ce nom. Les spahis étaient partis en avant pour faire la razzia avec les volontaires Peuls. A onze heures du matin, nous aperçûmes des groupes de cavaliers maures; nous nous mîmes à leur poursuite et ils disparurent bientôt. A deux heures, les spahis revenaient, nous ramenant 150 bœufs. Ils avaient aussi rencontré les cavaliers maures, mais ceux-ci n'avaient pas osé les attaquer.

Notre but étant atteint, nous partîmes à trois heures de l'après-midi, pour aller bivouaquer la nuit à Dialakhar, afin d'avoir un peu moins de chemin à faire le lendemain pour revenir au pont de Leybar.

A trois heures et demie du matin, au moment où la lune venait de se coucher, et dans l'obscurité la plus complète, on fut éveillé par une fusillade très vive sur les quatre faces et même dans l'intérieur du camp; les sentinelles criaient : « Le troupeau se sauve! » Les Maures, excessivement adroits pour enlever les troupeaux pendant la nuit, cherchaient à nous reprendre nos 150 bœufs; ceux-ci, effrayés par la fusillade, s'enfuirent dans toutes les directions. La nuit étant très noire, on ne put, après avoir tiré quelques coups de fusil au hasard, que rester chacun à son poste jusqu'au lever du soleil. Nous avions 1 homme tué, 2 blessés et 2 chevaux d'officiers tués. Un Maure tué était resté dans le camp, et les gémissements qu'on entendait à une certaine distance indiquaient qu'ils avaient abandonné quelques blessés.

Trois quarts d'heure après, le jour commençant à paraître, le gouverneur se mit à la poursuite des Maures avec un tiers de son monde; mais ils avaient déjà beaucoup d'avance sur nous, et après les avoir vivement poursuivis pendant une heure, craignant que leurs forces ne s'accrussent de moment en moment par l'arrivée des contingents ennemis qu'on avait dû aller avertir la veille, réfléchissant qu'il fallait nécessairement retourner au pont le jour même à cause du manque de vivres, n'ayant pas de moyens de transport pour porter plus de 8 malades ou blessés, le gouverneur revint au camp prendre le reste de la colonne, et on se mit en marche pour Leybar.

Les Maures qui s'étaient rapprochés peu à peu, en se cachant dans les broussailles, voyant que nous étions partis de Dialakhar, reprirent un peu de courage et il y avait environ une heure que nous étions en marche quand nous les vîmes paraître sur nos derrières. 100 tirailleurs à l'arrière-garde, sous les ordres du capitaine Bruyas, suffirent pour tenir à distance pendant toute la route des bandes de cavaliers bien montés, dont un certain nombre fut abattu par nos carabines, armes dont les indigènes du Sénégal ne connaissaient pas encore la portée. Des hommes envoyés sur les lieux quelques jours après, apprirent que les bœufs n'étaient pas tombés au pouvoir des Maures, mais qu'ils étaient retournés dans leur village. Quant aux pertes de l'ennemi, en chevaux et en hommes, elles furen plus fortes qu'on ne l'avait d'abord supposé ; 14 cadavres furent comptés sur la route et il y avait un assez grand nombre de blessés, parmi lesquels se trouvait un prince du Oualo.

La colonne arriva au pont à dix heures, n'ayant pas eu un seul homme touché pendant la route ; sur la fin, les Maures étaient tellement intimidés qu'ils ne s'approchaient plus qu'à portée de canon et ils disparurent tout à fait à une demi-lieue du pont, à la grande saline, où le gouverneur les attendit cependant avec le seul peloton de spahis, pour voir s'ils oseraient engager un combat de cavalerie.

La guerre existant avec les Trarza, le commerce fut interdit avec eux dans le fleuve jusqu'à Podor exclusivement. Des deux compétiteurs au trône des Brakna, l'un, Sidi-Ely, en désaccord avec Mohammed-El-Habib, était naturellement de notre parti, l'autre, Mohammed-Sidi, quoique s'appuyant sur les Trarza, fit tous ses efforts pour ne pas se mettre en hostilité avec nous ; il voulut même nous faire croire qu'il nous aiderait dans notre guerre contre les Trarza, mais il fut toujours impuissant à réaliser cette promesse ; il ne put même pas toujours conserver la neutralité et nous força, comme on le verra plus tard, à sévir contre lui et contre son parti.

Avril. Au commencement d'avril, le chaland armé de Méringhen ayant été à une lieue du poste pour faire une razzia, fut attaqué par des bandes de Maures et de noirs qui se mirent à l'eau pour chercher à le prendre ; nos laptots (matelots indigènes) se défendirent parfaitement et parvinrent à retourner au fort sans avoir éprouvé aucune perte, et après avoir fait quelque mal à l'ennemi. Nos laptots se montrent toujours, dans les guerres que nous avons à soutenir au Sénégal, d'une grande bravoure et d'un dévouement complet à notre cause.

Le 12 du même mois, une tentative fut faite par l'ennemi sur le poste de Richard-Toll. A cinq heures et demie du matin, les Maures vinrent en grand nombre s'établir à Floissac, habitation alors abandonnée, située sur les bords de la Taouey, à mille mètres environ de Richard-Toll et où se trouve aujourd'hui la maison de commandement. D'autres bandes cherchaient à entourer le poste du côté opposé. Les premiers se trouvèrent pris entre les feux du poste et ceux d'un blockhaus qui avait été établi en tête de pont sur la rive droite de la Taouey; ils furent bientôt forcés d'abandonner cette position en emportant leurs morts. M. Portalez, lieutenant d'infanterie de marine, commandant du poste, en était sorti avec quelques hommes pour se mettre à portée d'obusier de montagne de l'habitation Floissac. Ce que voyant, la seconde bande chercha à tourner ce petit détachement, mais elle fut arrêtée par quelques coups de canon de 8, à mitraille, et tout disparut.

Ce jour là même, le gouverneur, décidé à aller attaquer les Maures sur leur propre terrain, partait de Saint-Louis à sept heures du soir, avec une colonne de 1,500 hommes, y compris les volontaires, sur les bateaux à vapeur le *Marabout*, le *Rubis*, le *Grand-Bassam*, le *Serpent* et l'*Anacréon*, et les deux bateaux écuries.

Le 13, on touchait à Richard-Toll, où l'on apprit

que Mohammed-El-Habib avait réuni toutes ses forces pour envahir le Oualo et nous le disputer pied à pied. Afin de diviser des forces que tout le monde croyait considérables, le gouverneur persista dans sa résolution de faire une diversion chez les Trarza même; il comptait les forcer ainsi à rentrer chez eux pour défendre leurs familles et leurs biens; on n'avait pas besoin de se préoccuper de nos postes du Oualo qui étaient imprenables pour de tels ennemis, et une tour en maçonnerie avait été construite au pont de Leybar, pour couvrir l'île de Sor.

En conséquence, le 15, à deux heures du matin, nous débarquions vis-à-vis de Gaé, au marigot de Morghen; après avoir fait trois lieues et demie, nous tombâmes sur quatre ou cinq petits camps d'Ouled-Aïd et de Ktibat, nous tuâmes quelques hommes et nous fîmes une cinquantaine de prisonniers dont nous relâchâmes la plus grande partie, comme n'ayant aucune valeur, et parce que nous en étions déjà encombrés à Saint-Louis.

En revenant, pendant la journée, la colonne fut exposée à un vent d'est tellement violent qu'un matelot tomba mort d'une congestion cérébrale, en route, et que nous comptâmes 40 malades à notre retour au bord du fleuve. Un autre matelot se perdit pendant cette course; se trompant de direction, il s'engagea dans l'intérieur et fut massacré par les Maures.

Le vent d'est nous réduisit à une complète inaction le 16 et le 17. Le 17, on apprit qu'à la nouvelle de notre razzia, le contingent des Ouled-Aid avait quitté l'armée du roi des Trarza et repassé le fleuve.

Le 18, la colonne alla à Richard-Toll pour tâcher de rencontrer Mohammed-El-Habib, s'il était encore dans les environs, ou pour aller le chasser de Nder, s'il occupait cette capitale du Oualo, comme on le disait. Nous fîmes des sorties dans différentes directions sans rien voir, et des espions envoyés dans le pays, nous apprîmes que Mohammed-El-Habib s'était dirigé avec toutes ses forces vers Lampsar et Gandiole, pour inquiéter Saint-Louis. Comme on avait pris toutes les précautions nécessaires pour mettre hors de danger les environs de cette ville, sans se préoccuper de ce mouvement de l'ennemi, on résolut de profiter de son éloignement pour faire quelque bonne razzia au cœur de son propre pays.

Le 22 avril, à deux heures du matin, nous débarquions vis-à-vis de Ronk. La colonne fit quatre lieues au nord, et à la pointe du jour nous étions au milieu des camps et des troupeaux.

Une fusillade maladroite et prématurée donna l'éveil aux Maures, de sorte que nous ne fîmes que 10 prisonniers, mais 3,000 bœufs restèrent entre nos mains ; ces bœufs appartenaient aux tribus de Dagbadji, des Koumlaïlen, etc. Nous eûmes un cheval tué.

Malgré la difficulté d'une telle entreprise, le gouverneur résolut de ramener ces bœufs à Saint-Louis, par terre ; nous avions pour cela trente lieues à faire sur le territoire des Trarza et on devait penser que leur armée repasserait le fleuve pour nous couper le chemin. Cependant, après trois jours de fatigues inouïes, nous eûmes la satisfaction de rentrer à Saint-Louis, le 24, avec notre immense troupeau, un peu diminué, il est vrai, parce que nous avions été obligés de couper les jarrets en route à toutes les bêtes qui ne pouvaient pas suivre.

Pendant ces événements, le pont de Leybar était le théâtre d'un fait d'armes très remarquable.

Mohammed-El-Habib, qui se vantait depuis dix ans qu'il irait faire son salam dans l'église de Saint-Louis, et qui, dans toutes ses guerres avec nous, était toujours venu nous braver à Guet-Ndar ou dans l'île de Sor, voulut y pénétrer cette fois par le pont de Leybar. Il y était surtout poussé par Ely qui avait l'impudence de lui raconter qu'à l'affaire de Diakhar, il avait battu, poursuivi les blancs, tué le gouverneur et jeté le reste de la colonne à la mer.

Le roi des Trarza vint donc avec toute son armée attaquer la tour défendue par le sergent d'infanterie de marine Brunier, avec 11 hommes de son corps et 2 canonniers. A l'étage de cette tour hexagonale se trouvait un obusier de montagne tirant par les fenêtres en guise d'embrasures. Le rez-de-chaussée était percé de huit créneaux.

Le 21 avril, de sept heures du matin à midi, les Maures se ruèrent sur la tour avec un acharnement incroyable. Les cavaliers venaient emboucher les créneaux du rez-de-chaussée, d'autres cherchaient à démolir la maçonnerie avec leurs poignards. Une case en paille qui était auprès de la tour et servait de cuisine, fut brûlée par les assiégeants, ainsi qu'une femme qui, voulant sauver ses effets, n'en sortit pas assez vite.

La fumée et les étincelles remplissaient la tour et les défenseurs craignaient à chaque instant de voir sauter leurs munitions.

Dans des circonstances aussi critiques, malgré les cris furieux d'un millier d'ennemis dont les pertes ne faisaient qu'augmenter la rage, ces braves soldats ne perdirent pas un seul instant le sang-froid qui leur était si nécessaire. Ils avaient décidé qu'ils se feraient sauter avec leurs dernières munitions si les Maures parvenaient à escalader la tour.

Enfin leur courage reçut sa récompense. Après cinq heures de lutte, les Maures très maltraités par un dernier obus qui éclata près du roi, prirent la fuite, abandonnant des armes et un certain nombre de morts.

Le lendemain, les défenseurs avaient déjà brûlé une trentaine de cadavres qu'ils avaient trouvés dans un petit rayon autour de leur poste. Deux princes Trarza et un ministre du roi étaient parmi les tués, et les Maures, en se retirant, traînaient avec eux un nombre considérable de blessés, parmi lesquels les fils de Béquio.

Le sergent Brunier avait été légèrement atteint, ainsi que deux de ses hommes.

Mohammed-El-Habib, après cet affront, se retira

précipitamment à Ross. Trois jours après, il apprenait notre grande razzia du 22, et en éprouvait d'autant plus d'épouvante, qu'il paraît que son propre camp, renfermant sa famille, n'était pas bien loin du lieu où nous avions fait cette razzia, ce que nous ne savions pas.

Mai. Apprenant, en même temps, que le gouverneur était sorti de Saint-Louis, le 30 avril, par Leybar, pour marcher sur lui, il s'empressa de prétexter que Ould-Aïda menaçait ses camps, du côté du nord, pour évacuer en toute hâte le Oualo avec son armée. Il parvint à passer sans difficulté près de Mbagam, malgré le blocus qui n'était pas complet. Les gens du Oualo lui reprochèrent en vain l'abandon dans lequel il les laissait; Mohammed-El-Habib leur dit de s'en tirer comme ils pourraient et voulut même emmener son fils Ély avec lui. Mais ce jeune homme qui se montrait plein d'énergie et de résolution s'emporta contre son père et voulut continuer la lutte.

Immédiatement après le départ des Maures, notre chef des Pouls, Bélal, faisait une razzia de bœufs dans le Oualo. Les Pouls de Diaoudoun, sont des auxiliaires précieux pour nous dans nos guerres; ils excellent surtout comme éclaireurs et dans l'enlèvement des troupeaux ; leurs chefs ont donné maintes preuves d'un grand courage.

Le 25 mai, le gouverneur envoya 100 hommes d'infanterie, sous les ordres de M. le capitaine Chirat, sur huit embarcations bien armées, dans le lac de Guier, sous l'escorte d'une petite colonne de volontaires jusqu'à l'entrée du lac, pour enlever et brûler les villages de l'île Ghiéland ainsi que ceux des bords du lac qui avaient été épargnés lors des expéditions précédentes. Cela fait, M. Chirat, avec l'appui de M. le lieutenant Guillon, commandant du poste de Mérinaghen, brûla cinq ou six villages des environs de ce poste, qui avaient été forcés par Ély de se déclarer contre nous. Le 1er juin, la flottille rentra à Richard-Toll avec tous ses hommes en bonne santé.

Juin. Le 2 juin, l'aviso à vapeur *le Serpent* alla débarquer 200 volontaires au marigot de Ouallalane sur la rive droite. Ils pénétrèrent à peu près à trois lieues dans le pays et prirent 800 bœufs et 800 moutons, sans résistance de la part des Maures et les ramenèrent heureusement à Saint-Louis. Ces troupeaux appartenaient aux Bouïdat, Koumlaïlen et Tendra.

Le 4, *Fara-Penda*, notre chef du Oualo, fit deux razzias sur des caravanes qui cherchaient à traverser la Taouey pour passer le fleuve entre Richard-Toll et Dagana ; il tua plusieurs hommes à l'ennemi et fit six prisonniers.

Le 7, une chaloupe armée en guerre enlevait deux petites caravanes à quelques lieues de Saint-Louis en tuant plusieurs Maures.

Mais notre meilleure affaire à cette époque eut lieu à Mérinaghen. Le 7, les insoumis du Oualo tentèrent d'aller brûler le village français qui est entre le fort et le lac. Les habitants se déployèrent bravement en tirailleurs pour protéger leur village.

Le fort les soutint de son artillerie. La lutte dura de six heures à dix heures du matin. L'ennemi ne fut mis définitivement en déroute que par un boulet qui traversa un cheval et son cavalier et tua un second cheval; le coup avait été pointé par M. Guillon. Un homme du village qui s'était trop avancé, ayant eu la jambe cassée, le prince du Oualo, Bighi-Yad, parent de la reine, vint l'achever à coups de poignard et fut lui-même tué raide, à vingt pas, par le traitant de Saint-Louis, Daour. Les pertes de l'ennemi montaient à une dizaine de morts restés sur place. On lui vit enlever douze blessés, sans compter ceux qui pouvaient encore marcher. Nous ne perdîmes qu'un homme tué par Bighi-Yad.

Le manque d'eau douce dans cette saison et les fortes chaleurs ne permettaient guère plus de parcourir le pays avec une colonne. On s'occupa surtout de la croisière qui fit beaucoup de mal à l'ennemi : le 10, le *Serpent,* capitaine Butel, en descendant à Saint-Louis, coupa une caravane qui traversait le fleuve. M. le lieutenant d'infanterie de marine Bénech débarqua avec quelques hommes, mit l'escorte en fuite, et prit quelques prisonniers, des chameaux, des bœufs porteurs et des marchandises.

Le 11, le même aviso portant 425 volontaires de Saint-Louis, allait les débarquer à une lieue au-dessus du marigot des Maringouins. Le lendemain, à la pointe du jour, ces volontaires tombaient à deux lieues dans l'intérieur, sur de nombreux troupeaux appartenant aux tribus des Tendra, Taba et Djiaoudj et ramenaient au bord du fleuve, après un petit engagement, plus de 2,000 bœufs. De notre côté, trois hommes avaient été tués. Un volontaire, chasseur d'éléphants, tua à lui seul trois Maures, sur cinq qui restèrent sur le terrain; deux prisonniers tombèrent entre nos mains. La nuit, les Maures vinrent tirer sur le bivouac quelques coups de fusil et firent, par ce moyen, échapper la moitié des bœufs; l'autre moitié fut ramenée à Saint-Louis.

Voici comment on opère pour reprendre un troupeau. On étudie la nuit le bivouac des capteurs. On s'en approche du côté opposé à l'endroit où les bœufs sont habitués à aller boire, et on tire tout à coup quelques coups de fusil; les bœufs, effrayés, passent par-dessus ceux qui les gardent, se sauvent du côté opposé aux coups de fusil, et, se trouvant tout naturellement sur la direction que leur instinct leur fait reconnaître pour celle de leurs pâturages ou de leur abreuvoir, ils courent au grand galop jusqu'à ce qu'ils soient arrivés, sans que rien puisse les arrêter.

Le 11 juin, Bélal alla avec ses Pouls enlever un troupeau de bœufs à Killa, près de Lampsar. Il réussit à ramener les bœufs, quoique suivi par une bande avec laquelle il échangea des coups de fusil pendant toute la route: deux de ses hommes reçurent des égratignures, il blessa trois hommes à l'ennemi, dont deux grièvement.

Le 14, à quinze lieues de Saint-Louis, le *Serpent* portant la compagnie de débarquement de l'*Hélio-*

polis, aperçut un troupeau de bœufs escorté par des cavaliers; il mit à terre les matelots sous les ordres de M. Serres, lieutenant de vaisseau, ainsi que quelques soldats et laptots, et 125 bœufs restèrent en notre pouvoir; l'escorte s'enfuit.

Depuis le commencement de la guerre, 8,000 bœufs avaient été enlevés aux Trarza et ramenés à Saint-Louis où ils avaient été partagés, vendus et dirigés sur les pâturages du Cayor. Mais les Trarza en avaient bien perdu autant, de misère, parce que leurs troupeaux ne pouvaient plus fréquenter leurs pâturages habituels.

Dès le mois de juin, notre parti dans le Oualo commençait à prendre quelque importance. Sans Ély, la reine elle-même serait venue nous demander grâce; le prestige qui entourait Mohammed-El-Habib et les Maures dans l'esprit des noirs était complètement tombé. Ce chef humilié, mortifié, proclamant lui-même son impuissance contre nous, s'était enfoncé dans le désert.

Malheureusement, Mohammed-El-Habib se trouvait encore assez puissant sur la rive droite pour forcer Mohammed-Sidi des Brakna à se joindre à lui contre nous, et ce prince se mit à contrarier l'arrivage des caravanes à Podor et à vouloir exiger les anciennes coutumes.

Le 20 juin, les chefs des Diambours du Oualo, Sibs et Baors qui, depuis longtemps nous berçaient de promesses de soumission, se trouvant réunis avec leurs gens à Ntiago, M. le commandant Morel, partit de Richard-Toll avec 300 hommes d'infanterie, 30 chevaux et un obusier pour les surprendre. Il entoura et enleva le village un peu avant la pointe du jour. Malheureusement les gens du Oualo avaient quitté Ntiago la veille et on n'y fit qu'une dizaine de prisonniers.

Le gouverneur voulut en finir avec le parti hostile du Oualo en allant faire une expédition dans le Tianialde, centre du pays, dernier refuge des Maures, qui s'appuyaient sur Béquio, chef que nous avions ménagé dans nos courses antérieures et qui, malgré cela, forcé il est vrai par Mohammed-El-Habib, avait commis à plusieurs reprises des hostilités contre nous.

Le 25 juin, il partit de Bouëtville avec une colonne de 1,100 hommes : 500 de troupes de toutes armes et 600 volontaires, et il passa le pont de Leybar.

Les volontaires partirent pendant la nuit pour fouiller le pays à sept ou huit lieues en avant, et ne trouvèrent rien. Le 29, nous allâmes coucher à Guémoy, des embarcations nous apportèrent de l'eau douce de Saint-Louis, par le marigot. Le 27, nous allâmes à Diarao où nous arrivâmes à quatre heures du matin après une marche pénible et sans eau. Les hommes d'infanterie souffrirent beaucoup.

Dans la journée, le gouverneur, avec 20 spahis et les volontaires, alla brûler Baridiam, Sokhogne et Ngad-ou-Amar-Fal ; dans le premier de ces villages nous trouvâmes quelques habitants armés ; sept hommes furent tués, et trois, parmi lesquels le chef du village, furent pris; les femmes et les enfants furent relâchés.

Nous sûmes à Baridiam, qu'en apprenant notre rentrée dans le Oualo, Ély et les Maures étaient retournés chez les Trarza; que la reine et ses captifs s'étaient de nouveau réfugiés à Nguik, dans le Cayor, et que Béquio, ses gens et ses troupeaux s'étaient sauvés la veille et étaient aussi entrés dans le Cayor, à Ngay.

Dans cette journée du 27, aucun marigot ne nous permettant de nous ravitailler en eau douce par des chalands, et nos moyens de transport à terre étant insuffisants, nous ne bûmes que de l'eau saumâtre du marais de Diarao.

Le 28, nous nous rendîmes à Lampsar pour trouver de l'eau douce. En passant, on brûla Ndellé et ses magasins de mil; le soir du même jour, nous bivouaquâmes sur le marigot de Khassakh, à trois lieues au delà de Lampsar; des embarcations nous portèrent de l'eau douce.

Dans la nuit, 200 Pouls et Toucouleurs partirent en avant, pour aller fouiller l'île comprise entre les marigots de Khassakh et de Gorom, refuge assez ordinaire des Maures; de son côté, le gouverneur partit avec la cavalerie, les volontaires et un obusier dont les servants étaient montés, et alla brûler Kilen et Ross, la capitale de Béquio. L'eau du marigot était potable devant Ross. Dans la nuit du 29 au 30, nous essuyâmes une tornade, les soldats furent abrités par leurs petites tentes; les volontaires n'en avaient pas.

Le 30, après avoir repassé par Lampsar, nous traversâmes le marigot des fours à chaux, avec beaucoup de difficulté à cause de la vase, dont il fallut retirer les chevaux comme des masses inertes, et nous campâmes sur ses bords. Le 1er juillet, nous traversâmes le Toubé, dont les habitants rassurés par le départ des Maures, étaient revenus dans les villages et commençaient leurs travaux de culture. Le même jour nous rentrâmes à Saint-Louis, par le pont de Leybar.

Nos ennemis, Maures ou noirs, étaient définitivement chassés du Oualo, dont quarante villages avaient été brûlés depuis le commencement de la guerre.

Tous les villages des bords du fleuve étaient rétablis et habités par notre parti; ils s'entourèrent de tatas et protégés en outre par des stationnaires ou par des croiseurs, ils se mirent en hostilités ouvertes avec les Trarza; ainsi, le 29 juin, des volontaires de Ronq, transportés par le *Marabout*, enlevèrent une petite caravane au marigot des Maringouins. Ce même bateau à vapeur avait coupé deux caravanes à Risga et enlevé une partie de leurs bœufs et de leur mil.

Juillet. Dans la dernière quinzaine de juillet, les bateaux à vapeur, le *Grand-Bassam*, le *Rubis* et le *Marabout*, avec l'aide de nos volontaires du Oualo, de Dagana et même de Bokol, firent quelques razzias sur les Maures et leur prirent plusieurs centaines de têtes de bétail, 12,000 kilog. de mil, une grande quantité de sel, etc.

De son côté, Bélal avait de nouveau parcouru le Oualo avec ses hommes, n'y avait rien trouvé, et avait brûlé les deux derniers villages de l'intérieur, Ndimb et Boity.

Août. Au commencement d'août, une partie des Azouna fugitifs qui s'étaient enfoncés dans le Cayor, voulant retourner sur la rive droite, et ne pouvant passer par le Oualo occupé par nos villages amis, voulurent passer par le Dimar, et offrirent inutilement une forte récompense aux gens de Fanaye, pour leur faire passer la rivière avec leurs femmes, leurs enfants et leurs bagages. La bande essaya de traverser à Risga, où elle fut coupée par la goëlette en croisière *l'Ile-d'Oléron*, qui lui prit une partie de son bagage.

Septembre. Les Maures étaient retournés dans le désert à cette époque et nous laissaient plusieurs mois dans l'impossibilité de pousser la guerre.

Octobre. En octobre, voyant l'ascendant que nous avions pris dans le pays, le Bour-ba-Djolof, envoya proposer au gouverneur d'être notre tributaire et de nous payer annuellement les 200 bœufs qu'il payait aux Trarza; il nous remerciait beaucoup de la sécurité dont avait joui son pays depuis un an et offrait le concours de ses guerriers contre les Maures; cette offre était peu sérieuse.

Dès la fin d'octobre 1855, les Maures poussés par la famine se rapprochèrent du fleuve. Le commandant de Mérinaghen, malgré les ordres formels de ne jamais faire naviguer d'embarcations dans la Taouey, pendant la guerre, sans les faire escorter entre Ntiago et Richard-Toll, par Fara-Penda, envoya, le 20 octobre, deux chalands dont l'un, armé d'un perrier avec dix hommes, et l'autre monté par six hommes. Une caravane de Maures qui passait dans la partie encore déserte du Oualo, ayant vu de loin, dans le lac, ces deux chalands qui allaient s'engager dans la Taouey, fut s'embusquer dans les herbes et broussailles de la rive, vis-à-vis de Ntiago et fit feu sur les chalands dont les laptots, insouciants comme le sont les noirs, n'avaient pas même leurs bastingages de peaux de bœufs en place.

A la première décharge, le premier chaland eut quatre hommes tués et trois blessés grièvement. Le patron du chaland, gourmet du *Marabout*, nommé Ouali-Diabé, resté presque seul debout, montra un sang-froid et un courage remarquables. Il mouilla son chaland et se mit à servir son perrier; il fit mouiller l'autre chaland contre lui, et avec les huit hommes qui lui restaient, il tint tête à l'ennemi depuis trois heures jusqu'à dix heures du soir, lui faisant éprouver des pertes sensibles, comme nous le sûmes plus tard. A dix heures, arrivèrent les gens du village de Richard-Toll, envoyés par le commandant du poste qu'avait été prévenir un des laptots des chalands et qui mirent l'ennemi en fuite.

Novembre-décembre. Le 1er novembre, ayant su que quelques petites bandes de Maures se trouvaient dans le Cayor, cherchant à acheter des munitions de guerre, le gouverneur alla faire une reconnaissance, avec tout ce qu'il put réunir de cavaliers, dans le Toubé, qu'il parcourut dans tous les sens.

A la suite de cette reconnaissance, les gens de Gandiole et du Ndiambour se mirent tous à chasser les Maures de leurs villages, en les dépouillant même de ce qui leur appartenait.

Janvier 1856. Au commencement de 1856, le *Guet-Ndar*, ayant été dans le marigot de Khassakh, jusqu'à quatre lieues au-dessus de Ross, captura 8 hommes de Béquio, des filets de pêche et une grande quantité de poissons secs; ces malheureux, poussés par la misère, étaient revenus dans leurs anciennes pêcheries.

En même temps, trois caravanes de Trarza qui voulaient passer le fleuve entre Saint-Louis et Richard-Toll, furent arrêtées et repoussées avec pertes par nos embarcations qui firent sur elles quelques prises, et les gens du Oualo, du cercle de Richard-Toll, se mirent ensuite à la poursuite de ces caravanes.

Le 12 janvier, 300 volontaires envoyés de Saint-Louis chez les Trarza, rentrèrent avec une razzia de 700 bœufs, 800 moutons et 10 prisonniers.

Le 18 du même mois, nous portâmes un coup bien sensible aux Trarza; toutes leurs petites caravanes qui étaient parvenues malgré nous à passer le fleuve, pour aller chercher dans le Cayor le mil dont ils étaient tout à fait dépourvus, s'étaient réunis à Nguick, en une seule grande caravane, pour tenter de repasser le fleuve par force.

Nos espions nous avertirent du jour de son départ et de la direction qu'elle suivait; elle se composait de 500 bêtes de somme, chargées de mil et de guinée et de 500 hommes environ, dont une bonne partie étaient armés. On envoya 500 volontaires attendre la caravane entre Ronq et Ross, sur le marigot de Khassakh et le gouverneur se transporta lui-même sur le *Rubis*, à la hauteur de Ronq pour les appuyer.

Le 20, ayant entendu dire que la caravane était arrivée au point où on l'attendait, et qu'elle était aux prises avec les nôtres, il leva 200 volontaires des villages de Khann et de Ronq, et se transporta immédiatement avec eux et les laptots des compagnies de débarquement sur les lieux; mais tout était fini, les volontaires étaient déjà repartis pour Saint-Louis, emmenant toutes les bêtes de somme, dont près de 400 bœufs porteurs, 550 pièces de guinée, 500 toulons de mil, quelques chevaux et un peu de poudre. Il ne restait sur place que sept cadavres de Maures (les Maures en se sauvant en avaient enlevé d'autres) et une grande quantité de mil; les volontaires de Ronq et de Khann s'empressèrent de l'emporter et ils furent aidés, le soir même, par 300 volontaires des villages de Fara-Penda, que celui-ci, averti par nos soins, s'était empressé d'amener.

On saisit encore, vers le même temps, plusieurs petites caravanes partielles, et journellement les captifs des Maures mourant littéralement de faim sur la rive droite, venaient se rendre à nous.

Un fâcheux accident arrivait alors aux environs de Saint-Louis ; quatre manœuvres, employés à une briqueterie à Thionq, ayant eu l'imprudence de s'éloigner sans armes (ils avaient bien des fusils, mais pas de poudre), tombèrent sur quatre Maures embusqués qui firent feu sur eux et se sauvèrent ; un des manœuvres fut tué sur place et les trois autres blessés.

Février. Vers le commencement de février, il y eut une série de razzias faites sur la rive droite par la rive gauche et toutes avec succès ; le Toro lui-même s'en mêla et tomba sur les Brakna de Mohammed-Sidi. Ainsi, Lam-Toro enleva 2,000 moutons à la tribu des Hamites. Le 1er février, il enleva un troupeau de bœufs aux Tanak, près du marigot d'Aloar.

Le 2 février, Fara-Penda alla enlever à l'entrée du lac Khomak (lac Cayar), 800 moutons aux Ouled-El-Fari, il tua quelques Maures et eut un homme tué et un homme blessé.

Le même jour, des Pouls du Toro, du Dimar, et des volontaires de Podor, enlevèrent 350 moutons aux Touabir (Brakna) sur la rive droite, en face de Podor ; ils tuèrent 6 Maures et eurent un tué et cinq blessés. Le lendemain, M. le sous-lieutenant Bénech, avec une partie de la garnison de Podor et des laptots du *Basilic*, prit et brûla un camp de Ktibat, sur la rive gauche, à Lamnayo.

Le 7 février, 400 volontaires de Saint-Louis enlevèrent, au marigot des Maringouins, 600 moutons aux Loumag.

Enfin, le 28, Fara-Penda, avec ses hommes seuls, alla faire une nouvelle razzia qui réussit ; il ramena 700 moutons, des ânes, des chameaux et 10 prisonniers : il avait tué plusieurs Maures et n'avait éprouvé aucune perte.

Tant de pertes coup sur coup et sans compensations, étaient bien faites pour décourager les Trarza et les amener à composition ; mais, par l'effet de la longue erreur dans laquelle ils avaient vécu, ils ne pouvaient encore se mettre dans la tête que nous fussions plus forts qu'eux. Ils cherchaient à s'expliquer à leur manière les événements si étranges dont ils étaient témoins et victimes, et s'efforçaient encore de trouver les moyens de faire tourner la guerre à leur avantage.

Janvier 1856. Il se passa, au commencement de l'année 1856, un événement grave chez les Maures. Il y eut auprès de Chikh-Sidia, grand marabout des Brakna, révéré dans toute cette partie du Sahara, une grande réunion des chefs de tribus pour aviser aux mesures à prendre au sujet de la guerre désastreuse que leur faisaient les Français.

Les bruits les plus variés coururent sur les résolutions prises dans cette assemblée. Ce qu'il y a de certain, c'est qu'on parvint à y réconcilier Mohammed-El-Habib avec Ould-Aïda. Le roi des Trarza fit aussi des concessions aux princes de sa famille réfugiés dans l'Adrar et ils rentrèrent dans leur pays pour prendre part à la lutte contre nous. Sidi-Ély, roi d'une partie des Brakna et notre allié, ne fut pas appelé, ou bien ne voulut pas aller auprès de Chikh-Sidia avec les autres.

Feignant de reprendre courage, le roi des Trarza, bien que forcé de reconnaître par ce qui s'était passé l'année précédente, qu'il ne pouvait nous disputer, ni les pays de la rive gauche, ni le fleuve, proclamait bien haut qu'il nous exterminerait jusqu'au dernier, si nous osions encore pénétrer dans l'intérieur de son pays. Les noirs de leur côté, attendaient cette dernière expérience pour croire à notre supériorité définitive sur les Maures.

Février. Ayant reçu quelques renforts de France et quelques secours de M. le capitaine de vaisseau Mauléon, commandant la station des côtes occidentales d'Afrique, le gouverneur résolut de faire une course dans le Ganar, en y pénétrant par Podor, afin de s'interposer entre les Trarza et leurs alliés les Brakna, du parti de Mohammed-Sidi.

Dans l'ignorance où l'on était de leurs forces réelles que les anciens documents faisaient monter à 6,000 combattants pour les Trarza seuls, et ne voulant pas, dans l'intérêt de la colonie, s'exposer au moindre échec, qui aurait été fatal, dans un moment où tous les peuples de la Sénégambie avaient les yeux sur nous, on avait réuni des forces considérables : 1,000 hommes de troupe ou de marine et 1,500 volontaires, ce qui faisait une colonne de 2,500 hommes avec 200 chevaux, dont 100 de volontaires et 4 obusiers. Nous péchions, comme toujours, par les moyens de transport. Nos moyens de transport pour une colonne de 2,500 hommes, tous combattants, se réduisaient à 6 chameaux et 40 chevaux ou mulets. En Algérie, une colonne de cette force aurait eu au moins un convoi de 300 mulets, et on lit dans l'ouvrage de M. le comte de Warren, sur l'Inde, qu'une colonne anglaise de 2,470 combattants, *après avoir laissé les 2/3 de son bagage en arrière*, avait encore 2,500 serviteurs non combattants, 8 éléphants, 200 chameaux, 130 chevaux et 700 bœufs, mulets et ânes.

L'infanterie de marine était commandée par M. le chef de bataillon Morel, la compagnie de débarquement de l'*Héliopolis*, par M. le lieutenant de vaisseau Serres, l'artillerie par M. le chef de bataillon Delassault, le génie par M. le capitaine Parent, les laptots par M. le capitaine de frégate Desmarais, la cavalerie par M. le capitaine de la Touloubre. Les fonctions de chef d'état-major étaient remplies par M. le capitaine d'artillerie de marine, Bonnet, M. Flize, lieutenant d'infanterie de marine, était chargé du service des affaires indigènes et des volontaires. M. le chirurgien en chef Lepetit et l'aide-commissaire Liautaud, dirigeaient leurs services respectifs.

On devait chercher à atteindre ce fameux lac Cayar, autour duquel se réunissent les tribus de Trarza, quand elles ne peuvent s'approcher du fleuve. Une partie de la colonne fut transportée à Naolé, par la flottille, l'autre arriva de Podor au même point, par la rive gauche, et le 16, au soir, nous étions tous bivouaqués sur la rive droite, en face du premier de ces villages.

Le 17, au matin, on se mit en marche, en se dirigeant vers un gué du marigot de Koundi, qu'on appelle El-Abdjiâ. Nous fîmes quatre lieues dans une épaisse forêt de gonaké, qui sert de refuge aux Brakna, quand ils sont en guerre avec leurs voisins.

Nous bivouaquâmes la nuit du 17 au 18, au confluent des marigots de Barouadi et de Koundi, dans un lieu très pittoresque.

Le 18, la marche continua d'abord, dans la même forêt de gonaké. Une des difficultés qu'éprouvait la colonne dans sa marche, provenait de ce que les sentiers que nous suivions, avaient tous été défoncés par des troupes d'hippopotames, au moment où le sol était détrempé par la pluie.

Nous sortîmes enfin de ce bois et arrivâmes dans une belle plaine sablonneuse, parsemée de bouquets d'arbres, de collines et de petits lacs d'eau douce. C'était sous cet aspect inattendu que se montrait alors à nous ce désert si mystérieux et si redouté. Nos volontaires Pouls, toujours furetant, prirent une petite caravane, mais les conducteurs s'échappèrent.

La grande halte se fit dans un lieu assez remarquable, où se trouvait autrefois le village Ouolof de Dimar, qui s'est depuis transporté à Dialmath. De Dimar, une marche de nuit nous conduisit dans une forêt de gommiers clair-semés, sablonneuse et sans eau, où les hommes souffrirent beaucoup de la fatigue et de la soif.

Déjà on commençait, signe fâcheux, à offrir

beaucoup d'argent pour une goutte d'eau; une distribution d'eau-de-vie rendit un peu de force et de courage aux hommes, et l'on reprit la marche; après avoir fait cinq lieues, étonné de ne pas voir le lac que, d'après les renseignements et une carte inexacte, on croyait au plus à quatre lieues de Dimar, le gouverneur pressa ses prétendus guides de s'expliquer, ils avouèrent qu'ils ne savaient plus où ils étaient.

Nous étions donc perdus, au milieu du désert, peut-être très loin de l'eau dans toutes les directions, avec des hommes mourant de soif, qui se couchaient par terre et ne pouvaient plus marcher. La situation était critique et propre à inspirer une grande inquiétude.

On fit halte et on envoya quelques cavaliers vers l'ouest, où l'on pensait qu'était le lac, tandis que les guides nous faisaient faire du nord. Au bout d'un quart d'heure, les cavaliers reparurent poussant des cris de joie; ils avaient trouvé à un kilomètre de nous, non pas le lac, mais un grand marigot d'eau douce, celui de Guédayo, qui conduit au lac et l'alimente.

Nous y trouvâmes un excellent bivouac, et la colonne s'y reposa toute la journée du lendemain. Le gouverneur profita de cette journée pour aller visiter le lac avec les laptots, l'escadron de spahis et les volontaires. En route, nous reconnûmes les traces des tribus, qui, averties de notre approche par les fugitifs de la caravane enlevée la veille, se sauvaient devant nous.

On avait envoyé les volontaires en avant, pour tâcher d'atteindre les tribus fugitives. Les volontaires Pouls atteignirent quelques Mradin à l'extrémité nord du lac, et nous rentrâmes à notre camp, avec un troupeau de 500 moutons et quelques prisonniers.

L'intention du gouverneur était de faire le tour du lac; mais il y avait trop d'hommes fatigués et blessés aux pieds, sans moyens pour les transporter; il fallut renoncer, pour cette fois, à ce projet.

Le 20, au point du jour, nous nous mîmes en marche pour revenir vers le fleuve, en côtoyant le marigot de Guédayo et, après une halte faite sur ses bords, pour laisser passer la chaleur du jour, nous arrivâmes le soir en face de Gaé, après avoir traversé le marigot au gué de Kanabé-Sal.

Le 21, nous allâmes de Gaé, à Dagana, en passant le marigot de Sokam, au gué de Tio-Toro. Le 22, nous nous rendîmes de Dagana à Richard-Toll, toujours sur la rive droite; l'avant-garde fit lever quatre magnifiques lions.

Dans la nuit du 22, nos volontaires allèrent à Téniadar, à six lieues dans l'intérieur, faire une razzia sur les Zomboti; ils ramenèrent 300 moutons et 25 prisonniers. Le 23, on brûla, en passant, les deux villages de Garak, habités par des Ouolofs, sujets des Trarza. Le 25, nous allâmes de Diekten (l'ancienne escale du désert) à Khan. Les volontaires partirent le soir même pour aller faire une razzia aux environs de Dara; ils ramenèrent 600 bœufs, 20 chameaux, 800 moutons et 20 prisonniers. Cette razzia fut faite sur les Ouled-Rahmoun, Roumbaten, Takharedjent et sur quelques tribus de marabouts.

Toute la colonne devait aller à Dara, village du Ganar, à cinq lieues du fleuve, habité par des Ouolofs, sujets des Trarza. Nos guides nous assurèrent qu'il n'y avait d'eau douce ni sur la route ni à Dara. Le gouverneur laissa donc la colonne campée sur le marigot de Bépar-Ndekh, à une lieue du fleuve, et, prenant avec lui les 100 laptots et les 80 chevaux de l'escadron de spahis, il partit le 27, à midi, pour Dara; c'était donner la partie belle aux Maures, s'ils eussent voulu se mesurer avec nous.

Le gouverneur prit bientôt les devants avec l'escadron et après avoir fait trois lieues, il rencontra une bande armée d'Ouled-Rahmoun. On se mit à leur poursuite et quelques-uns d'entre eux se voyant coupés, se blottirent dans une broussaille, décidés à vendre chèrement leur vie. On se jeta sur eux; le quartier-maître indigène Rifal, en se précipitant le premier dans la broussaille, eut le bras gauche fracassé par deux balles, un spahis eut le front effleuré, et un cheval fut blessé à la tête; huit Maures furent tués à cet endroit et six faits prisonniers.

Les Maures du Sénégal font la guerre sans quartier. Aussi, quand l'un d'eux s'aperçoit que la fuite est impossible, il se jette dans une broussaille et on peut être certain que ses ennemis ne le tueront qu'après que deux d'entre eux auront été abattus de ses deux coups de fusil. Aussi, fussent-ils cent contre un seul, ainsi embusqué, ils ne l'attaqueront pas, si ce n'est pas un personnage très important. En général, les indigènes du Sénégal ne se rendent pas et ne jettent pas leurs armes. Contre un cavalier qui les poursuit et va les atteindre, ils tirent quelquefois leur premier coup de fusil à une distance assez grande pour le manquer, mais le cavalier est sûr de recevoir le second coup presque à bout portant. Aussi faut-il user très prudemment de la cavalerie contre ces gens-là quand ils sont armés de leurs fusils à deux coups, dispersés en tirailleurs et sur leurs gardes.

Après cette petite affaire, on continua à pousser en avant au trot, jusqu'à Dara, que venait de quitter un peu auparavant le prince Trarza, Ould-Ahmed-Chein à qui le village payait tribut.

Nous brûlâmes le village et nous en enlevâmes, en bloc, la population qui était de 500 habitants environ, qu'on envoya s'établir dans le Oualo.

Le 27, la colonne se rendit à l'entrée du marigot de Ndiadier (Maringouin), là l'infanterie et les matelots de l'*Héliopolis* s'embarquèrent sur l'*Epervier* pour rentrer à Saint-Louis et la cavalerie, l'artillerie avec ses mulets, sans ses pièces, les laptots et les volontaires, continuèrent leur route par terre avec les troupeaux pris aux Maures et rentrèrent à Saint-Louis après avoir fait depuis Podor, une marche de cent lieues, en comptant les pointes que nous avions poussées dans l'intérieur. Nous avions tué une dizaine d'hommes à l'ennemi, fait 600 prisonniers, enlevé 1,600 moutons, 600 bœufs et 20 chameaux, mais cela n'était rien auprès de l'effet moral produit par notre expédition.

Nous apprîmes par les prisonniers que Mohammed-El-Habib, qui devait nous exterminer, s'était sauvé bien loin dans l'intérieur, avec sa famille, laissant son pays, ses tribus et leurs biens à notre merci.

Il n'entra à l'hôpital, à notre arrivée à Saint-Louis, qu'une quinzaine d'hommes atteints de légères diarrhées.

Mars. Le 6 mars, M. le lieutenant Flize, se trouvant à Dagana, apprit qu'une caravane des Ouled-Bou-Ali, commandée par leur cheikh, Hamzata, se tenait depuis quelques jours sous Dialmatch, cherchant l'occasion de passer sur la rive droite. Il envoya aussitôt les volontaires de Dagana, commandés par Dembodj, pour enlever cette caravane que les gens du Dimar ne voulaient pas nous livrer, mais qu'ils étaient disposés à laisser prendre. Hamzata comprit que la résistance était inutile et se rendit avec tout son monde, ses bêtes de somme et ses marchandises, au capitaine du *Grand-Bassam*, qui gardait le passage du fleuve.

Le 10, Fara-Penda enlevait 20 prisonniers, vis-à-vis de Mbagam ; le 19, une péniche de la croisière tuait 3 ou 4 Maures, au marigot des Maringouins ; le 20, une baleinière tuait 4 chameaux à ce même endroit, et le 24, le *Basilic* y coupait aussi une caravane et lui prenait quelques bêtes de somme.

Pour se rendre compte par lui-même de l'état

du Oualo, le gouverneur partit le 9 mars, avec l'escadron et un obusier pour Mérinaghen, par Menguey, Diarao, Baridjam et Ndimb : le 13, on traversa le lac de Guier, à gué, à une lieue en dessous de Mérinaghen, et le 14, on arriva à Richard-Toll par la rive orientale du lac ; l'intérieur du Oualo fut trouvé presque entièrement désert.

Cependant, Mohammed-El-Habib conservait encore son ascendant sur la rive droite et surtout sur les Brakna, et, avec son appui, Mohammed-Sidi, leur roi, entretenait une grande partie de cette nation dans un état d'hostilité contre nous. C'était une affaire importante pour nous que de faire reconnaître comme roi des Brakna, Sidi-Ély, le compétiteur de Mohammed-Sidi, et de chercher à nous faire de cette nation une alliée contre les Trarza.

La tâche était un peu difficile parce que Sidi-Ély n'avait nulle confiance en nous, se souvenant qu'en 1850 les Français avaient eu un instant la velléité de soutenir ses droits et qu'on l'avait abandonné presque aussitôt après l'avoir compromis pour obtenir la paix de Mohammed-El-Habib ; quoiqu'il en soit, le 8, l'*Epervier* transportait à Podor un bataillon d'infanterie et une section d'artillerie. Le 11, ces troupes formaient sur le marigot de Koundi, à une lieue en face de Podor, sur la rive droite, un petit camp retranché pour protéger l'approche de Sidi-Ély. On devait en profiter pour travailler à une route conduisant dans l'intérieur. Pendant les travaux, les Maures ennemis s'embusquaient dans les environs, et le 15, trois manœuvres toucouleurs qui coupaient du bois, tombèrent dans une de leurs embuscades et furent tués.

Le 22, pour s'occuper lui-même des Brakna et tenter quelque chose en faveur de notre parti, dans cette tribu, le gouverneur se fit conduire par le *Basilic* jusqu'à Mbarobé ; les gens de Mohammed-Sidi, embusqués dans les gonakés de la rive, fusillèrent le bateau au passage ; on ne trouva pas Sidi-Ély, du côté de Mafou, comme on l'espérait, mais le gouverneur étant redescendu à Podor, ce prince y arriva le 27, par la rive gauche, avec 40 cavaliers.

Il demanda au gouverneur de venir avec une colonne jusqu'à Aleybé, pour rendre la route libre à ses tribus séparées de Podor par les camps de Mohammed-Sidi. Le mouvement se fit le surlendemain 29, on prit les troupes du camp de Koundy, et le 29 au soir, le *Basilic*, remorquant un bateau écurie, remontait avec 500 hommes de troupes ; 30 cavaliers Brakna suivaient en même temps la rive gauche avec 40 volontaires de Podor et 10 de Doué. Arrivé à Mafou, on ne trouva plus qu'un mètre vingt centimètres d'eau à marée haute, de sorte qu'il fut impossible d'aller plus avant. Il fallut donc renoncer à aller à Aleybé et à se mettre en communication avec les camps de Sidi-Ély.

Cependant, comme il était urgent de mettre les deux partis aux prises, et de profiter de notre présence dans le pays occupé par notre ennemi, pour tenter au moins sur lui, de concert avec Sidi-Ély, quelque entreprise qui mît celui-ci en relief, on mit à terre notre petite colonne le 30 mars, et le gouverneur, étant indisposé, on donna le commandement à M. le chef de bataillon Delassault. Le jour même, on surprit quelques Maures de la tribu hostile des Geuddala et le fils du chef de cette tribu fut tué; on prit aussi quelques bestiaux et des marchandises. Le 31 mars, la colonne s'arrêta à Sarpoli où elle retrouva Sidi-Ély, qui s'y était rendu la veille au soir. On longea le fleuve jusqu'à Mafou. Sidi-Ély et les volontaires s'enfoncèrent dans l'intérieur, vers le lac Nbéria. La colonne fut à eux pour les soutenir, en entendant la fusillade. On prit 4,000 moutons des Gueddala, des Aidelig, etc., on tua 5 Maures et on en blessa plusieurs. Parmi les morts se trouva le fils du cheikh des Tanak. On ramena aussi 10 prisonniers et quelques bœufs. Le 1ᵉʳ avril, le *Grand-Bassam* remorqua la razzia à Podor, sur des chalands, et la colonne resta campée à Mafou, devant le *Basilic*.

Avril. Le 2 avril, on fit une nouvelle pointe sans résultats dans l'intérieur, et le 3, la colonne retourna au camp de Koundy ; nous n'avions eu dans toutes ces affaires que 2 hommes tués, un laptot et un Maure de Sidi-Ély.

Pendant que nos troupes guerroyaient ainsi contre les Brakna de Mohammed-Sidi, les Trarza se remuèrent beaucoup, sans doute, pour tâcher de faire descendre le gouverneur avec ses forces, car la question des Brakna, c'est-à-dire, de sa complète domination sur la rive droite, touchait peut-être encore plus sensiblement Mohammed-El-Habib que celle du Oualo. Il cria bien haut qu'il nous avait attendu avec son armée, à Tokoscoumba, vis-à-vis de Brenn ; mais ce n'était là qu'une fanfaronnade de sa part, comme il le prouva plus tard, quand en mai 1857, une colonne pénétra au cœur de son pays, et qu'il se retira devant elle au lieu de l'attaquer. Seulement, des bandes de Maures s'approchèrent du fleuve, passèrent même sur la rive gauche et parvinrent à enlever une centaine de bœufs, au village de Menguey.

De leur côté, les volontaires de Saint-Louis capturèrent 25 chameaux à une caravane et les péniches du blocus eurent une foule de petits engagements avec l'ennemi. Depuis quelque temps, le fleuve était couvert de cadavres de bœufs et de chameaux tués dans ces escarmouches, ou noyés en traversant le fleuve. Quelques Maures plus hardis que les autres, essayèrent d'attaquer le village de Ntiago, sur la Taouey, et la tour en construction de Ndiago, au nord de Saint-Louis. Ils furent facilement repoussés d'un côté comme de l'autre.

Le 10 avril, un troupeau qui venait de Dagana à Saint-Louis par le Oualo, tomba sur une embuscade de quelques Maures et fut dispersé par la fusillade ; deux gardiens furent tués, mais les Maures furent eux-mêmes mis en fuite par quelques coups de fusil, de sorte que les gardiens, les assaillants et le troupeau se sauvèrent dans trois directions différentes.

Le 15, nous eûmes 2 soldats tués par des Maures embusqués dans les environs du camp de Koundy ;

mais, le 20, on en tira une vengeance éclatante. M. le capitaine d'infanterie de marine Guillet partit du camp avant le jour, avec 160 hommes d'infanterie et 2 obusiers, et tomba à la pointe du jour sur un endroit où il soupçonnait que les Maures bivouaquaient. Il ne s'était pas trompé, et ses tirailleurs se trouvèrent bientôt à deux pas de l'ennemi. On se jeta sur celui-ci qui prit la fuite en laissant 8 cadavres sur le terrain, un cheval, un chameau et du butin. Parmi les morts, se trouvait le plus grand guerrier des Trarza, le cheikh des Ouled-Daman, beau-père du roi Mohammed-El-Habib, et plusieurs autres princes de sa famille. Cette perte fut plus sensible pour les Maures que celle de cent personnages ordinaires.

Deux jours après, les Maures en grand nombre cherchaient à se venger en essayant d'enlever une corvée de fourrage de 20 hommes qui, par la plus grande imprudence, avait été envoyée à trois quarts de lieue du camp. L'ennemi nous tua 4 hommes, le reste de la corvée put se sauver; un Maure fut tué dans l'affaire. M. le commandant Morel se porta vivement avec les troupes du camp sur les lieux que les Maures avaient déjà quittés et rapporta les cadavres de nos hommes.

Le même jour, les Maures allèrent mettre le feu, comme on s'y attendait, aux gourbis du camp de Koundy, que les troupes avaient abandonné pour s'établir sur le bord du fleuve, afin de terminer plus commodément la route commencée. On avait eu soin de laisser des obus chargés, dans ces gourbis en paille, de sorte que ces obus éclatèrent au milieu des Maures. Deux d'entre eux furent tués ainsi que quelques chameaux, et le neveu de Mohammed-El-Habib, fils de son frère aîné Ely-Khamlech, fut blessé à l'épaule.

Les Trarza, complètement démoralisés par l'inutilité de leurs efforts et par les pertes qu'ils avaient faites, s'éloignèrent des environs de Podor et retournèrent tous, consternés, dans leur pays.

Par suite, Mohammed-Sidi, abandonné de presque tous les Brakna et à qui les Pouls de Guédé venaient d'enlever 2,000 moutons, se retira lui-même dans l'intérieur et Sidi-Ély vit ses forces s'augmenter.

Le 27 avril, Fara-Penda, avec 100 fusils, traversa le fleuve à Ronk et ramena 2,000 moutons, 40 bœufs et 13 prisonniers; il avait tué 2 Maures. Le lendemain, une patrouille de 14 Pouls, à cheval, qui parcourait le Oualo, par nos ordres, détruisit une bande de 7 Maures; mais le chef de nos Pouls, Bélal, fut tué dans cette escarmouche, ainsi que son beau-frère. La mort de Bélal fut pour nous une grande perte; ce chef nous avait rendu des services bien importants pendant la guerre; son frère Samba-Ngouma le remplaça et se montra digne de lui.

Mai. Le 9 mai, le gouverneur partit de Saint-Louis pour faire une razzia dans le pays des Trarza, entre Dara et Mbal.

A 10 heures 1/2 du soir, la colonne débarquée près de Khann se mit en marche; à 2 heures 1/2 du matin, on se reposa deux heures sur les bords d'une mare d'eau douce, nommée Kémer; à 5 heures, on repartit pour Dara où l'on arriva à 6 heures 1/2. Mohammed-El-Habib et les tribus guerrières s'étaient sauvées ; on prit de nombreux troupeaux dans la direction de Mbal et deux jours après nous étions rentrés à Saint-Louis, ramenant 4,000 bœufs, 120 ânes et 120 prisonniers, dont 20 furent ramassés en route par les volontaires qui ramenaient les bœufs.

Les Maures, gardiens des troupeaux, avaient fui devant nous. On leur tua 2 hommes. Nous n'eûmes qu'un volontaire blessé d'un coup de poignard. Les volontaires du Oualo et du Dimar nous avaient accompagnés dans cette expédition. Nous pûmes nous assurer dans cette course que les Trarza mouraient littéralement de faim : ils se nourrissaient de racines d'arbres grillées et de vieilles peaux de bœufs.

Le 15 mai, Fara-Penda et Diadié-Coumba réunis à Boubakar-Ndoundé, chef du gros village de Gaé (Dimart), firent sur deux tribus guerrières des Trarza, les Mradin et les Zomboti, une razzia de 100 prisonniers et 400 bœufs. C'était un coup très sensible pour Mohammed-El-Habib, parce qu'il portait sur ses tributaires personnels.

Le 20, une bande nombreuse de Takharedjent, fut enlever 2 femmes et 3 enfants, au village de Maka. Les gens du village, exaspérés, quoiqu'ils ne fussent que 12 hommes armés, les poursuivirent et tiraillèrent bravement avec eux, toute une journée dans les broussailles. Les noirs eurent un hommes tué et deux blessés légèrement ; ils tuèrent 4 Maures et en blessèrent 3. A la première nouvelle de cette affaire, les volontaires de Guet-Ndar coururent au secours des gens de Maka, qui sont leurs parents, mais tout était fini quand ils arrivèrent.

Le 21, M. Des Essarts, capitaine du *Guet-Ndar*, avec les volontaires de Ronq, Diaouar et Khann, fut enlever 166 prisonniers près du lac Kémer.

Le 27, les volontaires de Saint-Louis prirent à Belou-Khassan, au delà du marigot des Maringouins, 350 bœufs et 30 prisonniers.

Le 29, Charles Duprat, chef du Oualo tout récemment soumis, avec les volontaires de Richard-Toll et de Ndiao, fut prendre 50 bœufs, 2 prisonniers et 2 beaux chevaux. Le même jour, les volontaires de Brenn, Diektenn et Tiaggar, prirent 50 bœufs et 1 prisonnier.

Enfin le 30, 200 volontaires de Dagana et de Mbilor, sous les ordres de Dembodj et de Bara-Guay, frère du chef de Mbilor, enlevèrent à deux tribus guerrières des Trarza (Idebbagram et El-Hamet) 5,800 moutons, 50 bœufs, 10 ânes, un chameau, 13 prisonniers et tuèrent 2 ennemis.

Juin. Le 1ᵉʳ juin, l'escadron de spahis surprit, dans le haut du marigot de Menguey, des pêcheurs insoumis du Oualo, en tua trois et enleva tous les effets et ustensiles de pêche des autres, de sorte que les malheureux qui purent se sauver retournèrent tout nus, à Ngay, où était toujours réfugié Béquio leur chef.

Vers cette époque, nous éprouvâmes un échec contre les Brakna hostiles.

Le 6 juin, au soir, M. le commandant de Podor reçut l'ordre d'opérer un débarquement vis-à-vis de Mbanam pour tenter d'enlever le camp de Mahommed-Sidi. Il avait avec lui 450 hommes du Oualo, commandés par Fara-Penda, 30 Peuls de Saint-Louis, 130 Brakna de Sidi-Ely, dont 60 cavaliers, 150 hommes d'infanterie, 40 laptots, 14 artilleurs avec un obusier et quelques hommes du train; en tout 850 hommes.

Après une marche de quatre heures, rendue excessivement pénible par une affreuse chaleur, les volontaires du Oualo et les Maures (qui se trouvaient à une demi-lieue en avant des troupes) arrivèrent auprès du camp ennemi et commençaient déjà à enlever les troupeaux et les prisonniers, lorsqu'une décharge presque à bout portant de Maures embusqués, leur fit éprouver des pertes assez fortes et les mit dans une déroute complète. Malgré les efforts de leurs chefs et de quelques officiers qui se trouvaient avec eux, entre autres le lieutenant d'infanterie de marine Poupon, ils prirent la fuite sans se défendre et furent poursuivis par les Maures, avec acharnement. Mais ceux-ci furent arrêtés court quand ils arrivèrent à la hauteur des pelotons d'infanterie qu'on avait déployés en tirailleurs au bruit de la fusillade.

Après une heure de repos, voyant que les volontaires noirs étaient complètement démoralisés et qu'il n'y avait plus aucun parti à en tirer, on retourna vers le fleuve. Les Maures n'osèrent pas nous suivre.

Nos volontaires noirs laissèrent 23 hommes tués et ramenèrent 15 blessés. Nous perdîmes de plus un laptot tué et un homme d'infanterie mort d'un coup de soleil. On évalua la perte de l'ennemi à une vingtaine d'hommes tués parmi lesquels 3 chefs. Nos gens ramenèrent quelques centaines de moutons et 10 prisonniers. Parmi les volontaires tués se trouvait Demba-Gouma, frère de Bélal.

Le camp de Mohammed-Sidi était défendu par la tribu des Ouled-Ahmed; le grand marabout Chikh-Sidia s'y trouvait et cette circonstance contribua à la mauvaise issue de l'affaire pour nous.

Le 21 juin, 300 volontaires de Saint-Louis allèrent faire, entre Bélou-Khassan et Dara, une razzia de 800 bœufs et de 100 moutons. Ils tuèrent trois Maures et ramenèrent 67 prisonniers.

A cette époque, un camp établi sous Ross et commandé par le capitaine Ringot, gardait le Oualo, de concert avec l'escadron de spahis, pour intercepter les routes aux Maures.

Le 27, une bande de Maures ayant traversé le fleuve à Naolé, tentait d'enlever le troupeau de Podor et était repoussée avec pertes, après avoir blessé 3 hommes.

Le 28, Charles Duprat allait enlever, près de Téniadar, 250 bœufs et 12 prisonniers, mais le même jour les Maures enlevaient quelques bœufs à Diekten.

Juillet. Le 3 juillet, 150 volontaires de Saint-Louis, déposés par le *Grand-Bassam*, au marigot des Maringouins, ramenèrent 50 chameaux et 40 bœufs pris aux Bouïdat, dont 2 furent tués ; la razzia avait eu lieu entre Dara et Mbatar. Mais en même temps, le troupeau de Saint-Louis était enlevé dans l'île de Thionq et livré aux Maures par ses propres bergers qu'on avait eu l'imprudence de choisir parmi des captifs fugitifs des Trarza. On le poursuivit vainement jusqu'au marigot de Khassakh, car il avait traversé le fleuve ; un homme de Saint-Louis fut tué dans la poursuite.

Fara-Penda et Diadié-Coumba avec 160 hommes du Oualo, partis de Richard-Toll, le 3 juillet, rentrèrent deux jours après avec 350 bœufs, 4,000 moutons et 32 prisonniers ; ils avaient tué une vingtaine de Maures et n'avaient perdu personne. La razzia avait été faite sur les Azouna.

Quelques volontaires de Saint-Louis, partis le 2 juillet, rentrèrent le 9, ramenant 554 bœufs, 41 ânes et 32 prisonniers. Cette razzia fut faite près de Bélou-Khassan.

Une autre bande de 400 volontaires, commandée par le toucouleur Guibi, partie le 21, rentra le 29, avec 967 bœufs, 82 chameaux, 200 moutons, 9 ânes et 60 prisonniers. Elle avait été transportée par le *Rubis*, entre Brenn et Djiaouar ; elle alla à Mbal, où elle mit en fuite les Bouïdat et les Dagbadji. En revenant, elle battit, à Mbompri, les Takharedjent et les Ouled-Akchar. Elle ne perdit qu'un homme.

Août. Vers le 15 août, Fara-Penda, avec une centaine de fusils, alla enlever sur la rive droite 400 chameaux, 200 bœufs et 12 prisonniers ; il tua quelques Maures. Le roi des Trarza et son fils Sidi faillirent être faits prisonniers. La selle du premier fut prise et il se sauva sur un cheval sans selle.

A la suite de ces razzias, les captifs des Trarza vinrent se rendre en masse. Tous les Ouolofs du Ganar vinrent s'établir dans le Oualo et les marabouts, mourant de faim, venaient se faire prendre exprès pour avoir à manger.

Guibi fit à la fin d'août une course de vingt jours avec 315 volontaires de Saint-Louis. Ils étaient d'abord dans le Oualo à la piste d'une caravane qui devait traverser le fleuve au-dessus de Dagana. Ne l'ayant pas trouvée après six jours de recherches, ils passèrent sur la rive droite, enlevèrent le camp des Ouled-Bou-Ali, puis celui des Ouled-Akchar qui se défendirent bien. La nuit suivante, ils furent attaqués par les Ouled-Akchar, les Dagbadji et les Bouïdat, mais l'avantage leur resta. Après un jour de repos, ils allèrent livrer un combat de douze heures aux Takharedjent. Pendant les quatre nuits suivantes, nos volontaires eurent à repousser les attaques de tous les Elguebla.

Enfin, le 13 septembre, ils rentraient à Saint-Louis avec 130 prisonniers, 185 chameaux, 200 bœufs, 104 ânes et 500 chèvres ou moutons. Ils avaient tué une cinquantaine d'hommes aux Maures.

Septembre. Diadié-Coumba fit, le 28 septembre, à Mbal, 243 prisonniers; c'étaient des gens affamés qui cherchaient leur subsistance dans les environs.

Octobre. Boubakar-Ndoumbé de Gaé enleva, le 10 octobre, 65 prisonniers et 30 bœufs aux Mradin; le fils du chef de cette tribu fut tué. Le 11, Fara-Penda et Diadié-Coumba avec 150 hommes, firent une prise de 300 captifs, près de Téniadar.

Novembre. Ces deux chefs, ne cessant de parcourir à l'envie le pays des Trarza démoralisés, leur enlevèrent, dans le mois de novembre, plus de 500 prisonniers.

Décembre. Vers le commencement de décembre, les Trarza pressés par la faim, se rapprochèrent du fleuve et tentèrent plusieurs coups de main. Ils tuèrent deux pêcheurs à Mbagam, enlevèrent trois femmes à Djiaouar, 100 bœufs à Brenn et 15 à Char. Dans ce dernier village, le seul qu'ils attaquèrent ouvertement, ils furent repoussés avec perte de quatre hommes.

Pendant ce temps, le goum du Oualo faisait le tour du lac Cayar, enlevait des camps de Mradin et ramenait 800 prisonniers, 1,000 bœufs et 5 à 600 moutons. Ce fut à cette époque que la tribu des Ouled-Bou-Ali se rendit à nous et vint s'établir à Maka.

Le 5 décembre, cinq habitants de Saint-Louis, ayant été couper du bois, près de Mbéray, se laissèrent surprendre par les Maures pendant leur sommeil et furent tués ou pris ; on envoya quelques patrouilles pour purger les environs de Saint-Louis et le 29, le capitaine de rivière Moussa-Palmeyra, avec seize laptots du *Basilic*, rencontra près de l'île aux Biches une bande de Maures qui traversaient le fleuve. S'étant embusqué dans les roseaux, il en tua cinq, en blessa trois et les autres se sauvèrent en perdant leurs fusils; c'étaient des Takharedjent.

Le 30 du même mois, 50 laptots du *Serpent* et du *Rubis*, commandés par les capitaines de rivière Toro-Boli et Ramata, avec 300 hommes du Oualo, allèrent enlever le camp de cette même tribu, à seize lieues dans l'intérieur. On brûla le camp et on ramena une trentaine d'enfants. Pendant ce temps, 300 volontaires de Saint-Louis, avec Samba-Ngouma et Guibi, brûlaient, à trois jours de marche du fleuve, le camp des Ouled-Akchar auxquels ils prirent seize prisonniers et quelques bestiaux ; et Hamzata, avec 50 Ouled-Bou-Ali, et 100 volontaires toucouleurs de Saint-Louis, allait vis-à-vis de Dagana enlever des camps Maures; ayant rencontré des forces considérables, il revint au fleuve, ramenant quelques centaines de bœufs et 40 prisonniers.

Se voyant traquée de tous côtés, une partie de la tribu des Tendra vint se rendre à nous vers cette époque et s'établir près de Saint-Louis.

Janvier 1857. Les pertes journalières essuyées par les Maures jetaient parmi eux le plus grand découragement, et vers le mois de janvier 1857, on commença à faire courir le bruit que les Ouled-Dahman et leurs tributaires voulaient se séparer des Trarza. On disait aussi que Mohammed-El-Habib désirait vivement la paix, mais que le respect humain l'empêchait seul de la demander. Les marabouts le suppliaient de faire cette démarche; ils n'obtinrent de lui que la permission de nous demander la paix pour eux-mêmes. Sur leur prière, une espèce de trêve leur fut accordée à la fin de janvier; le roi et les guerriers ne s'en mêlèrent pas.

A la suite de cet arrangement, des rixes à coups de bâton avaient lieu aux abords de Dagana et de Podor, entre les marabouts qui venaient vendre leurs gommes et les guerriers qui voulaient les en empêcher; il y eut même des marabouts massacrés ou mutilés par les guerriers; en revanche, trois Zombotis, surpris par nous, en embuscade sur la route des caravanes, vis-à-vis de Dagana, furent passés par les armes.

Cette trêve des marabouts, qui avait paru à beaucoup de personnes être un acheminement vers la paix générale, tourna au contraire très mal comme on le verra plus loin.

Février 1857. Mohamed-El-Habib avait éprouvé un violent dépit, en voyant que nous étions disposés à faire du commerce avec ses sujets sans sa participation, et surtout en apprenant que le gouvernement local, pour le punir de son obstination, avait l'intention de supprimer radicalement le droit prélevé au profit des rois Maures, sur le commerce des gommes.

Pour se venger, et en même temps pour prouver que le commerce ne pouvait pas se faire sans sa protection, ou encore, afin d'arriver à obtenir de meilleures conditions pour la paix, dont il prévoyait ne pouvoir reculer encore bien longtemps le moment, il voulut tenter un suprême effort contre nous. Il supplia ses princes et ses sujets de l'aider franchement et de montrer, enfin, un peu de courage et d'ensemble contre nous.

Mars. Il commença par envoyer le roi des Brakna, Mohammed-Sidi, à l'almamy du Fouta, Mohamadou, pour l'engager à entrer dans une ligue contre les Français; mais l'almamy et le lam Toro, Ahmed, furent les seuls qui ne se montrèrent pas éloignés d'accepter cette proposition. Le Fouta tout entier refusa. En même temps le roi des Trarza faisait tous ses efforts pour lancer tous les El-Guébla sur le Oualo, mais les cercles de Fara-Penda et de Diadié-Coumba étant bien peuplés et bien décidés à se défendre, les El-Guébla hésitèrent quelques temps à passer le fleuve.

En présence des dangers qui menaçaient le Oualo, la moitié des troupes de Koundy qui travaillaient à la route vis-à-vis de Podor, et protégeaient l'arrivage des caravanes fut appelée à la Taouey et y forma un camp d'observation.

Avril. Bientôt, sur toute la ligne, les Maures reprirent l'offensive. Les gens de Brenn ayant été pêcher sur la rive droite, furent attaqués par une bande qu'ils parvinrent à mettre en fuite, après un petit engagement.

En même temps, une colonne maure de 3 à 400 hommes traversait le fleuve entre Diaouar et Khan, et, n'osant s'attaquer aux parties du pays déjà réorganisées complètement, mettait encore une fois en déroute nos cercles de Mérinaghen et de Lampsar, où quelques habitants commençaient à rétablir leurs villages isolément et sans armes, malgré les avertissements que nous leur avions donnés.

Cette bande qu'avaient en vain recherchée, immédiatement après son passage, les laptots de la croisière, avec les habitants de Ronq, suivit le chemin de Mérinaghen, le lendemain du jour où le gouverneur en était revenu avec 50 chevaux, après avoir été faire une reconnaissance et une razzia sur la frontière du Ndiambour, contre les insoumis du Oualo qui s'y étaient réfugiés. Les Maures tuèrent sept hommes dans l'île de Guiéland, où ils avaient été reçus en amis; ils brûlèrent çà et là à Nit, Fos et Naéré, quelques cases commencées; à Ndakhar-Fos, ils enlevèrent aux Pouls, un troupeau qui leur fut immédiatement repris; la même chose leur arriva avec des pertes sensibles, à Djeuleus, avec d'autres Pouls. Près de Ndakhar-Fos, ils furent vivement repoussés par les laptots de deux chalands; puis apprenant que le capitaine Roman, avec les troupes du camp de la Taouey, et le goum de Fara-Penda et de Diadié-Coumba se mettait à leur poursuite, ils repassèrent sur la rive droite au marigot de Gorum, n'emmenant pour tout butin que huit prisonniers.

Mais le fait le plus sérieux fut un échec très-grave éprouvé à cette époque, par les volontaires du Oualo.

Fara-Penda voulut aller attaquer les Mradin, au nord du lac Cayar. Au lieu de 1,000 volontaires qu'il espérait avoir, il ne put en réunir que 300, dont 160 cavaliers du Oualo et une centaine de Toucouleurs de Saint-Louis. Ils commencèrent par enlever un camp considérable avec ses habitants, puis, au lieu de retourner sur leurs pas avec leurs prises, ils se laissèrent emporter par l'espoir d'en faire d'autres. Les Maures les amusèrent en tiraillant pour attendre leurs renforts. Des forces considérables arrivèrent en effet à cheval et à chameau. Les volontaires lâchèrent pied; les gens du Oualo et surtout les cavaliers parvinrent en grande partie à regagner le fleuve, mais les Toucouleurs furent exterminés pour la plupart après une belle résistance, sous les ordres d'un chef nommé Bolo. Les Maures en firent quelques-uns prisonniers, et s'amusèrent ensuite à les couper par morceaux dans leurs danses et leurs fêtes. C'est par ces cruautés qu'ils se font tant redouter des noirs.

La paix faite avec les marabouts fut considérée comme n'ayant pas été sans influence sur ces malheureux événements, en permettant aux Maures d'avoir une foule d'espions chez nous.

En raison du mauvais effet produit par ces affaires, il était indispensable d'aller avec les noirs eux-mêmes combattre les Maures, sur le théâtre de leur récente victoire, pour abattre l'ascendant qu'auraient repris ces derniers et pour rendre un peu de confiance à nos alliés.

Mai. Le gouverneur partit donc, un mois après, le 7 mai, avec une colonne composée de 412 hommes d'infanterie, commandée d'abord par M. Guillet, et après la mort de celui-ci, par M. le capitaine Roman, de 90 hommes d'artillerie, commandés par M. le capitaine Duhamel, de 14 hommes du génie, de 65 spahis, commandés par M. le lieutenant Lafont, de 110 hommes des compagnies de débarquement, commandés par M. le capitaine de frégate Duroc, de 50 noirs auxiliaires dans les différents corps et de 1,230 volontaires ou hommes des contingents du Oualo avec leurs chefs. Nous avions 285 chevaux ou mulets, cinq voitures et trois obusiers ; M. Fulcrand, chef du génie, dirigeait son service ; M. Thèse, chirurgien de 1re classe de la marine, dirigeait le service de santé.

C'était la première fois qu'on essayait de se servir de voitures pour transporter une partie de nos bagages et de nos vivres. Cette innovation réussit à peu près. Le Sénégal n'étant pas un pays de montagnes, il vaut mieux y faire traîner que porter. Seulement, comme il n'y a pas de routes, le charriage offre quelques difficultés, principalement au passage des marigots. En somme, l'expérience nous a démontré que de bonnes charrettes à deux roues, avec de bons attelages et raisonnablement chargées, convenaient comme moyens de transport de guerre au Sénégal, mais que cependant, pour une petite colonne très légère, il faut encore préférer les mulets porteurs, parce qu'un passage de marigot peut faire perdre quelques heures avec les voitures.

Le 7, dans la soirée, nous partîmes de Saint-Louis avec le *Basilic* et le *Podor*, remorquant les deux écuries ; le 8, nous étions à Dagana. Une grande partie de la colonne, qui se trouvait à la Taouey, se rendit par terre, dans la journée du 8, de Richard-Toll à Dagana. Le 9, toute la colonne était réunie à Dagana. Le 10, les troupes passèrent sur la rive droite. On ne se pressait pas, parce que, désirant cette fois une rencontre sérieuse avec les Trarza, on voulait leur donner le temps de réunir leurs forces.

Le 11, à une heure et demie du matin, nous nous mettions en route. Nous arrivâmes bientôt dans un bas-fond défoncé par les hippopotames, où une de nos voitures versa et se brisa. On distribua au bataillon d'arrière-garde, le biscuit dont elle était chargée. Chaque homme se trouva approvisionné pour huit jours.

Pendant cette marche, nous avions toujours le marigot de Sokam, à quelques milliers de mètres sur notre droite. Nous le traversâmes à l'endroit où il se bifurque et où il forme le marigot de Sokam, à l'est, et le marigot de Térélé, à l'ouest. Nous cheminâmes dans l'angle des deux embranchements jusqu'à dix heures, où nous établîmes le bivouac auprès d'une mare d'eau, dans le lit desséché du marigot de Térélé. Nous avions fait cinq lieues. Ce bas-fond, couvert d'herbes touffues, était infesté de serpents et des pires espèces.

Douze hommes malades et un cheval décousu par une troupe de sangliers qui s'étaient jetés dans la colonne pendant notre marche, furent renvoyés à Dagana pendant la nuit.

Le 12, à deux heures du matin, nous nous remettions en route; à quatre heures, nous eûmes à traverser le marigot de Térélé, à un passage très-difficile pour les voitures; les laptots nous donnèrent un bon coup de main pour leur faire gravir une crête un peu escarpée. A cinq heures et demie, nous atteignîmes l'extrémité méridionale du lac, que nous longeâmes jusqu'à neuf heures. Nous campâmes sur ses bords; nous avions encore fait cinq lieues dans cette journée.

Ce jour-là, le sous-lieutenant de spahis indigène Alioun, avec 10 spahis noir, 20 laptots et 1,000 volontaires, prit les devants pour tâcher de surprendre le camp de Sidi, fils du roi de Trarza, qu'on disait ne pas être bien loin.

Le 13, départ à deux heures du matin; nous bivouaquâmes à huit heures. Un spahis envoyé par M. Alioun, vint annoncer qu'il était à une lieue et demie de là, en présence de l'ennemi retranché dans un bois épais, sur les bords du lac. On envoya immédiatement un renfort de 60 laptots, avec ordre de maintenir les Maures dans cette position, sans les attaquer avant notre arrivée. A midi trois quarts, on leva le camp, et nous nous mîmes en route par une chaleur suffocante. A deux heures, nous arrivâmes en face du bois; nous trouvâmes les noirs l'entourant à moitié et ayant eu déjà une escarmouche avec l'ennemi qui avait attaqué le premier et qui occupait encore la partie la plus fourrée, d'où les volontaires n'avaient pu le déloger et où les laptots se trouvaient assez vivement engagés.

M. le sous-lieutenant Alioun avait montré l'exemple dans ce premier engagement à ses volontaires, en abattant de sa main un chef ennemi, et avait été parfaitement secondé par les laptots et ses spahis.

Le gouverneur fit arrêter le train et l'ambulance qu'il laissa sous la garde d'un peloton d'infanterie; il fit déposer les bagages des hommes et les besaces des chevaux et prit les dispositions suivantes :

Les laptots commandés par M. le capitaine de frégate Duroc, trois pelotons d'infanterie commandés par M. le lieutenant Bénech, un obusier par M. Féry, et l'escadron par M. le lieutenant Lafont, exécutèrent un mouvement tournant par la gauche, pour arrêter et couper l'ennemi dans sa fuite; puis, deux obusiers furent mis en batterie à 150 mètres du bois, et y lancèrent une dizaine d'obus. Au dernier coup, cinq pelotons d'infanterie commandés par M. le capitaine Roman, s'élancèrent au pas de charge et la bayonnette au bout du fusil, dans le bois. L'ennemi se sauva du côté opposé, il laissa sur le terrain de 25 à 30 morts. L'escadron le poursuivit en vain pendant une heure environ.

Nous restâmes maîtres du terrain, ayant entre les mains 42 prisonniers et une centaine de bêtes de somme, chameaux, bœufs porteurs et ânes.

Pendant cette journée, où régnait le vent du désert (vent du N.-E.), le thermomètre resta, jusqu'à six heures du soir, à 57° centigrades. Jamais nous n'avions autant souffert de la chaleur au Sénégal. M. le capitaine Guillet, commandant l'infanterie, fut foudroyé par un accès pernicieux.

Parmi les Maures tués se trouvait le beau-frère du roi des Trarza, un prince de la famille royale et trois princes des Ouled-Dahman. Quant aux blessés, on n'en connut pas le nombre.

Par un bonheur tout particulier, nous n'eûmes qu'un cheval blessé et un volontaire contusionné au front par une balle. Les volontaires qui virent les Maures rassemblés au commencement de l'affaire, évaluent à 2,000 hommes environ les forces qu'avait réunies Sidi sur ce point.

Nous couchâmes sur le lieu du combat et nous y restâmes encore la journée et la nuit du lendemain, pour nous reposer et dans l'espoir d'avoir une affaire plus sérieuse avec l'ennemi.

Ayant appris, au contraire, que les Maures s'étaient dispersés de tous les côtés, le 15, à deux heures du matin, nous quittions le bivouac et à huit heures, nous campions près de Tound-ou-Mourmar, à l'endroit où était parvenue la colonne l'année précédente et d'où on avait vu, pour la première fois, le lac Cayar.

Le 16, à deux heures et demie du matin, nous longeâmes le marigot de Guédayo et nous campâmes sur ses bords, à huit heures. Le 17, à sept heures du matin, la colonne arrivait sur les bords du fleuve, vis-à-vis de Gaé. L'infanterie et la cavalerie s'embarquèrent pour Saint-Louis, et l'artillerie et le train se rendirent par terre de Gaé à Dagana, où ils s'embarquèrent aussi pour Saint-Louis. M. le capitaine du génie Fulcrand avait fait le lever du pays parcouru.

Le gouverneur avait été parfaitement secondé dans tout ce qui concerne l'organisation de la colonne, des transports, et, en général, pour tous les détails du service, par le chef d'état-major, M. le capitaine d'artillerie Bonnet qui, depuis trois ans, avait acquis une précieuse expérience de ces fonctions si difficiles lorsqu'il faut, pour ainsi dire, tout improviser.

Pendant notre expédition du lac Cayar, qui avait causé une panique générale sur la rive droite, 15 hommes des Ouled-El-Fari, la plus détestable de toutes les tribus maures, eurent l'audace de se réfugier vis-à-vis de Podor même, mêlés à des marabouts et croyant ne pas être reconnus. Le commandant du poste averti, envoya des laptots qui parvinrent à s'emparer de ces misérables, convaincus d'être de la même bande qui, depuis six mois, pillait et assassinait dans les environs ; ils furent immédiatement fusillés et pendus.

Le lendemain de la rentrée de la colonne à Saint-Louis, les Trarza qui n'avaient pas osé venir nous combattre sérieusement au lac Cayar, faisaient une diversion très hardie sur la rive gauche.

Mohammed-El-Habib, pendant que son fils Sidi commandait l'armée que nous avions battue, avait réuni une partie de ses fidèles, les princes de sa famille, et les avait envoyés, avec 3 ou 400 hommes, une cinquantaine de chevaux et autant de chameaux, traverser le fleuve à Mékinak.

En passant au marigot de Gorum, les Maures trouvèrent 15 pêcheurs de Char, qui avaient stupidement déposé leurs fusils loin d'eux sur la rive. Ils prirent les fusils et tuèrent la plus grande partie des pêcheurs, avec leurs propres armes.

On apprit cela à Saint-Louis, le 19 au soir, et le 20 au matin, c'est-à-dire avant qu'on pût bien s'assurer du fait, ni prendre aucune mesure, le village de Gandon était enlevé par la même bande, à la pointe du jour.

Il n'y eut aucune résistance de la part des gens du village, ni des villages voisins, qui auraient pu réunir plus de mille fusils en moins d'une heure. 10 hommes de Gandon furent tués, environ 80 femmes ou enfants enlevés, ainsi que 450 bœufs et le village fut incendié.

Les prises furent aussitôt envoyées dans la direction de Diarao, deux ou trois cavaliers restant auprès de Gandon, à battre le tam-tam, pour effrayer ceux qui auraient eu l'intention de courir après les capteurs ; mais c'était bien inutile, personne n'avait cette envie !

Vers huit heures, on fut averti à Saint-Louis de ce qui se passait : le gouverneur et 50 spahis ne purent être transportés de l'autre côté qu'à neuf heures et se rendirent rapidement à Gandon, où ils arrivèrent à dix heures ; ils suivirent les traces de la razzia, depuis Gandon jusqu'à Dialakhar, et s'arrêtèrent quelque temps dans ce dernier village, pour avoir des renseignements sur la direction qu'avaient suivie les Maures. Vers midi, un Poul ayant déclaré que les Maures n'étaient pas loin et qu'ils longeaient le marigot de Menguey, on reprit la chasse jusqu'à deux lieues de Diarao, sous la conduite du brave sérigne Guey, Maguey-Fari, chef de Dialakhar, en suivant les traces très visibles du passage de la razzia. On trouvait en effet, des bœufs avec les jarrets coupés, des veaux, des chèvres et on rencontra même une pauvre vieille femme assommée ; mais on avait déjà fait neuf lieues, le jour allait baisser, les hommes n'avaient pas de vivres, le pays où l'on entrait était très boisé et n'avait pas d'eau douce et il devenait évident que les Maures avaient une avance considérable. On ne pouvait donc pas aller plus loin, et l'escadron, après avoir passé la nuit à Dialakhar, revint à Saint-Louis.

Le 25, on apprit à Saint-Louis que cette bande se trouvait sur les bords du lac de Guier, et le 26, au matin, au moment même où le gouverneur s'embarquait avec 200 hommes, 50 chevaux et un obusier, pour aller lui fermer le chemin, ou la poursuivre par Richard-Toll, le bruit courut qu'elle s'était rendue au village de Nder; en effet, le 25, elle avait attaqué le blokhaus placé sur ce point, essayant de le brûler, mais elle avait été repoussée vigoureusement. Le blokhaus avait pour garnison le caporal blanc Valette, un caporal noir, un soldat blanc et 6 soldats noirs. Ces braves gens ayant essayé à deux reprises de se servir de leur espingole, deux fois tous les madriers d'une des faces du blokhaus leur étaient tombés sur le dos, les laissant exposés à découvert comme sur un théâtre, au feu de l'ennemi. Sans se décourager, ils avaient reconstruit leur blokhaus, tout en tenant les assaillants en respect, et avaient fini par les mettre en fuite après avoir tué ou blessé les plus audacieux qui s'étaient approchés pour apporter des bottes de paille enflammées, entre autres, le nommé Yougo-Fally, notre ennemi le plus acharné parmi les gens du Oualo. 10 morts restèrent au pied du blokhaus. La garnison n'avait eu qu'un homme tué.

Ély, qui commandait cette attaque, renvoya ses blessés avec quelques hommes à Nguik, dans le Cayor, et se porta avec les Maures à Bat, à l'entrée de la Taouey dans le lac de Nguier, dans l'intention de gagner le Fouta. En passant la Taouey, le 26, il fit mine d'attaquer Ndombo ; Fara-Penda avait eu le temps de se jeter, avec quelques hommes, dans ce village et repoussa Ély, en lui tuant un cheval.

Le 27, au matin, le gouverneur, étant arrivé à

Richard-Toll, avec la petite colonne embarquée, y apprit les résultats de l'attaque de Nder, la résistance du blokhaus et l'attaque de Ndombo. D'après les renseignements divers, le commandant du poste croyait qu'Ély, avec une partie de ses gens, se dirigeait alors vers le Dimar, mais qu'une autre partie avec son butin, n'avait pas encore passé la Taouey.

En conséquence, on résolut de chercher d'abord celle-ci dans la plaine de Djeuleus, refuge ordinaire des Maures; on le fit dans les journées du 27 et du 28, mais sans trouver même de traces.

Pendant ce temps, des bandes de Trarza, envoyées sans doute au secours de celle qui se trouvait dans le Oualo, tentaient de passer le fleuve. L'une d'elles, de 200 hommes environ, dont beaucoup de cavaliers, se faisait repousser jusqu'à trois fois par des péniches de la croisière, auprès de Khann; une autre se montrait vis-à-vis de Richard-Toll.

Le 28, un courrier de Dagana vint nous apprendre à Richard-Toll, que les Maures d'Ély avaient passé, le 27, près de Bokol; que les gens de Bokol avaient tiré sur leurs cavaliers au bord du fleuve, et leur avaient tué un cheval, et enfin, que ces Maures étaient pour le moment à Fanaye avec leurs prises; que les volontaires de Dagana, Gaé et Bokol, envoyés contre eux par le commandant de Dagana, avaient tiraillé avec eux, entre Fanaye et Bokol; qu'ils leur avaient tué deux chevaux et blessé 2 hommes, et qu'eux-mêmes avaient eu 2 hommes légèrement blessés. N'ayant rien trouvé dans Djeuleus, nous crûmes alors que tous les Maures avaient traversé la Taouey, le 26, avec Ély, contrairement à l'opinion du commandant de Richard-Toll, et qu'ils avaient tous remonté vers le Dimar. En conséquence, le 29, nous allâmes débarquer à Fanaye pour les poursuivre. Là, nous apprîmes que les Maures, continuant leur marche, avaient passé la journée à Dialmatch. On nous dit qu'ils étaient 3,000, tant la peur grossissait les objets auprès des gens du pays.

Le 30, à trois heures du matin, nous partîmes de Fanaye pour Dialmatch, mais Ély et les Maures, en apprenant notre arrivée, avaient fait une marche forcée et dans la même journée du 30, ils allèrent d'abord à Ndiayen, puis le soir à Nbanto, près de Guédé, c'est-à-dire au delà de Podor.

Il était inutile d'aller plus loin, et nous passâmes la journée et la nuit du 30, dans Dialmatch, renonçant à poursuivre l'ennemi.

Mais le soir, un courrier de Richard-Toll, venu en toute hâte, nous apprit qu'une seconde bande de Maures avait passé la Taoucy, le 28, se dirigeant aussi vers l'est.

D'après cela, comme les volontaires de Gaé, Bokol, Dagana et du Oualo, devaient déjà retourner le lendemain par terre, de Dialmatch à Fanaye, l'escadron reçut l'ordre d'aller avec eux, au lieu de s'embarquer, pour leur donner de la confiance et tâcher de rencontrer la bande signalée.

Or, cette bande n'était en effet, qu'une partie de

celle de Gandon; le 26, après l'attaque de Ndombo, Ély, se dirigeant vers le Fouta, entraîna avec lui trois de ses cousins germains et les El-Guebla; mais une partie des princes Maures avaient refusé de le suivre, et n'avaient pas passé la Taouey avec lui; seulement, au lieu de s'arrêter dans la plaine de Djeuleus, où nous avions fait nos recherches, ils étaient allés immédiatement, avec leur part de prise, dans l'angle du marigot de Khassakh et de Gorum, pour refaire, dans de bons pâturages, leurs animaux fatigués, puis pour tenter le passage du fleuve. Notre chef des Pouls, Semba-Ngouma, qui traversait le Oualo, avec 4 hommes, les avait vus au passage du marigot de Khassakh et leur avait tué un cheval et pris un autre, en s'embusquant dans les herbes.

Le 27, ces Maures allèrent pour passer le fleuve à Bépar-Ndekh, ils y trouvèrent Hamzata et ses Ouled-Bou-Ali, qui leur tirèrent quelques coups de fusil de loin. Ils remontèrent alors à l'embouchure du marigot de Gorum, où des péniches tirèrent sur eux et leur tuèrent, dit-on, 5 hommes. Enfin, le 28, désespérant de forcer le passage du fleuve, ils se décidèrent à remonter à Bat, pour suivre la même route que la première bande.

Comprenant leur fâcheuse position, ils passèrent les journées du 29 et du 30 derrière Kouroumbay, sans oser venir boire au fleuve.

Le 31 au matin, mourant de soif, ils arrivaient à Fanaye, presque en même temps que les volontaires et les spahis, et prenaient la fuite devant eux.

Le capitaine Billau leur donna la chasse.

Après avoir fait 3 lieues au galop, il les atteignit et les extermina à Langobé, près de Dialmatch ; leurs chevaux, leurs méharis, leurs captifs et leurs troupeaux furent pris par nous, par nos volontaires ou par les Pouls du Dimar. Parmi les morts, au nombre de 30, au moins, se trouvaient plusieurs neveux du roi des Trarza. Trois personnages importants furent faits prisonniers, fusillés et pendus quelques jours après, à Gandon même. De notre côté, nous n'eûmes qu'un spahis tué et un blessé. M. le lieutenant de Négroni et le sous-lieutenant Canard, commandaient les spahis, sous les ordres du capitaine Billau, à cette brillante affaire. Quant à l'autre bande, mise presque en déroute par la peur, quoiqu'elle ne connût pas encore l'affaire de Langobé, elle alla passer le fleuve un peu au-dessus de Mafou, ayant ainsi fait une centaine de lieues depuis Gandon. Il y avait certes, dans tout cela, de quoi dégoûter les Trarza de leurs courses sur la rive gauche.

On voit, par cette affaire de Gandon, que les Maures ne sont pas aussi lâches qu'on veut bien le dire et qu'ils se montrent quelquefois, au contraire, pleins d'audace et d'énergie. A Langobé, aucun d'eux ne sourcilla devant la mort; il y eut même de la part de l'un d'eux un trait de dévouement qui mérite d'être raconté : nous avons dit tant de mal des Maures, qu'il ne serait pas juste de laisser passer une occasion d'en dire du bien. Il y avait au combat de Langobé, trois frères, cousins du roi des Trarza, Mokhtar, Mohammed et Ibrahim ; avec eux se trouvait un jeune enfant, fils de Mokhtar. Ibrahim montait une jument du roi des Trarza, nommée El-Bouïda (Blanchette), jouissant d'une grande réputation de vitesse, et portait en croupe le jeune fils de Mokhtar. Il dit à celui-ci de monter, lui troisième sur la jument pour se sauver. Mokhtar répondit : ce serait nous perdre tous trois, — sauve l'enfant, Mohammed et moi, nous allons nous faire tuer ici pour protéger votre fuite; quelques spahis étaient déjà sur eux, et les sabrèrent, mais la jument put mettre ses cavaliers en sûreté.

Juin. Le 6 juin, une vingtaine de Maures, dont 10 à cheval et 10 à pied, tentèrent de passer le marigot de Tiallakh, près de Saint-Louis ; une embarcation qui croisait dans ce marigot et qui était cachée dans les mangliers, fit feu sur eux au moment où ils commençaient à se mettre à l'eau, en tua deux et en blessa un qui fut emporté par les cavaliers.

Juillet. Au commencement de juillet, les gens de Mbilor firent une razzia chez les Maures; ils tuèrent 3 hommes, et ramenèrent 10 prisonniers et des bestiaux.

Le 5 du même mois, M. le commandant de Richard-Toll fut prévenu qu'une bande de Maures venait d'enlever le troupeau du poste qui était à paître auprès des lougans de Ndiao et qu'elle se dirigeait sur le passage de Roço, près de Mbagam.

pour repasser avec sa prise sur la rive droite. Il fit courir immédiatement après eux, quelques volontaires de Richard-Toll, commandés par Fara-Penda et une dizaine de soldats noirs du poste. Mais déjà les gens de Ndiao, commandés par leur chef, Charles Duprat, avec l'aide des gens de Mbagam, qui, cette fois, étaient sortis de leur apathie habituelle, et les laptots du chaland qui croise devant Roço, avaient repris le troupeau et mis en fuite les pillards au moment où ils voulaient forcer le passage.

Fara-Penda, Charles Duprat, les volontaires et les soldats du poste, en tout 34 fusils, se mirent alors à la poursuite des fuyards qu'ils atteignirent vers cinq heures et demie du soir, sur la route de Nder, à une lieue environ de Sentch-Beukkenek. Le combat s'engagea immédiatement et la fusillade dura pendant deux heures; elle aurait duré plus longtemps, si la nuit n'eut permis aux Maures de prendre la fuite, emportant leurs blessés et laissant leurs morts sur le terrain.

L'ennemi, qui se composait d'une centaine d'hommes de la tribu des Takharedjent et de celle des Ouled-Akchar, dut faire de grande pertes, car le lendemain, on compta encore 10 tués sur le lieu du combat. Les blessés avaient dû être très nombreux, à en juger par le sang répandu à terre dont étaient souillées les herbes environnantes.

Nos volontaires n'eurent pas de tués, 3 hommes seulement furent atteints; leurs blessures étaient sans gravité.

Enfin, le roi des Trarza, en personne, voulut profiter de l'absence du gouverneur et des troupes qui étaient allés délivrer Médine, à deux cent cinquante lieues de Saint-Louis, pour faire parler de lui.

Dans la nuit du 11 au 12 juillet, il vint avec un millier d'hommes à une lieue de Ndiago. Il s'arrêta là avec la plus grande partie de son monde et envoya dans l'île de Thionq, une quarantaine de cavaliers et une centaine d'hommes à pied qui entourèrent les tentes des Tendra réfugiés sur ce point et dépouillèrent ces pauvres marabouts de leurs vêtements, la seule chose qu'il fût possible de leur prendre. Une cinquantaine de bœufs parqués près du camp des Tendra et appartenant aux gens de Guet-Ndar, furent enlevés par les pillards. Ces bœufs étaient gardés par un seul homme qui parvint à s'échapper.

Mohammed-El-Habib, qui n'avait pas quitté son poste d'observation, n'attendit pas le jour pour s'éloigner; il fit quinze lieues d'une traite, ce qui ne permit pas de le poursuivre.

Pendant que ceci se passait aux environs de Saint-Louis, cinquante volontaires du Oualo, commandés par le chef de Mbilor, Samba-Diène, enlevaient aux Trarza un troupeau de *huit cents chamelles*, perte irréparable pour eux, et à laquelle ils furent d'autant plus sensibles qu'elle tombait entièrement sur les princes de la famille du roi. Comme on le voit, les expéditions que commandait le roi des Trarza, en personne, ne lui réussissaient guère.

Le 15 juillet, 60 hommes du Oualo, faisant partie de la bande qui avait suivi Ély, dans le Fouta, après l'affaire de Gandon, passèrent, en retournant dans le Cayor, à deux kilomètres de Mérinaghen. Le commandant du poste les fit poursuivre par sa garnison et quelques volontaires du village qui les mirent en fuite et leur prirent un cheval de selle, quinze bêtes de somme et 10 captifs que ces bandits avaient volés dans le Fouta.

Août-Septembre. Ély se décida enfin, pour la première fois, à rester avec son père sur la rive droite, et les Maures s'éloignèrent du fleuve à cette époque, comme les autres années, nous laissant reconstituer complètement le Oualo sous nos ordres.

Octobre. En octobre, le bruit courut que la discorde et l'anarchie, suite de l'humiliation et de la misère, commençaient à se mettre parmi les Trarza.

Novembre. Décidés par une reconnaissance poussée par les spahis jusqu'à Ngay, les derniers insoumis du Oualo rentrèrent enfin dans leur pays.

A cette époque, un traité fut passé avec les Douaïch, sur les bases que nous voulions adopter avec les autres Maures. Le roi Bakar nous promit même de chercher à décider les rois des Trarza et de Brakna à accepter ces mêmes conditions. Chez les Trarza, deux partis se dessinaient de plus en plus; d'un côté, les Ouled-Ahmed-Ben-Dahman, avec les princes de la famille royale et de l'autre, les Ouled-Dahman et leurs tributaires qui faisaient du commerce avec nous à Podor, malgré les premiers. Mohammed-El-Habib, pressentant qu'il ne pourrait plus continuer longtemps la guerre, voulut tâter le terrain, pour arriver à un arrangement, et le 24 décembre, le fils de son ministre et Mohammed-Ély, chef des Azouna, arrivèrent à Saint-Louis, pour entrer en pourparlers avec nous. Ils ne se reconnaissaient pas comme les envoyés officiels du roi des Trarza, mais ils consentaient à servir d'intermédiaires pour les propositions qui pourraient être faites de part et d'autre. Quoique disposés à faire la paix, craignant que ces ouvertures ne fussent que des ruses, nous n'en continuâmes pas moins les hostilités.

Décembre. Le 28 décembre, Fara-Penda, Diadié-Coumba et Samba-Diène, avec 30 cavaliers, allèrent à deux jours de marche dans l'intérieur du pays des Trarza, enlever un camp de marabouts. Ils firent du butin et ramenèrent 350 vaches et 50 prisonniers.

Le même jour, Samba-Ngouma, avec cinq cavaliers, enleva une caravane qui avait passé le fleuve à Gorum. Après avoir tué un guerrier qui faisait mine de se défendre et avoir pris toutes les bêtes de somme, il renvoya les marabouts, au nombre d'une soixantaine, sur la rive droite.

Le même jour, les Ouled-Bou-Ali, petite tribu Trarza qui, comme nous l'avons dit, s'était mise avec nous pendant la guerre, allèrent, sous les ordres de leur cheikh Ahmed, à deux journées de marche du fleuve, attaquer une bande de Takharedjent, leurs ennemis personnels. Ils en tuèrent ou blessèrent 4 et en firent 5 prisonniers; les autres prirent la fuite.

Cependant, malgré la colère de Mohammed-El-Habib, les gommes arrivaient à Podor; elles étaient escortées par les Ouled-El-Fari, et les Ahratin des Oued-Dahman. Les Chellouha, tributaires de Mohammed-Sidi, ayant attaqué une caravane, furent repoussés par eux, avec perte d'un homme.

Janvier 1858. Le 7 janvier, un engagement assez vif eut encore lieu sur la rive droite, à la hauteur de Naolé, entre des tribus Trarza : les Mradin et les Ouled-Bou-Alia d'une part, les Ouled-El-Fari et les Ahratin-Ouled-Dahman d'autre part, au sujet d'une caravane que ces derniers voulaient prendre sous leur protection. Les Mradin eurent deux hommes grièvement blessés.

Février. Le 27 février, deux soldats de la tour de Ross, en allant faire boire les quatre bœufs du poste au marigot, furent surpris et tués par une bande de 20 cavaliers maures, qui leur coupèrent les oreilles et les bras. Ces Maures sortaient, comme toujours, de la forêt de Djeuleus, où ils se cachent facilement.

Mars. En mars 1858, le roi des Trarza eut la velléité, sur la demande des gens de Niomré, de les secourir contre nous. Il espérait que tout le Cayor et le Ndiambour se réuniraient à ceux que nous menacions; mais il n'avait pas encore fait ses dispositions, que l'affaire de Niomré était terminée, toute à notre honneur.

Cette occasion de prendre leur revanche et de former une coalition contre nous, s'étant encore une fois évanouie, le découragement des Trarza s'accrut, et par suite aussi, la discorde qui commençait à les diviser.

A la fin de mars, les Ouled-Dahman et leurs tributaires désobéirent formellement aux ordres du roi et des princes; et la tribu des Ouled-Ahmed des Brakna, qui faisait toute la force de Mohammed-Sidi, c'est-à-dire du parti allié des Trarza, se mit avec les Ouled-Dahman et abandonna Mohammed-Sidi.

Avril. Le 10 avril, les Ouled-Bou-Ali allèrent faire une razzia sur la rive droite. Au nombre de vingt-cinq seulement, ils surprirent près de Dara, une grande quantité de pêcheurs, de toutes les tribus El-Guebla. Ils tuèrent quatre hommes et ramenèrent quinze prisonniers, des chameaux et des ânes.

Poussés à bout, les Ouled-Dahman et leur parti se réunirent à cette époque, à Méchera-El-Abiad et envoyèrent demander notre concours pour résister ouvertement au roi.

Mai. Mohammed-El-Habib, rassembla quelques forces au commencement de mai et alla trouver les Ouled-Dahman pour les punir et les rappeler à l'obéissance; ceux-ci firent quelques semblants de soumission, dont le roi fit, de son côté, semblant de se contenter; puis il passa outre et prit Mohammed-Sidi avec lui pour aller punir les Ouled-Ahmed qui s'étaient retirés dans l'est, vers Aleybé. Mais les Ouled-Ahmed, qui sont les Maures les plus audacieux du désert, n'attendirent pas les deux rois; ils allèrent au-devant d'eux, et, dans une attaque de nuit, tuèrent le prince Mokhtar-Ould-Amar, proche parent de Mohammed-Sidi; ils firent aussi un Trarza prisonnier et le renvoyèrent après lui avoir arraché toutes les dents. A la suite de cette audacieuse surprise, les deux rois épouvantés s'empressèrent de faire demi-tour, et en passant à Podor, ils nous envoyèrent dire qu'ils acceptaient toutes nos conditions pour la paix.

C'était donc la division sérieuse qu'ils voyaient s'introduire chez eux qui les décida à cette importante démarche. Mais, en attendant que la paix fut signée, les noirs et les Maures, semblèrent vouloir profiter du peu de temps qui restait, pour se faire du mal les uns aux autres. Une bande d'une dizaine de Maures, tenta, avant de repasser définitivement sur la rive droite, un coup de main sur le petit village de Bous. Les habitants de ce village étaient dans leurs lougans et armés, lorsque les Maures parurent auprès d'eux; les noirs plus nombreux les eussent mis en fuite en leur tirant un seul coup de fusil, mais ils se laissèrent prendre aux belles paroles des Maures qui, dès qu'ils les virent sans défiance, en blessèrent deux et enlevèrent un jeune garçon. Ces Maures furent aperçus près du fleuve qu'ils cherchaient à passer, par les gens de Khan qui les chassèrent à coups de fusil. Le jeune garçon qu'ils avaient enlevé, se sauva la nuit suivante, en leur emmenant leur meilleur cheval.

Les gens du Djolof, sous les ordres du chef Boumi, attaquèrent et pillèrent, le 9 mai, les camps de Trarza qui s'étaient établis depuis quelques semaines à Goui-Téa, Mbadjien, Néguénem. Les Maures qui purent s'échapper se sauvèrent à Sagata, auprès des captifs de Tanor (Silmakha-Dieng).

Yougo-Fali et Tanor menacèrent les gens du Djolof, d'intervenir en faveur des Maures. A cette nouvelle, M. le lieutenant Dard, dirigea immédiatement sur le Djolof quelques centaines de fusils des cercles du Oualo, pour soutenir le parti hostile aux Maures et à Tanor, mais il n'y eut pas d'hostilités. Des gens de Coqui, dans le Ndiambour, attaquèrent, vers ce même temps, une bande de Trarza et un neveu du roi, fils de Mohammed-Chein, fut tué dans cette échauffourée par un captif du chef de Coqui, nommé Balla-Khoudia, homme capable de tout et qui fut tué lui-même, deux ans plus tard, lors de la révolte du Ndiambour contre Damel.

Enfin, en mai 1858, nous obtenions un premier résultat sérieux de nos efforts et de la guerre que nous avions soutenue avec tant de constance et d'activité depuis trois ans et demi contre les Maures. Le 15, le ministre du roi des Trarza, Mokhtar-Sidi, arrivait à Saint-Louis, muni de pleins pouvoirs, et le 25 du même mois, son fils Sidi rapportait à Saint-Louis le traité avec les Trarza, signé par Mohammed-El-Habib.

Juin. Le 10 juin suivant, Mohammed-Sidi, *roi*

d'une partie des Brakna, signait un traité de paix analogue passé avec sa nation, et *son compétiteur*, Sidi-Ély, signait de son côté un double du même traité, pour le cas où il l'emporterait sur son rival, ce que nous désirions.

Le 13 décembre de la même année, ces deux princes se trouvant réunis par une feinte réconciliation, tandis qu'il était tacitement entendu qu'ils devaient s'assassiner à la première occasion, ce fut Sidi-Ély qui tua son rival d'un coup de fusil à bout portant et qui resta seul maître des Brakna, chargé envers nous de l'exécution du traité et notre fidèle allié.

Seulement, au mois de juin 1859, ce roi des Brakna, n'ayant pas eu assez d'autorité sur ses tribus, pour les empêcher de faire une razzia dans le Djolof, pays auquel notre protection était acquise par les traités en question, une colonne de 650 hommes, commandée par M. le chef de bataillon Faron, des tirailleurs sénégalais, fut aussitôt chargée d'aller punir cette violation des traités. Le camp de Sidi-Ély, dont la position avait été reconnue et indiquée par M. Flize, directeur des affaires indigènes, chargé de donner au chef de la colonne les guides et les renseignements nécessaires, fut enlevé presque sans coup férir, grâce à la vigueur et à la rapidité de l'attaque. Cette sévère leçon eut pour résultat immédiat, de faire rendre par le roi des Brakna, tout ce qui avait été pillé, et de lui faire jurer pour l'avenir, la rigoureuse exécution des conditions du traité.

Depuis cette époque, il n'a plus été commis aucune infraction à ces traités et les rois des Trarza et des Brakna s'efforcent, par tous les moyens en leur pouvoir, de maintenir leurs sujets dans les limites que nous leur avons assignées; cette tâche est quelquefois assez difficile, à cause des habitudes invétérées de pillage de ces peuples. Cependant, grâce à la bonne volonté des chefs et à l'appui que nous leur prêtons, nous parviendrons certainement, avec un peu de persévérance, à mettre la rive gauche à l'abri des brigandages des Maures, même au-dessus de Podor.

Le 15 septembre 1860, Mohammed-El-Habib fut assassiné par ses neveux, mécontents du traité de paix avec les Français, qu'il persistait à maintenir malgré eux. Son fils aîné Sidi, vengea son père, en tuant les coupables au nombre de neuf. Il nous assura immédiatement qu'il était bien décidé à respecter et à faire observer les conditions du traité, son seul désir étant d'être toujours d'accord avec nous. Sa conduite ultérieure a prouvé la sincérité de cette déclaration.

Sidi et deux de ses frères de mère furent assassinés, en 1871, par leurs sept frères, fils d'une autre femme de Mohammed-El-Habib, nommée Saloum. Mais ceux-ci, à leur tour, furent tués ou chassés par leur frère Ély, fils de Mohammed-El-Habib et de la reine du Oualo, Djimbotte, et depuis lors Ély règne sur les Trarza.

CHAPITRE III

GUERRE CONTRE AL-HADJI-OMAR ET SES ADHÉRENTS

Omar, marabout Toucouleur (Poular) d'Aloar, près Podor, pèlerin de la Mecque, où il avait passé un certain nombre d'années, avait acquis depuis longtemps, dans les contrées que baigne le Sénégal, une grande réputation de savoir et de sainteté; il était naturellement désigné par l'opinion publique pour proclamer et commander, au moment venu, une de ces guerres saintes qui, depuis plusieurs siècles, se succèdent dans le Soudan, et le transforment successivement en états musulmans.

Cette guerre sainte pour laquelle, depuis 1848, il se préparait des compagnons dévoués dans ses nombreux taliba (élèves) de Dinguiray, à la frontière nord du Fouta-Djalon, devait naturellement être dirigée contre quelqu'un de ces États restés idolâtres comme le Kaarta, le Ségou, le Cayor, le Baol, le Sine, et le Saloum, etc., mais nos prétentions à la domination du Sénégal, manifestées par un commencement d'exécution lors de la prise de Podor en 1854, devaient bientôt nous mettre aux prises avec ce fanatique.

Lors de l'expédition de Podor, les musulmans du Fouta et même de Saint-Louis, croyaient qu'Al-Hadji-Omar viendrait s'opposer à nous en appelant tous les croyants aux armes, mais ou bien il n'osa pas, ou bien il n'était pas encore prêt. Cependant, tout en nous laissant prendre pied dans le Fouta, il proclama presque immédiatement la guerre sainte, réunit une armée, prit Tamba et d'autres provinces du Bambouk et arriva bientôt jusqu'à Farabana et Makhana, se signalant déjà par son audace, par le courage aveugle de ses gens et par des massacres impitoyables, mais proclamant bien haut qu'il ne voulait pas de guerre avec les blancs et osant même envoyer demander au gouverneur Protet, des munitions de guerre, des canons et un officier pour l'aider à soumettre les idolâtres, demande qui fut rejetée.

Cet homme à qui on s'accorde à reconnaître une grande éloquence, n'eut pas de peine à se faire passer aux yeux des noirs du Sénégal, pour un être extraordinaire, doué d'un pouvoir surnaturel ; on croyait toute espèce de miracle possible de sa part ; on en racontait déjà. Quelques malheureuses fusées qu'il lançait sur les villages, avaient fait dire qu'il disposait de la foudre. Il était reconnu comme prophète envoyé de Dieu et se permettait même d'imposer à ses adeptes une prière et des pratiques religieuses de son invention.

A la fin de novembre 1854, en présence d'une armée du Fouta-Djalon, du Bondou et du Fouta sénégalais, qu'on faisait monter à 12,000 hommes et qui était à Farabana avec Al-Hadji, c'est-à-dire à une vingtaine de lieues de Bakel, armée exaltée par ses récents succès, qui envoyait des détachements faire la loi à Bakel même, et voulait imposer des conditions au commandant du poste, il fallut prendre des précautions pour être prêt à toute éventualité. M. Bargone, sous-lieutenant d'infanterie de marine, venait d'être nommé commandant du poste : la garnison fut renforcée de 25 hommes et d'un chirurgien, les approvisonnements doublés ; sous la direction du capitaine du génie Faidherbe, l'enceinte fut réparée, les pièces d'artillerie mises en état ; une redoute fut construite sur le mont aux Singes pour couvrir Guidimpalé, quartier des traitants français et ceux-ci et leurs gens furent organisés en milice : ces dispositions ôtèrent à Al-Hadji toute envie d'inquiéter Bakel pour le moment.

M. Girardot, habitant du Sénégal, commandait alors Sénoudébou, et Al-Hadji lui envoya son fils pendant quelque temps comme gage de bonne amitié et peut-être comme espion. Sénoudébou était le lieu de passage de bandes considérables de Toucouleurs du Fouta qui partaient pour la guerre sainte et se rendaient dans le Bambouk, où s'organisait l'armée qui devait exterminer les infidèles quels qu'ils fussent.

Le prophète ayant traversé le Sénégal et envahi le Kaarta à la fin de 1854, laissa derrière lui les populations du Fouta, du Bondou, du Guoy fanatisées et soulevées par ses émissaires et disposées à tout entreprendre à son premier ordre. Il ne tarda pas beaucoup à jeter le masque à notre égard. Dès les premiers mois de 1855, quand il vit que ses affaires allaient bien dans le Kaarta, il fit piller tous nos traitants du haut Sénégal, qui, malgré les conseils de l'autorité, n'avaient pas rallié Bakel ou Sénoudébou : 22 villages du Khasso, du Kaméra, du Guoy, des Guidimakha et du Damga prirent part à ces pillages. C'est alors aussi qu'il adressa aux gens de Saint-Louis une lettre par laquelle il cherchait à séparer leur cause de la nôtre et à les entraîner dans son parti; et, de fait, il avait beaucoup de chauds partisans dans Saint-Louis même; il terminait ainsi cette épître adroite et perfide : « Maintenant je me sers de la force, et je ne cesserai que lorsque la paix me sera demandée par votre tyran (le gouverneur) qui devra se soumettre à moi, suivant ces paroles de notre maître : Fais la guerre aux gens qui ne croient ni en Dieu, ni au jugement dernier ou qui ne se conforment pas aux ordres de Dieu et de son prophète, au sujet des choses défendues, ou qui ayant reçu une révélation, ne suivent pas la vraie religion (les juifs et les chrétiens); jusqu'à ce qu'ils payent la Djézia (tribut religieux) par la force et qu'ils soient humiliés.

« Quant à vous, enfants de Ndar (Saint-Louis), Dieu vous défend de vous réunir à eux; il vous a déclaré que celui qui se réunira à eux, est un infidèle comme eux, en disant : Vous ne vivrez pas pêle-mêle avec les juifs et les chrétiens : celui qui le fera est lui-même un juif ou un chrétien. Salut ! »

Il envoyait en même temps l'ordre au Guoy, au Bondou et au Fouta de nous bloquer dans Bakel et dans Podor.

Le nouveau gouverneur, commandant du génie Faidherbe, allait donc avoir une guerre sainte sur les bras, en même temps que la guerre avec les Maures : c'était trop à la fois, et ceux qui pendant six ans, avec des moyens bien bornés, ont fait face à ces deux dangers, passant la saison sèche à batailler contre les Maures, et la saison des hautes eaux à faire des expéditions dans le haut du fleuve et qui ont, malgré cela, établi notre domination sur le Sénégal, peuvent avoir la conscience d'avoir rendu un grand service à leur pays; leurs noms seront enregistrés ici avec soin.

Les nouveaux ennemis que nous allions avoir à combattre étaient les plus redoutables de tous. Les guerres de religion sont impitoyables et le fanatisme inspire un courage qui ne recule devant rien puisque, pour ceux qui en sont animés, la mort elle-même est regardée comme un bien.

Les gens d'Ali-Hadji étaient en grande partie, comme nous l'avons déjà dit, des Toucouleurs et des Pouls du Fouta-Djalon, du Bondou, du Damga, du Fouta sénégalais, du Toro et du Dimar; il y avait aussi des Sarakhollés du Gadiaga et des Guidimakha et, plus tard, des Bambara du Kaarta et des Khassonké.

Les Toucouleurs (noirs mêlés de Pouls) sont une race intelligente et perfide; ils ont été viciés par l'islamisme qui les a rendus aussi menteurs et aussi voleurs que les Maures. Ils combattent plutôt à pied qu'à cheval et à peu près comme les Maures; les chefs et les gens aisés ont comme ceux-ci des fusils à deux coups, mais les pauvres s'arment comme ils peuvent des mauvais fusils qu'ils parviennent à se procurer.

Les villages des Toucouleurs du Fouta, ne sont pas fortifiés, ceux des Sarakhollés le sont, mais faiblement. Il y a dans le Bondou quelques villages très forts ; il y en a beaucoup chez les Malinké du Bambouk, dans le Khasso et dans le Kaarta.

Mars 1855. En mars 1855, les villages des bords de la Falémé, au-dessus de Sénoudébou, subissant l'influence d'Al-Hadji, se rendirent sans aucune raison, sans la moindre discussion préalable, coupables d'un guet-apens contre M. Girardot, piqueur du génie et commandant de Sénoudébou, et contre les ouvriers qui extrayaient des coquilles d'huîtres dans la rivière pour faire de la chaux. Réunis en très grand nombre, ils firent feu sur nos gens, blessèrent M. Grégoire, piqueur, et firent prisonnier M. Girardot qui parvint à se racheter pour 45 pièces de guinée. Les ouvriers se défendirent très bravement.

Dans le même mois, la garnison de Bakel fut obligée d'aller châtier les deux villages hostiles de Marsa et d'Oundounba. Nous eûmes un spahis tué et 3 laptots blessés. On tua 12 ennemis, on en blessa 25 et on ramena 4 prisonniers, 22 bœufs, des chèvres et des ânes.

Avril. Cherchant à soulever tout le pays contre nous, Al-Hadji s'efforçait de mettre les Maures dans son parti en écrivant à ceux d'entre eux qui vendent des gommes à Bakel, que les Français ne leur avaient jamais donné pour leurs produits que la moitié de leur valeur, mais que, dans quelques mois, il allait venir prendre Bakel et mettre bon ordre à tout cela. En même temps, les Sarakhollés du Guoy et des Guidimakha et les gens du Bondou se mirent à arrêter les caravanes de gomme des Douaïch; le roi Bakar, envoya à Bakel son frère Ali, avec 60 cavaliers, pour les protéger, de concert avec nous.

Le 3 avril, des bandes de Guidimakha enlevèrent à l'improviste le troupeau des habitants de Bakel; on les poursuivit, on leur reprit le troupeau et on leur tua quelques hommes. Nous perdîmes un laptot.

Le 14 du même mois, le prince Ali, avec ses cavaliers, partit de Bakel, pour punir un village qui avait pillé un petit convoi de ravitaillement envoyé par notre fournisseur à Sénoudébou; il enleva le troupeau de ce village, mais quand il fut de retour au bord du fleuve, les gens du village de Bakel tombèrent sur lui, le cernèrent contre le fleuve et l'eussent massacré, lui et les siens, si M. le sous-lieutenant Bargone ne fût accouru à son secours avec la garnison et la population de Guidi-Mpalé.

On repoussa les Sarakhollés et comme il n'y avait plus de ménagements à garder envers Bakel, M. Bargone fit canonner et raser le village. Déjà, depuis longtemps, les gens de Bakel avaient envoyé, dans les villages voisins, leurs femmes et leurs enfants. Ils obéissaient aveuglément aux ordres d'Al-Hadji et n'attendaient que l'occasion de nous jouer quelque mauvais tour. Une fois chassés, le poste se trouva bloqué, mais, au moins, il n'avait plus à craindre de trahison par les communications journalières de nos ennemis avec nos soldats noirs et nos laptots surtout, qui étaient musulmans, et passablement entichés d'Al-Hadji. La détermination de M. Bargone fut fortement approuvée ; un quartier du village, celui des Ndiaybé, fut épargné et nous resta toujours fidèle.

Mai. Le 20 mai, le lam Toro Ahmed, cédant enfin aux ordres des émissaires du prophète arrivés jusqu'à Podor, se mit en campagne pour intercepter toute relation entre notre établissement et la rive gauche.

Juin. Mais à l'approche des hautes eaux, en juin, l'alcati du Fouta, l'éliman Mbolo, nommé Abdoul-Tamsir, vint à Saint-Louis, demanda la paix au nom de l'almamy Rachid et d'El-Iman-Rindiao, le chef le plus puissant du pays. Cette démarche était inspirée par la peur, mais elle était un commencement d'indépendance, du moins simulée du Fouta, vis-à-vis d'Al-Hadji qui, lui, n'approuvait pas tous ces ménagements.

Juillet. Le 14 juillet, le gouverneur voulant se rendre compte, par lui-même, de l'état des affaires du haut du fleuve, partit sur le *Serpent*, pour Bakel. Jusqu'à Orndoli, il trouva les villages du Fouta sur la défensive, mais sans mauvaises intentions. Arrivés à Orndoli, dans le Damga, on vit un grand nombre d'hommes armés sur la rive, et, suivant leur vieille habitude, quelques-uns d'entre eux, se mirent à nous provoquer par gestes et même à nous mettre en joue. Le gouverneur fit immédiatement tirer sur ces insolents, bien décidé qu'il était à ne jamais supporter des populations riveraines, les insultes qu'elles avaient l'habitude de nous prodiguer. La fusillade devint générale ; les hommes d'Orndoli nous suivirent jusqu'à Bapalel, puis jusqu'à Gouriki, de sorte que l'engagement se continua avec trois villages, le bateau marchant toujours. Comme, à chaque village, on avait soin d'abord d'essuyer le feu des Toucouleurs, avant de riposter, pour leur faire comprendre que nous ne faisions que répondre à leurs provocations, comme d'un autre côté, le jeu commençait à leur déplaire, en raison des pertes qu'ils éprouvaient, des cavaliers partirent du village de Gouriki et allèrent prévenir les villages suivants de ne pas tirer, et, à partir de ce moment nous ne fûmes plus inquiétés jusqu'à Bakel. Nous avions 2 laptots légèrement blessés. Les Toucouleurs, ayant presque toujours combattu à découvert, avaient éprouvé des pertes considérables.

En arrivant à Bakel, le gouverneur apprit qu'Al-Hadji était presque cerné dans le Kaarta et dans une position très critique, mais son influence n'en avait nullement souffert dans le haut Sénégal.

La garnison de Bakel avait fait plusieurs sorties heureuses dans les villages voisins ; une seule fois, on avait été repoussé de Mannaël par des forces supérieures. Il n'y avait à cette affaire qu'une quarantaine d'hommes de Guidi-Mpalé, qui étaient sortis sans en avertir le commandant.

Au moment même où le *Serpent* mouillait devant le poste, les Bakiri du bas Galam (Guoy), avec quelques Toucouleurs, enlevaient un troupeau de 50 bœufs au poste; ils avaient choisi le moment de l'arrivée du bateau, supposant que tout le monde serait alors occupé. On se mit aussitôt à leur poursuite, et le *Serpent* redescendit le fleuve pour soutenir les nôtres. Les volontaires Ndiaybé de Bakel, les soldats et laptots du poste et du *Serpent*, se réunirent au nombre de 250 hommes environ. On courut jusqu'à Tuabo, capitale du pays et là, le feu ayant été mis de tous côtés à ce grand village, il arriva malheureusement qu'un certain nombre des habitants fut brûlé. Le vieux Tonka (roi) fut mis par les siens sur un cheval et parvint à s'échapper; une partie de sa famille fut prise.

Ayant laissé le commandement du poste au capitaine du génie Parent, le gouverneur redescendit vers Saint-Louis pour prendre les mesures que nécessitaient les circonstances. Le *Serpent* eut, en passant, des engagements très vifs avec tous les villages du bas Galam. Grâce à nos bastingages en tôle, nous n'eûmes qu'un laptot légèrement blessé; les Sarakhollés perdirent assez de monde, car ils s'exposaient très hardiment à notre fusillade et à notre mitraille. Les villages du Fouta ne tirèrent pas sur nous.

Le capitaine Parent, pour dégager les abords de Bakel, fit deux petites razzias et alla brûler le village de Counguel, le plus gros village du Guoy, après Tuabo.

Août. L'état des choses dans le haut pays, nécessitant la présence de forces plus considérables que celles qui s'y trouvaient, le gouverneur envoya dans le fleuve, M. le commandant Morel, à bord de l'*Epervier*, avec 250 hommes d'infanterie. Il devait enlever, en passant, Ngana, dans le Damga, village d'Amadou-Amat, qui avait assassiné un traitant nommé Malivoire, et qui était l'homme le plus dangereux du Fouta. Après avoir accompli cette mission, M. Morel devait s'entendre, à Bakel, avec M. le capitaine Parent, pour faire quelque sortie dans les environs, si cela était nécessaire. A Ngana, on ne trouva personne. Arrivés à Bakel, d'après les renseignements que prirent MM. Morel et Parent, ils crurent pouvoir enlever un camp fortifié près de Mannaël, à une lieue de Tuabo, camp dans lequel s'étaient rassemblés la plupart des habitants des villages du Guoy.

Ayant réuni 450 hommes, ils se rendirent à la pointe du jour, par le fleuve, à Mannaël, débarquèrent et attaquèrent le village de l'intérieur après une marche de 2 heures. Après un premier succès, ayant échoué contre les obstacles que présentèrent un réduit assez fort et plus d'un millier de défenseurs, ils battirent en retraite en bon ordre vers les bateaux à vapeur, suivis avec acharnement par l'ennemi jusqu'au fleuve même. Ils laissèrent 10 morts ou blessés sur le terrain et ramenèrent 51 blessés parmi lesquels le capitaine d'infanterie Guéneau et le chirugien-major de l'*Epervier*, Marec, dont la conduite avait été très belle pendant l'action. Les volontaires de Bakel, qui s'étaient retirés avant les troupes, avaient trouvé moyen d'emmener 40 prisonniers et du butin ; grâce au courage remarquable déployé par tous, commandant, officiers et soldats et aux pertes très fortes qu'éprouva l'ennemi en tués et blessés, cette affaire ne produisit pas trop mauvais effet dans le pays ; les Sarakhollés, ne se croyant plus en sûreté dans leur camp, l'abandonnèrent.

Dès cette époque, Al-Hadji avait anéanti notre commerce au-dessus de Bakel et fait tout son possible pour l'anéantir au-dessous. Il ne cachait plus ses projets à notre égard ; il disait : « Les blancs ne sont que des marchands ; qu'ils apportent des marchandises dans leurs bateaux, qu'ils me payent un fort tribut lorsque je serai maître des noirs, et je vivrai en paix avec eux. Mais je ne veux pas qu'ils forment des établissements à terre, ni qu'ils envoient des bâtiments de guerre dans le fleuve. » Nous ne pouvions accepter ces conditions ; car, faire le commerce sans protection avec des barbares est une chose reconnue impossible depuis longtemps. Aussi, bien loin d'abandonner et de démolir nos forts, nous crûmes nécessaire d'en créer un nouveau, plus avancé que tous les autres, à Médine, pour éloigner notre frontière de Bakel et sauver, si c'était possible, l'important commerce de ce comptoir.

Dans ce but, le gouverneur se transporta, avec

tout ce qu'il put réunir de forces à Médine, dans le Khasso, à 250 lieues de Saint-Louis. C'était la première fois qu'une colonne française allait aussi loin, et cela fut jugé téméraire par beaucoup de personnes. En effet, il y a beaucoup de difficultés pour les blancs à faire la guerre dans ces contrées, pendant la seule saison où les bateaux peuvent y monter. Des inondations qui couvrent de marécages d'immenses étendues de pays, des pluies torrentielles accompagnées des plus violents coups de vent, des chaleurs insupportables, un soleil qui vous tue en quelques heures : voilà les obstacles à vaincre avant de combattre des populations nombreuses, bien armées, et douées d'une grande bravoure.

Mais notre cause était perdue si nous ne cherchions pas à arrêter court les progrès du prophète, et si nous attendions qu'il fût maître du haut du fleuve pour lui résister dans le bas.

L'état du bas du fleuve, terrifié par nos campagnes du printemps, rendait l'éloignement de la garnison possible. Les bateaux à vapeur l'*Epervier*, le *Rubis*, le *Grand-Bassam*, le *Marabout*, le *Serpent* et le *Basilic*, sous le commandement de M. Desmarais, lieutenant de vaisseau, remorquant d'autres navires et nos deux bateaux-écuries, transportèrent en quinze jours de pénible navigation, 300 hommes d'infanterie, 40 spahis montés, 30 canonniers, avec 4 obusiers de montagne, 15 sapeurs du génie, 20 conducteurs du train, avec 20 mulets, 600 volontaires noirs de Saint-Louis, 100 ouvriers noirs du génie armés, 2 blokhaus, des matériaux et des approvisionnements. Les bateaux mirent, de plus, à terre, 150 laptots sous les ordres des officiers de marine. C'est à cela que se bornaient les forces de la colonie, que la fièvre et le feu de l'ennemi avaient considérablement réduites après l'expédition de Mannaël.

L'*Épervier*, bateau de 160 tonneaux, monta jusqu'à Khay, à 2 lieues de Médine, c'est-à-dire à près de 1,000 kilomètres de Saint-Louis.

Septembre. La colonne débarquée à Khay, le 12 septembre, se mit en marche le 13, à 5 heures 3/4 du matin, et à 8 heures 1/2 nous arrivâmes devant Médine.

La veille, un détachement de l'armée d'El-Hadj-Omar occupait encore Médine, mais il avait fui dans la nuit et le roi Sambala nous attendait paisiblement à la tête de ses gens, au bas de la ville. Le gouverneur lui dit qu'il venait punir ceux qui s'étaient rendu coupables du pillage de nos marchandises; Sambala répondit que l'armée d'Omar, maîtresse du Khasso, avait commis ces pillages malgré lui; qu'il avait offert jusqu'à 100 captifs au prophète, pour sauver nos comptoirs et qu'il n'en avait reçu pour réponse que des menaces de mort; qu'il avait toujours été l'ami des Français et qu'il l'était encore. Il consentit sans objection à l'occupation de Médine par un fort.

Le marché fut vite fait, Sambala comprenant que nous achetions ce que nous aurions pu prendre ; 5,000 francs une fois payés, et 1,200 francs de cadeaux par an, tel fut le prix, non seulement d'un vaste emplacement de quatre hectares pour le fort, dans la situation la plus favorable, mais de toute la rive gauche du fleuve, depuis Médine jusqu'aux cataractes du Félou, c'est-à-dire sur 3 kilomètres de longueur.

Le 15, les travaux du fort furent commencés par une chaleur excessive. Dès le premier jour, un fourrier qui faisait la distribution, mourut en trois heures d'un coup de soleil, et beaucoup d'hommes contractèrent la fièvre.

Le même jour, ayant appris qu'il y avait à Gondiourou, à deux lieues de Médine, un dépôt de marchandises laissées par Al-Hadji. M. le sous-lieutenant Flize, directeur des affaires indigènes, fut envoyé, avec un peloton de spahis, 200 volontaires et 150 guerriers de Sambala pour les prendre. Les habitants du village prirent la fuite et les marchandises furent rapportées à Médine, où un tiers fut laissé aux capteurs et deux tiers rendus aux traitants. On avait aussi trouvé dans le village un très grand nombre de corans.

Dans la nuit du 17 au 18, une tempête effroyable mit notre camp en déroute, et le lendemain, nous avions un grand nombre de soldats blancs malades de la fièvre et de diarrhées.

Heureusement les jours suivants, le temps s'améliora, la chaleur fut moins insupportable, les troupes étaient mieux installées ; des gourbis en feuillage protégeaient hommes et chevaux du soleil ; de petites pluies qui tombaient la nuit rafraîchissaient la terre sans gêner nos travaux et sans mouiller les hommes abrités par leurs tentes. Les vivres distribués étaient abondants et de bonne qualité ; aussi l'état sanitaire s'améliora et cessa de donner des inquiétudes sérieuses. Nos chevaux et nos mulets, très malades les premiers jours, reprirent de l'appétit ; on avait trouvé, à force de recherches, un fourrage qui leur convenait.

600 ouvriers travaillaient neuf heures par jour au fort.

Le 22, le gouverneur fut, avec une partie de la colonne, visiter les cataractes. On fit graver sur un rocher les noms de tous les officiers de la colonne.

Le 30 septembre, le gouverneur signa un traité de paix, de commerce et d'alliance avec tous les chefs du Khasso qui vinrent devant lui abjurer leurs haines et leurs rancunes pour s'entendre avec nous contre l'ennemi commun.

Octobre. Comme il était nécessaire de faire un exemple avant de redescendre à Saint-Louis avec les troupes, on se décida, le 1ᵉʳ octobre, à sévir contre le grand village fortifié de Gagny (Guidi-Makha.) Trois jours auparavant, on avait arrêté dans ce village des gens de Sambala, et on les avait maltraités, parce qu'ils étaient amis des Français et par conséquent ennemis du prophète.

En conséquence, le 4, les bateaux à vapeur le *Serpent*, le *Grand-Bassam*, le *Marabout* et le *Basilic*, sous le commandement de M. Butel, lieutenant de vaisseau, reçurent l'ordre de partir de Khay, à dix heures, pour arriver devant Gagny vers une heure du matin, mouiller dans l'ordre de marche, et commencer en même temps le feu de tous les obusiers.

L'opération fut bien menée, une centaine d'obus démantelèrent l'enceinte du village et éclatèrent dans les cases, jetant l'effroi et la mort dans la population prise au dépourvu.

Le 1ᵉʳ octobre, les gens de Gagny venaient demander leur pardon et la paix et on les leur accorda.

Le 5, au matin, le fort étant terminé, la colonne partit de Médine, n'y laissant que quelques maçons pour achever les maçonneries intérieures. Le même jour, nous nous embarquâmes à Khay et nous arrivâmes à Bakel dans la nuit suivante.

Le 10 octobre, toute la colonne était rentrée à Saint-Louis, les hommes étaient très fatigués et pour la plupart malades. Il en mourut un grand nombre à l'hôpital, des suites de cette expédition.

Au moment même du départ de Médine, on vit venir Boubakar, le fils de feu l'almamy du Bondou, Sada, qui nous avait cédé le terrain de Sénoudébou. Boubakar venait de l'armée des Bambara, dans laquelle il servait contre Al-Hadji. Le gouverneur lui proposa de jouer, dans le Bondou, le rôle que Fara-Penda avait joué dans le Oualo ; il accepta, et tous nos efforts tendirent, dès lors, à le faire reconnaître comme almamy du Bondou : il en est aujourd'hui le maître et notre fidèle allié.

A cette époque, la nouvelle se confirma qu'après une bataille acharnée et décisive livrée entre Lakhmané et Diangouté, les Bambara avaient été définitivement expulsés du Kaarta par Al-Hadji qui était resté maître du pays.

Janvier 1856. Au commencement de 1856, pendant que le Khasso nous restait fidèle et faisait la guerre aux Guidimakha, qui, par les ordres d'Al-Hadji, avaient tiré sur nos embarcations, la garnison de Sénoudébou et celle de Bakel, réunies à la cavalerie des Douaïch, enlevaient trois villages hostiles du Bondou. A la suite de ces coups de main, plusieurs villages vinrent dire au commandant de Bakel qu'ils étaient disposés à accepter l'almamy Boubakar et à abandonner le parti d'Al-Hadji.

Vers la même époque, le *Galibi,* mouillé entre Makhana et Dramanet, sous le commandement du premier maître Reutin, infligea une très sévère punition aux gens de Dramanet, pour avoir laissé des émissaires d'Al-Hadji assassiner, dans leur village, deux laptots de traitants de Saint-Louis, qui avaient eu l'imprudence de passer la nuit à terre.

Février. 250 volontaires de Bakel, commandés par Alioun-Sal, allèrent enlever un village ennemi du Bondou, nommé Déthié; toute la population périt.

Mars. Au commencement de mars, une bande de Toucouleurs de l'armée d'Al-Hadji, revenant du Kaarta et commandée par deux grands marabouts du Fouta, nommés Belli et Tierno-Alliou, forçait le Bondou à se soulever de nouveau contre nous et contre son almamy. Ils s'emparèrent de Bordé, village situé près de Bakel, et qui avait hésité à prendre parti pour eux; et, enhardis par ce facile succès, ils vinrent enlever le troupeau du poste. On courut après eux, à la suite des traitants Alioun-Sal et Ndiay-Sour. On atteignit les Toucouleurs à ce même village de Bordé, on leur reprit le troupeau et on leur tua 50 hommes; la nuit seule sauva le reste; on leur enleva 400 captifs qu'ils ramenaient de leur guerre sainte, 14 chevaux, des bœufs, des ânes et du butin qu'on mit quatre jours à transporter à Bakal. Les deux chefs Toucouleurs restèrent sur le champ de bataille; nous n'eûmes qu'un soldat noir tué et quelques blessés.

A la suite de cette brillante affaire, l'almamy Boubakar reprit la campagne avec trois ou quatre cents partisans, et M. Girardot, commandant de Sénoudébou, s'étant réuni à lui, ils détruisirent le village de Débou, qui s'était déclaré contre nous et y firent plus de 100 prisonniers.

Pendant ce temps, le commandant du *Galibi*, à Makhana, attaqué par 150 hommes, les mettait en fuite par deux heureux coups de canon et mitraillait, pour la troisième fois, le village de Dramanet. Enfin, le commandant de Sénoudébou brûlait le village de Touldéro, aidé par Boubakar-Saada, avec une perte de 2 hommes; ils en avaient tué 30 à l'ennemi, entre autres le prince Sissibé Boubakar-Malik.

Avril. Au mois d'avril, les Khassonké, fidèles à notre alliance, eurent de petits engagements avec les Guidi-Makha et leur tuèrent quelques hommes, et les Malinké de Farabana vinrent joindre leurs forces aux nôtres à Sénoudébou.

Le 5 avril, 500 Bondouké de Naé, Kidira, Sanoukholé, cherchèrent à enlever le troupeau du poste de Sénoudébou. 50 hommes du poste, 80 du village et 100 Malinké les repoussèrent vigoureusement.

Par suite de cette agression, on alla, quelques jours après, brûler Naé, où plus de 200 prisonniers périrent dans les flammes. On fit aussi quelques prisonniers, entre autres un grand marabout d'Al-Hadji, chef de la bande, qui avait attaqué le troupeau du poste et qui fut fusillé sur-le-champ. Il se trouvait dans le village plus de 200 kilogrammes de poudre et une grande quantité de mil, produit de la dîme levée dans le Bondou, au profit d'Al-Hadji. Naé, était un village de 1,200 âmes.

Le 7 avril, le village sous le poste fut attaqué de nouveau; l'ennemi fut mis en fuite très promptement. Dans ces différentes affaires, le poste avait eu 1 laptot tué et 7 blessés; le village, 4 blessés : les Malinké, 2 tués et 3 blessés et le contingent de Boubakar-Saada, 1 blessé.

Les Toucouleurs, les Guidimakha et les Soninké du Kaméra voyant venir la saison des hautes eaux, firent une tentative désespérée pour se venger du *Galibi* qui, pendant toute la saison, avait vigoureusement repoussé toutes leurs attaques. Le 31 mars, à six heures du matin, le bâtiment fut assailli par une armée considérable. La lutte dura jusqu'à huit heures. 1,800 cartouches furent brûlées par l'équipage et par les Bakiri nos alliés, qui avaient 48 fusils, et on tira 28 coups de canon à obus et à mitraille. M. Reutin écrivit : « Je ne puis connaître les pertes des ennemis, elles doivent être très fortes, car au lieu d'emporter leurs morts, comme ils en avaient l'habitude, ils les ont jetés dans le fleuve ; quand l'ennemi fut mis en fuite, il laissa sur place de grandes traces de sang et quelques cadavres qu'il n'avait pu enlever. »

Le 6, M. Reutin alla brûler le grand village Guidi-Makha d'Ambidédi ; un assez grand nombre d'habitants furent brûlés.

Le 13, le *Galibi* fut de nouveau attaqué par plus de 2,000 hommes. L'affaire fut encore plus chaude que celle du 31 mars, quoique n'ayant duré que trois quarts d'heure. L'artilleur du bord Horès eu le bras traversé d'une balle, le laptot Disbi reçut dans la bouche une balle qui lui coupa la langue et le commandant, M. Reutin, fut légèrement touché au flanc gauche. L'ennemi avait formé deux colonnes, l'une en amont l'autre en aval du bâtiment qui était mouillé contre la berge. Les Bakiri, retranchés dans leur petit tata, firent un feu très meurtrier sur les assaillants. Le canonnier Horès, quoique blessé, continua à servir ses pièces avec beaucoup de bravoure. M. Reutin évalua la perte des Al-Hadjistes à 150 hommes, quoiqu'il n'en fût resté qu'une cinquantaine sur le terrain, car il apprit qu'ils avaient été en enterrer à Sébékou, où beaucoup de blessés moururent le même jour.

Profitant de ce succès, dans la nuit du 16 avril, nos Bakiri et quelques Khassonké, envoyés par

Sambala, allèrent brûler le village de Makha-Iakharé.

Vers le même temps, les gens de Bakel, les Bondouké de Boubakar-Saada et quelques Douaïch firent trois razzias sur les Toucouleurs qui se rendaient à Nioro avec leurs troupeaux, à l'appel d'Al-Hadji, pour aller peupler son nouvel état. On leur prit 400 bœufs et 300 moutons.

Mai. Au mois de mai, vingt cavaliers du Kaarta vinrent dire à Sambala de Médine que les Bambara venaient de se nommer pour roi Déringa-Mori dans le Foula-Dougou, qu'ils soutenaient encore la lutte contre Al-Hadji et qu'ils viendraient se réunir dans le Diombokho aux Djaouara et aux Khassonké ; mais, en réalité, ces gens du Kaarta se montrèrent toujours impuissants contre leur terrible ennemi.

Le 7 mai, à sept heures du matin, le fort et le village de Sénédébou furent encore assaillis par plus de 2,000 hommes. Le combat dura jusqu'à six heures ; l'ennemi laissa 13 morts sur le terrain et emporta 40 blessés.

Le 21, Abdoullay-Avésa, grand marabout du Fouta-Djalon, revint, suivi de 4,000 hommes environ du Bondou, du Kaméra, du Fouta....., tenter une nouvelle attaque. Après cinq heures de fusillade, il se retira à 3,000 mètres, laissant trois morts. Dans la nuit du 23, il fit une nouvelle attaque sans résultats. Enfin, le 24, à onze heures du matin, l'ennemi, divisé en trois corps, vint livrer un dernier assaut. Trois fois repoussé, il abandonna le champ de bataille à deux heures de l'après midi, laissant 35 morts et emmenant beaucoup de blessés. 200 hommes du poste et du village le poursuivirent et ramenèrent une dizaine de prisonniers.

Juin. Un de nos courriers ayant été massacré par les partisans d'Al-Hadji à Alana, entre le Guoy et le Fouta, Boubakar-Saada fut envoyé par le commandant de Bakel pour punir ce village. On le brûla à moitié, on y tua sept hommes et on y fit 30 prisonniers; on ramena aussi un petit troupeau.

Août. En août, tout le Bondou se soumit à Boubakar-Saada et les chefs lui donnèrent des otages. D'un autre côté, les affaires d'Al-Hadji semblaient aller très mal dans le Kaarta.

Septembre. Pendant un voyage fait par M. Flize, dans le Bambouk, notre almany du Bondou, Boubakar-Saada et Bougoul de Farabana se réunirent pour attaquer Kéniéba qui était au pouvoir de nos ennemis; ils prirent le village et le mirent à notre disposition pour l'exploitation de ses mines d'or.

Octobre. Nous eûmes à cette époque de petits démêlés avec le Fouta, mais toujours sans hostilités et suivis de grandes protestations d'amitié de la part de l'almany.

Novembre. Le 1ᵉʳ novembre, Sambala de Médine pour venger son oncle Sanou-Moussa, tué quelques mois auparavant dans le Diombokho, alla attaquer Maréna avec 1,000 Kassonké et douze soldats ou laptots du poste; il fut repoussé et ses gens se sauvèrent. Pendant la retraite, nos douze hommes se retranchèrent à Kana-Makhounou avec les Bambara réfugiés qui s'y trouvaient. Quatre d'entre eux furent tués avec leur chef, le gourmet Mbay-Diop ; les autres, dont trois étaient blessés, purent atteindre Médine. Tous les Bambara furent faits prisonniers.

Janvier 1857. Boubakar-Saada fit, en janvier 1857, une grande razzia sur son cousin Ousman qui le trahissait et qui fit sa soumission à la suite de cette sévère leçon.

Février. Le chef Toucouleur Bélé traversa le Bondou avec 600 hommes du Fouta, pour aller rejoindre Al-Hadji.

Les deux villages d'Arondou et d'Iaféré, près du confluent de la Falémé et du Sénégal, ayant coupé les routes, nos gens leur enlevèrent sept prisonniers et 240 bœufs.

Pendant que Boubakar-Saada était occupé à faire la guerre dans le Ferlo, pour soumettre cette province, une partie de ses villages révoltés passa à l'ennemi, en traversant le fleuve et se rendant chez les Guidi-Makha.

Mars. Croyant les circonstances favorables, un compétiteur s'éleva même contre lui dans le Bondou ; c'était un nommé Ély-Amady-Caba, partisan d'Al-Hadji. Il avait réuni autour de lui les populations d'Ourou Amadou, Beldioudi, Sileng, Kipinguel...., etc., c'est-à-dire environ 6,000 personnes, avec lesquelles il s'était enfermé dans le village fortifié d'Amadhié.

Boubakar lui ayant envoyé demander le tribut

dû à l'almany, Ély répondit par un refus formel et annonça qu'il fusillerait le premier qui viendrait lui renouveler cette demande. Boubakar se fit aider par 260 Malinké du Bambouk et par 6 à 700 Maures Douaïch qui avaient passé le fleuve à Tuabo, après avoir promis au commandant de Bakel qu'ils ne feraient aucun tort aux villages du Guoy qui se disaient de notre parti.

Cette armée se présenta devant le tata d'Amadhié et en fut repoussée, après avoir perdu une quinzaine d'hommes tués ou blessés ; les Maures s'étaient contentés de faire caracoler leurs chevaux hors de la portée des créneaux du tata.

Boubakar se retira en désordre à Sileng. Comme cet échec eut pu produire un très mauvais effet pour nos affaires dans le Bondou, M. le capitaine Cornu, commandant de Bakel et M. Girardot, commandant de Sénoudébou, se rendirent sur les lieux avec les forces qu'ils purent réunir, savoir : 6 spahis, 40 laptots de Sénoudébou, 60 volontaires de Bakel, 60 volontaires de Sénoudébou et un obusier de montagne. Arrivé à Sileng, M. le capitaine Cornu eut toutes les peines du monde à décider les Maures et les Malinké à retourner à Amadhié qu'ils croyaient ne pouvoir enlever. Enfin, le lendemain 8 mars, ils y consentirent et à deux heures toute la colonne débouchait dans la plaine d'Amadhié.

Les cavaliers entourèrent la ville pour arrêter les fuyards au besoin, et la pièce fut mise en batterie pour tirer sur le tata. On allait faire feu, quand un cavalier sortit à toute bride des murailles; c'était le fils d'Ély qui apportait la soumission de son père. Le capitaine Cornu lui dit qu'il ne voulait avoir affaire qu'à Ély lui-même; aussitôt celui-ci arriva, salua le commandant de Bakel, puis fit sa soumission à Boubakar-Saada en le priant avec beaucoup de noblesse, de ne pas se laisser enivrer par le succès et de ne pas abuser de la victoire. On désarma les défenseurs qui avaient environ 200 fusils, on renvoya chez eux les gens libres des villages qui s'étaient réunis à la voix d'Ély, et on prit les captifs, au nombre de 260, les chevaux et les bestiaux pour les partager entre Boubakar-Saada et ses auxiliaires.

Le tata d'Amadhié avait 500 mètres de développement, 3 mètres de hauteur, et 1 mètre d'épaisseur à sa base : les créneaux, très évasés en dedans, étaient imperceptibles au dehors.

L'énergique résolution de M. le capitaine Cornu fut très utile, dans cette circonstance, à notre influence dans le Bondou.

Boubakar, profitant du prestige que lui donnait son succès contre Ély, partit aussitôt avec ses alliés pour soumettre le Ferlo; il prit et brûla Ndioum et deux autres villages, tua 150 hommes aux révoltés, dont 25 chefs ou fils de chefs et prit 140 captifs et 650 bœufs; il eut 28 hommes tués ou blessés, parmi lesquels son homme de confiance Bô. Les gens du Ferlo parurent enfin se soumettre en masse à Boubakar-Saada qui se trouvait ainsi maître incontesté de tout le Bondou.

Les Maures Douaïch retournèrent avec leur part de butin sur la rive droite sans commettre aucun désordre.

Quoiqu'en guerre avec les populations qui subissaient l'influence d'Al-Hadji et obéissaient à ses ordres, nous n'avions pas encore eu affaire personnellement à lui. Aussi, ses partisans quoique souvent battus par nous ou par nos alliés conservaient toutes leurs illusions sur sa toute-puissance personnelle et ne doutaient pas qu'il n'eût, comme il s'en vantait, les clefs de Saint-Louis dans sa poche, et qu'il ne nous anéantît quand il jugerait à propos de venir lui-même nous attaquer. Ils ne devaient pas tarder à être détrompés; comme on va le voir.

Dès le commencement de 1857, on avait su qu'Al-Hadji, soit que ses affaires n'allassent pas à son gré dans le Kaarta, à la frontière duquel son lieutenant Abdoullay-Haoussa venait d'être battu par une armée du Macina[1], soit qu'il crût le moment venu de nous attaquer en face, soit enfin qu'il voulût faire reconnaître son autorité dans le Fouta et conquérir le Cayor, comme ses partisans l'avaient déjà annoncé, revenait de l'est, vers les points du haut Sénégal occupés par nos établissements, après avoir, depuis plusieurs mois, envoyé chercher des renforts dans le Fouta, le Bondou et le Gadiaga; il resta quelque temps dans le Tomoro

---

1. État musulman créé, au commencement du xixe siècle, par le cheikh Amadou, et qui s'étend sur le haut Niger, de Djenné à Tombouctou.

(Khasso). Les effets de son approche ne tardèrent pas à se faire sentir. Le premier qui se déclara pour l'ennemi, fut Dalla-Demba chef de Dinguiray (Khasso), rive droite.

Mars 1857. En mars, le chef Khassonké, Kartoum-Sambala, frère du roi de Médine, passa avec ses partisans sur la rive droite et prit aussi parti pour Al-Hadji.

Avril. Le chef de Khoulou (rive droite), Mali-Mahmoudou, resté fidèle à notre cause, vit son village enlevé et détruit et lui-même fut tué au commencement d'avril.

Quelques jours après, le 14, Niamodi chef du Logo, ayant été trahi par une grande partie de ses sujets, Al-Hadji s'empara de son pays et notamment de Sabouciré. Niamodi se réfugia à Médine avec ceux de ses gens qui lui étaient restés fidèles.

Sémounou, chef du Natiaga, par suite aussi de défection, fut obligé de se sauver dans le Bambouk.

Tout le Khasso se trouva donc au pouvoir d'Al-Hadji, sauf Médine, où s'étaient refugiés ceux qui lui restaient hostiles. Le prophète se décida alors à attaquer ce point.

Le 19 avril, une femme déserta de Kounda et vint avertir le commandant Paul Holl à Médine, qu'Al-Hadji, établi à Sabouciré, avait fait des échelles en grand nombre et allait attaquer la ville et le poste. On se prépara à la défense.

En effet, le 20, à cinq heures et demie du matin, l'armée ennemie arriva en trois corps : l'un suivait le bord du fleuve pour tourner le tata de Sambala, le second se dirigeait sur l'extrémité du tata, près de sa jonction avec le fort, le troisième cheminait dans le ravin de Mokho-Fakha-Kholé, pour attaquer le front 3-4.

Les assaillants des deux premiers corps arrivèrent sur le fort et sur le tata, malgré les affreux ravages que la mitraille faisait dans leur colonne compacte qui s'avançait dans un sombre silence, resserrant les rangs à chaque décharge, et ils tentèrent l'assaut. Le troisième ne put parvenir jusqu'à la muraille, à cause de la vivacité du feu des défenseurs et surtout de la disposition des lieux. Les hommes qui le composaient s'embusquèrent à une centaine de mètres de distance et tiraillèrent pendant toute l'attaque. Les assaillants des deux premiers corps s'efforçant d'escalader la muraille au moyen de leurs échelles en bambou et étant même parvenus, un instant, à y planter leur drapeau, restèrent très longtemps au pied de l'enceinte, y cherchant des abris, dans leur ignorance des effets du flanquement et perdant beaucoup de monde par la fusillade et par la mitraille; ils finirent pourtant par reculer, laissant le terrain couvert de cadavres. Il y en avait 67 au pied de la courtine 2-3, qui n'a pas 20 mètres de longueur. En tout, le long du fort et du tata de Sambala, jusqu'à une distance de 200 mètres, on en compta plus de trois cents. Combien de mourants et de blessés durent-ils emporter!

Malgré ces pertes, les assiégeants restèrent

encore en vue du fort jusqu'à dix heures et demie, essuyant le feu des canons et des obusiers. A onze heures, ils s'étaient éloignés jusqu'au Félou et les assiégés purent sortir à portée de canon, trouvant partout des morts, des mourants et de nombreuses traces de sang.

Des déserteurs de l'ennemi assurèrent, quelques jours après, que la perte d'Al-Hadji, dans cette journée, montait à 600 hommes. Amadou-Amat, assassin du traitant Malivoire, fut tué sur le haut d'une échelle. Oumar-Sané, almany du Bondou, nommé par Al-Hadji, périt aussi dans cet assaut, ainsi que beaucoup d'autres chefs; de notre côté, ayant combattu derrière des murailles contre un ennemi sans artillerie, nous n'eûmes que 6 hommes tués et 13 blessés.

La population du village se mit aussitôt à terminer et à renforcer son tata. Les 4 pièces du fort étaient hors d'état de servir; on répara de suite un des 4 affûts.

Du 20 au 25 avril, on fut tranquille; à partir du 25, les Toucouleurs reparurent en petit nombre et tiraillèrent dans les environs.

Mai. Le 11 mai, à la suite d'un grand sermon fait un vendredi à son armée, Al-Hadji obtint d'elle un nouvel effort; il voulut attaquer du côté du fleuve et pendant la nuit. Tierno-Guibi commandait l'armée.

A une heure et demie du matin, l'îlot qui est en face de Médine, à 150 mètres environ, fut enlevé par surprise; les 30 défenseurs qui l'occupaient se sauvèrent à la nage, après avoir jeté leurs fusils.

Le fort canonna jusqu'à neuf heures du matin les 200 Toucouleurs qui occupaient l'île ; mais, ceux-ci avaient soin de se mettre sur le versant opposé où ils se trouvaient à l'abri. Pendant ce temps, toute l'armée ennemie, embusquée autour de la ville, tiraillait sur elle. A neuf heures, pour débusquer les Toucouleurs de l'île, le sergent d'infanterie de marine Desplat, avec 3 laptots et 8 hommes du village, monta sur un canot muni de bastingages en peaux de bœuf ; nous eûmes 8 hommes tués ou blessés pour la seule mise à l'eau du canot. L'embarcation tourna l'île ; ceux qui la montaient fusillèrent les Toucouleurs du côté du large en même temps que l'artillerie du fort les atteignait chaque fois qu'ils se montraient du côté de la terre. Alors ils se jetèrent tous à l'eau sous les feux croisés du canot, du village et du fort et perdirent environ 100 hommes tués. A dix heures, voyant qu'il fallait renoncer à ses projets, l'ennemi avait disparu de toutes parts. Pendant les trois jours suivants, ce point du fleuve fut rempli de caïmans qui dévoraient les cadavres ennemis.

L'armée d'Al-Hadji était très courroucée contre lui, en voyant ses impostures continuelles et ses promesses de miracles toujours sans effet ; elle ne voulait plus même retourner à Sabouciré. Al-Hadji fut obligé de venir la chercher lui-même.

Il fut convenu qu'on n'attaquerait plus de vive force, mais qu'on bloquerait étroitement la ville pour l'affamer. Il y avait à Médine 6,000 âmes au moins et peu de vivres.

Du 11 mai au 4 juin, les Toucouleurs vinrent construire des embuscades tout autour de la place, de sorte que les malheureux habitants ne pouvaient plus sortir de la muraille. Les gens de Médine, entassés sans abri dans un espace dix fois trop petit, souffraient déjà beaucoup de la famine. Les munitions de guerre, réduites à rien, ne permettaient plus de refouler l'ennemi au loin.

Juin. Dans les premiers jours de juin, Al-Hadji réunit ses gens et dans un discours très pathétique, se mit à pleurer la perte de ses chefs favoris; il supplia ses fidèles de tenter un dernier effort pour les venger et voulut leur distribuer des pioches pour faire brèche au tata de Sambala. Il leur dit que les défenseurs n'avaient plus de poudre, qu'on n'attaquerait pas le poste, mais seulement le tata, et enfin, comme toujours, leur promit le paradis. Malgré toutes ses exhortations personne ne voulut prendre ses pioches; mais le lendemain, un renfort lui étant venu de Nioro, composé d'hommes décidés et qui n'avaient pas été témoins des désastres précédents, ceux-ci prirent les pioches et entraînèrent toute l'armée qui se rendit à Médine, le 4 juin, et y arriva à quatre heures du matin.

Il se ruèrent sur le tata dans une obscurité complète et commencèrent à faire brèche. Les gens de Sambala qui étaient sur leurs gardes et faisaient un feu très nourri, bouchaient les trous faits dans le mur avec les corps mêmes des assaillants; aidés par l'artillerie du fort, ils tuèrent 86 hommes restés au pied du mur et d'autres plus loin qu'on ne put aller compter. Avant le jour, les Toucouleurs étaient en pleine déroute.

Malgré ce nouvel échec, les ennemis resserrèrent de jour en jour les embuscades, au point d'atteindre les défenseurs, même dans l'intérieur du village.

Sur ces entrefaites, M. Girardot, commandant de Sénoudébou et M. Luzet, chirurgien de 2ᵉ classe, essayèrent d'aller porter des secours à Médine. Le 5 juin, ils arrivaient à Makhana, mais leurs volontaires les ayant abandonnés, ils ne purent dépasser Diakhandapé, où était l'aviso le *Guet-Ndar*. On essaya d'envoyer des hommes isolés porter des munitions de guerre à Médine, mais quelques paquets de cartouches purent à peine y arriver.

Pendant les six semaines suivantes, la position de Médine devenait de jour en jour plus désespérée ; on ne recevait aucune nouvelle du dehors et on ne pouvait en donner aucune. On eut 10 tués et 50 blessés dans les petites escarmouches qu'on était obligé d'engager pour chasser les assaillants qui s'approchaient trop. On tuait aussi du monde à l'ennemi, mais les renforts lui arrivaient librement de tous les côtés.

Le 18 juillet, les gens du village n'avaient plus de poudre, chacun des hommes de la garnison du fort n'avait plus qu'un ou deux coups de fusil à tirer, et chacune des quatre pièces avait encore deux gargousses. Les embuscades des assiégeants s'approchaient jusqu'à moins de 50 mètres de l'enceinte et jusqu'à moins de 25 mètres du tata de Sambala.

Heureusement l'eau avait monté dans le fleuve, et les secours arrivèrent ce jour-là même, 18 juillet, comme on le verra un peu plus loin.

Pendant que M. Paul Holle se couvrait ainsi de gloire, le commandant de Bakel ayant appris, le 1ᵉʳ mai, qu'une colonne de Toucouleurs du Fouta, de 400 hommes environ, dont 100 cavaliers, avec des femmes, des troupeaux, des captifs et une caravane, se trouvait à Dembankané pour se rendre à l'appel d'Al-Hadji et comprenant qu'il était important d'empêcher tout renfort d'arriver à l'armée qui assiégeait Médine, envoya à leur rencontre à Bordé, 40 hommes du poste et 260 volontaires commandés par les traitants Lorêt, Seydoudiop et Sidi-Fara-Biram. Le chirurgien du poste, M. Luzet, les accompagnait.

La rencontre eut lieu à huit heures du matin; les Toucouleurs, avantageusement placés sur un plateau assez escarpé, repoussèrent une première attaque, mais nos gens, ralliés par leurs chefs, enlevèrent la position dans un second assaut. Les Toucouleurs furent mis en déroute laissant sur le terrain trente morts, des femmes, des enfants, des captifs, huit chevaux et tous leurs bagages. Ils furent poursuivis vivement pendant une heure.

Le 12 du même mois, 300 hommes, en partie armés, qui avaient été en Gambie acheter de la poudre, passaient près de Makhana pour rallier aussi l'armée d'Al-Hadji; les laptots du *Galibi* et les gens de Makhana les assaillirent, leur enlevèrent la plus grande partie de leurs bagages et rapportèrent environ pour 5,000 francs de marchandises et, entre autres, 65 kilogrammes de poudre ; le laptot Lamine se distingua particulièrement. De leur côté les Maures faisaient, pendant ce temps, une guerre d'extermination aux Guidimakha tous ralliés à Al-Hadji.

Cependant, inquiet sur le sort de Médine, dont il n'avait plus de nouvelles directes depuis le 17 mai et de nouvelles même indirectes depuis le commencement de juin, le gouverneur avait pressé le départ du premier bateau.

Juillet. Le *Basilic* partit le 2 juillet de Saint-Louis, le gouverneur le suivit, le 5, sur le *Podor*, avec 80 hommes de troupe ; tous les autres bateaux étaient en réparation.

Le 13, le *Podor* arriva à Bakel et on nous y apprit les nouvelles les plus graves. On faisait monter, à Bakel, l'armée d'Al-Hadji à 15,000 hommes. Le *Basilic* n'avait pu arriver à Médine, trouvant trop peu d'eau aux petites cataractes : après avoir ravitaillé le *Guet-Ndar*, il était revenu à Bakel pour s'alléger un peu, sans avoir pu se procurer, quoique de si près, aucune nouvelle de la ville assiégée.

Le *Guet-Ndar* était de nouveau échoué sur les roches des petites cataractes, mais cette fois, complètement crevé et déjà presque submergé. Son équipage était journellement attaqué. Enfin, au même moment, une nouvelle colonne de Toucouleurs traversait le Bondou pour aller renforcer Al-Hadji.

Dans des circonstances aussi critiques, il fallait tout risquer et passer à tout prix ; on envoya immédiatement le *Basilic* chercher à Matam, dont on construisait la tour, un renfort d'ouvriers noirs du génie et une quinzaine de soldats blancs, et, sans les attendre, le gouverneur partit sur le *Podor* pour Médine, après s'être renforcé d'une centaine de laptots ou volontaires de Bakel ; mais, le *Podor*, après avoir talonné plusieurs fois à Diakhandapé et à Khay, fut obligé de mouiller vis-à-vis de Soutoukhollé, au milieu des petites cataractes, à trois lieues de Médine et à côté du *Guet-Ndar* ; au delà, il n'avait plus son tirant d'eau.

Le commandant du *Guet-Ndar*, M. des Essarts, enseigne de vaisseau, fut apporté par un de ses canots à bord du *Podor*. Il était sans connaissance depuis dix heures par suite d'un accès pernicieux et mourut dans la nuit même.

Voici par suite de quels événements le *Guet-Ndar* se trouvait échoué aux petites cataractes : ce petit aviso, à son dernier voyage de Médine de 1856, avait été mis sur une roche pointue par son pilote à Diakhandapé. M. des Essarts resta à son bord avec son équipage composé d'un mécanicien et d'un chauffeur blancs et de 25 laptots noirs. Seulement, il se mit à construire sur la rive un petit fortin en terre glaise qu'il occupa en même temps que son bâtiment.

Pendant sept mois, avec une poignée d'hommes,

il maintint les villages voisins dans notre parti, même pendant le siège de Médine. Enfin, vers le milieu de juin, il eut l'inexprimable joie de voir son bateau réparé, à flot et marchant. Comme depuis quelque temps il connaissait la position désespérée de Médine par des lettres de M. Paul Holl, il n'hésita pas à tenter de remonter jusque là pour ravitailler la garnison. Mais à peine avait-il fait cinq lieues, qu'arrivé aux petites cataractes, vis-à-vis de Soutoukhollé, il ne put, au milieu d'une fusillade des deux rives, franchir un courant de foudre, vint en travers et fut jeté violemment sur des roches qui pénétrèrent dans sa coque. Il fit des efforts inouïs pour se tirer de là ; ce fut en vain.

Capitaine et équipage montrèrent dans une aussi triste position, une énergie admirable.

Ils étaient fusillés du matin au soir, mais leurs bastingages en tôle les garantissaient des balles. Vers le 15 juillet, M. des Essarts pour ménager sa poudre, ayant donné l'ordre à ses laptots de ne pas riposter aux coups de fusils, les ennemis crurent que le bâtiment était abandonné, ou qu'il manquait de poudre ; ils voulurent en tenter l'assaut à la nage. Ils remplirent trois pirogues de leurs fusils et se mirent à la nage au nombre de 150. Pendant ce temps, 2 à 300 hommes sur chaque rive, faisaient un feu continu. M. des Essarts laissa les nageurs s'approcher à 25 mètres et alors il fit feu de toutes ses armes, fusils et perriers à mitraille. Les pirogues coulèrent, les Toucouleurs furent atteints en grand nombre, ceux qui ne furent pas

8.

tués au premier moment, prirent pied sur le banc de roches, ayant la tête seule hors de l'eau, et, ne pouvant se remettre à la nage parce qu'ils étaient à bout de forces, ils furent tués en détail ; enfin, 50 environ purent seulement regagner la rive. Une centaine d'hommes avaient été tués et emportés par le courant. Les jours suivants la cavalerie ennemie parcourait les rives du fleuve pour rechercher et retirer leurs cadavres.

Reprenons maintenant le récit des opérations de la petite colonne qui allait secourir Médine. Le 17, le gouverneur fit débarquer ses 80 hommes de troupe et ses 140 noirs sur la rive droite et il brûla le village abandonné de Soutoukhollé, village de Kartoum-Sambala, dans l'espoir que l'incendie serait vu de Médine et annoncerait notre approche aux assiégés.

Le même jour, vers le soir, le *Basilic* arriva de Matam, apportant 120 hommes de renfort, dont 20 blancs. Il mit son monde à terre, franchit le passage des petites cataractes entre deux pointes de roches, avec une vitesse de moins d'un mètre par minute en chauffant à toute vapeur, et surchargeant les soupapes de sûreté ; il mouilla devant Kéniou, village dont il éloigna des groupes ennemis par ses obus ; il y passa la nuit.

Ayant reconnu que le passage si difficile des Kippes était défendu par de nombreux contingents couvrant les rochers à pic, qui dominent le fleuve des deux côtés, le gouverneur se décida à forcer le passage, en même temps par terre et par eau.

Attendre de nouveaux renforts, c'était s'exposer à laisser prendre Médine qui devait être à la dernière extrémité. Des personnes doutaient même qu'il fût encore en notre pouvoir.

A six heures, le *Basilic* s'embossa à portée d'obusier des Kippes et les canonna alternativement. En même temps, le gouverneur débarqua pour prendre le commandement des forces à terre ; 500 hommes, dont 100 blancs et un obusier. Il porta la colonne au pied de la position à enlever, fit lancer deux obus et sonner la charge ; soldats, laptots, volontaires et ouvriers, officiers en tête, escaladèrent les rochers avec beaucoup d'entrain ; l'ennemi les abandonna sans résistance et on ne reçut des coups de fusils que des ennemis embusqués sur les rochers de la rive gauche. On prit position de manière à répondre à leur feu et à protéger le passage du *Basilic*; l'ordre fut alors donné à celui-ci de franchir. Il le fit heureusement et mouilla à 500 mètres environ en amont des Kippes. M. Guay, volontaire, second à bord, reçut seul une balle morte à l'épaule.

La colonne descendit ensuite sur le bord du fleuve, vis-à-vis du *Basilic*, et, de là, on aperçut à travers une plaine de 3 à 4,000 mètres, le fort de Médine. Le pavillon français flottait sur un des blokhaus, mais aucun bruit, aucun mouvement ne prouvaient que le fort fût occupé. Dans la plaine se trouvaient des Toucouleurs embusqués ou errant çà et là.

L'ordre fut donné de passer immédiatement le

fleuve sur les embarcations du *Basilic*. Les Toucouleurs défendirent le terrain ; les premiers débarqués les repoussèrent assez loin de la rive pour protéger le passage des autres et de l'artillerie. Bientôt tout le monde se trouva réuni sur la rive gauche et on refoula les Toucouleurs de toutes parts, en se rapprochant de Médine. Le fort ne donnait pas encore signe de vie et cela paraissait inexplicable quand on songeait que Médine contenait plus d'un millier de défenseurs armés de fusils.

Enfin, le gouverneur, ne pouvant contenir son impatience, mit son infanterie en position sur un petit mamelon pour y attendre l'artillerie qui achevait de passer et se lança avec ses irréguliers au pas de course, vers Médine, à travers les cases du village détruit de Komentara. Ce ne fut qu'au moment où il arrivait à 150 mètres du fort et traversait le dernier ravin, que l'on aperçut d'une part, les Toucouleurs cachés dans une foule d'embuscades et bloquant le fort à le toucher et d'autre part, les défenseurs sortir de leurs murs en poussant des cris pour les chasser, de concert avec nous.

Les Toucouleurs montrèrent jusqu'au dernier moment une audace incroyable ; poursuivis, cernés, ils ne faisaient pas un pas plus vite que l'autre et se faisaient tuer plutôt que de fuir, tant était grande leur exaspération de voir leur échapper une proie qu'ils tenaient déjà si bien.

Les défenseurs, le commandant Paul Holl en

tête, se jetèrent dans les bras de leurs libérateurs, avec une joie qu'il est inutile de décrire.

Mais quel spectacle navrant pour ces derniers ! Plus de 6,000 individus, en grande majorité femmes et enfants, entassés presque sans abri et au milieu des immondices dans un espace de moins de 5,000 mètres carrés...., le fort, qui a 30 mètres de côté, en contenait plus de 300. La faim se peignait sur tous les visages ; depuis plus d'un mois, on ne se nourrissait que de quelques arachides et on n'avait pas de bois pour les faire cuire. Les maladies ravageaient cette multitude affamée, et pour achever le tableau, 3 à 400 cadavres ennemis dans un affreux état de putréfaction, au pied de l'enceinte, empestaient l'air environnant.

L'ennemi ayant été repoussé hors de vue de la place, toute la population sortit en toute hâte, n'ayant pas assez d'expressions ni de gestes, pour témoigner sa reconnaissance au gouverneur, ainsi qu'à ses officiers et à ses troupes. Ceux qui ont assisté à un pareil spectacle ne l'oublieront jamais.

Les femmes se précipitaient sur les moindres morceaux de bois, comme si c'eût été des objets précieux, pour allumer un peu de feu et faire bouillir des racines, d'autres cueillaient et mangeaient de l'herbe crue.

On se mit aussitôt à nettoyer les environs pour faire disparaître les causes d'infection qui eussent pu devenir fatales, et à faire évacuer le fort pour y installer les troupes.

Les officiers qui prirent part à cette belle journée étaient MM. le chef de bataillon Sardou, commandant l'artillerie, le capitaine du génie Fulcrand et le lieutenant du génie Fajon, commandant les ouvriers noirs, M. le lieutenant de vaisseau Brossard de Corbigny, commandant les compagnies de débarquement du *Galibi*, du *Guet-Ndar* et quelques hommes de la *Couleuvrine*, M. de Butler, enseigne de vaisseau, commandant la compagnie de débarquement du *Podor*, MM. Bellanger et Chauvault, lieutenant d'infanterie de marine et Guizeri, sous-lieutenants, Alioun-Sal, sous-lieutenant indigène de spahis, M. le docteur Luzet qui, depuis six semaines, avait partagé les dangers et les efforts du commandant du *Guet-Ndar*, pour secourir Médine, M. Blin, chirurgien du *Podor* et M. Descemet, sous-lieutenant d'état-major remplissant les fonctions d'officier d'ordonnance.

Tous avaient rivalisé de dévouement pour faire réussir une entreprise aussi difficile et aussi importante que la délivrance de Médine. Les contre-temps arrivant les uns après les autres pendant quatre jours, n'avaient pu abattre les courages ; les esprits s'étaient mis à la hauteur de l'entreprise dont il fallait à tout prix venir à bout. M. Millet, enseigne de vaisseau, commandant le *Basilic*, avait de son côté concouru de toutes ses forces à l'œuvre commune. Il eut, le jour même, la satisfaction de mouiller devant le poste et d'y déposer ses approvisionnements.

Le lendemain matin, la colonne, avec les gens de Médine, alla pousser une reconnaissance au delà des cataractes du Félou, sur la route de Sabouciré où se trouvait encore l'armée ennemie, et MM. Brossard de Corbigny et de Butler, avec leurs compagnies de débarquement, allèrent brûler le village ennemi de Kounda, abandonné à leur approche par les Toucouleurs.

Pendant ce temps, on gravait une inscription sur les roches du Félou pour rappeler le souvenir de ces mémorables événements.

Le lendemain, le gouverneur, renvoyant les bateaux à Saint-Louis, pour lui amener des forces qui lui permissent d'aller à son tour assiéger Al-Hadji dans Sabouciré, resta de sa personne à Médine pour soutenir le courage de ses défenseurs.

Cinq jours après, le 23, un brillant combat fut livré par la garnison aux gens d'Al-Hadji réunis à une armée de secours qui lui arrivait du Fouta.

Ces Toucouleurs, venant du Fouta avec leurs familles et leurs troupeaux, avaient traversé le Bondou au commencement de juillet. Les gens de Bakel, ainsi que des Maures Douaïch allèrent les attaquer au passage, mais, moins nombreux qu'eux, il furent obligés de chercher un refuge dans le tata de Gabou après avoir perdu quelques hommes. Les Toucouleurs les y poursuivirent et essayèrent de les y forcer, mais il furent repoussés à leur tour avec d'assez grandes pertes. Sur ces entrefaites, Boubakar-Saada arriva avec les gens de Sénoudébou, tomba sur les Toucouleurs, leur tua une trentaine d'hommes, leur prit 19 chevaux et les mit en déroute. Le chef de l'émigration El-Féki fut tué dans le combat ainsi que d'autres guerriers marquants du Fouta.

A la suite de cette défaite, une partie de la bande était retournée dans le Fouta avec les blessés, et l'autre beaucoup plus nombreuse avait continué sa route en passant par Boulébané, Cousam et Ndangan où elle avait passé le Falémé. Elle était entrée le 20, dans Farabana, qu'elle avait trouvé abandonné, et le 22, elle arrivait à Gondiourou, à deux lieues de Médine. Al-Hadji, averti de sa venue, avait envoyé une partie de ses forces à sa rencontre le 22 au soir. Le lendemain matin, s'étant mis tous en marche, ils vinrent jusqu'au ravin qui est à 3/4 de lieue de Médine, sur la route de Gondiourou, pour se rendre à Sabouciré.

La nouvelle de leur approche était arrivée à Médine, comme nous l'avons dit ci-dessus, cinq jours après la délivrance de la ville, le gouverneur sortit à la tête des forces peu nombreuses qu'il avait gardées avec lui et dont 120 hommes, des meilleurs, avaient encore été distraits la veille pour aller chercher un troupeau de bœufs à Makhana.

La sortie ne se composait donc que de 50 soldats blancs, un obusier avec quelques canonniers, 25 laptots, 100 ouvriers noirs du génie et environ 150 Khassonké ou Bambara de Médine.

La rencontre eut lieu au ravin même et les Toucouleurs défendirent vigoureusement la position. Mais ils ne purent résister à l'élan des nôtres entraînés par l'exemple de leurs chefs. Nous coupâmes en deux la ligne de bataille de l'ennemi en la pénétrant; M. Brossard de Corbigny avec ses laptots et M. Fajon avec ses ouvriers, en rejetèrent vivement une partie à gauche sur les contre-forts du mont Gondiourou, pendant que le gouverneur, avec les cinquante soldats blancs, se heurtait au corps principal sur notre droite, et qu'un grand nombre rétrogradait déjà par le col où passe la route de Gondiourou.

Cependant l'ennemi était excessivement nombreux et son feu très vif. Au moment du choc et en quelques minutes, nous eûmes de nombreux blessés. M. Descemet, sous-lieutenant d'état-major, fut atteint au ventre d'une balle mortelle qui avait, en passant, contusionné la main du gouverneur; M. Guizeri, sous-lieutenant d'infanterie de marine, reçut une balle dans le ventre et M. Luzet, une contusion à la tête par une balle qui traversa son chachia. Trois sergents sur cinq furent atteints : Cruvelhier au bas ventre, Daste en pleine poitrine, Desplats, le sergent du siège de Médine, à la cuisse. Deux soldats d'infanterie furent traversés de part en part et 6 autres blessés plus ou moins grièvement; 2 laptots, 10 ouvriers du génie et 12 Khassonké ou Bambara furent atteints. En tout, 39 hommes touchés, dont 7 moururent peu de temps après. Mais l'ennemi fit des pertes bien plus considérables par notre fusillade plus nourrie encore que la sienne à 30 pas de distance, et par la mitraille de notre obusier, très bien commandé par le sergent Soileau et dont deux coups surtout furent très heureux.

Profitant de notre avantage, nous coupâmes une

partie du convoi ennemi et on s'en empara. Quant au reste, il s'enfonça dans les gorges de la montagne avec toute l'émigration en désordre.

La colonne rentra lentement à Médine avec ses nombreux blessés et beaucoup de butin. L'ennemi laissait plus de 50 morts sur le champ de bataille au monent où nous en restâmes maîtres. Les blessés devaient être nombreux en proportion, et les jours suivants, on remarquait des nuées de vautours le long de la ligne de collines qu'il avait suivie pour retourner à Sabouciré.

Dans l'après midi, une partie du convoi des Toucouleurs (l'autre dégoûtée s'en retournait dans le Fouta) voyant tout le monde rentré à Médine, revint s'engager dans une vallée du mont Gondiourou qui va à Sabouciré; on lui envoya quelques obus et quelques fusées de guerre qui la mirent de nouveau en déroute.

Les Toucouleurs comprenaient que si le gouverneur était resté à Médine en faisant descendre les bateaux, c'était pour envoyer chercher des forces qui lui permissent d'aller les assiéger dans Sabouciré. Ils ne se sentaient pas trop disposés à l'attendre. Al-Hadji déclara que n'espérant pas pouvoir résister aux blancs, il allait se retirer à Dinguiray, son village du Fouta-Dialon, avec tous ses fidèles et tous ses biens.

Les renforts demandés à Saint-Louis furent amenés à Bakel, le 11 août, sur le *Podor*, le *Rubis*, le *Serpent* et le *Grand-Bassam*, par M. le commandant supérieur de la marine Duroc. Ils consistaient en 200 hommes d'infanterie européenne, 100 hommes d'infanterie indigène, 70 hommes d'artillerie, avec 40 mulets et 3 obusiers et 100 volontaires de Saint-Louis.

A l'arrivée de ces forces, Al-Hadji venait de quitter Sabouciré après en avoir détruit le tata. Il s'éloignait de Médine pour éviter notre rencontre, en remontant le Sénégal sur la rive gauche.

Il n'y avait dès lors plus d'espoir de se mesurer avec lui ; on se décida à aller enlever de suite Somsom-Tata dans le Bondou, la ville la plus forte de tous le haut pays, devant laquelle le commandant de Sénoudébou et l'almamy Boubakar se trouvaient depuis douze jours, sans pouvoir la prendre, quoiqu'ayant déjà lancé sur elle une centaine d'obus.

La forteresse de Somsom, placée sur le marigot de Balonkholé et au pied d'une chaîne de collines rocheuses, à moitié chemin entre Bakel et Sénoudébou, avait environ 300 mètres de tour. Le mur avait 5 mètres de hauteur et 1^m,20 d'épaisseur en bas.

Il était construit en pierres, terre glaise et paille hachée ; 18 tours à étage, faisant office de bastions, garnissaient l'enceinte. Dans certains endroits, il y avait double ou triple enceinte. Dans l'intérieur se trouvait un réduit dont l'enceinte était garnie de 4 autres tours. Ce fort fut construit il y a environ 40 ans, par l'almamy Toumané, et il était tout à fait imprenable pour les indigènes. Les obusiers de montagne ne pouvaient y faire brèche, sa prise nécessitait l'emploi d'une artillerie plus puissante ou de la mine.

Il y avait un an qu'Al-Hadji avait mis aux fers et enfermé dans Somsom un prince de la famille des Sissibé, nommé Ala-Khassoum, parce qu'il le soupçonnait d'être du parti de notre almamy Boubakar.

L'investissement par Boubakar avait eu lieu le 31 juillet; il avait surpris dehors une partie du troupeau et enlevé quelques greniers de mil, mais la population s'était renfermée dans le fort et Malik le chef, à la sommation de Boubakar, d'avoir à lui rendre le prince prisonnier, avait déclaré qu'Ala-Khassoum lui ayant été confié par Al-Hadji, il se ferait tuer lui et les siens plutôt que de le rendre à un autre.

Août. Le 1er août les assiégeants, après avoir envoyé quelques obus contre l'enceinte, s'étaient précipités sur les portes, mais ils avaient été repoussés après avoir eu 11 hommes tués ou blessés. L'affût de l'obusier était brisé, on bloqua la place.

Le 3, ayant reçu un autre affût de Sénoudébou, on parvint à faire un petit trou à l'enceinte et on essaya de l'agrandir à la pioche, sous le feu des créneaux, et de pénétrer par là. Quatre hommes parvinrent à entrer, à leur tête le gourmet des laptots de Sénoudébou, Massamba-Guèye; mais celui-ci ayant été tué et les autres blessés, on battit en retraite avec une perte de 8 hommes. A ce moment, Malik croyant que le tata allait être pris, s'empressa de tuer Ala-Khassoum, quoiqu'il fût son oncle.

Du 3 au 12 inclus, on se contenta de continuer à bloquer la place, échangeant quelques coups de fusil avec les tours et lançant quelques obus dans l'intérieur. Les assiégés se moquaient de Boubakar et lui disaient que jamais il n'entrerait dans Somsom-Tata. Il eut été du plus mauvais effet dans le pays de ne pas le prendre, après s'y être servi de l'artillerie. Aussi le gouverneur était-il décidé à le prendre à tout prix.

Le 13, la colonne débarqua à Iaféré ; on voulut se mettre en route à deux heures du matin, mais on se jeta dans un marais impraticable et il fallut attendre le jour, à la pluie et au milieu d'une nuée de moustiques. A six heures on se remit en marche; à sept heures on trouva un terrain détrempé par la pluie où les mulets s'abattirent. Il fallut les décharger et même, haut le pied, ils passèrent avec la plus grande difficulté.

Traversant ensuite un pays magnifique, on arriva à six heures du soir à Somsom, et la vue de cette forteresse indigène ne rassura pas beaucoup les esprits. On campa à portée de fusil du fort, derrière un pli de terrain. On recommanda au commandant de Sénoudébou et à Boubakar, de mettre tout leur monde à garder les deux portes pendant la nuit. Le lendemain on devait canonner le fort avec 2 obusiers placés sur une hauteur qui le domine à environ 400 mètres et d'où l'on voit dans l'intérieur; le soir, on devait occuper de vive force une petite mosquée extérieure placée à 15 mètres de distance d'un des angles de l'enceinte, pratiquer pendant la nuit une mine sous cet angle de l'enceinte, le faire sauter et le 15, à la pointe du jour, enlever Somsom d'assaut par la brèche.

Mais Malik et ses gens, effrayés par l'arrivée des troupes, comprirent qu'ils étaient perdus, et, vers minuit, dans une obscurité complète, ils sortirent avec tout leur monde. Ceux qui gardaient les portes les fusillèrent et coururent dessus. Une vingtaine de fuyards furent tués, 400 restèrent prisonniers entre nos mains, presque tous femmes et enfants, ainsi que les troupeaux. Malik, avec le quart de son monde, parvint à se sauver. Aussitôt après on entra dans le tata, qu'on livra au pillage, et où l'on trouva quelques blessés abandonnés.

Le lendemain matin, au moyen de deux mines on fit sauter les principales tours; on fit une autre grande brèche à la pioche et on brûla toutes les cases. La prise de Somsom nous avait coûté, en tout, 27 hommes tués ou blessés; la perte des assiégés, en tués ou blessés, n'avait pas été au delà de 40 à 50 personnes, malgré la grande consommation d'obus faite avant l'arrivée des troupes.

Le 15, dans la journée, la colonne reprit le chemin du fleuve. On bivouaqua la nuit au village de Marsa, et, le 16 au matin, on arriva à Iaféré; tout le monde s'y embarqua pour Médine où l'on arriva le 17 au soir, sans accidents. Le *Rubis* resta mouillé en dessous des petites cataractes, tous les autres bâtiments mouillèrent devant Médine; nous y apprîmes qu'Al-Hadji se dirigeait vers le Fouta-Dialon; il était déjà à six jours de marche de distance.

Pour tirer parti des forces qu'il avait sous la main et pour débarrasser Médine d'un voisinage gênant, le gouverneur résolut d'attaquer Kartoum-Sambala qui était établi à Kana-Makhounou, avec les Khassonké du parti d'Al-Hadji, à six lieues du fleuve, vers la frontière du Kaarta.

Le 17, les troupes furent mises à terre sur la rive droite, au nombre de 900 hommes. Pendant la nuit, on passa les volontaires de Médine et les contigents alliés des Bambara du Kaarta et des Mandingues du Bambouk, au nombre de 1,500 hommes environ. Nous essuyâmes une forte tornade pendant la nuit.

Le 18, à cinq heures et demie du matin, on partit par la route des cataractes et de Fatola; mais arrêtée par un marigot, la colonne fit un changement de direction à gauche pour marcher directement sur Kana-Makhounou. Entre le fleuve et Kana-Makhounou, on voyage dans une forêt qui ne finit qu'au village même; celui-ci est sur la rive droite d'une des branches du marigot qui vient se réunir au fleuve par Khoulou, vis-à-vis de Kéniou.

Après avoir fait la grande halte, à moitié chemin, sur le bord d'une mare, on se remit en marche, à midi, en deux colonnes. Une colonne légère composée de tous les volontaires et alliés, des soldats noirs, des laptots et d'un obusier, commandée par M. le capitaine de frégate Duroc, et une colonne de réserve composée de l'infanterie européenne, de l'artillerie et du convoi aux ordres du commandant d'artillerie Sardou. A peine en marche, nous reçûmes une énorme averse qui eut bientôt converti toute la forêt en un vrai lac. Les volontaires avaient sur nous un immense avantage, ils se mettaient complètement nus, et renfermaient leurs vêtements dans leurs peaux de bouc, ils les en tiraient secs après la pluie.

Le terrain, qui est de terre très grasse, se détrempa, se défonça par le passage de la première colonne, de sorte qu'il devenait impossible à la seconde d'aller plus loin, les mulets ne pouvant plus faire un pas sans tomber. M. le commandant Sardou choisit une position et bivouaqua.

Le gouverneur poursuivit sa route avec M. le commandant Duroc et sa colonne, et, à deux heures et demie, nous arrivâmes au bord du marigot, à portée de fusil du village. Quelques hommes qui étaient aux champs nous aperçurent et donnèrent l'alarme. Aussitôt 3 obus furent lancés sur le tata et tout le monde se jeta à l'eau pour envahir le village. C'était un spectacle excessivement curieux que de voir près de 2,000 hommes passant, serrés les uns contre les autres, le torrent grossi par les pluies et écumant au milieu des roches.

Le bruit du canon ayant ôté à l'ennemi toute envie de résister, quoiqu'il y eût 2 tatas assez vastes et assez bien construits, ce ne fut bientôt qu'une poursuite générale et dans toutes les directions, chacun ramenant des prisonniers, des bœufs, des charges de butin. M. Duroc, avec ses compagnies de débarquement commandées par MM. Lebrun, Pottier et Gaillard, poursuivit vivement les fuyards. On enleva beaucoup de bijoux, d'effets et d'ustensiles de ménage, des provisions en grande quantité, 800 femmes ou enfants, 500 vaches, un grand nombre d'ânes, de chèvres, de moutons et quelques chevaux. On tua quelques hommes à l'ennemi et, de notre côté, nous eûmes 2 hommes tués et 3 blessés. On mit le feu au village, on démolit les deux tatas et l'on revint passer la nuit sur la rive gauche du marigot.

Le 19, à cinq heures du matin, la colonne d'avant-garde, après avoir passé une nuit très pénible dans son bivouac boueux, sans tentes et sans ses bagages, reprit le chemin de Médine. Ce ne fut qu'avec des peines inouïes qu'elle put faire passer son obusier dans le terrain détrempé de la forêt, où les chevaux et les mulets s'enfonçaient jusqu'au poitrail et tombaient à chaque pas. Après quatre heures d'efforts surhumains, on parvint à atteindre la colonne de réserve et on se reposa quelques heures, puis tout le monde se remit en marche pour Médine, et, après avoir encore passé quelques mauvais pas, on y arriva vers quatre heures du soir.

Le lendemain, toutes les troupes s'embarquèrent sur le *Podor*, le *Rubis* et les deux écuries, pour retourner à Saint-Louis, où elles arrivèrent le 27.

En somme, nous avions débarrassé le Bondou et le Khasso des bandes d'Al-Hadji, nos postes étaient dégagés, respiraient à l'aise, et le prophète était en pleine retraite, à la grande mortification de ceux qui lui croyaient un pouvoir surnaturel. La colonne ramenait beaucoup de malades. Nous n'avions eu que quelques morts à déplorer, outre celle du si regrettable Roger Descemet, entre autres celle de M. Bellanger, lieutenant d'infanterie de marine.

Le 28 août, M. le lieutenant de vaisseau Brossard de Corbigny ayant réuni les forces de Boubakar-Saada du Bondou et de Bougoul de Farabana, les dirigea contre Ndangan et Sansandig, villages hostiles de la Falémé, qui avaient fait traverser les renforts du Fouta pendant le siège de Médine ; à cet effet, il remonta la Falémé sur le *Grand-Bassam*, capitaine Marteville. Vingt-cinq prisonniers furent faits à Ndangan et le village pillé, brûlé et rasé ; la population se réfugia à Djenné. Les gens de Sansandig qui venaient à leur secours au nombre de 300 fusils, tombèrent dans la colonne de nos alliés et furent battus et dispersés en laissant 38 morts sur le champ de bataille et des blessés. Deux heures après, nos alliés arrivaient en même temps que le *Grand-Bassam* devant Sansandig. Des obus mirent le feu au village et les défenseurs démoralisés abandonnèrent le tata. On les poursuivit et on fit 464 prisonniers ; on prit 250 bœufs et beaucoup de chèvres ; de plus nos alliés firent d'amples provisions de mil et de maïs, ils n'eurent que quelques hommes blessés et 3 chevaux tués. Parmi les morts de l'ennemi étaient le chef de Samba-Yaya, 4 fils des chefs de Sansandig et le fils du chef de Djenné.

Profitant de l'humiliation d'Al-Hadji et de sa retraite dans le Bambouk après le siège de Médine, Sémounou réoccupa le Natiaga à la fin d'août.

Septembre. Niamodi, en septembre, réoccupa le Logo, et le Bondou se soumit tout entier à Boubakar-Saada; mais en même temps les Toucouleurs, revenant du Kaarta vers le Fouta, renforçaient les villages ennemis de Guémou et de Komendao et interceptaient ainsi la route des caravanes maures.

Le 12 septembre, le troupeau de Bakel fut enlevé par une de leurs bandes qui retournait dans le Fouta. Le maréchal des logis Larousse avec le brigadier Ahdallah, cinq spahis et Malamine, fils de l'interprète du poste, les atteignirent à quatre lieues de Bakel, tuèrent cinq des voleurs et en ramenèrent deux qui furent fusillés.

Les affaires d'Al-Hadji ne donnant plus d'inquiétude dans le haut du fleuve, on dut s'occuper de punir le Damga, qui, non content d'envoyer tous ses guerriers partout où Al-Hadji cherchait à nous nuire, avait encore osé attaquer des embarcations de commerce dans le fleuve.

M. Escarfail, lieutenant de vaisseau, capitaine du *Podor*, fut chargé de cette opération en se rendant à Bakel. A Nguiguilon, il chassa les habitants du village au nombre de 250 fusils, avec 35 hommes de son équipage, renforcés par 40 ouvriers noirs du génie commandés par M. Guiol, conducteur des travaux ; il brûla le village et n'eut qu'un blessé. A Sadel, le village ne fut pas défendu, il fut brûlé par le capitaine de rivière Numa avec 20 hommes ; Numa reçut une balle morte.

A Ondourou, le lieutenant du *Podor*, Arnaud, brûla le village en n'ayant qu'un homme blessé. Koundel, Bemké, Ngaoudiou, Bédemké, Beldialo et Garly éprouvèrent le même sort.

A Tchiempen, les Toucouleurs très nombreux se défendirent vigoureusement contre le capitaine du *Podor* et tout son monde ; le village fut enlevé et brûlé, l'ennemi fit des pertes notables, nous eûmes deux laptots grièvement blessés.

300 Toucouleurs suivirent le bâtiment à partir de Garly, ils furent décimés par la mitraille. Delol, Tiali, Ndiangan, Kanel-Sambasiré, Tinali, Barmatch, Orndoldé et Bapalel furent brûlés sans résistance. A Gouriki, le village fut défendu et brûlé après une lutte de dix minutes pendant laquelle nous eûmes deux hommes tués. On canonna Garanguel, dont on ne put s'approcher à cause des bas-fonds ; les obus firent des ravages dans les groupes : Séré, Badala, Badiki, Barkédji et Gourmel furent canonnés ou brûlés, les habitants de ces trois derniers villages suivirent le *Podor* et se firent mitrailler.

A Ouaouandé, le village fut défendu pied à pied, mais brûlé ; nous eûmes deux hommes tués. A Guellé, l'ennemi étant trop fort pour que l'on pût débarquer, le bâtiment fut seulement accosté et le nommé Ousmam, infirmier, sauta à terre et brûla un quartier du village. 3 à 400 hommes suivirent le bâtiment pendant deux milles, malgré la mitraille et les obus.

On brûla Bitel, Lobali, Adabéré, Verma et Dembacané, le dernier village du Fouta, sans trouver de résistance. Cette sévère leçon consterna les Toucouleurs.

Octobre. Pour assurer à l'avenir la navigation de cette partie du fleuve contre les violences des Toucouleurs, on construisit la tour de Matam. Les populations voisines tentèrent de s'y opposer par des attaques réitérées.

Dans la nuit du 6 au 7, malgré la canonnière la *Stridente*, capitaine Ronin, mouillée à portée de pistolet, et le tata provisoire où couchaient les ouvriers à terre, les Toucouleurs s'emparèrent de la tour commencée qui avait à peu près 2 mètres de haut; ils y restèrent toute la nuit, malgré le feu violent d'artillerie dirigé contre eux et ne furent délogés que le matin par les ouvriers. Ils eurent plus de 50 hommes tués, dont 10 furent laissés par eux dans la tour même. Nous eûmes un homme tué et 3 blessés.

Le même jour, près de là, à Civé, où l'on extrayait les pierres, les travailleurs furent cernés et séparés du fleuve; le capitaine du *Serpent*, l'enseigne Bouillon, les dégagea avec sa compagnie de débarquement et repoussa vigoureusement l'ennemi. Le caporal du génie Toureille se fit remarquer par son intrépidité. Le gourmet Oursck fut tué et cinq ouvriers du génie blessés.

A la suite de ces deux affaires et grâce à une compagnie de tirailleurs sénégalais envoyée sous les ordres de M. le lieutenant Lemaire pour protéger le travail, il ne fut plus inquiété jusqu'à son achèvement.

Pendant ce temps, dans les environs de Bakel, les caravanes maures passaient en se battant avec les gens de Guémou, et les Bambara réfugiés chez nous faisaient des razzias sur les Toucouleurs qui revenaient de l'armée d'Al-Hadji.

Une bande de ceux-ci enleva un chaland de traitant dans la Falémé, un homme fut tué et une femme prise ainsi que les marchandises.

Novembre. Les gens des environs de Matam, ne pouvant encore prendre leur parti au sujet de la tour, vinrent en assez grand nombre faire une dernière tentative et enlever le troupeau du poste pour attirer la garnison au dehors. Ils furent facilement repoussés et le troupeau leur fut repris immédiatement.

La *Bourrasque*, capitaine Ravel, fut mise en station pour l'année, à Matam, pour protéger au besoin ce nouveau poste.

Vers cette époque, une colonne de cavalerie des Ouled-Sidi-Mahmoud, eut une affaire sérieuse avec le village de Guémou. Ils dirent avoir tué une trentaine d'hommes et enlevé 60 prisonniers et 200 bœufs. Les Guidimakha se trouvaient ainsi traqués de tous côtés, car Tierno-Guibi et Kartoum-

Sambala attaquaient ceux de leurs villages qui n'étaient pas assez partisans d'Al-Hadji.

Dans le Bondou dépeuplé, Ndioum (Ferlo) s'était rétabli sous les ordres d'un Toucouleur partisan d'Al-Hadji, Mamadi-Dialo; Boubakar-Saada alla le bloquer, mais il fut incapable de le prendre, malgré toute l'importance qu'il attachait à cette opération. Voyant cela le commandant de Bakel, capitaine Cornu, résolut de l'y aider. Il partit avec deux obusiers de montagne et une vingtaine de soldats ou laptots et se réunit à une armée de 2,000 hommes, Bondouké et Malinké, que Boubakar avait rassemblés.

Arrivés à Ndioum, ils brûlèrent le village au moyen des obus; mais les habitants défendant malgré cela leur enceinte avec beaucoup de vigueur, l'armée du Bondou se débanda après quelques assauts infructueux. M. Cornu et Boubakar, se trouvant réduits à quelques hommes, durent battre en retraite devant une sortie des assiégés, abandonnant les deux obusiers dont les affûts étaient cassés et qui sont tombés entre les mains d'Al-Hadji. A la suite de cette affaire, les gens de Ndioum abandonnèrent leur village et ce petit échec de nos armes, ou plutôt de notre allié, n'eut aucune influence fâcheuse sur l'heureuse situation où étaient alors nos affaires du haut pays. Mais, malheureusement, tout allait bientôt changer de face.

A la fin de 1857, comme nous venons de le voir, les états du haut fleuve se reconstituaient grâce à l'absence d'Al-Hadji, retiré au fond du Bambouk et réduit, en apparence du moins, à un état d'impuissance complète à la suite de son affront de Médine; le Damga avait été sévèrement rappelé à l'ordre et châtié par nous; le fort de Matam était construit et les Maures du haut pays, même les Ouled-Sidi-Mahmoud, tribu très-fanatique, attaquaient vigoureusement les Guidi-Makha qui cherchaient à mettre des entraves au commerce de Bakel. Enfin, tout était en voie de pacification. Cette heureuse situation ne devait pas durer longtemps.

Mars 1858. Dès le mois de mars 1858, on fit courir le bruit qu'Al-Hadji faisait des préparatifs pour sortir de sa retraite du Bambouk et se rapprocher de la Falémé. Ses émissaires parcouraient déjà le Bondou pour le soulever contre Boubakar-Saada et l'almamy du Fouta Mahmadou se mettait, chose incroyable, à construire par son ordre un barrage sur le Sénégal, à Garly, pour nous interdire la navigation du haut du fleuve.

Pour punir quelques agressions, M. Girardot, commandant du poste de Médine et Sambala réunirent leurs forces, et enlevèrent Koniakari dans le Diombokho, pendant que les guerriers du village étaient en expédition contre les Maures qui leur avaient enlevé leurs troupeaux. Le chef, Tierno-Guibi, un des principaux lieutenants d'Al-Hadji, parvint à peine à se sauver; on fit un butin considérable en mil et en bestiaux.

Malheureusement, quelques semaines après,

Tierno-Guibi, ayant rassemblé toutes ses forces, vint enlever à son tour et détruire, tout en essuyant des pertes considérables, le village de Tamboucané, avant qu'il ne pût être secouru de Médine. Presqu'au même moment, Al-Hadji entrait de sa personne dans le Bondou. Bougoul de Farabana et ses Malinké s'étaient déjà réfugiés sous les canons de Sénoudébou, ainsi que Boubakar-Saada avec ses partisans peu nombreux, car presque tout le Bondou l'avait encore une fois abandonné.

Le 20 mars, l'armée ennemie était à Gondiourou, près de Sambacolo, à cinq lieues de Sénoudébou, et nos postes faisaient en toute hâte leurs préparatifs de défense.

Avril. Pendant le mois d'avril, les partisans d'Al-Hadji relevèrent partout la tête et reprirent l'offensive sur tous les points.

Une avant-garde de 20 de ses cavaliers traversa même le Fouta et arriva jusqu'à Aloar, près de Podor, pour disposer les esprits en sa faveur dans le Toro.

Le 15 avril, Al-Hadji était à Boulébané, capitale du Bondou, où il resta un mois. Il fit tous ses efforts pour décider son armée à attaquer Sénoudébou, mais ce fut en vain ; quelques cavaliers osèrent seuls s'en approcher et furent vivement poursuivis par Boubakar-Saada.

Mai. Le prophète fit brûler tous les villages du Bondou, il en fit enlever toutes les populations qui ne s'étaient pas réfugiées à Sénoudébou ou à Bakel, pour les envoyer sur la rive droite du Sénégal et peupler ses États du Kaarta.

Le 13 mai, il quitta Boulébané avec une armée de 2,000 hommes et une multitude de femmes et d'enfants; il passa la journée à Bordé, près de Bakel et voulut en vain envoyer ses cavaliers contre cette ville; malheureusement le poste n'avait pas de forces suffisantes pour aller l'attaquer lui-même.

A la fin de mai, Al-Hadji pénétra enfin dans le Fouta et s'établit à Kanel, d'où il voulut forcer tous les habitants du pays à émigrer dans le Kaarta comme ceux du Bondou; mais les Bosseyabé, les Irlabé et les Laonkobé (Fouta central) se montrèrent très peu disposés à lui obéir; le Toro commença à commettre des désordres autour de Podor à l'exemple du prophète qui se mit à piller et même à massacrer les Maures qui lui tombèrent sous la main, sur la rive gauche et même sur la rive droite.

Lors du passage d'Al-Hadji près de Bakel, le village de Diaguila lui-même, qui nous était toujours resté fidèle en apparence, alla s'établir à Samba-Kandié pour arrêter les caravanes; quelques hommes du poste et 800 volontaires de Bakel allèrent détruire ce village; puis, quelques temps après, on fit subir le même sort au village de Kounguel, où ces mêmes gens hostiles de Diaguila s'étaient réfugiés. Le spahis Mamadou se distingua par sa bravoure et fut blessé dans cette affaire.

Juin. Profitant de l'éloignement de leur nouveau maître, les Khassonké et les Diavara du Kaarta se révoltèrent contre lui, et Sémounou, chef de Natiaga, n'osant pas encore se maintenir dans son pays, alla du moins s'établir à Ndangan, port de Kéniéba, avec notre autorisation et en vue de notre prochaine arrivée dans ce pays.

Juillet. En effet, l'occupation de Kéniéba (Bambouk), pour l'exploitation des mines d'or, avait été décidée par le Gouvernement; et, en conséquence, après avoir eu soin de faire transporter d'avance à Podor une quantité considérable de charbon et de matériel, le gouverneur partit dès le 4 juillet de Saint-Louis avec M. le commandant supérieur de la marine Robin et les avisos le *Basilic*, le *Serpent*, le *Grand-Bassam*, le *Crocodile*, le *Griffon* et la canonnière la *Stridente*. Le *Rubis* accompagnait cette flottille jusqu'à Mafou. On remorquait en outre, les écuries le *Basilic* et le *Serpent*, le brick le *Mont-d'Or* et sept chalands.

Les circonstances avaient bien changé depuis qu'on avait décidé l'occupation de Kéniéba. Cette résolution avait été prise lorsqu'on croyait Al-Hadji anéanti au fond du Bambouk, et il était alors redevenu plus puissant que jamais et se trouvait établi dans le haut Fouta; c'était une raison de plus, du reste, pour remonter avec des forces et voir si l'on ne pourrait pas se mesurer avec lui.

Sauf le *Grand-Bassam* et le *Mont-d'Or* qui, par leur tirant d'eau relativement considérable, furent arrêtés presqu'au début du voyage, tous les autres bâtiments arrivèrent successivement à partir du 13, à Garly, après de nombreux échouages; mais là, l'eau manqua tout à fait par suite d'une baisse de quelques jours et il fallut attendre. On acquérait la triste certitude que la crue du fleuve était décidément en retard sur les autres années, car l'année précédente, par exemple, le gouverneur arrivait à Médine avec le *Basilic* le 18 juillet, et pénétrait dans le Falémé jusqu'auprès de Sansandig, le 4 août, avec le même aviso.

L'eau ne tarda pas cependant à remonter un peu, et, le 19, on put se remettre en route, le personnel étant déjà fatigué par de très fortes chaleurs, par les retards et les échouages qui donnaient beaucoup de travail et de tracas à tout le monde.

Comme on le sait, un barrage avait été construit à Garly par les Toucouleurs du Fouta, d'après les ordres d'Al-Hadji et sous la direction de l'almamy. Il se composait de massifs de 10 mètres de largeur sur 35 mètres de longueur dans le sens du courant, séparés les uns des autres par des intervalles d'un à deux mètres, sans doute, pour laisser passage à l'eau ; 1,500 hommes y avaient travaillé du 25 février au 25 avril, et ils avaient accumulé au moins 20,000 mètres cubes de bois, de pierres, de terre et de broussailles. Ce travail était fait pour nous interdire le passage. Mais la première crue des eaux avait bouleversé cette construction peu solide, et, quand on arriva, il y avait un petit chenal déjà praticable pour nos petits bateaux. Les crues subséquentes enlevèrent jusqu'aux dernières traces de ce travail.

Al-Hadji était resté jusqu'alors en observation sur le bord du fleuve à Orndoldé, à une douzaine de lieues plus haut et nous ignorions ses intentions.

Mais en arrivant à Garly, nous apprîmes que, nous laissant passer tranquillement pour le haut pays, il venait de descendre en faisant un détour et de s'établir au centre du Fouta à Oréfondé, très grand village où se fait l'élection des almamys.

Cette manœuvre de notre ennemi nous étonna beaucoup ; on avait toujours cru qu'il n'oserait pas s'aventurer dans le Fouta, au milieu de ces Toucouleurs si ombrageux, si jaloux de leur liberté et de leur indépendance ; n'osant espérer qu'il nous attendrait pour nous combattre, on pensait que, comme les autres années, il se sauverait devant nous, vers l'est.

Le gouverneur renvoya immédiatement à Saint-Louis M. le commandant Faron et une compagnie d'infanterie blanche qu'il avait emmenée, ne gardant avec lui que l'artillerie et deux compagnies de tirailleurs sénégalais. Le 20 on arriva à Bakel.

Après avoir envoyé de Bakel à Sénoudébou l'artillerie, le train et les deux compagnies de tirailleurs par terre, sous les ordres de M. de Pineau, le gouverneur se rendit en embarcation à Sénoudébou.

Il y trouva la petite colonne de M. de Pineau, qui avait eu de grandes difficultés à vaincre dans son voyage des pluies abondantes, des chemins défoncés, des ravins escarpés à passer et une déroute générale occasionnée par des abeilles, accident très fréquent dans le Bondou et dans le Bambouk. M. de Pineau avait laissé en route une mule avec les reins cassés, deux autres étaient très malades et un ouvrier noir du génie s'était cassé un bras au passage d'un ravin.

Nous traversâmes la Falémé à Sénoudébou ; un cheval à la nage fut entraîné par un crocodile. Ces animaux sont très dangereux dans la Falémé où ils atteignent des dimensions formidables.

On renvoya encore la compagnie de M. de Pineau à Saint-Louis et, n'en gardant qu'une seule, on partit le 28, au matin, de Sénoudébou pour Kéniéba, directement par terre. Nous traversâmes un très beau pays ; la pluie et l'état du chemin nous gênèrent un peu, mais en deux petites marches (5 lieues 1/2 le premier jour, 4 lieues 1/2 le second), nous arrivâmes à Kéniéba. but de nos efforts, de nos espérances et de nos préoccupations depuis plusieurs années. Mais que de peines pour y arriver. Il y avait 25 jours que nous étions partis de Saint-Louis et nous avions tout laissé derrière nous, matériel et approvisionnements, et nous n'avions de vivres que pour 4 jours.

Les hommes se construisirent des abris en paille contre la pluie qui tombait à verse, en attendant le matériel de campement.

La prise de possession avait donc eu lieu sans hostilités. Peu à peu les matériaux et les approvisionnements arrivèrent et les travaux furent menés avec la plus grande activité par M. le capitaine du génie Maritz.

Août. Pendant son séjour à Kéniéba, le gouverneur passa deux traités de paix : l'un avec Bougoul, chef de Farabana, pour le Bambouk, et l'autre avec Boubakar-Saada, almamy du Bondou; il retourna ensuite à Saint-Louis pour observer les mouvements d'Al-Hadji.

Septembre. Dans le mois de septembre, Al-Hadji, mal vu dans le Fouta central, descendit dans le Toro qui lui était tout dévoué et chercha en vain à soulever le Oualo et le Cayor, où on avait déjà surpris plusieurs de ses émissaires dont on avait fait prompte et sévère justice. Il écrivit au Bour-ba-Djolof (roi du Djolof) pour l'entraîner dans sa cause, mais celui-ci déchira sa lettre sans même vouloir la lire.

Octobre. En octobre, le gouverneur par intérim, M. Robin, établit deux camps composés chacun d'une compagnie de tirailleurs sénégalais et de 25 soldats européens, avec de l'artillerie, l'un à Méringhen, sous les ordres du capitaine de Pineau, l'autre à Dialakhar, sous ceux du capitaine Blondeau. L'établissement de ces deux camps d'observation avait pour but d'entretenir les pays voisins et surtout le Ndiambour dans leurs bonnes dispositions. De nouveaux envoyés du prophète furent chassés du Djolof et même pillés et le Bour-ba-Djolof les eût volontiers mis à mort. D'autres furent moins mal reçus dans le Ndiambour, sans avoir obtenu cependant ce qu'ils demandaient. Nos troupes, en parcourant les villages de ces deux pays, y recevaient chaque jour un excellent accueil.

Un autre camp fut également établi à Fanaye, dans le Dimar, sous les ordres du capitaine de spahis Baussin, pour ôter aux gens d'Al-Hadji toute envie de pénétrer dans cette province. Une chose singulière, c'est que l'almamy du Fouta lui-même, écrivit au gouverneur pour lui demander son appui contre Al-Hadji, toujours établi avec quelques centaines d'hommes seulement à Oréfondé.

Pendant ce temps, le haut du fleuve tentait de se soustraire à l'obéissance du prophète. Les malheureuses populations qu'il avait violemment déplacées cherchaient à retourner dans leur pays. Le Bondou, le Damga, le Kaméra et le Guoy commençaient à se repeupler ; mais une disette affreuse régnait dans tous ces pays, suite inévitable de la guerre et des déplacements qui n'avaient pas permis de cultiver les terres.

Novembre. En novembre, une bande de Toucouleurs commandée par Ardo-Guédé et par le fils de Boubakar Aly-Doundou, entra dans le Djolof pour y exercer des pillages ; elle fut repoussée avec perte par les gens du pays qui, se sentant appuyés par la présence de nos deux petits camps, agirent avec une grande vigueur. Ardo-Guédé fut grièvement blessé ; le fils de Boubakar Aly-Doundou et plusieurs des siens furent tués ; le reste fut mis en déroute ou fait prisonnier.

Ainsi la guerre sainte ne gagnait pas dans l'ouest ; malheureusement dans le haut du fleuve, l'alliance des Ouled-Sidi-Mahmoud avec Al-Hadji, portait un terrible préjudice à notre commerce de Bakel et pour bien longtemps.

Al-Hadji était toujours à Oréfondé, où sa position paraissait devenir de plus en plus difficile. Des habitants de quatre ou cinq villages du Toro se réunirent à ses guerriers et allèrent attaquer sur la rive droite, à une vingtaine de lieues au-dessus de Podor, une caravane de Maures du haut pays (Torkos et Tadjakant), qui étaient venus vendre leurs produits à notre comptoir. Ces malheureux marabouts qui n'avaient pas d'armes, eurent 6 hommes tués et perdirent 500 pièces de guinée et 70 bœufs.

Décembre. Al-Hadji quitta Oréfondé sans avoir pu réussir à faire émigrer la population du Fouta. Il n'eut pas plus de succès dans la demande qu'il adressa ensuite aux chefs du pays, de mettre à sa disposition une armée de 15,000 hommes pour marcher à la conquête du Cayor. Il se rendit à Boumba, où il reçut un très mauvais accueil de la part de l'ex-almamy Mohamadou qui, non seulement ne voulut pas aller au-devant de lui, mais refusa de lui donner l'hospitalité dans une de ses cases.

Janvier 1859. Profitant de l'absence d'Al-Hadji, les gens du Tomoro, province extrême de Khasso, à l'est, s'étaient révoltés contre lui. Ils appelèrent Sambala de Médine à leur aide et ce dernier fut suivi par Boubakar, notre almamy du Bondou, à qui il venait de marier sa fille.

Arrivés dans le Tomoro avec leurs gens, ces deux chefs furent d'abord assez mal accueillis, et ce ne fut que grâce à l'opiniâtreté du vieux Sambala qu'on finit par s'entendre. En sa qualité de petit-fils d'Aoua-Demba, qui avait été roi de tout le Khasso, il fut reconnu comme commandant de l'armée alliée.

Tierno-Guiby et ses Toucouleurs accoururent, sans se faire attendre, pour combattre les confédérés. Ceux-ci s'étaient séparés en deux camps, car Sambala et Boubakar craignaient d'être trahis par les Tomoro et se tenaient sur leurs gardes.

Tierno-Guiby aperçut donc, d'une part, les fantassins du Tomoro couverts de pagnes teints en jaune, à la manière du Khasso, et de l'autre part, les deux rois, avec leurs cavaliers et leur suite, richement vêtus des étoffes brillantes qu'ils achètent à nos comptoirs. Il laissa un des quatre corps de son armée pour surveiller les Tomoro et, avec les trois autres, il s'élança contre l'armée des deux rois en s'écriant : « Voilà les toubab (les blancs), les infidèles ; voilà ceux qu'il faut exterminer d'abord. »

L'espoir du butin et le fanatisme enflammant ses hommes, Sambala et Boubakar, quoiqu'ayant combattu avec beaucoup de courage, furent obligés de battre en retraite. Arrivés à Tountaré, tous leurs fantassins, pour qui la retraite devenait de plus en plus dangereuse, se réfugièrent sur des hauteurs d'un accès difficile, et les cavaliers qui ne purent faire comme eux, prirent dès lors franchement la fuite, Sambala et Boubakar en tête, et distancèrent ceux qui les poursuivaient. Alors Tierno-Guiby fit cerner la montagne par ses gens, et il s'établit de sa personne dans le village, pour faire faire une distribution de poudre et de balles.

Mais, pendant que tout cela se passait, les gens du Tomoro, qui avaient défait le corps qui leur était opposé, avaient suivi Tierno-Guibi poursuivant Sambala, et, au moment où on s'y attendait le moins, ils envahissaient le village de Tountaré. Tierno-Guibi eut la cuisse cassée par une balle en mettant le pied à l'étrier, et, en un instant, il fut massacré avec les principaux chefs de son armée. En même temps les fantassins de Sambala descendaient de leurs rochers, tombaient sur les Toucouleurs et pendant plusieurs jours de poursuite acharnée on en détruisit un grand nombre.

Les deux rois continuant leur course n'apprirent que le surlendemain qu'ils étaient vainqueurs et osèrent à peine revenir à Tountaré visiter le champ de bataille et les cadavres de leurs ennemis tués. Du reste, quelque temps après, Alfa-Oumar, venu de Nioro avec une armée, les força à retourner chacun dans son pays.

Février. Le gouverneur, revenu de France le 12 février 1859, se rendit avec les bateaux le *Basilic* et le *Griffon* à Mafou, pour reconnaître la position d'Al-Hadji qui se trouvait depuis quelque temps à Ndioum (Toro); celui-ci s'empressa de quitter ce village après l'avoir détruit et commença sa retraite définitive vers l'est, emmenant avec lui une partie de la population du Toro. Il était impossible de le poursuivre à cause des basses eaux qui ne permettaient pas aux bateaux de passer Mafou, et du manque de moyens de transport pour une colonne opérant par terre. Les gens d'Édy, seuls dans la province, se mirent sur une défensive sérieuse et refusèrent de suivre le prophète. Le Fouta central, à son passage, prit vis-à-vis de lui la même attitude sous l'almamy Moustapha-Tierno-Fondou; des Bosseyabè firent même une razzia sur ses gens à Mbagam.

Pendant ce temps, le commandant de Bakel attaquait, en face de Lanel, le dernier village qui n'eût pas fait sa soumission chez les Guidimakha, et forçait ses défenseurs à l'abandonner. M. Rey, lieutenant d'infanterie de marine, avait été légèrement blessé dans cette affaire.

Avril. La marche d'Al-Hadji dans le Fouta s'effectua très lentement; parti de Ndioum, dans le courant de février, il n'arriva à hauteur de Matam que le 9 avril. Il ne voulut pas passer devant ce poste commandé par M. Paul Holl, son adversaire de Médine en 1857, sans essayer de se mesurer encore avec lui et chercher à enlever les quelques populations du Damga qui s'étaient réfugiées sous la protection de nos canons.

Après avoir ravagé tout le pays aux environs du fort, il se décida à l'attaquer le 13. A quatre heures et demie du matin, son armée, partagée en deux colonnes, commença son mouvement vers la tour. Une des colonnes se dirigea sur le village de Matam, l'autre sur celui des réfugiés. La tour et le *Galibi* ouvrirent leur feu sur les assaillants et les colonnes ennemies furent repoussées. Elles laissèrent 24 hommes sur le terrain, parmi lesquels un chef Poul du Toro et un parent d'Al-Hadji. Les pertes, de notre côté, furent de 5 hommes tués dans le village. La tour, le *Galibi* et les établissements des traitants n'éprouvèrent aucune perte.

Le même jour, à huit heures du soir, le village fut de nouveau attaqué; un quart d'heure après, l'ennemi était encore obligé de se retirer; enfin, le 16, Al-Hadji se décida à vider les lieux. Les canons et les carabines de la tour et du *Galibi*, jetèrent la confusion dans sa colonne qui se débanda, ce qui permit aux gens du village de faire de nombreux prisonniers sur son arrière-garde. Ainsi se termina cette seconde tentative du prophète pour s'emparer d'un de nos postes.

Al-Hadji continua sa marche vers l'est, détruisant tout sur son passage et emmenant avec lui les populations. Dans les premiers jours de mai, il arriva près de Bakel. Aussitôt qu'on sut son approche, presque tous les villages du Guoy vinrent se réfugier sous la protection du brick le *Pilote* stationné à Arondou.

Le prophète ne jugea pas prudent, bien qu'il fût suivi de 10 à 12,000 personnes, d'attaquer Bakel. Le 9, il passa à une assez grande distance du poste. M. Cornu envoya dans la plaine, à sa rencontre, un obusier sous les ordres du lieutenant Rey, soutenu par quelques soldats et par les volontaires de Bakel. Quelques coups bien pointés mirent le désordre dans la longue colonne du prophète et permirent aux volontaires de tomber sur sa gauche et de lui faire un mal considérable.

Pendant que le gros des forces ennemies passait ainsi derrière le fort de Bakel, une colonne d'environ 3,000 Toucouleurs, détachée de l'armée principale, tombait sur le village d'Arondou protégé par le *Pilote*. L'ennemi pénétra trois fois dans le village et trois fois les feux du *Pilote* et du village l'en chassèrent. L'attaque commencée à six heures du matin dura jusqu'à trois heures du soir, avec le plus grand acharnement : 220 Toucouleurs restèrent sur le terrain. Le village perdit 14 hommes et eut 28 blessés; le *Pilote* un seul blessé, mort le surlendemain. Le caporal d'infanterie de marine Gourou, commandant le *Pilote*, fut admirable de courage et de sang-froid dans cette affaire.

Une huitaine de jours avant l'attaque d'Arondou, la même armée de Toucouleurs avait enlevé par surprise les villages de Makhana et de Dramané. Les Bakiri, ayant à leur tête Silman, aujourd'hui chef de Makhana, s'étaient défendus vaillamment; mais accablés par le nombre, ils avaient dû chercher leur salut dans la fuite et vinrent se réfugier à Bakel, où ils restèrent jusqu'au commencement de 1860.

A la suite de ce passage d'Al-Hadji, la disette fit des ravages épouvantables dans tous les pays par où il avait passé; les sentiers étaient couverts de gens morts de faim : comme toujours les femmes et les enfants étaient en majorité parmi les victimes.

Se préoccupant très peu des calamités qu'il traînaît à sa suite et ne pouvant plus rester dans un pays complètement ruiné et dévasté, le prophète mit le Diombokho sous les ordres de Tierno-Moussa, laissa une solide garnison à Guémou, et se dirigea ensuite vers Nioro, d'où il ne tarda pas à partir pour le Ségou qu'il se décidait à attaquer.

Octobre. On sait déjà que Guémou avait été construit quelques années auparavant, à une petite distance du fleuve, presque vis-à-vis de Bakel, pour intercepter le commerce de cet important comptoir et en même temps assurer les communications des partisans d'Al-Hadji entre le Kaarta et le Fouta. Sur les sollicitations pressantes des négociants de la colonie, déclarant qu'ils seraient forcés d'abandonner le commerce du haut du fleuve, si l'on ne détruisait pas Guémou, une flottille de 6 avisos, commandée par M. le capitaine de frégate Desmarais, y fut envoyée par le Gouverneur; le 17 et 18 octobre, portant les troupes de la garnison. Le 24, au soir, la colonne était mise à terre à Diogountouro, à trois lieues de Guémou, sous les ordres de M. le chef de bataillon Faron, des tirailleurs sénégalais. M. le lieutenant d'état-major Vincent faisait les fonctions de chef d'état-major, M. le chirurgien de 2º classe Mahé était chef d'ambulance. M. le capitaine d'infanterie de marine Flize, directeur des affaires indigènes, dirigeait les goums; le garde du génie Sart faisait le lever du terrain.

Les troupes consistaient en : 250 hommes du 4º régiment d'infanterie de marine, commandés par

M. le capitaine Millet; 256 hommes des compagnies de débarquement, presque tous matelots indigènes, commandés par M. le lieutenant de vaisseau Aube, capitaine de l'*Étoile*; 490 hommes du bataillon de tirailleurs sénégalais, commandés par le capitaine de Pineau; 30 spahis à pied, sous les ordres du sous-lieutenant de Casal; 400 volontaires du haut pays, avec l'almamy du Bondou, Boubakar-Saada; 44 hommes d'artillerie de marine, avec 4 obusiers de montagne, sous les ordres du capitaine Vincent; 5 chevaux d'artillerie traînant les pièces et 8 mulets portant des cacolets; les caisses de munitions étaient portées à bras.

Les troupes emportèrent, en débarquant, 2 jours de vivres, 60 cartouches par homme et 50 coups par obusier.

Le village, de forme rectangulaire, ayant 500 mètres de longueur sur 200 de largeur, était entouré d'un mur en terre en crémaillère, de 3 mètres de hauteur sur 80 centimètres d'épaisseur à la base et de 60 au sommet, dans lequel étaient noyés des troncs d'arbres pour plus de solidité.

Des embuscades étaient creusées dans le sol avec un petit parapet extérieur, en avant des fronts d'attaque, à 20 ou 30 mètres de distance. Dans l'intérieur de l'enceinte, une foule de cases en terre, avec toits en paille, étaient réunies en groupes par famille et chaque groupe, entouré d'un mur en terre, était encore susceptible de défense après l'enlèvement du mur extérieur.

Enfin, contre la longue face ouest devant laquelle on arrive, en venant de Diogountouro, et au milieu de sa longueur, se trouvait le réduit du village servant en même temps de mosquée et de logement au neveu d'Al-Hadji, Siré-Adama, gouverneur de la province. Ce réduit était très fortement organisé et se composait de trois enceintes concentriques; la première en terre, comme celle dont nous avons déjà parlé; la seconde, en troncs d'arbres, avait 4 mètres de hauteur et 4 troncs d'épaisseur; la troisième enfin était encore en terre, très élevée, et renfermait, outre quelques cases ordinaires, la mosquée et une case carrée à terrasse, très solidement bâtie pour le chef.

Entre la première enceinte et la palissade en troncs d'arbres, devant la porte de celle-ci, se trouvait un redan en maçonnerie de $1^m,20$ d'épaisseur sur un $1^m,50$ de hauteur, et, à quelque distance de ce redan, pour le flanquer, 2 cases rondes aussi en maçonnerie très épaisse. Enfin, un puits était creusé dans le réduit pour assurer de l'eau à ses défenseurs.

La population du village devait être de 4 à 5,000 âmes; sa garnison avait été renforcée des contingents des villages voisins aussi créés par Al-Hadji.

L'arrivée d'une colonne française était connue. Siré-Adama et ses Toucouleurs avait empêché qu'on ne prît aucune disposition pour la fuite, même des femmes et des enfants. Ils étaient décidés à repousser l'attaque dont ils étaient menacés ou à périr.

On trouva heureusement, en avant du village, des mares d'eau potable, et les assiégeants purent se désaltérer pendant l'action.

La position ayant été examinée par le commandant en chef. M. le capitaine d'artillerie Vincent reçut l'ordre d'aller se mettre en batterie avec une section d'obusiers et des fuséens à 500 mètres, devant la face ouest qu'on avait devant soi. Les premières fusées firent sortir quelques défenseurs placés dans les embuscades, en avant de la face attaquée. On les vit rentrer par des brèches existant à la face sud; on supposa qu'il devait également y en avoir à la face nord. La deuxième section d'artillerie vint joindre son feu à la première, et 2 pelotons de 50 carabiniers du 4e de marine furent envoyés en tirailleurs vers les extrémités de la face d'attaque pour surveiller les faces nord et sud.

Le commandant Faron, décidé à faire enlever l'enceinte sur ces deux dernières faces, par les passages qui avaient servi aux défenseurs pour rentrer dans le village, forma deux colonnes d'attaque. Celle de gauche (face N.), sous les ordres du lieutenant de vaisseau Aube, se composait de 2 pelotons d'infanterie et de 2 pelotons de laptots; celle de droite (face S.), du peloton de spahis à pied et de 4 pelotons de tirailleurs sénégalais, le tout, sous les ordres du capitaine de Pineau. Les volontaires reçurent l'ordre de se rendre à l'extrême gauche et à l'extrême droite de la colonne. En même temps l'artillerie se rapprocha à 200 mètres et continua son tir d'une manière plus efficace. On vit encore des défenseurs embusqués en dehors, rentrer en courant par les brèches déjà mentionnées.

Le tir de l'artillerie détermina même la fuite d'une partie des habitants, ou des défenseurs du village que l'on vit s'éloigner par derrière, dans la direction de quelques monticules boisés. Les carabiniers en tirailleurs et les volontaires reçurent, en conséquence, l'ordre de contourner tout à fait l'enceinte pour tuer ou capturer tout ce qui tenterait de s'échapper.

Le moment d'agir était venu ; deux pelotons de laptots allèrent renforcer la colonne de Pineau, pendant que la réserve composée de l'artillerie et de 4 pelotons de tirailleurs sénégalais, s'organisait au fur et à mesure de l'arrivée des retardataires, sous la direction du chef d'état-major Vincent. L'artillerie devait cesser son feu dès que les colonnes d'assaut seraient dans la place. Au signal du commandant en chef, celles-ci se mirent en marche avec l'ordre de se servir surtout de la baïonnette.

La colonne de droite, rendue la première devant son point d'attaque, fut reçue presque à bout portant par des décharges parties d'embuscades encore garnies, et en même temps une vive fusillade fut dirigée sur elle par les créneaux de l'enceinte et des tata intérieurs. Plusieurs des nôtres furent atteints, entre autres M. de Casal, qui eut la cuisse traversée sans fracture, Soulé, sergent de tirailleurs indigènes, etc. Suivant leurs habitudes de combat, qu'ils n'avaient pu perdre encore après un an ou deux de service, les indigènes se couchèrent pour tirailler dans cette position, malgré les exhortations et l'exemple des officiers.

Cependant la colonne de gauche allait atteindre l'enceinte, il importait que celle de droite reprît son mouvement en avant. M. Faron s'y porta au galop et en prit le commandement. A sa voix, tous se relevèrent, et spahis, tirailleurs et laptots se précipitèrent la baïonnette en avant par la brèche, derrière le commandant qui entra le premier à cheval dans le village et reçut une balle qui lui fit une légère blessure.

Les défenseurs furent partout refoulés et la colonne, en les poursuivant et en incendiant les cases, arriva, officiers en tête, à un mur, en apparence de même nature que les enceintes des groupes de cases. Mais on s'aperçut immédiatement qu'on était devant un réduit et qu'on devait s'y attendre à une forte résistance et à de grandes difficultés. Déjà de nombreux blessés, parmi lesquels M. Deleutre, lieutenant de tirailleurs sénégalais, Bourrel, enseigne de vaisseau, Lambert, sous-lieutenant aux tirailleurs, Beccaria, sergent aux tirailleurs et d'autres étaient mis hors de combat.

Le commandant Faron, voyant sa tête de colonne trop compromise et comprenant qu'il fallait prendre des mesures sérieuses pour attaquer ces retranchements, donna l'ordre de se replier, et reçut deux nouvelles balles dont l'une lui traversa la joue.

En ce moment arrivait aussi la tête de colonne de gauche qui avait trouvé moins de résistance que l'autre à l'enceinte extérieure et qui avait repoussé tout ce qui tentait de s'opposer à sa marche dans le village.

A peine le commandant avait-il annoncé à M. Aube l'existence du réduit, qu'il recevait une quatrième blessure; une balle lui traversait le haut de la poitrine et lui enlevait complètement l'usage du bras droit; déjà affaibli par la perte de son sang, il glissa de cheval, laissa la direction de l'attaque à M. Aube, le plus ancien capitaine présent sur les lieux, et se fit conduire à 400 mètres, en dehors du village, d'où il continua à envoyer ses instructions.

On fit venir la section d'artillerie de Cintré, qui battit en brèche le réduit à 25 mètres, ce jeune officier donnant l'exemple de l'intrépidité à ses hommes. Après une dépense assez considérable de munitions d'artillerie, la brèche n'était pas praticable. Il était déjà dix heures et demie, la chaleur excessive (45°) et les troupes très fatiguées; à l'exception du réduit, le village était en notre pouvoir et en partie incendié. On donna un moment de repos à la colonne.

Pendant ce temps, M. Aube, qui fit preuve d'aptitudes militaires et d'un courage très remarquables, gardait et étudiait la position à enlever, aidé par M. Vincent, lieutenant d'état-major. M. Mage, enseigne de vaisseau, adjudant-major des compagnies de débarquement et très brillant officier, et M. Lecreurer, sous-lieutenant de tirailleurs, avaient rallié autour d'eux quelques hommes de divers corps ; à eux s'étaient bientôt joints les lieutenants Mouquin et Jacquet, à la tête de deux pelotons d'infanterie blanche et de tirailleurs, et tous ensemble bloquaient étroitement le réduit, afin que personne ne pût s'en échapper.

M. le capitaine Flize fut chargé d'informer de la situation M. le commandant supérieur de la marine et de le prier d'envoyer un renfort de munitions de guerre; en même temps, M. le lieutenant de tirailleurs Bénech reçut l'ordre d'aller enlever les blessés qui restaient à proximité du réduit, depuis la première attaque, et qui étaient assez mal abrités par des arbres contre les balles; le spahis Gangel leur avait porté plusieurs fois à boire sous le feu de l'ennemi. Cette mission fut remplie, mais le brave lieutenant Bénech qui s'était fait une belle réputation au Sénégal, y fut tué d'un balle au front. Il est du reste à remarquer que presque tous nos morts furent frappés à la tête.

Vers midi, le commandant Faron donna à M. Aube l'ordre de faire une nouvelle tentative, avec la section du capitaine d'artillerie Vincent et un renfort de 50 hommes choisis, commandés par le capitaine Millet, officier plein de bravoure et de sang-froid; on battit en brèche en deux endroits; à une heure un quart, on tenta un assaut qui fut repoussé, la brèche n'étant pas suffisante.

On eut encore recours aux obusiers : un quart d'heure après, toutes les munitions d'artillerie étaient épuisées; un nouvel assaut fut donné; le sous-lieutenant Jacquet, suivi de deux ou trois hommes d'infanterie de marine, entra le premier dans le réduit; M. le lieutenant Mouquin, le capitaine Millet et l'enseigne de vaisseau Mage y pénétrèrent presque en même temps avec des Européens et des indigènes pêle-mêle; les 40 ou 50 défenseurs encore vivants furent aussitôt tués à la bayonnette; ils eurent encore le temps de blesser quelques-uns des nôtres, notamment le lieutenant Mouquin.

Siré-Adama et les chefs qui l'entouraient périrent sans montrer le moindre signe de faiblesse.

De notre côté, s'étaient distingués à la prise du réduit, outre ceux que nous avons déjà cités, le sergent-major Cazeneuve de l'infanterie de marine, le second maître de timonerie de première classe Pasco et le canonnier Carton.

Tout était fini, le succès avait récompensé tant de courage et pendant que les volontaires pillaient le village, les troupes allèrent se reposer en n'emportant que leurs morts. Les pertes de notre côté, consistèrent, en comptant les volontaires, en 39 tués, dont 1 officier, et 97 blessés, dont 6 officiers.

Les blessés reçurent les soins les plus dévoués des chirurgiens attachés à l'ambulance, MM. Mahé, Delpeuch, Joubert, ainsi que de M. Loupy, chirurgien-major des tirailleurs sénégalais et de M. Moreau, aide-major des compagnies de débarquement. Les pertes de l'ennemi s'élevèrent à 250 tués et 1,500 prisonniers. Quant aux blessés qui purent s'échapper, on n'en connut pas le nombre.

Vers quatre heures, le commandant Faron fit former régulièrement le camp et on commença à diriger les convois de blessés vers Diogountouro. Le garde du génie Sart, qui avait fait preuve d'une grande énergie en toutes circonstances, fut chargé de faire sauter les enceintes du réduit au moyen de la poudre trouvée dans le village; les champs de mil presque mûrs, furent brûlés sur pied par les volontaires. Cette opération était malheureusement nécessaire, parce que, comme nous l'avons dit, ces approvisionnements étaient destinés à Al-Hadji, dans le cas où il renverrait une armée vers nos établissements.

MM. Cornu et Flize dirigèrent une colonne de volontaires sur Komendao, dépendance de Guémou et ce village fut enlevé, pillé et brûlé, sous la direction du capitaine de rivière Detié-Massouda.

Le soir même, M. le commandant supérieur de la marine arriva avec tous les hommes qu'il s'était empressé de réunir à la réception du courrier qu'on lui avait envoyé dans la journée. Il amenait 70 hommes et des munitions; il ne put que s'associer à la joie des vainqueurs, mêlée des regrets occasionnés par nos pertes.

Le lendemain matin, des convois successifs partirent pour Diogountouro; on rendit les derniers devoirs aux morts, on compléta la destruction du village et, le soir, tout le monde était rendu à bord de la flottille.

Le 29, c'est-à-dire douze jours seulement après

son départ de Saint-Louis, la flottille et la colonne y étaient de retour.

La prise de Guémou nous avait donc coûté 136 tués ou blessés. Six ans auparavant, celle de Dialmatch, dans le Dimar, nous en avait coûté 150. Ces deux opérations présentent des analogies et des différences bonnes à noter : d'un côté comme de l'autre, il s'agissait d'enlever un grand village fortifié et défendu par de nombreux combattants ; mais à Guémou, de notre côté comme du côté de l'ennemi, chefs et combattants étaient bien plus aguerris qu'à Dialmatch, grâce à six ans de luttes incessantes. Guémou était plus fortifié que Dialmatch et mieux défendu, mais les assiégeants étaient 1,500 hommes bien portants. A Dialmatch, où l'on ne parvint qu'après une marche pleine de lenteurs, à la plus forte chaleur du jour, il n'y avait plus que 600 hommes en état de combattre lorsqu'on se trouva devant le village. Enfin, la prise de Guémou exigea six heures de lutte acharnée ; Dialmatch fut heureusement enlevé dans une heure, car un effort plus long eut été impossible.

On se demandera peut-être pourquoi, au lieu de sacrifier dans une attaque de vive force, 150 hommes, on n'assiège pas ces villages au moyen de tranchées ou gabionnades, en y consacrant plusieurs jours si c'est nécessaire ; c'est que le climat ne permet généralement pas cette manière de faire. La maladie ravagerait la colonne exposée, sans repos, à l'action d'un soleil brûlant ; les approvisionnements seraient très difficiles à assurer ; enfin, le moindre retard enhardirait les défenseurs et leur attirerait peut-être des alliés qui, venant inquiéter les assiégeants par l'extérieur, couperaient les convois et augmenteraient les difficultés, de sorte qu'au lieu d'éviter des pertes considérables, on arriverait peut-être à un résultat tout opposé.

Novembre-décembre. A la suite de la destruction de Guémou, le 14 décembre, le commandant Cornu organisa à Makhana, une colonne de volontaires chargée d'aller détruire le village de Melga, dernier refuge des Toucouleurs d'Al-Hadji dans le Gangari (pays des Guidi-Makha). Cette opération réussit d'une manière complète. Le village fut détruit et nos hommes ramenèrent 400 prisonniers et un assez riche butin.

Janvier-février-mars 1860. Pour assurer l'exécution du traité passé avec le Damga, M. Cornu, dans le courant de mars, parcourut toute cette province et une partie du Fouta, de Bakel à Saldé, avec une compagnie de tirailleurs sénégalais ; il fit reconnaître dans le Damga, l'autorité du chef El-Feki nommé par nous, et fut partout reçu avec respect et empressement.

Avril. Pendant que le commandant de Bakel rétablissait ainsi notre influence dans les pays récemment dévastés par Al-Hadji, Sambala, ayant sous ses ordres des Guidi-Makha et les guerriers de Makhana, alla, contrairement à nos avis, faire une expédition dans le Diombokho. Après avoir d'abord obtenu quelques succès, ses gens furent surpris par des forces supérieures et essuyèrent une défaite complète. Bakar, chef de Makhana et un assez grand nombre de nos alliés périrent dans cette malheureuse affaire, qui n'eut pas, du reste, d'autres conséquences.

Mai-juin. On a vu qu'après être resté peu de temps à Nioro, Al-Hadji s'était dirigé vers le Ségou pour en faire la conquête ; en mai et en juin, on eut plusieurs fois de ses nouvelles. Entremêlée de succès et de revers, cette grande entreprise parut lui coûter beaucoup de peines, exiger l'emploi de toutes ses forces et, par suite, le disposer à un rapprochement avec nous.

Août. Pendant le mois d'août, des préliminaires de paix avaient eu lieu entre son parti et le commandant de Bakel, par l'intermédiaire de Tierno-Moussa, commandant au nom du prophète la province de Diombokho. Le gouverneur se rendit à Médine pour voir jusqu'à quel point ces démarches étaient sérieuses et quel parti on pouvait en tirer. Il trouva, en effet, des envoyés de Tierno-Moussa à Médine, et ils lui firent, au nom d'Al-Hadji, de nouvelles ouvertures d'arrangement auxquelles il fut répondu par les propositions suivantes :

La paix entre Al-Hadji et les Français sera conclue aux conditions ci-après... (Voir les traités à la fin du volume.)

Ayant reçu communication de ces propositions, Tierno-Moussa déclara, dans une lettre du 10 septembre, se soumettre au nom d'Al-Hadji, à toutes les conditions qu'elles renfermaient. Le gouverneur lui ayant fait espérer qu'il enverrait un officier à

Al-Hadji dans le Ségou, des ordres furent partout donnés par celui-ci, pour que notre ambassadeur fût bien reçu et ne manquât de rien ; mais on ne jugea pas à propos de mettre de suite ce projet à exécution. Ce ne fut que plus tard que M. Mage fut envoyé à Ségou.

CHAPITRE IV

EXPÉDITIONS DE NGUIK, DE NIOMRÉ, DE SINE, DE LA CASAMANCE ET DU CAYOR.

Vers 1852, quand on décida qu'on entreprendrait, au Sénégal, de refouler les Maures sur la rive droite du fleuve pour commencer à délivrer le Soudan occidental de leurs ravages, beaucoup de personnes, peu au fait des affaires du pays, s'imaginèrent que, loin d'avoir la guerre avec les noirs, nous les aurions pour alliés. Leur première déception fut de voir le Oualo se mettre avec les Trarza contre nous ; on expliqua cette anomalie en disant avec raison que nous avions abandonné plusieurs fois ce pays, après avoir annoncé que nous voulions le protéger contre ses oppresseurs, et qu'il n'avait plus de confiance en nous. Puis la guerre d'Al-Hadji vint soulever contre nous tous les noirs musulmans, et même, un peu malgré eux, il est vrai, les noirs non musulmans du haut pays. Cela s'expliqua tout naturellement par le fanatisme qui aveugle les hommes au point de leur faire méconnaître leurs intérêts les plus évidents. Mais, outre tout cela, nous eûmes encore dans certaines circonstances, à faire la guerre aux noirs non musulmans, Ouolof et Serrère du bas du fleuve et Djola de la basse Casamance.

Pour tous ces derniers, la cause de nos démêlés fut tout simplement l'état de barbarie dans lequel ils vivent et qui les pousse trop souvent, en même temps que leur intempérance, à des violences et à des exactions envers les étrangers qui commercent avec eux.

Ces gens-là ne sont pas, en général, très redoutables : les Tiédo du Cayor, du Djolof, du Baol, de Sine et de Saloum ont le physique, le caractère, les vices, le costume et la manière de combattre des Tiédo du Oualo. Les chefs et leurs affidés combattent sur de petits chevaux qui ont à peine la force de les porter, mais qui sont cependant quelquefois pleins d'ardeur. La foule combat à pied; leurs armes sont de grands et lourds fusils chargés d'un grand nombre de balles, des lances et des poignards. Capables par moments d'un courage brutal, ils se démoralisent assez facilement. Les populations ouolof musulmanes, comme celles de Ndiambour, quoiqu'ayant un caractère différent parce qu'elles ne sont pas abruties par l'eau-de-vie, font la guerre à peu près de la même façon que les Tiédo.

§ 1. — Expédition de Nguik.

Décembre 1856. Pendant notre guerre avec le Oualo et les Trarza, Ély, fils de Mohammed-El-Habid et prétendant, malgré les traités, au trône de Oualo, ayant été chassé par nous de ce pays, se réfugia à Nguik, dans le Ndiambour. Jusque-là il n'y avait rien à dire ; mais se servant de cette province du Cayor, comme d'un refuge assuré contre nous, il se mit à faire de temps à autre des incursions dans son ancien pays pour se procurer de quoi vivre avec sa suite ; d'un autre côté, sa présence empêchait une partie des habitants du Oualo de rentrer pour se soumettre à nous comme ils le désiraient. Ne pouvant laisser durer cet état de choses, le gouverneur réunit 600 hommes de troupes et 1,200 volontaires qui bivouaquèrent, le 16 décembre 1856, à Bouëtville. Partie le 17, à 3 heures du matin, la colonne arriva vers 8 heures, à la tour de Dialakar et, le même soir, elle fut bivouaquer à une lieue et demie de là, au village de Nguey-Guélakh. Le 18, on se mit en marche à une heure du matin, en deux colonnes. Le gouverneur, avec les spahis et les volontaires à cheval, arriva à six heures moins un quart en vue de Nguik. Le village cerné, on apprit qu'Ély, averti par deux Maures qui avaient vu la colonne, lors de de son passage à Gandon, était parti depuis quelques heures seulement. L'escadron se mit à sa poursuite jusqu'à une lieue au delà d'Ouadan, tua et prit des Maures de la bande d'Ély, mais ne put atteindre celui-ci qui avait une avance trop considérable.

Pendant ce temps, à cause du retard des volontaires qui, en approchant de Nguik, au lieu de se hâter, se mirent tous, musulmans ou non, à faire le salam, le gouverneur se trouva avec 3 officiers et 3 ou 4 hommes d'escorte au milieu de la place du village, entouré de toute la population armée. Il fallait payer d'audace ; un moment de faiblesse serait devenu fatal. Le gouverneur somma les guerriers de Nguik de déposer leurs armes ; déjà plusieurs d'entre eux mettaient en joue. L'ordre réitéré avec menaces et le pistolet au poing, intimida ces gens, ils mirent leurs armes par terre.

Un instant après paraissaient, comme premier renfort, 10 hommes d'infanterie montés sur des mulets, puis enfin, arrivèrent ensuite les volontaires, qu'on pourrait accuser de lâcheté sinon de de trahison dans cette affaire, où Fara-Penda lui-même, se conduisit très mal.

Pour punir le village de Nguik qui servait de refuge à nos ennemis depuis un an, et où étaient apportés tous les produits des vols commis sur nous, on le livra au pillage et on le brûla. On laissa libre toute la population, sauf le sérigne qu'on fit prisonnier.

Dans cette journée, l'ennemi eut une douzaine d'hommes tués ; de notre côté, nous fîmes une perte fâcheuse dans la personne du brave capitaine de rivière Baédi qui eut le front traversé par une balle en fer. Le vendredi 19, on séjourna à Nguik.

Les volontaires allèrent brûler le village maure de Ouadan, où étaient établis les Dakhalifa et un autre village des gens d'Ély, à Baralé.

Le 20, à 3 heures du matin, la colonne quitta Nguik pour revenir sur ses pas et arriva à Mpal, à 7 heures. Les volontaires du Oualo furent renvoyés dans leurs villages.

Une croyance répandue dans le pays faisant de Mpal un lieu inviolable où une armée ne saurait pénétrer, sans qu'elle en soit repoussée par des prodiges effrayants, la colonne traversa, musique en tête, les rues du village avant d'aller bivouaquer aux puits.

Dans l'après-midi, l'escadron quitta la colonne pour aller faire une tournée à Ross et dans le Tianialdé.

Le 21, on se rendit de Mpal à Dialakhar, de 4 heures à 8 heures du matin, et on revint ensuite à Saint-Louis en passant par Gandiole. L'état sanitaire était excellent; l'infanterie avait fait, le 18, une marche forcée de 7 à 8 lieues, sans laisser un traînard. On n'avait souffert que de la mauvaise qualité de l'eau de quelques puits.

A la suite de cette expédition, presque tous les chefs des villages du Ndiambour vinrent assurer le gouverneur qu'ils se conformeraient à l'avenir à tous les ordres qu'il leur donnerait.

§ 2. — Expédition de Niomré.

Mars 1858. Cependant, malgré l'exemple de Nguik, certains villages de la province persistèrent longtemps, non seulement à accorder un asile aux insoumis du Oualo, mais même à leur permettre quelques hostilités contre nous ou contre nos amis. Ainsi, à la fin de 1857, la présence de Sidia, à Niomré, retenait encore hors du Oualo, sous la pression d'un meneur nommé Yougo-Fali, un grand nombre d'insoumis ; ils étaient répandus dans les villages de Mbirama, de Coki et de Niomré. Le sous-lieutenant de spahis indigène Alioun, ayant été envoyé en décembre 1857, avec une escorte de 20 spahis, pour s'expliquer là-dessus, de la part du gouverneur, avec Sérigne-Niomré et le prier de laisser Sidia retourner auprès de son père Béquio, à Ngay, la population très nombreuse de ce village, malgré toute la convenance que cet officier mettait dans sa mission, s'ameuta, prit les armes, insulta nos hommes et les mit en joue; plusieurs coups furent tirés, mais heureusement ratèrent, ce qui arrive souvent aux fusils des noirs quand ils ne sont pas préparés à combattre ; M. Alioun dut monter à cheval et retourner vivement sur ses pas, pour éviter de grands malheurs.

C'est pour tirer vengeance de cet acte odieux de sauvagerie et après avoir laissé en vain aux coupables près de trois mois pour se repentir et s'excuser, qu'au commencement de mars 1858 une expédition fut dirigée, par le gouverneur en personne, contre Niomré.

Ce village de 5,000 âmes était le plus beau et le plus considérable du pays. Ses habitants, Ouolof de race, sont des pasteurs et des cultivateurs musulmans ; ils jouissent d'une grande réputation de bravoure.

La colonne composée d'un millier d'hommes de troupes régulières, d'un millier de volontaires de Saint-Louis et de 500 volontaires de la banlieue de cette ville, se rendit, le 2 et le 3, à Dialakhar, l'infanterie par Gandiole où elle fut transportée par les bateaux à vapeur ; la cavalerie, l'artillerie, le train et les volontaires par Bouëtville et le pont de Leybar. Ce grand déploiement de force avait eu lieu parce qu'on pouvait avoir affaire à tout le Ndiambour et peut-être même à tout le Cayor.

Pendant la journée du 3, des convois de vivres furent expédiés de Dialakhar, où ils avaient été réunis à l'avance, à Mpal, sous l'escorte des spahis et des compagnies de débarquement commandées par M. Escarfail, lieutenant de vaisseau. Les villages soumis, et principalement Gandiole, nous avaient fourni des chameaux autant que nous en désirions avec leurs conducteurs.

Le 4, à midi, toute la colonne était réunie à Mpal. Des avis réitérés nous apprirent que l'ennemi, au lieu de nous attendre simplement chez lui, était décidé à nous attaquer en route et à nous empêcher d'arriver à Niomré par une guerre de chicane de jour et de nuit; que, dans ce but, il s'était avancé jusqu'à Nguik, dont le chef refusait de se joindre à eux. On ajoutait que l'ennemi allait employer la force pour entrer dans ce village et pour en combler les puits. Il fallait donc se hâter d'aller occuper ce point capital de notre itinéraire, le seul entre Mpal et Niomré qui eut assez d'eau dans ses puits pour la colonne.

Le ciel ayant été couvert toute la matinée, on crut pouvoir partir à une heure de l'après-midi; mais le ciel devint bientôt pur et un soleil d'une chaleur excessive et que la plus légère brise ne tempérait pas, accabla nos hommes d'infanterie dont une partie était arrivée de France depuis 6 jours seulement, et dont l'autre était affaiblie par 4 ou 5 ans de séjour au Sénégal. A 2 kilomètres de Mpal, nous avions déjà laissé étendus sous les broussailles plus de 50 hommes. On renvoya les plus malades à Mpal, les officiers encouragèrent les autres; MM. le commandant Faron et le capitaine Roman principalement, à pied tous deux pour montrer l'exemple, firent des efforts incroyables pour entraîner les pauvres soldats dans cette terrible marche.

Cette expérience doit servir de leçon. Il ne faut que dans le cas de la nécessité la plus absolue tenter une marche au milieu de la journée au Sénégal, car c'est s'exposer à un désastre.

Enfin, on arriva aux puits de Nguik à la chute du jour. M. Faron, à l'arrière-garde, ramenait tous les traînards. 80 hommes environ d'infanterie blanche qu'on avait laissés derrière avaient rallié Mpal; 40 chevaux de volontaires furent renvoyés sur la route pour s'assurer que personne ne s'y trouvait plus. Aucun ennemi ne s'était montré.

L'obscurité, la fatigue et la difficulté de diriger les volontaires ne permirent pas de mettre dans le bivouac autant d'ordre qu'on l'eût voulu. A dix heures du soir, une fusillade assez vive fut dirigée sur le camp; nous étions attaqués. On riposta vivement des avant-postes et les assaillants se retirèrent, mais, malheureusement et malgré les ordres donnés, les volontaires et quelques hommes du front de bandière, éveillés en sursaut du sommeil de plomb qui avait suivi les fatigues de la journée, tirèrent un peu dans toutes les directions et, sur les 2 hommes tués et 8 blessés que nous comptâmes, plusieurs avaient reçu des balles du camp même.

A minuit, une bande d'ennemis vint encore tirer quelques coups de fusil sur le camp, elle se retira immédiatement, et nous n'eûmes que 2 blessés.

Cette nuit d'inquiétude, après une marche pénible, produisit un assez mauvais effet sur les esprits. A la pointe du jour, le contingent du Oualo composé de 700 hommes, dont 150 cavaliers, et commandé par M. le lieutenant Flize, directeur des affaires indigènes, arriva de Mérinaghen à notre camp. Nous étions alors forts de 3,200 hommes, dont plus de 400 cavaliers.

Ayant appris que l'ennemi occupait 3 ou 4 petits villages autour de Nguik, le gouverneur partit avec les tirailleurs sénégalais, les laptots, les spahis, un obusier et les volontaires de Saint-Louis, pour l'en chasser. L'infanterie blanche resta au camp avec le contingent du Oualo pour se reposer.

Nous brûlâmes successivement Ouadan, Ntogueul et Keur-Seyni-Diop, sans voir l'ennemi qui s'était retiré à notre approche; il nous restait à détruire Mbirama, village hostile, en vue, à 2 kilomètres sur notre gauche. On y envoya l'escadron, sous les ordres du lieutenant Lafont et les volontaires à cheval, et, au bout d'un instant, voyant la fumée s'élever au-dessus du village, on crut que l'affaire était terminée et que l'ennemi renonçait à se montrer. L'ordre fut envoyé à l'escadron de rallier et la petite colonne se mit en route pour rentrer au bivouac de Nguik avant la forte chaleur. Au bout d'une demi-heure, ne voyant pas revenir l'escadron, le gouverneur eut des inquiétudes sur son compte et rebroussa subitement chemin au galop donnant l'ordre à tout le monde de le suivre au pas de course autant que possible. Il arrivait à temps : à 2 kilomètres de Mbirama, on trouva les spahis en pleine retraite, et poursuivis vivement par des forces considérables. Voici ce qui était arrivé : l'escadron, après être entré dans le village, ne voyant personne, avait voulu faire boire et manger les chevaux avant d'achever de brûler les cases, et l'ennemi qui l'avait aperçu, ainsi isolé de la colonne, l'avait surpris, les chevaux débridés, avait tué 3 spahis et

5 volontaires, tué ou blessé 6 chevaux de l'escadron et enlevé les chevaux des volontaires.

Ralliant aussitôt les spahis et sachant qu'il pouvait compter sur l'appui des renforts qui le suivaient de près, le gouverneur reprit immédiatement l'offensive en dirigeant lui-même une charge à fond sur les Ndiambour qui montrèrent un acharnement et un courage remarquables. 21 des leurs furent tués sur place et le reste battit en retraite sous le feu des tirailleurs et des lapots qui arrivaient successivement pendant la charge et en tuèrent encore plusieurs. L'artillerie que M. le commandant Sardou avait vivement ramenée au feu, acheva de les faire disparaître au loin. Nous eûmes dans la charge, 2 hommes blessés, 1 cheval tué et 3 autres blessés. Le fils du chef de Niomré se trouva parmi les morts de l'ennemi, ainsi que plusieurs autres gens marquants.

M. le lieutenant d'état-major Vincent, aide de camp du gouverneur, chargeant au premier rang, fut renversé d'un coup de crosse de fusil, mais il put se remettre aussitôt en selle. Le maréchal des logis Fauque, le brigadier Fanjon et le spahis noir Lamine s'étaient admirablement conduits pendant la retraite désordonnée de l'escadron.

L'ennemi éloigné, nous reprîmes, à midi, le chemin de Nguik avec toute notre colonne légère et l'ennemi ne nous suivit pas, il n'osa pas même venir enterrer ses morts après notre départ.

Cette petite affaire ranima tout le monde, mais un inconvénient bien grave se présenta pendant la journée, l'eau des puits de Nguik ne suffisait pas à notre nombreuse colonne.

Le lendemain 6, le gouverneur, un peu incertain du parti à prendre, fit une reconnaissance avec l'infanterie blanche et le train sur le lieu du combat de la veille, pour y chercher du fourrage, et en même temps, offrir aux Ndiambour une occasion de faire connaissance avec nos carabines; mais en fait d'ennemis, nous ne trouvâmes que les tués de la veille et nous apprîmes que l'armée de Niomré occupait Ndia, village situé entre nous et Niomré et qu'elle manifestait l'intention de s'y défendre pour retarder notre marche sur son propre village.

Ayant trouvé à Mbirama un puits très abondant, on se décida à pousser quand même jusqu'à Niomré, ce qu'on avait cru un moment impossible à cause du manque d'eau. Dans l'après-midi les troupes régulières furent envoyées à Mbirama pour y bivouaquer la nuit, et les goums restèrent à Nguik; de cette manière l'eau nous était assurée en quantité suffisante.

Une petite redoute en terre fut rapidement construite au milieu du village de Nguik pour y laisser nos blessés, nos malades et nos bagages, sous les ordres du capitaine Blondeau, avec 200 volontaires et 1 obusier; cette occupation devait, en outre, empêcher de rien tenter derrière nous contre les puits de ce village.

Dans la nuit du 6 au 7, à trois heures du matin, les goums nous ayant rejoints à Mbirama, nous nous mîmes en marche pour Niomré. L'ennemi évacua Ndia à notre approche, les habitants de ce village ne lui étant pas très favorables. Nous dépassâmes Ndia et, à la pointe du jour, nous aperçûmes Niomré au fond de la plaine.

Les gens de Niomré avaient pris position à portée de canon devant nous, au petit village de Mpaka, à une lieue en avant de Niomré; leur plan qui nous était connu par le rapport de nos espions, consistait, comme toujours, à nous attaquer à la fois de tous les côtés et surtout par derrière, mais ils furent poussés si vivement qu'ils ne purent le mettre en entier à exécution. La plaine autour de Niomré est coupée dans tous les sens par des haies qui séparent les champs de mil; mais les plantes qui les forment sont une espèce d'euphorbiacées qui n'offrent pas de résistance, de sorte qu'on traverse ces haies avec la plus grande facilité.

Deux pelotons d'infanterie furent déployés en tirailleurs à l'avant-garde, sous les ordres de M. le lieutenant Pipy et soutenus par un obusier marchant avec leur réserve commandée par M. le lieutenant Simon.

Les tirailleurs sénégalais furent déployés en flanqueurs à gauche, et les compagnies de débarquement à droite; l'arrière-garde fut confiée au commandement de M. le capitaine Millet, avec un obusier, et les volontaires se développèrent sur notre flanc droit. Nous marchâmes vivement sur le village, repoussant les tirailleurs ennemis, de haie en haie et éloignant leurs cavaliers de nos flancs par un feu très nourri.

Nous arrivâmes ainsi, et sans temps d'arrêt, au village même d'où nous eûmes encore quelques groupes d'ennemis à déloger et que nous traversâmes dans son immense longueur, de plus de 2,000 mètres, en y mettant le feu. Tout était fini, l'ennemi avait disparu.

Grâce à la vivacité de notre attaque et à la rapidité de notre marche en avant, nos pertes furent très peu considérables. Avec le peu de moyens de transport pour les blessés, dont on dispose, en général, au Sénégal, on est obligé de brusquer ainsi les affaires pour qu'elles durent moins longtemps, et on ne peut généralement pas se permettre d'agir plus méthodiquement et de combiner des mouvements qui pourraient nous faire obtenir des résultats plus complets, mais augmenteraient aussi le nombre de nos blessés et seraient un grand embarras pour nous.

M. le lieutenant Pipy, excellent officier, ayant déjà rendu de bons services au Sénégal, fut tué presque à bout portant d'une balle dans le ventre. Un spahis fut tué d'une balle en pleine poitrine, et une quinzaine d'hommes furent blessés presque tous légèrement.

L'ennemi perdit 50 hommes tués et, dans cette affaire de tirailleurs, il dut avoir beaucoup de blessés par des armes à grande portée.

Nous bivouaquâmes aux puits de Niomré après avoir fait un butin assez considérable et vers le soir, les volontaires allèrent brûler le village de Tanim, résidence de Mokhtar-Binta, seul cause de toute cette affaire, car c'était lui qui avait conseillé au sérigne Niomré de nous braver jusqu'au bout.

A la nuit, nous avions une soixantaine de prisonniers entre les mains. Nous apprîmes que tous les villages à six lieues à la ronde, y compris le grand village de Coki, étaient en fuite, et, dès le le jour même, des envoyés et des demandes de paix arrivèrent de la part des chefs de tous ces villages.

Le but de l'expédition étant rempli et toute résistance brisée, nous revînmes, le 8, de Niomré à Nguik et le 9, renvoyant la colonne à Saint-Louis, par Mpal et Dialakhar, le gouverneur alla avec les tirailleurs sénégalais, les compagnies de débarquement et le goum du Oualo, faire une tournée par Mérinaghen et Nder jusqu'à Richard-Toll.

A la suite de cette expédition, nous eûmes quelques hommes fatigués, mais pas de malades, le pays où nous avions opéré étant excessivement sain.

Le 5, une partie des gens de Niomré avait cherché à faire une diversion en allant faire une razzia dans le cercle de Dagana. Ils avaient surpris un troupeau du chef Poul Salif et deux bergers, mais le troupeau leur fut repris et ils retournèrent les mains vides après avoir fait inutilement quarante lieues.

§. 3 — Expédition de Sine.

Mai 1859. Gorée et la côte jusqu'à Sierra-Léone furent réunis, au commencement de 1859, au gouvernement du Sénégal, et le gouverneur eut à s'entendre immédiatement avec le commandant particulier, M. le chef de bataillon du génie Laprade, au sujet de ces dépendances. On s'occupa d'abord des environs de Gorée.

Les pays qui sont compris entre la presqu'île du cap Vert et la Gambie sont sous la domination des rois du Cayor, du Baol, de Sine et de Saloum.

En 1679, M. Ducasse, plus tard lieutenant-général des armées navales, imposait aux noirs du Cayor, du Baol et de Sine des traités qui cédaient à la France une bande de terrain de six lieues de profondeur, depuis la presqu'île du cap Vert jusqu'à la rivière de Saloum. Mais nos droits sur cette côte, même immédiatement après leur établissement par les traités Ducasse, n'avaient jamais été suivis d'un commencement d'occupation sérieuse.

On n'aurait certes pas pensé à les faire valoir si le commerce eût trouvé, sur cette côte, toute la sécurité désirable; mais les réclamations pour vols, pillages, mauvais traitements, nous arrivaient journellement de la part de nos traitants contre les populations de ces pays.

Le 7 décembre 1858, le nommé Macéne Potch, parent du roi du Cayor, avait tenté d'assassiner, pour une cause futile, à Rufisque, un commerçant français, M. Albert et son ouvrier Tamba, en leur tirant un coup de fusil chargé de trois balles, dans l'intérieur de leur case. L'ouvrier seul mourut de sa blessure ; M. Albert fit plusieurs mois d'hôpital. Enfin deux missionnaires établis à Joal avaient eu à subir toutes sortes d'outrages de la part des tiédo du roi de Sine. Dans deux circonstances, ils avaient été blessés, légèrement il est vrai, de coups de poignard ou de couteau.

A la presqu'île du cap Vert, il y a quelques années à peine, les gens d'Yof pillaient encore des navires naufragés sur leurs côtes, et, en 1859, les chefs de la presqu'île faisaient encore payer à leur profit des droits de transit aux produits sortant du Cayor pour venir à nos maisons de commerce.

Cet état de choses qui ne faisait qu'empirer de jour en jour, fit penser que des explications appuyées de la présence de quelques forces, étaient nécessaires et sans aucun retard. En conséquence, le gouverneur partit de Saint-Louis dans les premiers jours de mai 1859, avec l'*Anacréon*, capitaine Pi, le *Podor*, capitaine Caillet, 200 tirailleurs sénégalais commandés par M. le capitaine de Pineau et quelques canonniers commandés par le capitaine Vincent.

On prit, en passant à Gorée, M. le commandant Laprade, 160 hommes d'infanterie de marine, capitaine Arnier, quelques hommes d'artillerie avec M. le capitaine Viot et 100 volontaires. On débarqua à Dakar le 6.

Le lendemain 7 mai, pendant que M. Laprade

conduisait, en suivant la plage, l'infanterie, l'artillerie et les bagages à Tiaroy, frontière du Cayor, le gouverneur parcourait la presqu'île dans toute son étendue avec les tirailleurs et les compagnies de débarquement, *forçant chaque village à nous fournir un contingent de volontaires*. Le 7, au soir, il rejoignait la colonne à Tiaroy, avec 225 volontaires. C'était le nombre que nous avions désigné. La colonne montait alors à 800 hommes environ.

M. Brossard de Corbigny, lieutenant de vaisseau était chargé des affaires indigènes et de faire la carte du pays à parcourir. M. Clary, sous-lieutenant de chasseurs d'Afrique, officier d'ordonnance du gouverneur, remplissait les fonctions de chef d'état-major de la colonne. M. Bel, chirugien de 1re classe de la marine était chef d'ambulance.

Franchissant la frontière du Cayor, nous arrivâmes à Rufisque, le 8, à 8 heures 1/2 du matin. C'est un village de 3 à 4,000 milles âmes. On établit le camp dans la plaine derrière le village. On commença par arrêter Aly-Guèye, ancien maître du port, nommé par Damel, à qui on avait toutes sortes de violences à reprocher et Laty-Ndiaye, tiédo de sa suite, fortement soupçonné de complicité dans l'assassinat de M. Albert et de son menuisier.

Le 9, M. Brossard alla, avec un peloton de laptots, faire une reconnaissance dans les villages de Kounoum, aux environs de Rufisque. Les habitants de Rufisque demandèrent à fournir des volontaires pour montrer qu'ils ne faisaient plus qu'un avec nous. On n'en accepta que 25, parce que l'effectif de la colonne était déjà trop nombreux.

Partie le 10, à 4 heures 1/2 de Rufisque, la colonne passa par Bargny, très grand village composé de plusieurs groupes ; à 6 heures 1/2, à Bargny-Sep, qui est du Baol, puis à Yen. On s'arrêta à Kel, près Mangol. Mercredi, partis de Kel, à 4 heures du matin, nous fîmes la grand'halte à la rivière Somone et nous arrivâmes le soir à Sali (Portudal). L'artillerie s'y embarqua sur le *Podor*, parce que le chemin au delà présentait quelques difficultés.

Jeudi 12, départ à 4 heures 1/2 ; à 8 heures 1/2, à Nianing. A Mbour, on s'empara du chef Lat-Kaéré, contre lequel il y avait plusieurs plaintes. Le 15, l'infanterie blanche fut embarquée parce que nous devions faire une marche longue et pénible. Nous passâmes la Fasna et à 9 heures nous étions à Joal, village de 2,000 âmes, où les missionnaires et les traitants nous faisaient de vive voix leurs réclamations et où les habitants du village, soi-disant Portugais et chrétiens, venaient nous saluer, en nous assurant de leurs bonnes dispositions.

Les fonctionnaires et tiédo du roi de Sine, coupables des violences dénoncées, entre autres le grand Fitor, s'étaient sauvés dans l'intérieur à notre approche. Nous nous consultâmes pour savoir comment nous obtiendrions réparation et il était décidé que nous allions nous embarquer sur nos bâtiments pour aller, par la rivière Saloum, nous aboucher dans l'intérieur avec les rois du pays, lorsqu'un événement produit par le hasard, précipita les choses et nous entraîna, pour ainsi dire malgré nous, dans une série de circonstances dont on pouvait espérer tirer les plus grands avantages pour notre domination dans ces pays.

Le Boumi, second chef de Sine, ignorant notre présence à Joal, y arrivait le soir même avec une escorte de cavalerie ; ces cavaliers ayant été aperçus dans l'obscurité, il en résulta une alerte et on envoya deux fortes patrouilles pour faire une reconnaissance autour du village. Un instant après, le gouverneur apprenait officiellement par le chef de Joal, l'arrivée du Boumi, et avant qu'il eût pu en avertir les patrouilles, une de celles-ci, composée de laptots, entourait ce chef et son escorte, et comme ils opposaient de la résistance, on se précipitait sur eux et il en résultait une bagarre à la suite de laquelle le Boumi, tout meurtri, se sauvait en traversant la rivière où il faillit se noyer et laissant entre nos mains 2 de ses hommes et 12 chevaux.

Le Boumi était un des chefs dont nous avions le plus à nous plaindre. Cependant, ne voulant pas passer pour lui avoir tendu un guet-apens, le gouverneur lui envoya, le lendemain matin, son domestique et un de ses chevaux pour lui dire de revenir sans crainte, et que nous lui rendrions ce qui lui appartenait en réglant toutes nos affaires présentes et passées.

En même temps qu'il offrait ces réparations, le

gouverneur crut, pour qu'elles ne fussent pas attribuées à la crainte, devoir se porter en avant avec la colonne, et, au lieu de nous embarquer, prenant trois jours de biscuit sur nous et laissant tous nos bagages derrière, nous nous mîmes en marche pour l'intérieur.

On laissa à Joal 130 hommes de garnison avec un obusier, sous les ordres de M. le capitaine d'artillerie Vincent, pour protéger la mission et nos traitants après notre départ, et le gouverneur écrivit au roi de Sine qu'il se rendait à Fatik, au cœur de son pays, où il serait le 18, et où il ferait avec lui la paix ou la guerre, suivant qu'il accorderait ou non les réparations et les garanties qu'on avait à lui demander.

Nous traversâmes pendant la nuit une très belle forêt et, après un repos de quelques heures en route, nous arrivâmes à la pointe du jour au village de Guilas, où nous faillîmes prendre le chef Tchilas qui se permettait de venir de temps à autre tourmenter nos gens à Joal. Trois de ses chevaux restèrent entre nos mains. Nous passâmes la journée aux puits abondants de ce village, ombragés par des arbres magnifiques, rassurant la population et payant exactement tout ce dont nous avions besoin pour la subsistance de la colonne.

Les volontaires furent envoyés à Faouoy, pour voir s'il ne s'y trouvait pas de tiédo. Le même soir, ayant appris que le comptoir de Silif qui était sur notre route, avait été pillé par le Boumi, nous nous y rendîmes et le trouvâmes désert. Le *Podor*, qui avait reçu l'ordre de s'y rendre par le marigot pour nous ravitailler, n'y était pas encore arrivé. Comme il n'y avait pas d'eau à Silif, nous fûmes obligés de continuer notre marche sur Faïl, où nous arrivâmes vers minuit.

Le 16, au matin, le gouverneur envoya quelques hommes vers Silif pour avoir des nouvelles du *Podor*. Ils ne l'y trouvèrent pas et aperçurent des cavaliers en observation. On renvoya 23 laptots sous les ordres du capitaine de rivière Yousouf; ils se trouvèrent, à une lieue du camp, en présence de 200 hommes, commandés par quelques cavaliers qui garnissaient la lisière d'un bois. Nos laptots prirent position et échangèrent des coups de fusil avec l'ennemi; au bruit de cette fusillade, le gouverneur envoya le lieutenant Deleutre avec deux pelotons de tirailleurs; cet officier lança ses hommes sur les ennemis qui disparurent.

Le soir, à 5 heures, au moment où nous partions pour Fatik, des cavaliers vinrent encore nous observer et furent chassés par quelques carabiniers du 4ᵉ régiment d'infanterie de marine.

Par une marche de nuit, faite avec toutes les précautions voulues, puisqu'il devenait évident que le pays était en armes, nous arrivâmes à l'escale de Fatik, où les traitants n'avaient pas été inquiétés; nous n'y trouvâmes pas l'*Anacréon*, sur lequel nous comptions pour avoir des vivres, il n'avait pas encore eu le temps d'y arriver.

M. Mage, enseigne de vaisseau, fut envoyé

immédiatement avec 25 laptots pour descendre le marigot à la recherche de l'*Anacréon*.

N'ayant pas d'eau à l'escale de Fatik, après nous être reposés la nuit, nous nous rendîmes le matin de très bonne heure au village de ce nom, à une lieue de là, où il y a des puits abondants. On y forma les faisceaux et on se reposa, en mangeant quelques galettes de biscuit. C'était le jour et le lieu du rendez-vous donné pour la paix ou pour la guerre au roi de Sine, il n'y manqua pas.

A 9 heures, au moment où l'on ne s'y attendait guère, les sentinelles avancées n'ayant pas donné l'alarme, l'armée de Sine déboucha du bois, la cavalerie en tête et nous eûmes un homme blessé aux faisceaux avant d'avoir eu le temps de prendre les armes.

Nous étions alors 600 hommes en tout, parmi lesquels 50 blancs seulement et 325 volontaires.

Les compagnies de débarquement commandées par M. Pi et les volontaires de Dakar, se jetèrent dans le bois que nous avions devant notre droite et maintinrent vigoureusement pendant toute l'affaire l'infanterie ennemie qu'ils avaient devant eux.

Les tirailleurs sénégalais et les volontaires de Gorée, ces derniers commandés par M. Dumont, se portèrent à la rencontre des cavaliers qui envahissaient déjà notre bivouac. Le peloton d'infanterie blanche, 35 hommes, resta en réserve par l'ordre du gouverneur, auprès de notre obusier.

La cavalerie de Sine, très renommée dans le

pays, tint bon pendant un moment dans la position avancée qu'elle avait prise, malgré une fusillade excessivement vive de notre part et à 80 ou 100 pas de distance. Trois coups d'obusier, dont un à mitraille, lui furent envoyés, mais l'affût cassa et nous nous trouvâmes sans artillerie.

Enfin, au bout de vingt minutes, avançant en pivotant autour de notre droite, nous repoussâmes l'ennemi qui pivotait en reculant, autour de sa gauche, jusqu'à des bois qui se trouvaient derrière lui. On ne laissa pas nos tirailleurs s'y engager à sa suite, de peur qu'ils ne tombassent sur des masses de fantassins embusqués. On fit sonner la retraite et reformer les pelotons.

Au bout de quelques moments, les ennemis ramenés par leurs chefs, et reprenant courage, revinrent franchement dans la plaine. Le gouverneur lança de nouveau nos tirailleurs qui les forcèrent, pour la seconde fois, à rentrer dans le bois. Quelques coups heureux de nos carabiniers commençaient à les étonner.

Nous nous reformâmes de nouveau en laissant encore le champ libre. La cavalerie de Sine en profita une troisième fois pour revenir à la charge et faire un dernier effort, les tirailleurs se jetèrent sur elle avec plus d'ardeur encore, et le gouverneur engagea complètement le peloton de carabiniers pour en finir. Cette fois l'armée de Sine, commençant à compter ses pertes et ayant ses chefs tués ou blessés, tourna vivement le dos, prit définitivement la fuite et nous laissa maîtres du champ de bataille.

Les ennemis eurent, dans cette affaire, 150 hommes tués ou blessés ; ils accusèrent eux-mêmes environ 40 tués sur place, parmi lesquels 5 frères, beaux-frères et cousins germains du roi. C'étaient les nommés Oula-Sanou, Joro-Oual-Adam, roi de Patar, Boubakar-Ngoné, roi de Dioïn, etc. Une dizaine de chevaux tués restèrent sur le champ de bataille ; on en prit deux sans blessures.

De notre côté, nous n'eûmes que cinq blessures excessivement légères. Ce résultat singulier, après une fusillade de plus d'une heure, à très petite portée, était dû à ce que le tir de cavaliers armés de fusils de six pieds de long est naturellement très incertain, à la difficulté énorme qu'ils ont à recharger leurs armes et, enfin, à leur manière de les charger : ils y mettent jusqu'à 12 et 15 balles de traite, espèces de grosses chevrotines, suivant, comme ils le disent, *le degré de colère qu'ils éprouvent*. On conçoit que, s'il est très désagréable d'être atteint par un coup de fusil ainsi chargé à quelques pas, en revanche, on n'a rien à en craindre à 60 pas.

Le village de Fatik fut brûlé par nous pour faire savoir au loin notre victoire. A la vue des immenses colonnes de fumée produites par cet incendie, les habitants d'une partie des villages du royaume de Sine se sauvèrent de toutes parts et se réfugièrent dans les pays voisins. Le roi et les débris de son armée se retirèrent vers l'est.

Nous étions vainqueurs, mais nous n'avions plus de vivres ; pas de nouvelles de nos bateaux et notre situation devenait très critique. Revenus le soir à l'escale pour y passer la nuit, nous réfléchissions tristement au parti à prendre et à la direction dans laquelle il fallait marcher pour tâcher de retrouver nos magasins flottants, lorsque nous entendîmes dans l'obscurité une marche sonnée par un clairon ; nous courûmes au-devant de la troupe qui arrivait. C'était M. Mage et ses laptots, avec 50 hommes d'infanterie de renfort qui nous arrivaient de l'*Anacréon*, mouillé dans le marigot, à une lieue de nous. Ce détachement escortait des embarcations chargées de vivres auxquels on fit honneur à l'instant même.

Après avoir déménagé l'escale de Fatik, nous nous mîmes en marche, le 19, à 8 heures, pour aller en face de l'*Anacréon* sur lequel on embarqua les chevaux de la colonne et les 20 chevaux pris à l'ennemi, car nous allions avoir à suivre une route impraticable pour les chevaux à cause des marécages. On passa la journée sans eau, l'*Anacréon* n'en ayant presque pas. Une partie de la colonne fut 24 heures sans boire et les chevaux 2 et 3 jours, ce qui est très dur en plein soleil, au mois de mai, par 14° de latitude.

Le 20, à 1 heure du matin, la colonne à terre, sous les ordres du commandant Laprade, et l'*Anacréon*, descendirent simultanément le marigot de Fatik, pour se rendre à son embouchure, dans la rivière de Saloum, vis-à-vis de Mbam. Les hommes eurent à passer un affreux marais de 500 mètres de large, où il y avait 2 pieds de vase molle couverte de 2 pieds d'eau. On le passa, non sans peine, mais sans accident, et on arriva au lieu nommé Kokhgnik-Mbam, à 4 heures du matin. La colonne eut encore un moment de vive inquiétude, car elle n'y trouva ni le *Podor*, ni les citernes qui n'arrivèrent qu'à 7 ou 8 heures.

Le 21, au matin, par l'arrivée de l'*Anacréon*, nous étions tous réunis à Kokhgnik-Mbam, bien portants, abrités par des gourbis en feuillage au milieu de mangliers couverts d'huîtres.

Le gouverneur fit un voyage sur le *Podor* à Kaolakh, pour s'aboucher avec le ministre de Saloum et, le 24, toute la flottille (*Anacréon*, *Podor*, 2 citernes et 1 côtre), portant la colonne, se rendit par mer à Joal. Un blockhaus y avait déjà été apporté par la canonnière la *Bourrasque*. Le gouverneur donna des ordres pour sa construction immédiate, entre la mission et le terrain des traitants, nomma le chef du village et, laissant 100 hommes de garnison pendant la construction du blockhaus, des ouvriers en nombre suffisant, et la *Bourrasque* mouillée devant le village, la flottille se rendit à Sali (Portudal), où une colonne légère commandée par M. Laprade, fut débarquée pour revenir à Dakar, par terre, pendant que les bateaux se rendraient à Gorée où nous étions tous de retour le 27, au soir.

A la suite de cette expédition, furent passés, avec les rois de Baol, de Sine et de Saloum, trois traités. (Voir les traités à la fin du volume.)

§ 4. — Expédition de la Basse-Casamance

En mars 1860, une expédition fut dirigée contre les peuplades de la Basse-Casamance.

Son but était de mettre un terme aux pillages et aux exactions commises depuis quelques années par les villages de *Caronne* et de *Thionq*, sur nos nationaux et alliés.

Les indigènes de la Basse-Casamance, plus sauvages encore que tous ceux à qui nous avions eu affaire auparavant, ne sont qu'en partie armés de fusils ; un grand nombre de leurs guerriers combat encore avec des javelots et des boucliers en peaux de buffle. Cependant ceux de Caronne sont tous bien armés et ont une grande réputation de bravoure dans le pays.

Caronne et Thionq protégés par les nombreux marigots qui coupent en tous sens les plaines qui les environnent, marigots dont nous ne connaissions ni la direction, ni la profondeur, se croyaient à l'abri de nos atteintes, parce qu'une première expédition faite au mois de janvier 1859, par le commandant de la division navale des côtes occidentales d'Afrique, n'avait pu les détruire.

Pendant l'année 1859, surtout, ils avaient jeté l'effroi dans le bas de la rivière. Pour les réprimer, M. le chef de bataillon du génie Laprade, commandant particulier de Gorée, reçut l'ordre du gouverneur de marcher contre eux avec une colonne de 800 hommes et 2 obusiers.

Cette colonne avait, pour chef d'état-major,

M. Brossard de Corbigny, lieutenant de vaisseau ; pour chef du génie, M. Vincent, capitaine ; pour chef de l'ambulance, M. Bel, chirurgien de 1re classe. MM. Aube, lieutenant de vaisseau, commandait les compagnies de débarquement ; le capitaine Millet commandait l'infanterie ; le capitaine Ringot commandait les tirailleurs ; le sous-lieutenant Fauque commandait 20 spahis à pied ; le capitaine d'artillerie Mailhetard commandait les volontaires ; le capitaine d'artillerie Lemonnier commandait la section d'obusiers.

La flottille, destinée à transporter ces troupes, se composait des avisos à vapeur l'*Étoile*, capitaine Aube ; le *Dialmatch*, capitaine Vallon ; l'*Africain*, capitaine Lescaze ; le *Grand-Bassam*, capitaine Martre ; le *Basilic*, capitaine Faveris, et de la citerne flottante la *Trombe*.

M. le capitaine de frégate Le Bourgeois-Desmarais, commandant supérieur de la marine de la colonie, commandait cette flottille ; il était chargé de la mission difficile de la conduire, par des marigots sinueux et à peine connus, dans la position la plus avantageuse pour le débarquement.

L'expédition quitta Gorée, le 6 mars, à 9 heures du matin ; le lendemain, à 3 heures de relevée, elle arrivait à Carabane. Le 8, à 4 heures du matin, la flottille se mit en marche pour pénétrer dans les marigots qui conduisent à Caronne, et le 9, à midi, après une navigation des plus difficiles, conduite avec beaucoup de prudence et une grande habileté, les avisos le *Dialmatch*, l'*Africain*, le *Grand-Bassam* et le *Basilic* étaient embossés, au grand étonnement de nos ennemis, devant le débarcadère de Hilor, ou Banantra, premier village de Caronne.

Hilor, situé à 1,000 mètres du mouillage, est protégé par une ligne de marais, couverts de palétuviers bordant la plage sur une profondeur de 300 mètres. Le terrain qui sépare ces marais du plateau sur lequel se trouve le village, est entrecoupé de rizières profondes, dont l'ennemi pouvait tirer un grand parti pour la défense ; ces rizières se continuent jusqu'au débarcadère, par une trouée large de 250 mètres à travers les palétuviers.

Les mouvements de l'ennemi, que l'on distinguait de la mâture des bâtiments, nous donnèrent une idée exacte du système de défense que nous allions rencontrer. Une troupe nombreuse embusquée derrière des benténiers magnifiques qui bordent le village, devait nous en disputer l'entrée, pendant que d'autres masses, formées sur la droite et sur la gauche dans les rizières et les palétuviers, se jetteraient sur nos flancs au moment de l'attaque et viendraient peut-être, lors du débarquement, nous fusiller à 100 mètres de distance, sous la protection des palétuviers.

Le commandant de la colonne arrêta immédiatement, avec M. le commandant supérieur de la marine, les dispositions suivantes pour le débarquement.

Pendant que les bâtiments du centre couvriraient d'obus les rizières que nous avions à traverser pour arriver au village, les bâtiments situés à l'extrémité de la ligne d'embossage devaient fouiller avec leur artillerie les palétuviers situés à droite et à gauche du point de débarquement. Au signal convenu pour le débarquement des troupes, les bâtiments du centre seuls devaient cesser leur feu.

Ces dispositions eurent un plein succès ; l'ennemi tenu à distance par l'artillerie de la flottille, nous opérâmes notre débarquement sans recevoir un coup de fusil, et l'on prit ses mesures pour l'attaque du village.

La colonne fut déployée par bataillons serrés en masse, les laptots à droite, l'infanterie au centre, les tirailleurs sénégalais à gauche ; les deux pièces d'artillerie furent placées dans l'intervalle des bataillons. Le capitaine du génie Vincens reçut le commandement des tirailleurs formés du 1er peloton de chaque bataillon, des spahis à pied et des volontaires ; ces tirailleurs se portèrent sans obstacle à 150 mètres de la ligne de bataille. Ces dispositions prises, le commandant Laprade mit la colonne en mouvement vers le village ; notre artillerie ne pouvant rouler à travers les rizières, fut portée à bras par nos canonniers.

A peine la colonne eut-elle débouché dans les vastes rizières qui séparent les hauteurs des palétuviers, que l'ennemi exécuta la manœuvre prévue ; les défenseurs du village, embusqués derrière des plis de terrain et de gros arbres, ouvrirent un feu bien nourri sur nos tirailleurs, que rien ne protégeait, et les groupes répandus à notre droite et à notre gauche menaçaient les flancs de la colonne.

Voyant que l'ennemi, confiant dans sa force, n'avait pris aucune disposition pour défendre pied à pied le village, ne voulant pas laisser continuer le combat de nos tirailleurs dans des conditions désavantageuses, et se sentant d'ailleurs assez fort pour enlever le village et repousser les attaques dirigées sur nos flancs, M. Laprade plaça en réserve, sous le commandement du capitaine Hopfer, deux pelotons d'infanterie et l'artillerie que les irrégularités du sol ne permettaient pas d'employer; deux pelotons de laptots furent portés à droite, deux pelotons de tirailleurs sénégalais à gauche, pour faire face aux attaques dont nos flancs étaient menacés, et on s'avança sur le village avec les autres troupes formées en colonne d'attaque.

L'ennemi nous attendit en réservant son feu et nous accueillit à 50 pas de distance par une vive fusillade, heureusement mal dirigée.

Les officiers d'état-major, le capitaine du génie Vincens, le sous-lieutenant des spahis Fauque, les chefs de corps Aube, Ringot, Millet, Mailhetard, marchant à la tête des troupes, débusquèrent l'ennemi de toutes ses positions et pénétrèrent à sa suite dans le village dont la possession nous était désormais assurée.

Pendant que nous obtenions ce succès sur le centre, les pelotons de laptots et de tirailleurs sénégalais, chargés de protéger nos flancs, culbutaient l'ennemi dans la plaine et le refoulaient au loin dans les bois dont il n'osa plus sortir. La victoire était à nous, mais le combat n'était pas terminé; après avoir enlevé le village, les troupes du centre le traversèrent pour fouiller la lisière des bois situés en arrière et d'où nous pouvions être facilement inquiétés. Les tirailleurs sénégalais, sous les ordres du capitaine Ringot, rencontrèrent des ennemis sur la gauche, les délogèrent après une action assez vive dans laquelle se fit remarquer le capitaine de Pineau. Le capitaine d'infanterie Millet exécuta une opération analogue à hauteur du centre de village, avec beaucoup d'intelligence et de résolution. Ces opérations terminées, le village de Hilor fut livré aux flammes.

Cette affaire, pour laquelle tous les villages ennemis avaient fourni leurs contingents, nous coûta un caporal d'infanterie et un tirailleur sénégalais tués; un officier, M. le sous-lieutenant Lefel, légèrement blessé et 22 hommes blessés, dont un seul grièvement.

L'ennemi laissa plusieurs cadavres sur le lieu du combat; il emporta ses blessés dans les bois; le fils du roi de Hilor fut tué.

On établit le bivouac pour la nuit, dans la plaine qui sépare le village du point de débarquement. Le lendemain, au point du jour, M. le capitaine d'artillerie Mailhetard, commandant les volontaires, fut chargé de transporter nos blessés à bord des bâtiments, et, avec le reste de la colonne, le commandant Laprade marcha sur le beau village de Courba qui ne fut pas défendu et qu'il fit brûler. M. le lieutenant de vaisseau Aube, chargé de contourner ce village, surprit dans un fourré quelques maraudeurs qui lui tuèrent un laptot. Il les poursuivit vigoureusement et leur fit un prisonnier.

A 8 heures, la colonne reprit le chemin de Hilor où elle passa la journée ; elle prit une centaine de bœufs et un troupeau de chèvres que l'ennemi n'avait pu emmener dans les bois. Le soir, les troupes regagnèrent leurs bords respectifs.

Le 10, à 6 heures du matin, la flottille appareilla pour se rendre au fond du marigot des Djougoutes, reconnu comme étant le point le plus favorable pour le débarquement des troupes destinées à opérer contre les villages de Thionq.

Les Djougoutes étaient nos amis ; ils s'empressèrent de mettre toutes leurs pirogues à notre disposition ; elles nous furent d'un grand secours pour accoster la plage inaccessible à marée basse pour les canots.

Le 10, au soir, la colonne bivouaquait près des villages des Djougoutes-Tendouk, et le 11, à 5 heures du matin, elle se mit en marche vers les villages de Thionq. A 7 heures, nous étions à un kilomètre du premier village, lorsque du fond des bois qui longeaient notre droite, sortirent des cris sauvages qui nous annoncèrent la présence de l'ennemi. La colonne marchait par le flanc sur un étroit sentier tracé à travers les rizières ; le commandant Laprade l'arrêta et par un à-droite, elle se trouva en bataille, par inversion, face au bois d'où l'ennemi allait déboucher. Il ne tarda pas à paraître.

Ce fut un singulier spectacle pour nos troupes que cette nuée de noirs armés quelques-uns de fusils, mais le plus grand nombre de lances et d'immenses boucliers ronds en peaux de buffle venant nous défier à 25 pas. Accueillis par un feu de mousqueterie bien dirigé et par quelques fusées de guerre habilement lancées par l'artillerie, ils s'arrêtèrent frappés d'étonnement. Saisissant ce moment favorable, le commandant Laprade ordonna au capitaine Millet de les charger avec son bataillon; cette manœuvre vigoureusement exécutée eut un succès complet et changea en déroute une attaque faite avec la plus grande confiance.

Les spahis se joignirent à l'infanterie pour poursuivre l'ennemi dans les bois.

Pendant cette manœuvre sur notre droite, le commandant Laprade s'avança avec les laptots, les tirailleurs et les volontaires sur les villages de Thionq qui furent enlevés sans résistance sérieuse. A 8 heures, le combat était terminé.

L'ennemi laissa plus de 40 cadavres sur le champ de bataille; il perdit 20 prisonniers et un troupeau de 200 bœufs et de 150 chèvres : tous ses approvisionnements de riz furent enlevés par nos volontaires ou détruits par l'incendie.

Nos troupes, aussi heureuses que braves, ne perdirent pas un homme; un artilleur seul fut légèrement blessé d'un coup de lance.

A 2 heures de l'après-midi, la colonne se mit en marche pour se rendre au bivouac qu'elle avait quitté le matin ; elle rembarqua dans la soirée même du 11 et dans la nuit du 11 au 12.

L'expédition était terminée ; les pirates audacieux et insolents de Caronne et de Thionq avaient reçu une rude leçon et la supériorité de nos armes, un moment contestée, était solidement rétablie dans toute la Basse-Casamance.

A la suite de cette expédition furent passés les traités. (Voir à la fin du volume.)

§ 8. — Expéditions du Cayor.

Au commencement de 1861, le Cayor était le seul État du Sénégal avec lequel nous n'eussions pas de traité de paix ; cependant il s'étend entre Saint-Louis et Gorée, nos deux principaux établissements de la côte occidentale d'Afrique, auxquels il fournit, comme pays agricole, une grande quantité de produits. Un courrier à pied desservait la correspondance entre nos deux villes, avec une sécurité, sinon avec une rapidité suffisante, en longeant la mer sur la grève même ; il mettait 3 jours pour faire les 50 lieues environ qu'il avait à parcourir.

Nos traitants qui allaient dans l'intérieur du Cayor avec des marchandises étaient exposés à être pillés ou rançonnés par les tiédo, satellites armés des chefs de ce pays. Mais le plus grand reproche qu'on ait toujours eu à faire au gouvernement du Cayor, c'est que le roi ou damel, quand ses revenus ordinaires ne suffisent pas pour subvenir à ses besoins, et qu'il veut se procurer des chevaux, de l'eau-de-vie, de la poudre, des fusils ou tout autre chose, s'arroge le droit de faire enlever par ses tiédo, non seulement les troupeaux de bœufs et les biens de ses sujets, mais ses sujets eux-mêmes, libres ou captifs, pour les vendre, soit dans le pays, soit aux Maures, soit dans le Fouta.

De là une effrayante dépopulation et un manque de sécurité pour les producteurs, également nuisibles à notre commerce.

Depuis longtemps nous nous contentions de gémir sur ce régime sauvage, souvenir du temps de la traite des noirs et que les rois Ouolof ou Serrère ont seuls conservé parmi tous les chefs sénégalais.

Le désir d'établir une ligne télégraphique entre Saint-Louis et Gorée, d'y avoir des relais de courriers à cheval et des caravansérails pour rendre commodes les voyages par terre entre les deux villes, nous amenèrent à proposer, en 1859, à damel Biraïma un traité dans lequel il nous faisait toutes ces concessions. A peine l'avait-il signé qu'il mourut, et son père et successeur Macodou, malgré les promesses qu'il nous avait faites pour nous rendre favorables à son élection, déclara formellement, une fois au pouvoir, que nous ne ferions aucun établissement sur son territoire, parce qu'il n'y en avait jamais eu du temps de ses pères. Après avoir patienté un an, Son Excellence le Ministre des colonies donna l'ordre d'exiger l'exécution du traité passé avec Biraïma.

Une lutte avec le Cayor, passant dans les idées reçues pour sérieuse, tant à cause des forces qu'on supposait à Damel qu'à cause des difficultés d'un pays où nul cours d'eau ne peut servir au ravitaillement des colonnes, quelques renforts furent envoyés d'Algérie au gouverneur, à la fin de décembre 1860.

Afin de les garder le moins de temps possible dans la colonie, on commença immédiatement les opérations : la colonne du Sénégal, partie de Gandiole le 2 janvier 1861 au matin, arriva le 6 à Benou-Mboro, après avoir passé par Ker, Potou, Veindi-Bourli, Mbar, Tiakhmat, Mbétet et Guelkouy. C'est la ligne des Niayes, bas-fonds formant des lacs doux et saumâtres, et des marais entourés de charmantes oasis de verdure, où les palmiers (sor) dominent et sont exploités pour leur vin de palme, par des gardiens placés là par les chefs du pays. Cette zone, peu large, se trouve à une ou deux lieues de la côte ; elle ne renferme pas de villages, mais seulement quelques groupes de cases et des troupeaux. On y trouve de l'eau douce en toute saison, presqu'au niveau du sol. Si, à partir des Niayes, on marche deux ou trois lieues vers l'intérieur, on est alors dans le vrai Cayor, qui renferme beaucoup de villages, dont quelques-uns sont très grands, mais où l'on ne trouve d'eau que dans des puits généralement assez profonds.

600 hommes des goums du Oualo, sous les ordres du capitaine Azan, avaient été mis en observation à Mérinaghen, pour le cas où des hostilités sérieuses s'engageraient avec le Cayor, et 300 volontaires de la banlieue de Saint-Louis avaient pris position à Ker, pour contenir, au besoin, la population du Mbaouar et assurer les communications de la colonne en arrière.

La colonne de Gorée, sous les ordres du commandant Laprade, était partie de Rufisque, le 4 à 3 heures du matin, et elle fit sa jonction à Benou-Mboro, le 7, avec celle de Saint-Louis, après avoir passé par Gorom et Din-Birandao, dans la province de Diander, et par Cayar, Ouasso-Bérep, Ouasso-Tieb, et Ouasso-Diadia, sur la côte. Les avisos l'*Étoile*, capitaine Aube, l'*Africain*, capitaine Lescaze et le côtre l'*Écureuil*, capitaine Hamon, déjà arrivés à Benou-Mboro, commencèrent à mettre à terre, le jour même, les vivres et le matériel dont ils étaient chargés, avec l'aide des pirogues de Guet-Ndar, malgré les brisants qui couvrent cette côte.

Le gouverneur prit le commandement général des troupes au nombre de 2,200 hommes : 380 hommes d'infanterie de marine étaient commandés par le capitaine Hopfer ; 3 compagnies de tirailleurs algériens, par les capitaines Bechade, du 1er régiment, Girard, du 2e, de Pontécoulant, du 3e ; l'escadron de spahis (100 chevaux), par le capitaine Baussin. La milice mobile de Saint-Louis avait fourni 250 hommes, celle de Gorée, 125 hommes.

Il y avait en outre 300 volontaires de la banlieue de Gorée. L'artillerie avec 2 canons rayés, 4 obusiers de montagne, 2 chevalets de fusées et 200 hommes, était commandée par M. le chef d'escadron Dutemps ; un peloton du train des équipages envoyé d'Algérie par le lieutenant Combalot. M. le capitaine de spahis de Négroni faisait les fonctions de chef d'état-major ; M. le médecin en chef Chassaniol dirigeait le service de santé ; M. le capitaine sous-directeur Maritz, celui du génie ; M. l'aide-commissaire Liautaud était commissaire d'armée et M. le capitaine Flize était chargé des affaires indigènes, des guides et des réquisitions.

La colonne étant plus forte qu'il n'était nécessaire, les volontaires de Gorée furent envoyés par Taïba, dans le Diander, pour y prendre position et assurer nos communications avec Gorée.

Déjà depuis trois ou quatre jours, damel Macodou, apprenant l'arrivée du gouverneur à Tiakhmat, et l'approche par le sud de la colonne de Gorée, avait quitté sa capitale Mekhey et s'était rendu à Ndande, à huit lieues dans le nord-est. Il appelait tous ses guerriers autour de lui, en déclarant que ce n'était pas pour combattre les blancs, mais pour aller conquérir le Baol, pays voisin, qu'il voudrait réunir au sien, comme cela a eu lieu du temps de plusieurs de ses prédécesseurs. De Ndande, il écrivit au gouverneur pour lui dire qu'il s'étonnait de le voir entrer dans son pays avec une armée, que s'il désirait quelque chose, il eût à le demander et non pas à le prendre de force, et que si ces observations ne lui convenaient pas, on se rencontrerait, s'il plaisait à Dieu.

Après avoir répondu à cette lettre en reprochant à Damel d'avoir manqué à ses promesses et violé un traité signé par son prédécesseur, le gouverneur s'empressa d'installer le poste de Mboro, pour y laisser ses approvisionnements, ses malades et une garnison et en partit, le 12, à cinq heures du matin, pour Mekhey, résidence de Macodou, où il arriva le 13, après avoir bivouaqué la nuit du 12 au 13 à Diati. De Diati à Mekhey, il n'y a que deux heures de marche. L'eau est abondante dans l'un comme dans l'autre de ces villages qui ont plusieurs grands puits.

Mais dans cette même nuit du 12 au 13, Macodou apprenant notre arrivée à Diati et croyant que nous marchions vers lui, se sauva en toute hâte de Ndande et se réfugia à Ntaggar, en passant par Ndiakher et par Gat. Ntaggar est à huit lieues dans le sud-sud-est de Ndande. S'éloigner de huit lieues chaque fois que nous faisions un mouvement vers lui, ce n'était pas le moyen de nous rencontrer : en effet, Macodou avait complètement changé d'idée et de ton ; il écrivit au gouverneur qu'il lui accorderait tout ce qu'il voudrait, mais qu'il le priait de ne pas aller plus loin dans le pays et d'attendre ses envoyés à Mekhey ou plutôt à Mboro.

En même temps arrivaient à Pire, village situé à une dizaine de lieues dans le sud de Mékhey, le roi du Djolof, Silmakha-Dieng et Beur-Guet, prétendant au trône du Cayor, avec leurs forces pour révolutionner le pays contre Macodou. Cela menaçait de compliquer singulièrement la situation; aussi le gouverneur, croyant suffisamment constaté que Damel ne voulait pas nous attendre et redoutant de plonger le Cayor dans une guerre civile, d'où ne pouvaient résulter que de grandes pertes pour le commerce sans grands avantages en compensation, fit dire à ces deux derniers chefs qu'il n'était pas en guerre avec Damel et qu'il n'encourageait nullement leur entreprise; et il écrivit à Damel que puisqu'il avouait qu'il ne pouvait pas nous résister et nous accordait toutes nos demandes, la colonne retournait vers la mer pour continuer la construction des postes.

En une marche de huit heures, le 13, de quatre heures du soir à minuit, la colonne revint à Mboro. On s'y reposa le 14 et le 15, Silmakha-Dieng et Beur-Guet rentrèrent dans le Baol et le premier retourna peu de temps après dans le Djolof.

Le 16, à cinq heures du matin, la colonne se mit en route pour Mbidjen où devait se faire le deuxième poste et l'on y arriva le 19, à neuf heures du matin, après avoir passé par les villages de Taïba, Saou et Guellek. La colonne n'était plus que de 1,500 hommes, le reste avait été laissé à Mboro comme superflu.

Le 19 et le 20, l'aviso l'*Étoile* mit à terre à Cayar, avec l'aide des pirogues d'Yof, malgré les dangers de ce mouillage, les vivres et le matériel. Le tout fut transporté de Cayar à Mbidjen (6 kilomètres) par la colonne et par les bêtes de somme.

Le 21, à six heures du matin, jugeant que le commandant Laprade n'avait plus besoin de son concours, le gouverneur repartit pour Mboro avec la moitié de la colonne, laissant les troupes de la garnison de Gorée et les tirailleurs algériens, construire le poste sous la direction du capitaine Fulcrand, ce qui prit deux jours.

Le 22, à neuf heures, le gouverneur arrivait à Mboro, et considérant la paix comme assurée, il renvoyait immédiatement la milice mobile à Saint-Louis. On apprit que Damel, avec toutes ses forces réunies, s'était rendu à Batal dans le sud-ouest de Ntaggar, vers le Baol qu'il voulait attaquer; mais que les chefs de son armée témoignaient presqu'autant de répugnance pour faire la guerre au Baol que pour nous la faire à nous-mêmes.

Du reste, tout le pays était parfaitement tranquille et les caravanes n'avaient pas cessé de le parcourir.

On laissa donc 50 hommes de garnison à Mboro, et le 25, à quatre heures du soir, on partit au nombre de 700 hommes pour retourner à Saint-Louis, par la route de Niayes, et choisir en passant, l'emplacement du troisième poste.

On se décida pour Lompoul qui est à peu près à moitié chemin entre Gandiole et Mboro, à 10 kilomètres de la mer, et dans de très bonnes conditions.

Le 27, à 2 heures 1/2 de l'après-midi, on était de retour à Gandiole.

L'escadron du capitaine Baussin, avec M. le capitaine Flize, faisant un détour, avait passé par Dianaour, chef-lieu du Mbaouar, pour menacer ce canton qui se montre quelquefois turbulent.

La colonne du commandant Laprade, après avoir passé par le village sérère de Sognofil, dans un but analogue, était rentrée à Dakar, le 26.

Cette expédition faite pendant le mois de janvier, présenta, sous le rapport sanitaire, l'inconvénient de l'extrême fraîcheur et de l'extrême humidité des nuits. Les hommes qui n'avaient pas de pantalons de drap ni de couvertures, en souffrirent beaucoup et contractèrent de nombreuses diarrhées. Dans les mois de décembre et de janvier, les pantalons de drap sont de toute nécessité quoiqu'ils puissent être un peu gênants au moment de la grande chaleur du jour. Quant aux couvertures, elles chargent trop les hommes qui ont déjà à porter leurs armes, leurs munitions et quelques jours de vivres.

Dans la plupart des grands villages du Cayor, il y a des puits pouvant suffire à une colonne de 1,500 hommes. En tous cas, on trouve toujours à petite distance d'autres puits où l'on peut aller faire boire les animaux. Une remarque que nous avons déjà pu faire et qui peut être très utile, à l'occasion, c'est qu'il faut très longtemps à Damel pour réunir ses forces.

A la suite de cette expédition, un projet de traité de paix fut envoyé à Macodou, qui le renvoya signé, le 9 janvier, avec une lettre pleine de protestations d'amitié et de promesses d'exécuter scrupuleusement les conditions stipulées. (Voir les traités à la fin du volume).

Le 12 janvier, M. le lieutenant-colonel Faron, ayant sous ses ordres 200 hommes d'infanterie de marine, 300 tirailleurs sénégalais, 100 hommes d'artillerie, 100 hommes du génie et du train, fut envoyé pour faire construire le 3ᵉ poste, celui de Lompoul, sous la direction du capitaine du génie Gazel. L'*Étoile* alla débarquer le matériel sur la côte et les transports, par terre, sur une longueur de près de 3 lieues, furent assez pénibles; mais les difficultés furent heureusement surmontées et la colonne était rentrée à Saint-Louis, le 21, sans malades.

Grâce à ces postes et aux communications de plus en plus fréquentes que nous allions avoir avec le Cayor, on pouvait espérer que nous arriverions progressivement à l'exécution complète des conditions du traité de paix et à des réformes dans le gouvernement de ce pays, sans être obligés d'en venir à une guerre sérieuse qui le dévasterait complètement et pour longtemps, à cause de la haine profonde qu'éprouvent contre les tiédo les populations qui s'empresseraient de s'allier à nous, et profiteraient de l'occasion pour venger des siècles d'injures et de violences de toute nature.

§ 6. — Expédition de la Haute-Casamance (Souna).

La Basse-Casamance (les Djola), avait été soumise comme nous l'avons vu, par M. le commandant Laprade, en mars 1860.

Au mois de novembre de la même année, M. Parchappe, enseigne de vaisseau, commandant le petit aviso le *Griffon*, avait infligé une rude leçon aux Balantes, peuplade presque sauvage du cours moyen de la rivière, en détruisant avec une poignée d'hommes et après une lutte longue et acharnée leur principal village, Couniara.

Cet officier avait eu 24 hommes tués ou blessés et lui-même avait reçu une légère blessure à la poitrine. Vingt Balantes étaient restés sur place, et cette peuplade était venue à composition.

Il restait à venger dans la Haute-Casamance, contre les grands villages Mandingues musulmans du Souna, dix années d'outrages et de violences : en 1855, les gens de Bombadiou avaient pillé nos embarcations et massacré les équipages ; en 1860, ils avaient traîné aux pieds de leur chef, le commandant de Sédhiou, M. le lieutenant Faliu, qui avait débarqué sans défiance sur leur rivage. En 1856, les gens de Sandiniéri avaient mis nos comptoirs au pillage ; en 1860, ils avaient déclaré insolemment au commandant de Gorée qu'ils n'exécuteraient pas les traités signés par eux ; à la fin de cette même année, Dioudoubou se partageait un vol de 2,500 francs fait dans Sédhiou même, et enfin, le 5 février 1861, Bouniadiou, village du

Pakao, sur la rive droite, venait de piller chez nos traitants une valeur de 10,000 francs.

Il est entendu que nous passons sous silence une foule de méfaits moins graves.

Le chef de bataillon du génie Pinet Laprade, commandant particulier de Gorée, avec sa garnison renforcée des trois compagnies de tirailleurs algériens, momentanément dans la colonie, et commandés par le capitaine Béchade, reçut l'ordre d'aller régler nos affaires sur ce point éloigné du chef-lieu de deux cents lieues au moins.

Le 5 février 1861, il quittait Gorée avec les avisos *Dialmatch*, *Africain*, *Grand-Bassam* et *Griffon*, le cutter *l'Écureuil*, la goëlette la *Fourmi* et la citerne la *Trombe*. La flottille était commandée par le lieutenant de vaisseau Vallon, capitaine du *Dialmatch*.

Le 10, à sept heures du matin, les troupes débarquées au nombre de 700 hommes, vis-à-vis de Sédhiou, marchaient sur Sandiniéri et enlevaient ce village à la baïonnette, malgré la vigoureuse défense des habitants, en les poussant pied à pied jusque dans les bois épais qui entourent le village. Nous n'eûmes que 4 blessés dans cette affaire, l'ennemi laissa entre nos mains 20 morts et 50 prisonniers.

Un retour offensif des Mandingues fut repoussé victorieusement par nos troupes. Le capitaine Millet, avec 150 hommes d'infanterie de marine, avait, par un mouvement tournant, pris l'ennemi en flanc pendant que les tirailleurs le chargeaient de face.

Tout était fini de ce côté, il était onze heures et

la chaleur était étouffante, lorsqu'une vingtaine de soldats qui étaient allés au fleuve pour se désaltérer, furent tout à coup enveloppés par les contingents de la rive droite qui venaient, mais un peu tard, au secours de Sandiniéri. L'infanterie de marine et les tirailleurs algériens coururent aux armes et, aussi rapides que la pensée, ils enveloppèrent à leur tour les assaillants et jetèrent dans le fleuve ceux qu'ils ne tuèrent pas sur place; nous avions eu, avant l'arrivée de ce secours, trois hommes tués et deux autres cruellement blessés à coups de sabre et de hache.

Le lendemain, le commandant Laprade, laissant M. le lieutenant de vaisseau Vallon avec 60 laptots et 100 hommes d'infanterie de marine au village des traitants de Sandiniéri, pour le protéger au besoin et garder les troupeaux pris la veille, chargea le capitaine du génie Fulcrand d'aller détruire Dioudoubou, avec les tirailleurs algériens, 100 hommes d'infanterie de marine et l'artillerie commandée par le capitaine Prieur; le départ eut lieu à six heures du matin : l'opération réussit parfaitement, malgré la résistance des habitants et un retour offensif repoussé par la compagnie du capitaine de Pontécoulant, et la colonne était de retour à Sandiniéri, vers une heure.

Pendant le même temps, le *Griffon*, pour faire diversion, avait brûlé le village de Niagabar.

Dans l'après-midi, la compagnie du 2ᵉ régiment de tirailleurs algériens, capitaine Girard, s'étant écartée à quelques centaines de mètres pour rendre les derniers devoirs à un mort, reçut une vive fusillade des fourrés voisins. Heureux de trouver une occasion de venger leur camarade, les tirailleurs appuyés par les laptots et une section d'infanterie, se précipitèrent dans les bois, enveloppèrent une partie des ennemis et tuèrent un bon nombre des plus acharnés.

Ce fut le dernier épisode de la résistance des gens du Souna.

Le 12, à trois heures de l'après-midi, malgré les offres de soumission, on alla enlever et incendier le village de Bombadiou, que ses habitants avaient abandonné à notre approche.

Le lendemain 13, les chefs de la rive gauche (Souna) et de la rive droite (Pakao et Yacine) vinrent se jeter aux pieds du commandant particulier de Gorée, en implorant la paix et protestant de la plus entière soumission. Le pardon leur fut accordé à des conditions très avantageuses pour nous. (Voir les traités à la fin du volume.)

Dans ces différentes affaires, l'ennemi avait laissé une centaine de morts sur le terrain. Nous n'avions eu en tout que 4 tués et 15 blessés ; mais notre perte la plus sensible fut celle de l'enseigne de vaisseau Parchappe, officier éminemment distingué et qui succomba à un accès de fièvre pernicieuse, suite des fatigues de l'expédition.

V.

EXPÉDITION DE SINE ET DE SALOUM

La colonne expéditionnaire qui venait de soumettre les peuplades de la haute Casamance, après avoir pris un repos de six jours seulement à Gorée, repartit le 27 février 1861 sous les ordres du chef de bataillon Laprade, pour aller rappeler les rois de Sine et de Saloum à l'exécution des traités de 1859.

Depuis quelque temps, le premier de ces rois montrait les plus dures exigences envers nos traitants de Fatik, et arrêtait les troupeaux qu'ils voulaient diriger sur Dakar.

Le second avait interdit à ses sujets toutes relations commerciales avec nos nationaux, et nous signifiait qu'elles ne seraient reprises que lorsque nous aurions rasé la tour de garde de Kaolakh.

Afin d'arriver à un résultat décisif, le chef de bataillon Laprade s'appliqua à tromper l'opinion sur les projets qu'il voulait exécuter. Il annonça qu'il allait remonter la rivière de Sine, débarquer près de Fatik, et marcher sur Diakhas. Quant au Saloum, il laissa croire que nous n'agirions pas contre lui. Pour bien convaincre les habitants du Saloum à ce sujet, on envoya le *Grand-Bassam* à Kaolakh le 26 février, avec ordre de prendre des pilotes pour la rivière de Sine et de ramener la canonnière la *Bourrasque*.

Le *Dialmatch*, l'*Africain*, la citerne la *Trombe* et l'*Écureuil*, sur lesquels était entassée la colonne expéditionnaire, partirent de Gorée le 28 au soir et entrèrent le 1er mars à 10 heures du matin dans le Saloum, où ils trouvèrent le *Grand-Bassam* et la *Bourrasque*.

On fit route immédiatement pour l'entrée de la rivière de Sine, où furent laissés le *Grand-Bassam*, la *Bourrasque*, la *Trombe* et l'*Écureuil*, puis on continua la route sur Kaolakh avec le *Dialmatch* portant l'infanterie et l'artillerie, et l'*Africain* portant les tirailleurs algériens.

Le 2, à 6 heures du soir, on mouillait à 100 mètres du poste : l'ordre fut donné de faire coucher les troupes sur le pont des bâtiments. La plage était couverte de traitants et d'indigènes attirés par la présence de deux bateaux à vapeur. Le chef de bataillon Laprade descendit à terre où il fut suivi par une foule qu'il attira loin du rivage, affectant de prendre des renseignements sur le chemin de Fatik à Diakhao. Il se rembarqua à 7 heures laissant tout le monde dans l'ignorance complète de ses projets.

La nuit même à 1 heure du matin, la colonne reçut l'ordre de débarquer, et le capitaine d'infanterie de marine Millet fut chargé d'enlever avec son bataillon et l'artillerie le village du grand Kaolakh, résidence de l'alcaty. Le commandant se réservait le soin de surprendre avec les tirailleurs algériens et 50 laptots, Kaoun, la capitale du Saloum.

Le capitaine Millet remplit avec succès la mission qui lui avait été confiée. A 4 heures du matin il enveloppait les cases de l'alcaty, enlevait quatre de ses femmes et dix de ses fils et presque tous ses captifs, en tout 150 prisonniers environ ; quelques-uns ne se rendirent pas sans se défendre.

Afin d'éviter les méprises toujours à craindre dans un combat de nuit, ordre avait été donné de ne pas tirer un seul coup de fusil et de n'agir qu'à la baïonnette. Cet ordre fut rigoureusement exécuté ; dans la lutte qui s'engagea, le capitaine Millet, terrassé par un indigène, allait être frappé d'un coup de lance lorsqu'il fut sauvé par la baïonnette du soldat Mas (28e compagnie). L'un des fils de l'alcaty, celui-là même qui avait frappé violemment un de nos traitants pour lui arracher quelques bouteilles d'eau-de-vie, fut mortellement atteint ; trois autres tiédo eurent le même sort.

De son côté, le commandant de la colonne s'était rendu avec les tirailleurs algériens à un kilomètre de Kaoun, décidé à attendre le jour pour envelopper ce village, lorsque les flammes du grand Kaolakh lui annoncèrent que le capitaine Millet avait déjà exécuté son opération.

Cet incendie pouvant donner l'éveil, il se décida à agir immédiatement, et s'avança avec les chefs de corps et les capitaines de compagnie jusqu'aux tapades du village.

Après une reconnaissance exacte de l'habitation de la famille royale et après que chacun connut bien le rôle qu'il avait à remplir, la colonne avança sur le village, enleva sans résistance, avec un ordre parfait, les 150 personnes qui se trouvaient dans les cases du roi. Parmi les prisonniers étaient la sœur du roi, ses deux neveux, héritiers présomptifs, une princesse de la famille Guélouar et les principaux captifs du roi et de Linguère.

Nos soldats prirent un large butin, et à 7 heures du matin les deux colonnes, précédées de 300 prisonniers et de 20 chevaux, arrivèrent à l'escale de Kaolakh, au grand étonnement de nos traitants, qui n'avaient remarqué aucun de nos mouvements.

A midi, le *Grand-Bassam*, la *Trombe* et l'*Écureuil* arrivaient aussi à Kaolakh, et la *Bourrasque* mouillait à Lindiane pour protéger cette escale.

Tous les prisonniers furent embarqués sur le *Grand-Bassam* pour être transportés à Gorée.

Le chef de bataillon Laprade, certain désormais d'obtenir du roi du Saloum toutes les satisfactions qu'il voudrait exiger, l'informa qu'avant de poursuivre ses opérations contre lui, il attendrait sa réponse afin de savoir s'il voulait continuer la guerre ou traiter avec lui. En attendant, il s'occupa d'amener le roi de Sine à composition.

Le 3 mars, la colonne se mit en marche pour Diakhao, chaque homme portant avec lui pour cinq jours de vivres. Elle arriva le même jour à Diokoul, et le 4, à 8 heures du matin, après avoir traversé une épaisse forêt de quatre lieues de largeur, nous établissions notre bivouac à portée de canon de Marouk, premier village du pays de Sine.

Là, nous apprîmes que le roi et les principaux chefs du pays, informés que nous allions leur faire la guerre, étaient disposés, plutôt que de se défendre, à se soumettre à toutes nos conditions, et que déjà ils avaient autorisé nos traitants à traverser le pays pour conduire leurs troupeaux à Dakar.

Le marabout du roi vint au camp à 10 heures du matin, venant de Fatik où l'on croyait encore que nous devions débarquer, pour nous confirmer les nouvelles que nous avions déjà reçues. Il fut chargé de dire à son maître que le lendemain, au point du jour, nous arriverions devant sa capitale où on lui ferait connaître les conditions de la paix.

Le 5, à 7 heures du matin, nous arrivâmes devant Diakhao ; le roi nous offrit six bœufs pour la colonne et demanda au commandant une entrevue qui lui fut accordée. Le palabre fut de courte durée ; après avoir exposé au roi de Sine tous les griefs que nous avions à lui reprocher, le chef de bataillon Laprade lui déclara que la paix n'était possible qu'aux conditions suivantes :

1° Reconnaissance du traité de 1859, en insistant principalement sur la cession de Joal et sur la construction d'une tour de garde à Fatik.

2° Contribution de guerre de 200 bœufs (représentant 10,000 fr. environ) livrables à Joal.

Pour garantir l'exécution de cette dernière condition, il fut exigé que l'un des principaux chefs du pays nous serait immédiatement livré.

Le roi de Sine, après avoir cherché à justifier ses

actes, prit l'avis des chef squi l'entouraient, accepta toutes nos conditions, nous livra le fils de son oncle, et promit solennellement de faire tous ses efforts pour assurer l'exécution des traités.

Le même soir, la colonne partait de Diakhao, et le lendemain, à 7 heures du soir, elle arrivait à Gandiaye où l'on avait donné rendez-vous à la flottille.

Nous trouvâmes sur ce point des envoyés porteurs d'une lettre du roi du Saloum, dans laquelle il rejettait sur l'alcaty tous les griefs que nous avions à lui reprocher; il promettait aussi de donner à Kaolakh toutes les satisfactions que nous exigerions.

Le 7, au matin, l'*Africain* prenant la *Trombe* à la remorque se rendit directement à Gorée avec le bataillon de tirailleurs algériens et les quelques chevaux des officiers. Le commandant de la colonne remonta lui-même à Kaolakh avec l'infanterie et l'artillerie réparties sur le *Dialmath* et le *Grand-Bassam* qui étaient de retour de Gorée. Là, il fit savoir au roi qu'il ne lui accorderait la paix qu'aux conditions suivantes :

1° Ouverture immédiate de la traite ;

2° Reconnaissance du traité de 1859 ;

3° Cession en toute propriété à la France du terrain qui environne la tour de Kaolakh dans un rayon de 600 mètres ;

4° Contribution de guerre de 500 bœufs (25,000 fr. environ) livrables à Dakar.

Nous nous engagions de notre côté à rendre

tous les prisonniers lorsque les conditions énoncées ci-dessus seraient exécutées.

Le traité fut rapporté le lendemain avec la signature du roi, par l'interprète qu'on lui avait envoyé, accompagné du premier ministre de Samba-Laobé. (Voir les traités, à la fin du volume.)

Le même jour, à 1 heure de l'après-midi, nous quittions le mouillage de Kaolakh pour nous rendre à Gorée où nous arrivâmes le 8 mars, à 10 heures du matin.

Notre marche à travers les pays de Sine et de Saloum s'était faite par une chaleur accablante et un vent étouffant.

Nos soldats espéraient trouver dans quelque brillant fait d'armes une compensation aux souffrances qu'ils enduraient patiemment. Leur désir de combattre était surtout grand lorsque nous arrivâmes près de Marouck, au cœur du pays de Sine, au milieu des villages ennemis. Mais la résignation avec laquelle le roi Bouka-Kilas se soumit à toutes nos conditions arrêta l'entraînement de nos troupes. Partis de Diakhao le 5, à 3 heures de l'après-midi, nous étions rendus à Gandiaye le lendemain à 7 heures du soir, ayant fait quinze lieues en vingt-huit heures sans laisser un seul homme en arrière.

Cette même colonne de Gorée avait en deux mois et demi participé aux marches pénibles de l'expédition du Cayor; elle avait concouru à la construction du poste de Mboro, construit en quarante-huit heures le poste de Mbidjem, transportant tous les matériaux nécessaires, à travers des sables mouvants, jusqu'à une lieue et demie du point de débarquement. Par de brillants combats elle avait soumis à notre autorité toutes les peuplades de la haute Casamance sur une étendue de cent lieues carrées ; enfin, elle venait de dicter la paix aux rois de Sine et de Saloum, au sein même de leur capitale.

CHAPITRE VI

OPÉRATIONS MILITAIRES DANS LE CAYOR.

Les postes de Mboro, Mbidjem et Lompoul, construits en 1861, nous assuraient une bonne base d'opérations pour le cas où une guerre éclaterait avec le Cayor : cela ne devait pas tarder à arriver. Le roi de ce pays, après avoir signé en février un traité de paix avec nous, et reçu le prix de certaines concessions de terrains, violait presque immédiatement ce traité de la façon la plus indigne, et faisait piller partout nos sujets qui commerçaient dans le pays.

Après ces brigandages et les bravades et provocations qu'il nous avait adressées, il ne restait plus qu'à aller immédiatement le châtier.

M. le commandant de Gorée opérait alors de son côté à Sine et à Saloum avec ses forces augmentées des tirailleurs algériens. Le gouverneur partit donc de Saint-Louis le 5 mars 1861 avec les seules troupes de la garnison de cette ville auxquelles il adjoignit 300 hommes de la milice mobile; cela formait un total de 1,200 hommes. Le temps se montra tout à fait défavorable; pendant dix jours, un vent brûlant de l'est accabla nos troupes d'une manière incessante. Cependant, en deux jours de marche, on arriva au poste de Lompoul. Près de là, les tiédo avaient, deux jours auparavant, enlevé un troupeau à nos Pouls en tuant ou blessant trois hommes, et M. le lieutenant Joyau, commandant de Lompoul, avait, de son côté, fait fusiller quatre espions armés qui étaient venus rôder autour de son poste.

Partie la nuit de Lompoul, la colonne se dirigea droit sur la capitale du Cayor, Nguiguis, où Damel nous avait écrit qu'il nous attendait. On ménagea les premiers villages, Kab et Robnane, qui sont habités par des gens inoffensifs. Après Robnane commençaient les villages des tiédo coupables : on les incendia. La colonne arriva, le 9, au puits de Nkel, centre du Cayor, à deux kilomètres de Nguiguis.

Ce puits très abondant, de trente mètres de profondeur, sert à une foule de villages voisins.

Damel s'était éloigné dans le sud-est, à Niasse, au lieu de nous attendre comme il l'avait promis. Ce jour là et le lendemain, dans la marche de Nkel à Mekhey, résidence habituelle de Damel, nous brûlâmes tous les villages à notre portée, au nombre de vingt-cinq, y compris Nguiguis, sans trouver de résistance. Les tiédo pris les armes à la main furent fusillés par les volontaires.

Arrivés à Mekhey le 10, à huit heures du matin, nous pillâmes le village, entre autres les habitations de Damel où nous prîmes son parasol, et nous y fîmes 400 prisonniers que le gouverneur fit relâcher immédiatement pour la plupart. Là, ayant appris que les tiédo s'étaient réunis autour de leur roi, on commença à se tenir en garde contre une attaque, mais elle n'eut pas lieu sur ce point.

Dans l'après-midi, continuant notre itinéraire sur Mboro, nous campâmes à Diati. Le soir, au moment où l'on commençait à placer les grand'gardes, nous fûmes attaqués brusquement par une reconnaissance de cavaliers ennemis. Après le moment de trouble qui se produit souvent aux premiers coups de fusil dans chaque expédition, nos jeunes soldats reprirent leur calme. Les spahis chargèrent vigoureusement l'ennemi et le chassèrent définitivement, après lui avoir tué de 20 à 30 hommes. L'escadron eut 3 hommes blessés, dont un mortellement, et 2 chevaux perdus. Nous avions eu un homme tué et un autre blessé dans le camp, au premier moment de l'attaque. Quelques prisonniers que nous voulions conserver avaient profité de l'occasion pour se sauver.

La nuit fut tranquille. Voyant que les tiédo se décidaient à combattre, au lieu de partir le lendemain pour Mboro, le gouverneur resta à Diati à les attendre.

Dès le matin, nous eûmes des cavaliers en vue

de tous les côtés. L'artillerie leur envoyait des obus quand les groupes étaient assez nombreux et assez rapprochés.

Au milieu de la journée, nos miliciens étant au second puits de Diati, à un kilomètre du camp, on les crut menacés par les cavaliers ennemis dont le nombre augmentait. L'escadron fut envoyé pour leur porter secours au besoin. Il rencontra les tiédo qui l'attendirent bravement, les chargea et leur tua une quinzaine de cavaliers. Le capitaine Baussin, dont les hommes étaient trop dispersés, fit alors sonner le ralliement en voyant deux pelotons de tirailleurs sénégalais arriver à lui pour l'appuyer. Il avait 3 hommes blessés et 2 chevaux passés à l'ennemi; le lieutenant Merlet avait eu son képi traversé par une balle.

Les pelotons de tirailleurs, sous les ordres du capitaine Ringot, poussèrent l'ennemi avec l'aide des miliciens qu'on envoya pour les renforcer jusqu'à près d'une lieue du camp, et lorsque le lieutenant-colonel Faron, envoyé lui-même avec le reste du bataillon et une pièce d'artillerie pour aller les chercher, arriva près d'eux, l'ennemi avait complètement disparu. Un milicien avait été tué; l'ennemi laissait quelques morts sur le lieu du combat.

Vers cinq heures et demie du soir eut lieu l'attaque sérieuse de notre camp par l'armée de Damel, commandée par le Fara-Seuf, Dao-Coumba-Dior et par d'autres chefs.

Des masses de cavaliers, venant de Mekhey, défilèrent à portée de canon, vis-à-vis la première face de notre camp, celle de l'infanterie de marine, et se portèrent, en se rapprochant, vis-à-vis la deuxième face, celle des tirailleurs sénégalais. Là, ils s'avancèrent résolûment sur nous. Le lieutenant-colonel Faron reçut l'ordre de porter son bataillon en avant à deux cents mètres du front de bandière et commença un feu terrible sur l'ennemi, à petite portée, pendant qu'un canon rayé lui lançait des paquets de mitraille dont les effets étaient visibles pour tout le monde.

Après trois-quarts d'heure d'engagement, l'ennemi dispersé disparut au moment où la nuit tombant ne permettait pas de le poursuivre.

Deux pelotons de carabiniers du 4ᵉ de marine ayant fait un changement de front à gauche, avaient pris part à la fin de cette fusillade, pendant laquelle nous n'eûmes que 3 hommes blessés. L'ennemi se retira à Mekhey et il y eut, pendant toute la nuit, des transports de morts et de blessés entre Diati et ce village.

L'état de nos approvisionnements et la fatigue des troupes ne permettant malheureusement pas de faire un retour offensif vers l'intérieur du Cayor, le gouverneur, croyant du reste la leçon donnée aux tiédo suffisante, ordonna le départ le lendemain matin de très bonne heure, suivant notre habitude, pour Mboro, où nous n'arrivâmes qu'à onze heures, après huit heures de marche.

Un coup de fusil pouvant jeter le désordre dans une colonne qui s'organise pour se mettre en marche la nuit, on évita de sonner au moment du départ, mais, une fois en route, les sonneries ordinaires eurent lieu, la colonne en marche ne craignant nulle attaque.

Au moment où la colonne arrivait à Mboro, on aperçut sur les hauteurs une dizaine de cavaliers ennemis observant notre marche. Quelques-uns de nos Pouls allèrent leur tirer deux ou trois coups de fusil et les chassèrent; nous sûmes ensuite que le lendemain du combat du 11, des cavaliers revinrent de Mekhey rôder du côté de Diati. Malmenés comme ils l'avaient été la veille, ils ne se seraient certes pas approchés de nous s'ils nous y eussent encore trouvés, mais ne rencontrant plus personne, ils en profitèrent pour aller raconter à Damel des choses incroyables : ils se vantèrent de nous avoir battus, massacrés et jetés à la mer; le gouverneur était tué avec ses principaux chefs. Ce pauvre Damel, complètement dupe de ces inventions, divisa aussitôt son armée en deux corps pour couper la retraite sur Gorée et Saint-Louis aux quelques blancs échappés de Diati. Ces deux corps devaient, en outre, prendre les deux postes de Mboro et de Lompoul et les détruire. Mais les tiédo chargés de faire toutes ces belles choses étaient les mêmes que nous avions si rudement maltraités à Diati, et pas plus la colonne à son retour de Mboro à Saint-Louis que nos deux postes n'en virent paraître un seul. En revanche, tous les villages du Cayor pleuraient leurs morts. Le village de Mekhey seul en comptait 25, et Diati 13; on peut juger par là de eur perte totale; on citait plusieurs chefs marquants parmi les morts, entre autres le chef de l'armée, qui avait été tué ou du moins grièvement blessé.

La colonne, après s'être reposée un jour à Mboro, revint à Saint-Louis par Lompoul; les troupes étaient bien fatiguées, les chevaux manquèrent d'orge les trois derniers jours et souffrirent beaucoup. En revenant nous prîmes environ 500 bœufs, mais les tiédo en avaient, quelques jours auparavant, enlevé presque le même nombre à nos alliés, près de Ker, à quatre lieues de Gandiole; ce n'était donc qu'une compensation.

Nous avions eu dans toute l'expédition 20 hommes tués ou blessés. Les corps qui avaient eu l'occasion de se distinguer plus particulièrement furent les spahis dans leurs deux belles charges, les tirailleurs sénégalais qui repoussèrent la principale attaque, et l'artillerie commandée par le chef d'escadron Dutemps, par la justesse de son tir. L'infanterie de marine brûlait du désir de prendre une plus grande part à l'affaire, mais on n'eut pas besoin d'engager sérieusement cette bonne réserve. Les miliciens se conduisirent très bien dans la journée du 11.

Le génie, qui avait déjà fait construire les postes avec une rapidité extraordinaire, avait dressé les reconnaissances du pays et assuré le service des puits, très important dans une expédition dans le Cayor. Le détachement du train d'Algérie avait été du plus précieux secours.

Après cette expédition, qui avait coûté si cher au

Cayor, nous espérions qu'on s'en tiendrait là de part et d'autre, et le gouverneur était décidé, d'accord avec la majorité du conseil d'administration de la colonie, à ne plus rien entreprendre contre le pays sans nouvelles provocations de sa part.

Malheureusement cette inaction ne fit qu'enhardir Damel et son parti. Etabli à Ndiakher, qui est à moins de vingt lieues de Gandiole, il proclama qu'il y réunissait son armée pour nous combattre si nous entrions de nouveau dans son pays, et pour venir détruire Gandiole dans le cas contraire. Malgré une forte garnison mise à Gandiole, ces menaces influençaient d'une manière déplorable nos sujets et nos alliés.

Bientôt on apprit que Damel avait fait nettoyer le puits de Guéoul, annonçant qu'il allait s'y rendre avec son armée pour entrer dans le Ndiambour et s'établir à Nguik. Ceci, rapproché des demandes d'alliance faites aux Trarza et d'une petite manifestation séditieuse qui avait eu lieu à Nder, dans le Oualo, en faveur de l'ancien état de choses, et dont un partisan d'Ély avait été le principal promoteur, dénotait une certaine gravité dans la situation.

Aussi notre inaction commençait à paraître dangereuse, et si l'on n'en sortait pas encore, c'était dans la crainte que toutes ces menaces ne fussent pas sérieuses, et par la répugnance qu'on éprouvait à recommencer les ravages par suite de craintes peut-être chimériques. Mais bientôt il n'y eut plus moyen d'hésiter : le 3 avril, jour même où le gouverneur avait été à Gandiole pour avoir des nouvelles du Cayor et ordonner le départ d'un convoi de ravitaillement pour nos nouveaux postes, trois chefs ennemis, Fara-Bir-Keur, Djaraf-Mbaouar et Ardo-Labba, vinrent, par ordre de Damel, avec une soixantaine d'hommes dont quatre cavaliers, enlever un troupeau de Gandiole (cent quatre-vingt-dix bœufs) à une lieue du village, incendier une case, tuer un homme, en blesser un second et en enlever un troisième.

Dès le lendemain 4, au matin, les troupes de la garnison et les trois compagnies de tirailleurs algériens partaient de Saint-Louis avec le gouverneur, prenaient, en passant, la garnison de Gandiole, allaient bivouaquer à Ker la nuit même, et le jour suivant, à 9 heures du matin, on atteignait à Keur-Alimbeng (15 lieues de Saint-Louis) la bande coupable, on lui tuait 16 hommes et on lui faisait 5 prisonniers. En même temps, on pillait et incendiait les villages voisins, depuis longtemps complices des méfaits des tiédo et déjà avertis et menacés plusieurs fois par nous. Les tiédo qui purent s'échapper se sauvèrent vers Guéoul.

La colonne partit la nuit suivante pour ce village où elle arriva vers 10 heures ; on n'y trouva personne : les forces que Damel y avait réunies s'étaient sauvées avec les débris de la bande battue à Keur-Alimbeng. En moins de deux jours, la colonne se trouvait à vingt-trois lieues de Saint-Louis.

C'était donc à nous que servait le puits nettoyé

pour l'armée ennemie. Nous étions dans une excellente position, couvrant le Ndiambour et espérant avoir une affaire décisive avec Damel, puisqu'il était à une demi-journée de marche de nous, à Ndiakher, où il prétendait réunir son armée depuis plus de trois semaines, pour nous combattre quand même. Pour lui donner la partie plus belle encore, le gouverneur envoya nos 1,000 volontaires détruire les villages des environs de Guéoul et la province de Mbaouar, ne gardant avec lui que les troupes au nombre de 1,000 hommes, mais ce fut en vain; nous apprîmes que les chefs des hommes libres du Cayor, Tialao-Demba-Niane, oncle de Damel, Lamane-Diamatil et Diaoudine-Madjior Diagne, avaient déclaré à Damel qu'ils ne voulaient pas nous faire la guerre, et que, par conséquent, celui-ci était réduit à l'impuissance et s'était retiré vers l'est, à Tiaggar.

D'un autre côté, les circonstances ne permettaient pas d'engager la colonne plus avant, pour le moment, les renseignements sur les puits n'étant pas assez certains, non plus que les données sur les distances et la nature du terrain.

Pendant trois jours que nous passâmes à Guéoul, les volontaires firent des prises considérables dans le Mbaouar et aux environs, entre autres plus de 1,000 bœufs et des prisonniers. Ils emportèrent tout leur butin vers Gandiole.

A Guéoul, le puits de quarante mètres de profondeur donnait à peine assez d'eau pour la colonne. Les soldats étaient rationnés et les animaux n'avaient qu'une quantité d'eau tout à fait insuffisante. Tout le monde souffrait de la soif.

Aussi le 8 au soir, on se remit en route pour revenir à Keur-Alimbeng. Au moment du départ, quelques cavaliers s'approchèrent du bivouac, soit qu'ils l'eussent fait avec intention, soit qu'ils nous crussent partis. Quand ils se trouvèrent près d'une de nos grand'gardes, ils tirèrent deux ou trois coups de fusil. Les spahis leur donnèrent la chasse et ramenèrent un de leurs chevaux.

La colonne arriva à deux heures du matin à Keur-Alimbeng, bien fatiguée, mais surtout souffrant horriblement de la soif. On s'y reposa le lendemain ayant encore quelque espoir d'y voir l'ennemi, à qui on y avait donné rendez-vous par un prisonnier renvoyé la veille. Mais on ne vit rien et on revint le jour suivant à Ker. Une partie des troupes retourna ensuite à Saint-Louis et à Gandiole, et la construction d'un poste à Potou, à cinq lieues en avant de Gandiole, fut commencée immédiatement.

Les renseignements venus postérieurement du Cayor nous annonçaient que la discorde était parmi les chefs de ce pays. Damel reprocha aux chefs des hommes libres de ne pas défendre leur pays. Ceux-ci reprochèrent à Damel de ne pas se mettre à leur tête, de même que le gouverneur marchait toujours à la tête de sa colonne. Damel répondit que ce n'était pas l'usage, que les rois de Cayor devaient toujours être loin du champ de bataille et que, s'ils lui disaient de marcher à leur tête, c'était tête d'une colonne d'environ 1,200 hommes dont 100 de milice mobile.

Elle était composée ainsi qu'il suit :

L'infanterie, commandée par le chef de bataillon Mayer, les tirailleurs, par le capitaine Ringot ; l'artillerie, par le capitaine Allier ; le génie, par le capitaine Lorans ; M. Liautaud était commissaire d'armée ; M. Barthélemy-Benoît, chef d'ambulance, et M. Flize, chargé des affaires indigènes.

Partie de Gandiole le 24 mai, la colonne passa par Potou, Dianaour, Diokoul et Ndande où la rejoignit notre candidat Madiodio avec 500 hommes dont une centaine de cavaliers.

Le 28, à neuf heures du matin, le bivouac fut établi à Kouré, à deux kilomètres de Mboul dans la direction de Ntagar, où, d'après les nouvelles, se tenait le damel Macodou et son armée. On se disposa à recevoir l'ennemi qui était annoncé.

En effet, vers neuf heures et demie, des cavaliers vinrent escarmoucher avec les avant-postes. L colonel Faron donna l'ordre de tirer très peu pou ménager les munitions, pour encourager l'ennem dans ses attaques et amener Macodou à déploye toutes ses forces.

Vers dix heures et demie, l'ennemi devenant d plus en plus nombreux, le colonel Faron prit de dispositions pour le repousser définitivement. I donna l'ordre à l'escadron de spahis de monter cheval et se porta de sa personne à la grand'gard du capitaine Villain où se trouvait aussi le capitain d'artillerie Allier ; il fit sortir des faces du cam deux colonnes d'attaque de trois pelotons chacune ; l'une de tirailleurs, capitaine Ringot, et l'autre du 4ᵉ de marine, capitaine Millet. Ces deux colonnes devaient être suivies de l'escadron et des deux pièces rayées qui se trouvaient déjà aux avant-postes.

Les pelotons devaient se déployer devant l'ennemi, s'engager avec lui pour préparer aux spahis l'occasion d'une charge enveloppante ; mais, l'élan de nos soldats fut tel que l'ennemi battit en retraite et échappa à l'action de l'escadron. Il faut dire que la seule vue des spahis et la précision du tir des deux pièces d'avant-postes avaient, dès le principe, influencé l'armée de Macodou.

A trois kilomètres du camp, en plein midi et par une chaleur accablante, le colonel Faron dut renoncer à poursuivre l'ennemi et ramena les troupes au camp. L'ennemi avait éprouvé de grandes pertes, car sur le trajet de nos colonnes on trouva le chemin parsemé de cadavres d'hommes et de chevaux. De notre côté, nous avions neuf hommes hors de combat, tant soldats que volontaires.

Après cette défaite, la désertion se mit dans l'armée de Macodou ; dans la journée, un très grand nombre des siens vint faire acte de soumission et se mettre sous les ordres de Madiodio.

Dans la soirée, on apprit que Macodou n'ayant plus avec lui que son frère et quelques partisans s'était retiré à Diouck (à cinq lieues dans l'est environ). Le 20 mai, la colonne laissa dans une redoute construite à Kouré, ses bagages et ses malades avec deux pièces d'artillerie; le tout, sous les ordres du capitaine Ochin, se mit en marche pour aller à Kantiakh où, d'après de nouveaux renseignements parvenus dans la nuit, s'était refugié Macodou avec le reste de ses forces.

En route, la nouvelle armée de Madiodio s'augmenta d'une soixantaine de cavaliers accompagnant Laman-Diamatil, Guerna-Diambour et Ardo-Laba-Djerri, chefs très importants ralliés à son parti depuis le combat de Kouré.

A peu près à un kilomètre de Kantiakh, l'avant-garde dut s'arrêter pour répondre au feu de l'ennemi qui avait pris position dans un endroit très accidenté et très boisé. Le colonel Faron fit répondre par la section de canons rayés et par les fusées pendant que les troupes se massaient et que l'escadron se formait en colonne, pour charger s'il en avait la possibilité.

L'artillerie suffit pour déloger l'ennemi qui fut vivement poursuivi par l'armée de Madiodio, sans qu'il fût nécessaire, après une marche longue et pénible, à onze heures et demie du matin, d'engager les troupes régulières dans un terrain boisé où il eût été très difficile de diriger et d'arrêter leurs mouvements. La colonne fit halte et s'établit au bivouac abandonné par Macodou, près du puits du village qui fut immédiatement incendié.

Dans cette affaire, Macodou perdit encore bon nombre des siens; trente prisonniers, dont quelques cavaliers, furent faits par les volontaires.

De notre côté, nous eûmes quelques volontaires blessés.

Après ce dernier combat, quoique l'abandon de Macodou fut bien assuré, il importait de ne pas lui laisser la faculté d'un retour offensif, il fallait donc l'obliger à passer la frontière.

A cet effet, il fut convenu que le lendemain matin Madiodio et son armée se mettraient en route pour le poursuivre et que la colonne les accompagnerait jusqu'à Kantar, à douze kilomètres S.-E. de Kantiakh sur la route du Saloum, ce qui eut lieu.

A partir de Kantar, la poursuite continua dans la même direction jusqu'à Keur-Mandoumbé, où on apprit que Macodou n'avait osé s'arrêter un peu plus loin que pour faire rafraîchir les quelques chevaux de ses compagnons d'infortune avec lesquels il avait continué sa route vers le Saloum.

En conséquence, le lendemain 22, la colonne revenait à Kouri, et le 23, Madiodio, reconnu Damel par les principaux chefs du Cayor, recevait le manteau d'investiture en prenant envers nous l'engagement d'exécuter fidèlement les conditions du traité du 1ᵉʳ janvier 1861.

Le 24, le colonel Faron laissait Madiodio à Mboul à la tête des affaires de son pays, revenait à Ndande où il passa la journée du 25, envoyant l'escadron avec M. le capitaine Flize à Mboul pour aider le nouveau damel à affermir son autorité et à recevoir la soumission de Beurguet.

Celui-ci et ses gens étaient arrivés dans le Cayor juste pour tomber sur les derrières de l'armée de

Macodou, au moment où elle quittait le pays. Ils déclarèrent lui avoir fait éprouver des pertes nombreuses et ramenèrent des prisonniers assez importants.

Le 26, la colonne se mettait en route pour rentrer à Saint-Louis par Lompoul et arrivait à Gandiole le 28 dans la journée, sans malade, ayant accompli intégralement la mission dont elle avait été chargée.

Quant à Macodou, il ne trouva pas dans le Saloum le refuge qu'il y cherchait, il en fut repoussé par son propre fils, qui en était roi et craignait de nous déplaire en lui accordant un asile ; il fut également chassé du Baol où on retint prisonniers une partie de ses compagnons.

Les derniers opposants rentrèrent dans le Cayor pour se rallier à Madiodio.

Telle était la situation de cette province lorsque le capitaine de vaisseau Jauréguiberry prit le gouvernement de la colonie, en décembre 1861.

En janvier 1862, Beurguet-Lat-Dior, malgré sa soumission à Madiodio, en présence de nos troupes, ralliait autour de lui d'anciens partisans de sa famille qui ne manquaient pas de lui rappeler souvent les droits que sa naissance lui donnait au titre de chef du Cayor. Il était en effet le onzième descendant de dix anciens damels. Marchant à leur tête, il battit Madiodio dans une rencontre à Coki. Celui-ci vint se réfugier près de notre poste de Lompoul.

Une colonne de 550 hommes, sortie de Saint-Louis le 28 janvier, sous le commandement du gouverneur Jauréguiberry, allait à Mboul rétablir le damel Madiodio.

Devant notre puissante intervention, Lat-Dior et ses partisans déposaient les armes au milieu des chefs réunis et faisaient de nouveaux serments de soumission au gouvernement français et à l'autorité de Madiodio.

Du reste, pour nous permettre de surveiller plus facilement nos intérêts et pour ouvrir au commerce une nouvelle voie de communication avec l'intérieur, le gouverneur conclut avec Damel un traité par lequel ce dernier s'engageait à faire ouvrir entre Ndande et Potou une route de trente mètres de largeur, et à céder à la France, en toute propriété, près du puits de Ndande, un carré de cinq cents mètres de côté pour y construire les établissements jugés nécessaires par l'administration de la colonie (2 février 1862). (Voir les traités, à la fin du volume.)

Dans cette dernière sortie, le gouverneur jugea que Damel n'avait pas toutes les qualités nécessaires à un chef de populations aussi turbulentes. Son manque d'autorité, son intempérance faisaient craindre déjà qu'on ne pût avoir en lui une confiance bien durable. Il montrait un manque d'énergie très préjudiciable à notre influence ; deux de ses chefs venaient encore de lui refuser impunément l'obéissance et l'avaient menacé de l'abandonner bientôt. Ce commencement de rébellion avait pris en mai des proportions assez grandes pour qu'il fût nécessaire de préparer une colonne forte de 600 hommes et soutenue par une réserve de 250 tirailleurs et spahis. Le pays était en même temps prévenu par des circulaires que nous n'interviendrions pas dans le choix d'un damel, mais que nous voulions le maintien des traités et que nous étions résolus au besoin à l'exiger par la force. Privé de notre appui, Madiodio se trouva en présence de tous les partis tiédo qui constituaient la véritable force du pays et qui avaient vu d'un mauvais œil notre intervention, puisqu'elle avait pour but de mettre un terme à leurs pillages. Aussi tous ces mécontents s'empressèrent-ils de rallier Lat-Dior, et quelques jours après ce dernier fut proclamé damel à Mboul et protestait une fois de plus de sa soumission envers les Français.

Madiodio chassé de Mboul se retirait à Ker avec un petit nombre de parents.

Quant à Macodou, rallié à Maba, marabout de la Gambie, il envahissait le Saloum et faisait pressentir des projets sur le Baol.

Lat-Dior, dont le premier devoir était, d'après ses promesses, de protéger les cultivateurs contre les pillages des tiédo, l'oubliait au point que nous fûmes obligés de lui rappeler quelquefois à quelles conditions nous le laisserions sans contrôle gouverner ses sujets. Tenant peu de compte de ces observations, et non content de laisser subsister ce brigandage, dont lui-même recueillait en partie les bénéfices, il noua des intrigues avec quelques chefs de la province du Diander, détachée du Cayor et annexée à la colonie en vertu des traités de 1861, pour provoquer une révolte qui replacerait cette province sous son autorité.

Voici dans quelles circonstances cette révolte fut tentée et comment la répression qui la suivit en arrêta la réussite.

Notre prise de possession du Diander, en 1861, avait eu pour effet de faire cesser les pillages que les tiédo du Cayor commettaient sur les paisibles habitants de cette province et sur les caravanes qui sont obligées de la traverser pour se rendre au comptoir de Rufisque. Ces changements froissèrent naturellement les intérêts de Lat-Dior et de quelques chefs du Diander qui donnaient asile aux tiédo et partageaient avec eux les dépouilles des voyageurs; cependant, deux années s'étaient écoulées sans qu'aucun acte de violence se manifestât, lorsque vers le mois de janvier 1863, Maïssa-Yssa, nommé par le damel Fara de Ndoute, province limitrophe du Diander à l'est, prit possession de son commandement.

Il parut certain que des rapports entretenus par des messagers secrets s'établirent aussitôt entre Fara-Ndoute et les chefs mécontents du Diander, principalement avec Diogo-Maye, chef de Gorom, et que l'un de ces derniers enlevait des bœufs au village de Ndiéguem.

Le commandant supérieur de Gorée infligea une amende aux coupables, qui refusèrent de la payer et même de restituer les objets volés.

Quinze jours auparavant, le commandant de Mbidjem s'était présenté à Gorom pour faire le recensement de la population ; il avait réclamé le concours de Diogo-Maye, celui-ci répondit : « Je suis Diogo-Maye et ne connais point le nom des habitants de mon village. » A Bir-Tialam, les chefs répondirent : « Nous payerons l'impôt si Diogo-Maye le paye. »

Ces faits éveillèrent l'attention du commandant de Mbidjem, qui découvrit peu de jours après que Diogo-Maye avait convoqué, tous ses partisans, pour le 12 février, dans la plaine de Mangol-Fal, pour prendre un parti sur ce qu'il convenait de faire.

Nos espions assistèrent à cette réunion où il fut décidé qu'on exciterait les populations à ne plus reconnaître notre autorité, qu'on résisterait par la force et qu'on inviterait Damel à reprendre possession du Diander.

Le châtiment ne se fit pas longtemps attendre ; le lieutenant-colonel Laprade, commandant de Gorée, partit le 14 mars avec une colonne de 200 hommes. Le 17, au matin, le quartier de Gorom, habité par Diogo-Maye, fut surpris et cerné ; les femmes et les enfants seuls sortirent du village, défense fut faite aux troupes d'engager le combat. Le fils de Diogo-Maye se présenta au commandant de Gorée qui lui demanda son père : « Si le commandant de Gorée veut voir Diogo-Maye, répondit-il fièrement, qu'il entre dans sa case, car il ne sortira pas. » Pendant ce temps, les hommes du village prirent leurs fusils et revêtirent leurs gris-gris ; l'un d'eux s'empara du tamtam de guerre, malgré les représentations du commandant de Gorée, qui voulait à tout prix éviter l'effusion du sang sans renoncer, cependant, à l'arrestation du coupable.

Le chef de Rufisque fut envoyé à Diogo-Maye pour l'engager à sortir, mais il ne put y réussir et courut même de grands dangers. Le chef de Deeny-Dack, qui voulut se présenter en parlementaire dans le village, fut presque assommé par le fils de Diogo-Maye.

Quelques coups de fusil furent à ce moment tirés sur la colonne; tous ces faits démontrèrent la nécessité d'avoir recours aux armes. Ne voulant pas engager nos soldats dans les rues étroites du village, ce qui eût donné trop d'avantage à l'ennemi, le commandant de Gorée ordonna de mettre le feu aux cases et d'attendre les défenseurs à leur sortie ; ils se jetèrent presque tous sur la face occupée par l'artillerie, c'est ce qui explique les pertes sensibles faites par cette arme ; une lutte corps à corps, courte, mais très vive, s'engagea ; les rebelles ne voulurent pas se rendre, ils étaient décidés à sauver Diogo-Maye ou à mourir.

Dans le désordre du combat, quelques-uns percèrent notre ligne ; mais le plus grand nombre succombèrent et parmi ces derniers Diogo-Maye, son fils et ses neveux, qui montrèrent jusqu'au dernier moment un courage digne d'une cause plus juste.

Dans cette opération, nous eûmes un artilleur tué, deux morts des suites de leurs blessures ;

M. le sous-lieutenant d'artillerie Hirtz reçut un coup de feu à la face ; deux autres artilleurs furent blessés légèrement et le capitaine Laberge, commandant l'artillerie de la colonne, eut un cheval tué sous lui. Dans l'infanterie, deux hommes furent grièvement blessés et trois autres légèrement.

Ces pertes sensibles ne furent pas sans compensation ; nous donnâmes au Diander un grand exemple de justice, de bienveillance et de fermeté, car les intrigues de Diogo-Maye, les efforts faits pour épargner ses complices et le châtiment suprême qu'il reçut furent connus et appréciés de toute la population.

Les braves gens en grand nombre furent rassurés et confiants, la minorité factieuse renonça à ses projets.

Pendant que ces événements se passaient dans le Diander, une bande de pillards venue jusqu'à Ker, près de Gandiole, fut surprise par l'escadron de spahis (capitaine Baussin) qui lui reprenait une partie de ses razzias, lui tuait deux hommes et en blessait quatre.

CHAPITRE VII.

EXPÉDITION CONTRE LES SÉRÈRE.

Dans les premiers mois de 1862, les habitants du village de Thiès vinrent renouveler chez les populations voisines de la Tanma, les vols de troupeaux qu'ils avaient tant de fois commis avant que le gouverneur n'accordât au Diander la protection de la France.

A la suite d'une de ces razzias, M. le commandant de Mbidjem envoya son interprète au nommé Dalliton, chef de Thiès, pour l'engager à venir au poste s'expliquer sur ces faits. Plusieurs indigènes du Diander accompagnèrent l'interprète et reconnurent les bœufs qui leur avaient été enlevés dans le troupeau même de Dalliton qui, dès lors, refusa d'obtempérer à l'invitation qui lui était faite. L'interprète voulut employer la force, un conflit s'ensuivit dans lequel nous eûmes 2 hommes et 2 chevaux tués et plusieurs blessés. Indépendamment de ce fait, 3 hommes de Bargny avaient été assassinés peu de jours auparavant sur le territoire de Thiès.

Il était donc indispensable d'infliger aux coupables un châtiment exemplaire, afin de prouver aux populations nouvellement soumises à notre autorité que le règne de la violence était passé, et que si nous exigions d'elles certaines obligations, telle que le paiement de l'impôt, elles pouvaient compter sur notre protection.

Le commandant supérieur de Gorée reçut donc l'ordre de se mettre à la tête des troupes de la garnison, composées comme suit :

80 hommes de l'infanterie de marine, capitaine Chevrel ;

41 tirailleurs sénégalais, sous-lieutenant Gottsmann ;

94 hommes de la compagnie disciplinaire, capitaine Bolot;

11 cavaliers spahis, maréchal des logis Hecquet.

1 obusier, 1 chevalet de fusées;

35 hommes, canonniers et conducteurs;

50 volontaires commandés par M. Bagay, sous-lieutenant d'artillerie de marine.

M. le capitaine de spahis de Négroni remplissait les fonctions de chef d'état-major de la colonne, et M. Gillet, chirurgien, celles de chef d'ambulance.

Les Sérère, en général, ont pour habitude, lorsqu'ils redoutent quelque attaque, de se réfugier dans les bois fourrés qui entourent leurs cultures, avec leurs troupeaux et leurs biens; ils ne laissent à la merci de leurs ennemis que de mauvaises cases en paille qu'ils peuvent rétablir en peu de jours.

Notre entreprise ne pouvait donc avoir d'effet utile que tout autant que nous surprendrions les coupables. Pour y parvenir, le commandant de Gorée fit répandre, en partant de Rufisque, la fausse nouvelle d'une expédition dans le Cayor; il dirigea des vivres sur le poste de Mbidjem, qui est du côté de Gorée notre base d'opération naturelle contre ce pays, et des guides furent retenus dans tous les villages situés sur la route directe de Rufisque à Mbidjem et à Taïba.

Partie le 10 mai, à 5 heures du matin de Rufisque, la colonne arriva à 9 heures à Ngorom et le lendemain elle marcha sur Golam pour y passer la journée du 11, et se préparer à la marche pénible du lendemain.

La position de Golam, sans trop nous éloigner de la route de Thiès, nous plaçait sur une des routes naturelles du Cayor; c'est là ce qui masqua nos projets et fut la principale cause du succès de notre opération.

Le 11, à 11 heures du soir, on se dirigea à tire-d'aile de Golam à Thiès en passant par Sognofil, Pout, Oundia-Khat.

La surprise qu'occasionna notre marche aux habitants de ces villages, qui nous croyaient en plein mouvement sur le Cayor, et les rapports des espions échelonnés jusqu'à Thiès, nous donnèrent l'assurance que nos projets étaient complètement ignorés.

Après six heures d'une marche de nuit exécutée à travers un pays des plus difficiles, nous arrivâmes à l'entrée du plateau déboisé au fond duquel le village de Thiès est situé.

Dès que la tête de la colonne commença à déboucher, elle fut reconnue par quelques bergers qui donnèrent l'alarme. Il n'y avait pas un moment à perdre pour tirer parti de nos avantages.

C'est alors que le commandant supérieur de Gorée lança sous les ordres du capitaine de Négroni les 10 spahis de son escorte, pour tourner le village, et l'attaqua directement avec la section de tirailleurs sénégalais. Mais avant que ces troupes eussent franchi les six cents mètres qui les séparaient des cases, la plus grande partie des habitants s'était jetée dans les bois, abandonnant tous leurs biens.

Quelques-uns furent sabrés par nos spahis ou fusillés par nos tirailleurs. Nous eûmes 2 hommes blessés; le village de Thiès fut immédiatement livré aux flammes et les troupeaux cernés par le reste de la colonne.

Après un repos d'une demi-heure accordé aux troupes, le commandant de Gorée profita du trouble et du désordre de l'ennemi pour faire franchir au troupeau les collines boisées qui séparent Thiès de la Tanma (12 kilomètres.) On le plaça sous la conduite des volontaires, dans un grand carré. La première face, formée par l'infanterie de marine, devait ouvrir la marche et repousser l'ennemi que l'on s'attendait à voir nous disputer la route; sur la droite et sur la gauche, la 3e compagnie disciplinaire était disposée en flanqueurs; les tirailleurs sénégalais formaient l'arrière-garde ou la quatrième face du carré.

A peine étions-nous engagés dans le bois que l'arrière-garde fut vigoureusement attaquée; elle fit bonne contenance. Plusieurs tirailleurs furent blessés ainsi que le cheval du sous-lieutenant Gottsmann qui les commandait; M. le chirurgien de 2e classe Gillet reçut une balle au pied droit en relevant un blessé.

L'ennemi fit aussi plusieurs tentatives sur notre droite et notre gauche, pour forcer la ligne des flanqueurs et semer l'épouvante dans le troupeau qu'il nous eût été impossible dès lors de pouvoir contenir; mais partout, malgré la difficulté des lieux, il fut énergiquement repoussé.

Voyant que le fruit de notre razzia allait lui échapper, l'ennemi faisait ses principaux efforts sur notre arrière-garde et notre flanc droit qu'il serrait de très près. Le commandant de la colonne se porta de ce côté avec une section d'infanterie prise à l'avant-garde et les spahis démontés dont les chevaux aidaient au transport des blessés.

Nous continuâmes ainsi notre route pendant deux heures, franchissant des collines couvertes de broussailles épaisses, à travers lesquelles nos soldats pouvaient à peine se faire jour, et en conservant intact le troupeau qui, par la tenacité avec laquelle l'ennemi nous le disputait, semblait être désigné comme le prix de la victoire.

Nous arrivâmes enfin à un passage plus découvert, un monticule s'élevait au milieu de l'étroite vallée dans laquelle nous étions engagés. Il fut occupé par une demi-section d'infanterie et par notre obusier de montagne. Le commandant de la colonne donna l'ordre à l'arrière-garde de précipiter la retraite pour attirer l'ennemi; dès qu'il parut dans la clairière, il fut accueilli par trois coups à mitraille et par une vive fusillade qui éclaircit sensiblement ses rangs. L'arrière-garde l'assaillit aussitôt et le rejeta dans le fourré; cette action vigoureusement exécutée fut décisive.

Dès ce moment notre marche ne fut plus inquiétée jusqu'au village de Sognofil, où nous arrivâmes le 12, à 10 heures 1/2, après avoir parcouru en douze heures quarante kilomètres à travers des fourrés épais, escortant, sur seize kilomètres, un troupeau de 200 bœufs que nous disputa énergiquement l'ennemi. Cette opération nous coûta un soldat disciplinaire tué, M. le chirurgien de 2ᵉ classe Gillet et 12 soldats blessés, 4 contusionnés. L'ennemi fit des pertes sensibles qu'il nous fut impossible d'évaluer exactement à cause de la nature des lieux où nous avions combattu.

La rude leçon infligée à Thiès fut accueillie avec joie dans toutes les contrées environnantes. Ce village était un asile de pillards qui y réunissaient les troupeaux enlevés à leurs voisins et où personne n'osait tenter de les reprendre. Aussi le succès de notre entreprise produisit-il la plus heureuse impression sur l'esprit des populations.

Le village de Pout était à peu près dans les mêmes conditions, c'était aussi un lieu de rassemblement pour les brigands qui pillaient sans cesse les caravanes venant du Baol. Il fut décidé qu'on installerait un blockaus fortifié sur ce point qui, d'ailleurs, était dans les limites de notre territoire.

C'était en outre placer, à une étape en avant de Rufisque, un centre de ravitaillement pour nos opérations dans ces pays abrupts.

Une petite colonne forte de 200 hommes et deux obusiers fut chargée de cette mission en 1863. Elle était commandée par le chef de bataillon Laprade, commandant supérieur de Gorée; 800 volontaires convoqués par lui s'étaient aussitôt joints à la colonne pour aider au transport du blockhaus.

En quelques jours, on construisit l'enceinte palissadée, on défricha l'emplacement du fort ; enfin la belle route qui s'étend aujourd'hui jusqu'à Thiès fut commencée et poussée à six kilomètres dans l'est.

Les 13 hommes qui composaient la garnison de Pout, s'abandonnant à une confiance aveugle, se laissèrent surprendre et massacrer le 13 juillet 1863.

Pour expliquer une tentative aussi hardie, il est nécessaire de se rappeler que les Diobas vivaient alors dans des fourrés où personne n'osait pénétrer. Habitués au pillage des caravanes, ils ne reculèrent pas devant un coup de main conçu secrètement et facile à exécuter, grâce à la configuration toute spéciale du pays.

Ils s'appuyèrent d'ailleurs, dans cette tentative, sur le concours des villages de Santia-Saffet, Palal et Ouandiakhat, situés sur notre territoire et qu'ils traversèrent pour arriver jusqu'à Pout.

Le 12, au soir, leur projet était arrêté, et le 13, au matin, grâce à la trahison des quatre villages que nous venons de nommer, ils arrivèrent jusqu'à la lisière des bois qui enveloppent la clairière du poste sans éveiller l'attention de la garnison. N'ayant que 150 mètres à parcourir pour arriver sur les palissades, ils franchirent cet espace avant que l'alerte pût être donnée et nos soldats, au nombre de huit, qui se trouvaient dans la baraque, furent impitoyablement égorgés sans défense. Le sergent Collin, chef du poste, n'était qu'à une centaine de mètres de l'enceinte; il reçut même quelques coups de fusil. Dans l'impossibilité de reprendre lui-même son poste, il courut à Sognofil; les habitants de ce village prirent aussitôt les armes et le suivirent à Pout. Ils y trouvèrent tous nos soldats morts, à l'exception d'un seul qui survécut à ses blessures. Le poste était en bon état; mais les vivres, les munitions et les effets des hommes avaient été enlevés.

Dans cette pénible affaire, la trahison des villages Ouandiakhat, Santia-Saffet et Palal avait été flagrante; déjà, d'ailleurs, des soupçons planaient sur l'esprit hostile de leurs habitants qui ne devaient pas tarder à subir un châtiment exemplaire. Une nouvelle garnison plus forte, commandée par M. le sous-lieutenant Cauvin, du 4e régiment d'infanterie de marine, et composée de 26 hommes du même régiment, de 2 canonniers et de 10 tirailleurs, fut mise dans ce poste que les Sérère, enhardis par leurs premiers succès, annonçaient devoir attaquer de nouveau.

En effet, le 30 août 1863, ils vinrent au nombre d'environ 500 hommes se présenter devant le blockhaus, et 150 d'entre eux s'approchèrent et commencèrent l'attaque; mais tout le monde était sur ses gardes, aussi l'ennemi fut-il repoussé après une fusillade qui ne dura pas moins de 25 minutes. Les Sérère-None du Diobas éprouvèrent des pertes assez sérieuses, évaluées à 19 tués et à plus de 20 blessés; de notre côté, un tirailleur et un courrier furent légèrement blessés.

Cette tentative infructueuse leur prouva que leurs efforts sont impuissants contre le moindre de nos postes défendu par une garnison vigilante.

Cependant l'agression du 13 juillet ne pouvait rester impunie ; il fallait en outre ouvrir une route à travers le défilé de Thiès et mettre un terme aux brigandages commis journellement sur l'immense voie de communication existant entre le Baol et notre comptoir de Rufisque. Le plus sûr moyen d'atteindre ce but était de construire à Thiès un poste fortifié.

Le colonel Laprade, chargé de cette mission, partit de Gorée en avril 1864, à la tête d'une colonne composée comme il suit :

Chef d'état-major, capitaine André ;

Artillerie, commandant Alexandre ;

La compagnie du génie, commandant Maritz ;

Compagnie de débarquement, lieutenant de vaisseau Desprez ;

200 hommes d'infanterie, capitaine Questel ;

200 tirailleurs, capitaine Rey ;

La compagnie de disciplinaires, capitaine Bolot.

La principale difficulté de ces opérations consistait dans le passage du défilé de Thiès, couvert sur seize kilomètres de longueur, de rochers et de bois épineux à peine pénétrables, qui séparent sur cinq kilomètres le Diankin du pays des Diobas.

Tous les renseignements qui parvinrent au commandant de la colonne, avant de commencer ses mouvements, indiquaient que c'était ce passage que les Diobas avaient l'intention de nous disputer. Il prit alors les dispositions suivantes : ayant réuni à Pout les baraques et blockhaus destinés au poste de Thiès et un approvisionnement de vivres suffisant pour la durée des opérations, le colonel confia au capitaine Bolot la moitié de ses forces (deux compagnies de tirailleurs, la compagnie disciplinaire et un obusier de montagne); il donna l'ordre à cet officier de se rendre directement de Dakar à Mbidjem pour y rallier 1,500 volontaires du Diander et du Sagnokhor et donner cinq jours de vivres à ses hommes. Le 26, au matin, le capitaine Bolot partait sans bagages, se dirigeant sur Thiès par Diaye-Bop-ou-Tangor, à travers les montagnes abruptes du Ndiankin, de manière à occuper le 26, à 8 heures du soir, le débouché du défilé. Ces ordres, ponctuellement exécutés, surprirent les indigènes, et le 27, à 4 heures du matin, le colonel Laprade quittait Pout avec le reste de ses forces, un grand convoi de vivres et 1,500 volontaires de Dakar, Rufisque et Bargny, portant une partie du baraquement de Thiès.

Il franchit sans coup férir ce passage difficile, où toute résistance était devenue dangereuse pour l'ennemi, puisqu'il aurait eu sur ses derrières le détachement du capitaine Bolot.

La réunion de toute la colonne eut lieu à la sortie du défilé, le 27, à 6 heures du matin. Le colonel Laprade continua sa route sur Thiès et ordonna au capitaine Bolot de se rendre avec son détachement et les volontaires à Pout, pour y prendre le reste du matériel nécessaire à la construction du poste.

Le lendemain 28, tout était réuni à Thiès, et les travaux furent immédiatement entrepris. Grâce à l'activité déployée par tous, officiers, sous-officiers, soldats et volontaires, le 29, au soir, ils étaient assez avancés pour permettre de laisser en toute sûreté nos approvisionnements sous la garde d'une centaine d'hommes; et le 30, à 5 heures du matin, nous marchions sur les Diobas qui, consternés autant par la précision et la rapidité de nos mouvements que par la masse de forces dont nous disposions, avaient renoncé à toute résistance sérieuse.

A 7 heures du matin, le colonel Laprade arriva au centre des villages ennemis, il livra ce pays aux volontaires qui eurent quelques engagements; à Bakak, principalement, il fut obligé de les faire soutenir par les tirailleurs sénégalais et un obusier de montagne. Cette résistance promptement surmontée, les dix villages qui avaient participé au massacre de Pout furent détruits et le 1er mai au soir, la colonne rentrait à Thiès suivie de 3,000 volontaires chargés de butin.

Nous perdîmes 6 volontaires, 20 autres furent blessés.

La question militaire était résolue. Le 2 mai, les troupes de Saint-Louis retournaient dans leur garnison; les compagnies du *Jura* et de l'*Archimède* rentraient à bord.

Le capitaine Bolot resta chargé du soin de protéger, avec les troupes de la garnison de Gorée, l'achèvement des travaux du poste et le déboisement du défilé de Thiès.

Le 15, tous ces travaux étaient terminés et la garnison de Gorée rentrait dans ses quartiers.

Nous avions, dans cette expédition, détruit les villages coupables de trahison, assuré la sécurité des caravanes par la construction du poste de Thiès, et porté à une étape plus en avant le drapeau de la France.

CHAPITRE VIII

AFFAIRES DU FOUTA.

Combat de Mbirboyan. — Les mauvaises dispositions du Fouta central, les troubles continuels suscités par les chefs de ce pays dans les provinces annexées du Toro et du Damga faisaient, depuis longtemps, pressentir le moment où il faudrait agir contre les Toucouleurs, dont les bravades et les insolences, à l'égard de la colonie, ne faisaient qu'augmenter en raison de l'impunité qu'ils croyaient avoir acquise, considérant d'ailleurs les traités passés entre eux et la France comme des engagements sans valeur.

Encouragés par notre modération et leur éloignement du fleuve, excités par d'anciens et fanatiques partisans d'Al-Hadji, cédant aux insinuations des mécontents, qui trouvaient derrière leurs tata un asile assuré, presque tous les villages de cette partie du Fouta, dont les Bosséiabé, sous l'électeur Abdoul-Boubakar, forment la principale fraction, s'étaient réunis à ce dernier, se déclarant ouvertement contre nous.

Une partie du Damga fut pillée; les populations soumises à nos lois furent menacées de destruction, et un chef autrefois désigné par Al-Hadji comme capable de diriger une guerre sainte contre les Français, Alpha-Amadou-Tierno-Demba, fut élu almamy et mis à la tête du mouvement.

Le gouverneur, M. le capitaine de vaisseau Jauréguiberry, ayant demandé à ce chef une satisfaction des outrages dont nos nationaux avaient été les victimes, et la répression des pillages commis sur nos traitants, un message insolent fut la réponse faite à cette démarche.

Il n'y avait plus à hésiter, une certaine fermentation régnait déjà dans le Toro, et sous peine de voir l'incendie s'étendre rapidement, il fallait avoir recours aux armes.

Le gouverneur résolut donc de monter dans le fleuve avec des forces suffisantes pour obtenir réparation des torts dont on avait à se plaindre.

Les avisos à vapeur le *Podor*, l'*Archimède*, le *Grand-Bassam*, le *Serpent*, le *Basilic*, la *Bourrasque* et le *Crocodile* furent chargés de transporter successivement à Saldé, lieu du rendez-vous général, une colonne composée de 300 hommes d'infanterie de marine, commandés par le capitaine Hopfer; 200 tirailleurs sénégalais, sous les ordres du capitaine Ringot; 100 hommes des compagnies de débarquement de la flottille, commandés par M. Ribell, lieutenant de vaisseau; 80 spahis, sous les ordres de M. le capitaine Baussin; 1 batterie d'artillerie de 4 pièces, sous les ordres du capitaine Poète; 25 hommes du génie, sous les ordres du capitaine Lorans; un détachement du train, commandé par M. Derbesy, et 300 volontaires de Saint-Louis, sous les ordres du capitaine Flize, directeur des affaires indigènes. M. Martin, capitaine d'état-major, remplissait auprès de M. le gouverneur, commandant en chef, les fonctions de chef d'état-major; M. de Négroni, celles d'officier d'ordonnance; l'ambulance était dirigée par M. Crouzet, chirurgien de 2e classe de marine, et M. Chassagnol, écrivain du commissariat de la marine, était chargé du service des vivres.

Le 28 juillet 1862, à 8 heures du matin, la flottille appareillait pour le marigot de Saldé. On savait, depuis quelques jours, que c'était dans les villages de Mbolo, placés à 6 milles environ de l'embouchure du marigot de Saldé, que le nouvel almamy, aidé d'Abdoul-Boubakar, concentrait toutes les forces du Fouta. C'est donc devant ces villages que le débarquement dut s'opérer.

Les Toucouleurs avaient couronné la berge d'embuscades garnies de défenseurs, mais un mouvement tournant, exécuté par l'infanterie débarquée un peu plus bas, dégagea la position, et la mise à terre de la colonne entière s'effectua rapidement. Comme il était trop tard pour marcher le même jour en avant, on campa auprès des navires, en se contentant de chasser à coups de canon les groupes qui vinrent inquiéter la colonne.

L'ennemi avait choisi pour champ de bataille la plaine de Mbirboyan, qui sépare les villages de Mbolo du marigot de Saldé, et qui a environ 4,000 mètres d'étendue. Son armée s'était formée en deux corps, dont l'un devait attaquer nos forces de front, et l'autre les tourner à un moment donné. L'almamy commandait en personne ce dernier. Une quantité considérable de tirailleurs embusqués dans les herbes et les broussailles étaient en outre répandus çà et là dans la campagne. Les dispositions de marche ayant été prises, en conséquence de ces renseignements, le corps expéditionnaire s'ébranla le 29 au point du jour, en se dirigeant sur le village de Mbolo-Aly-Sidy situé, par rapport au point de débarquement, à l'extrême droite de la ligne parallèle au marigot que forment les trois villages de Mbolo; il avait à peine marché depuis trois quarts d'heure, que le feu s'engagea à la droite où était déployée une compagnie de tirailleurs, appuyée d'une section d'obusiers. Après une fusillade de quelques instants, l'escadron de spahis fut lancé sur l'ennemi qui l'attendit avec beaucoup de fermeté, mais ne put cependant résister à l'entrain de nos cavaliers et fut poursuivi l'espace de deux kilomètres, laissant plus de 40 cadavres sur la route.

Pendant que cette belle charge avait lieu et que les tirailleurs brûlaient le village de Mbolo-Aly-

Sidy, l'almamy, croyant sans doute nos forces suffisamment occupées par sa colonne de gauche, commença son mouvement sur leurs derrières, se plaçant ainsi entre elles et les bâtiments. Aussitôt, ces derniers prirent part au combat, et quelques obus, lancés à propos par le *Podor*, commandé par le lieutenant de vaisseau Aube, obligèrent l'almamy à se rabattre sur notre flanc gauche. Deux pelotons d'infanterie de marine et les volontaires, appuyés de deux obusiers, furent conduits au-devant de cette nouvelle attaque. Un feu meurtrier engagé à quarante mètres obligea bientôt l'ennemi à battre en retraite. Vivement poursuivis par les volontaires pendant plus d'une demi-heure, et éprouvant encore à grande distance les effets de l'artillerie, les Toucouleurs ne tardèrent pas à être en complète déroute, et le terrain se trouva entièrement dégagé tout autour du champ de bataille.

En même temps qu'avait lieu cette seconde attaque, la compagnie de débarquement brûlait le village de Mbolo-Alcaty.

La colonne ayant pris quelques instants de repos se dirigea alors sur le village de Diaba-Maoundou, capitale de l'almamy, nommé nouvellement. Résignés sans doute à considérer comme définitive une défaite à Mbirboyan, les Toucouleurs n'avaient préparé aucun moyen de défense dans ce grand village, qui fut pris sans coup férir et immédiatement livré aux flammes. Il était abondamment pourvu de vivres et de munitions.

Après avoir campé de 10 heures et demie du

matin à 4 heures du soir, pour laisser passer la forte chaleur du milieu de la journée, la colonne se remit en marche et s'empara d'Oréfondé, capitale des Bosséiabé et ancien séjour d'Al-Hadji, à l'époque où il était maître du Fouta. Ce village et celui d'Oré-Tête furent immédiatement brûlés.

Le lendemain, les troupes furent ramenées à bord des bâtiments, laissant partout des traces durables de leur passage sur les terres de ces Toucouleurs qui s'étaient considérés jusqu'alors invulnérables chez eux.

Les pertes de l'ennemi furent considérables. D'après les renseignements recueillis sur les lieux, 27 chefs, dont 16 tués, avaient été atteints. On compta plus de 60 cadavres sur le champ de bataille.

De notre côté, nous eûmes 7 blessés, dont un, le maréchal des logis de spahis de Serres, succomba le lendemain. Nous perdîmes également le capitaine Grasland, de l'infanterie de marine, qui avait eu l'occasion de se faire remarquer par sa belle conduite, et deux hommes du même corps, foudroyés par des insolations. L'escadron de spahis, entraîné par le capitaine Baussin, avait mérité, sans contredit, les honneurs de la journée.

La rude leçon que venait de subir le Fouta fut cependant insuffisante, et ses bandes réorganisées vinrent bientôt troubler de nouveau le repos de la colonie.

Combat de Loumbel. — Dans le courant du mois de septembre suivant, une armée de Toucouleurs, sous les ordres de l'almamy Alpha-Amadou-Tierno-Demba, composée des bandes un moment battues et dispersées à Mbirboyan, qu'étaient venus grossir les rebelles du Toro, soulevés contre l'autorité de la France, et les mécontents de la province du Dimar où la fermentation commençait à se manifester, osa s'avancer jusqu'au village de Bokol, situé à peu de distance du comptoir fortifié de Dagana.

Pleins de confiance dans une saison qu'ils savaient mortelle pour les troupes blanches en mouvement, dans leur nombre, qu'ils voyaient augmenté par la révolte du Toro, enfin, dans l'état d'agitation que leurs émissaires développaient chaque jour davantage dans les villages restés fidèles, les chefs de mouvement se promettaient d'avoir facilement raison des résistances que pouvaient leur opposer les derniers partisans de l'influence française.

Il devenait urgent d'arrêter les progrès de la révolte, et de repousser immédiatement une invasion menaçante pour les intérêts de notre commerce, alors sans défense dans cette partie du fleuve voisine de Saint-Louis, et même pour notre influence sur le Oualo et les Maures de la rive droite.

Les troupes furent aussitôt assemblées sur les avisos disponibles, et le gouverneur se porta à leur tête, au-devant de l'almamy; la rencontre eut lieu dans la soirée du 22 septembre 1862, à la suite d'une marche sous un soleil meurtrier. Après une heure d'engagement dans la plaine de Loumbel, l'armée ennemie fut mise dans une déroute complète.

L'almany profita de la nuit pour se soustraire à un plus grand désastre, et échapper à une poursuite que la saison empêchait de prolonger par terre. Il ne s'arrêta découragé qu'à 22 lieues du champ de bataille sur lequel il avait abandonné ses morts, ses blessés, et une partie de ses approvisionnements. Les troupeaux qui avaient été enlevés dans le Dimar furent presque tous repris, et cette province rentra dans la soumission.

Nous avions payé cher ce nouveau succès ; plusieurs de nos soldats avaient été victimes des insolations sur le champ de bataille même, et la colonne, rentrée à Saint-Louis, expia, par des fièvres violentes, la gloire qu'on ne peut acquérir pendant l'hivernage, sans compter avec de cruelles maladies bien plus meurtrières que le feu de l'ennemi.

Une flottille, composée de trois bâtiments à vapeur, et portant une petite colonne, poursuivit, dans les marigots de Doué et de Balel, les groupes de fuyards, en essayant de les rejoindre sur tous les points où l'inondation permit de débarquer.

Cette flottille enleva ou détruisit les villages rebelles qu'il fut possible par terre d'approcher ; elle canonna ceux qui se trouvaient séparés du fleuve par des plaines inondées.

A Gamadj et à Tioubalel-Counta les ennemis essayèrent vainement de s'opposer au débarquement des troupes ; ils furent mis en fuite, après avoir éprouvé des pertes très sensibles. Malheureusement la baisse des eaux empêcha les bâtiments d'approcher à portée de canon d'Odégui et de Kobilo, où tout débarquement était impossible par suite de la nature marécageuse du terrain.

Malgré ces défaites répétées, l'ennemi ne se découragea pas, et employa le reste de l'hivernage à se préparer pour une nouvelle campagne, énergiquement décidé à entraver notre commerce qui, pour descendre de Bakel, était obligé de passer sous le feu des villages ennemis. Il fut donc résolu qu'une grande expédition, devenue indispensable, irait, aussitôt que la saison le permettrait, châtier les coupables au cœur même des forêts réputées inaccessibles où ils s'étaient retranchés et où ils nous attendaient, disaient-ils, pour détruire à jamais notre influence dans le fleuve.

Expédition du Fouta. — La révolte du Toro était devenue générale. Seuls, quelques villages autour du fort de Podor, restaient encore fidèles; le Lam-Toro, nommé par le gouverneur, avait été chassé et remplacé par un jeune homme, Samba-Oumané, connu pour ses sentiments hostiles à l'influence française; Ardo-Isma et Ardo-Ély, chefs des Pouls qui habitent l'île à Morphil et la rive gauche du marigot de Doué, s'étaient immédiatement ralliés à la révolte des Toucouleurs. Abdoul-Boubakar, électeur des Bosséiabé, jeune fanatique plein d'ardeur, était l'âme de cette ligue à laquelle la tribu maure des Ouled-Eyba était venue ajouter ses contingents dans l'espoir de piller aussi bien ses alliés que l'ennemi lui-même. L'almamy ne conservait qu'un semblant d'autorité parmi tous les chefs qui composaient son conseil, et qui, en réalité, conduisaient la révolte.

Le bruit s'était faussement répandu qu'Al-Hadji devait quitter le Macina, et se diriger sur le Sénégal, pour en chasser les Français, à la tête de ses vieilles bandes.

Les Maures observaient ce mouvement général, prêts à tomber sur le vaincu, mais surtout impatients de se voir autorisés à passer sur la rive gauche, objet constant de leur convoitise, d'abord peut-être comme auxiliaires, mais bientôt comme ennemis.

Tant de sang a coulé pour refouler ces hordes meurtrières dans les plaines dont il leur est aujourd'hui défendu de sortir, qu'il eût été désastreux de renoncer, pour l'intérêt du moment, à une politique traditionnelle qui est la base de la sécurité et du développement de la colonie; aucun appel ne fut heureusement fait à leurs contingents de pillards.

La situation était une des plus fâcheuses qu'eût traversées la colonie. Le commerce au-dessus de Podor se trouvait absolument interrompu; un convoi de bateaux du commerce, descendant de Bakel chargé de produits, était bloqué entre les Ouled-Eyba et les Toucouleurs, au-dessus du village de Gaoul, retenu par la baisse rapide des eaux sur le barrage d'Orénata qu'il n'avait pu dépasser pour venir se mettre en sûreté sous la tour de Saldé.

Il fallait attendre, pour conduire une colonne dans le Fouta, que les terrains qui avaient été couverts par l'inondation fussent suffisamment desséchés et raffermis. Il y avait, d'un autre côté, à craindre que les eaux du fleuve, devenues trop basses, rendissent trop laborieux le passage des chalands destinés à porter les approvisionnements du corps expéditionnaire.

Dés le mois de décembre 1862, le gouverneur, M. le capitaine de vaisseau Jauréguiberry, donna des ordres à tous les chefs de corps afin que chacun d'eux organisât, pour le 8 janvier suivant, tout son personnel disponible, et préparât le matériel nécessaire pour une absence de 45 jours.

Douze cents hommes de toutes armes de la garnison et des troupes d'artillerie et d'infanterie de marine, que la frégate l'*Iphigénie* venait d'amener à Saint-Louis, composèrent le corps d'expédition. M. le lieutenant-colonel Faron commandait les tirailleurs sénégalais ; les troupes d'infanterie de marine étaient sous les ordres du chef de bataillon de Barolet ; le capitaine d'artillerie Poète commandait son arme ; à la tête de la cavalerie était le capitaine Baussin ; M. Bel, chirurgien de 1re classe de la marine, dirigeait le service de l'ambulance ; M. le lieutenant d'artillerie Derbesy conduisait le train ; le capitaine du génie Lorans, devait, chemin faisant, faire le levé des terrains parcourus par la colonne ; le gouverneur, ayant pour aides de camp le lieutenant de vaisseau Ribell, le capitaine d'état-major Martin, et le capitaine de spahis de Négroni, prit le commandement supérieur du corps expéditionnaire.

Les contingents de volontaires indigènes de Saint-Louis, du Cayor, la plupart à cheval, et les Poul, nos précieux auxiliaires dans ces sortes d'expéditions, portèrent à plus de 1,600 le nombre de bouches à nourrir pendant toute la campagne.

Pour le transport de 140 tonneaux de vivres et de munitions nécessaires à ce petit corps d'armée, il fallut créer une flottille de charge, en s'adressant aux moyens du commerce auquel on loua 18 chalands de 6 à 14 tonneaux; cette flottille fut complétée à l'aide des ressources de l'arsenal, en chaloupes et en canots légers; enfin, cinq chalands du commerce furent autorisés à suivre le convoi pour aller à Orénata décharger les bâtiments retenus devant ce barrage. Deux cents hommes composaient le personnel de cette flottille, la plupart laptots détachés des avisos de la station locale, et 60 marins débarqués de la frégate l'*Iphigénie* devaient lui servir d'escorte et garder les rives du fleuve pendant sa navigation accidentée.

Le gouverneur chargea M. le capitaine de frégate Vallon de l'organisation et du commandement de ce convoi, qui devait se trouver souvent séparé de la colonne, et plaça sous ses ordres le lieutenant de vaisseau Régnault et l'enseigne de vaisseau Bernard, commandant la compagnie de débarquement de l'*Iphigénie*.

Un chaland spacieux, installé en ambulance, monté par M. O'Neill, chirurgien de marine, devait recevoir les blessés et les hommes gravement malades ; un second chaland portait un four de campagne.

L'expédition quitta Saint-Louis le 12 janvier 1863 pour se rendre, à l'aide des avisos de la station locale, dans le marigot de Doué. Le capitaine d'artillerie Mailhetard, commandant l'arrondissement de Podor, avait reçu l'ordre de se trouver le 14 au village de Guédé, avec les troupes placées sous ses ordres, depuis que la garnison de Podor avait été augmentée.

Les grands navires ne purent remonter au delà de Diaouara, où s'effectua le débarquement. Les canonnières à hélice la *Bourrasque*, la *Couleuvrine*, les avisos à roues le *Basilic* et le *Serpent* suivirent la colonne jusqu'à Lérabé ; ces deux derniers purent même atteindre le village d'Édy.

En arrivant à Guédé, le corps expéditionnaire fut partagé en 2 colonnes, l'une comprenant 450 hommes de troupes régulières, empruntées aux diverses armes, devait remonter, sous la direction de M. le lieutenant-colonel Faron, la rive droite du marigot de Doué ; l'autre, sous le commandement direct du gouverneur, était destinée à agir sur la rive gauche ; la flottille marchait entre les deux colonnes.

Cette combinaison permettait de visiter tous les villages du Toro, en ôtant à l'ennemi la possibilité de se réfugier sur le côté opposé.

On se mit en marche dans la soirée du 15. Au début, aucun adversaire ne se montra, tout fuyait devant les colonnes ; mais le 16, dans l'après-midi, peu après avoir quitté N'dioum, le colonel Faron fut vivement attaqué dans un ravin entouré de fourrés très épais. Au bout d'une heure de combat, il était maître du passage et l'ennemi avait disparu, mais non sans infliger à cette colonne quelques pertes en tués et en blessés.

Le 17, la marche fut continuée sur Édy et Touldégal, et, vers six heures et demie du matin, le gouverneur se trouva en présence de l'armée ennemie qui l'attendait dans la ceinture de forêts, connue dans le pays sous le nom de Tata (rempart) de l'almamy, et réputée inexpugnable. Les alliés avaient annoncé leur intention de défendre à outrance le magnifique village de Touldégal, et toutes les mesures étaient prises pour une attaque vigoureuse.

L'action commença immédiatement ; à sept heures quarante minutes l'ennemi, complètement battu, fuyait de toutes parts, et les colonnes entraient dans les grands villages d'Édy et de Touldégal où, d'après les marabouts, les blancs ne devaient jamais pouvoir pénétrer.

La journée du 18 fut employée à raser ces deux villages et à pousser des reconnaissances dans les environs. Des forêts impénétrables, des mares d'eau, des obstacles naturels de tout genre ne permettaient plus d'opérer sur la rive droite ; le gouverneur rappela près de lui le colonel Faron, et le capitaine Mailhetard reçut l'ordre de reconduire à Podor les troupes destinées à surveiller les mouvements des Maures pendant l'absence du corps expéditionnaire.

Le *Serpent* et le *Basilic* furent chargés de transporter à Saint-Louis les blessés, les malades, les hommes reconnus hors d'état de supporter les fatigues de l'expédition, et le 19 on se mit en marche sur Aéré, dernier village de la frontière du Toro.

La flottille de convoi, réduite à ses moyens de locomotion, devait rejoindre la colonne au village de Médina.

Pour se rendre compte des difficultés qu'avait à vaincre sa navigation, il faut jeter un coup d'œil sur l'aspect que présente, au mois de janvier, le Sénégal dont les eaux baissent jusqu'à la fin d'avril.

Le fleuve, à cette époque de l'année, se compose d'une succession de bassins sans courant sensible, profonds de 2 à 6 mètres, et séparés les uns des autres par des bancs de sable ou de roches qui se croisent d'une rive à l'autre. Ces bancs ne laissent à la navigation qu'un passage étroit et sinueux où le courant reprend une vitesse qui varie de 2 à 6 kilomètres à l'heure, et atteint jusqu'à 7 ou 8 kilomètres, comme au barrage de Navadji, au-dessous du village de Bodé. Il fallut les efforts des volontaires de la colonne expéditionnaire elle-même pour faire franchir ce rapide à la flottille. — Soit en montant, soit en descendant, le courant nuit à la marche d'un convoi ; lorsqu'on le refoule, il lance avec force les chalands contre le banc où ils s'échouent, ou contre la berge escarpée où ils s'écrasent les flancs ; il s'oppose en outre à leur marche. En descendant, son inconvénient dangereux est de porter sur un chaland échoué en tête du convoi tous ceux qui le suivent dans l'étroit canal, et de former sur ce point une agglomération où l'ordre ne se remet qu'avec une peine extrême. Une attaque de l'ennemi dans un pareil moment jette, parmi les travailleurs désarmés et surpris une confusion facile à comprendre. Il importe cependant moins de courir aux armes que de se tirer d'un passage dominé par des berges de 20 à 30 pieds d'élévation. Par temps calme, à l'aviron, le convoi, dans les meilleures conditions, peut avancer de 3 à 4 kilomètres à l'heure ; dès que le vent est contraire, l'aviron devient impuissant sur de lourdes et imparfaites machines chargées de monde et de colis, il faut avoir recours à la cordelle. On ne peut se traîner à la cordelle que lorsque les berges sont dégagées d'arbustes et que l'eau, à quelques mètres de la rive, est assez profonde pour que le chaland passe facilement sur les troncs d'arbre dont le lit du fleuve est parsemé, autrement l'embarcation se défonce et cet accident oblige à la décharger, à la tirer à terre, et à retarder pour la réparer la marche de tout le convoi. Dès qu'un obstacle se présente sur une rive, il faut traverser le fleuve et reprendre la cordelle de l'autre côté. Dans certains endroits, la navigation n'a d'autres ressources que les perches de fond à l'aide desquelles on se pousse péniblement pendant plusieurs heures jusqu'au point où il redevient possible de débarquer. Pendant tous ces mouvements, il faut aussi défendre les deux rives contre les embuscades d'ennemis isolés qui ne se découvrent que pour tirailler sans danger sur l'arrière-garde.

Le gouverneur parcourut, sans se presser, sans éprouver de résistance, et en détruisant sur son passage les centres de population dont on avait à se plaindre, les provinces du Lao et des Irlabés ; à peu près chaque soir, jusqu'à l'ancien champ de bataille de Mbirboyan, le camp était dressé sur la rive du marigot, où s'opérait la jonction avec la flottille qui ravitaillait la colonne et recevait les malades et les hommes incapables de continuer la route à pied.

De Mbirboyan à Matam, la colonne traversa les provinces des Ébiabé, des Bosséiabé, en un mot le Fouta central tout entier, en continuant à marquer son passage de manière à en imprimer profondément le souvenir chez ses orgueilleux adversaires dispersés devant elle.

Pendant cette marche, quelques individus, se prétendant envoyés par les chefs, vinrent demander quelles seraient les conditions de la paix ? Le gouverneur leur répondit : « Je n'exigerai ni concession de territoire, ni redevance permanente, ni contribution de guerre ; je veux tout simplement un traité sincère établissant de bonnes relations d'amitié, protégeant le commerce et garantissant à tous, Français ou indigènes, une sécurité loyale et complète. » Ces propositions modérées ne purent engager aucun personnage jouissant réellement de quelque autorité à se montrer lui-même pour entrer en négociation. Un traité avec le Fouta ne pouvait être considéré comme valable que signé, non par l'almamy seul, au nom de qui on se présentait, mais par tous les chefs électeurs.

Le corps expéditionnaire pénétra le 29 dans le Damga par le village de Bokidiabé et, le 31, il arriva à Matam, où il ne tarda pas à être rejoint par la petite colonne de M. le chef de bataillon de Pineau. commandant de l'arrondissement de Bakel, à qui ce rendez-vous avait été assigné par le gouverneur.

Le convoi de chalands ne put atteindre Matam que le 2 février, époque extrême convenue pour son arrivée, qu'avaient retardée quelques causes particulières.

Le gouverneur avait jugé nécessaire, en se séparant pour plusieurs jours de la flottille à Mbirboyan, d'augmenter son escorte de marins d'un peloton de 50 hommes d'infanterie de marine. L'événement justifia cette précaution. Il était naturel que l'ennemi, se dérobant devant la colonne, songeât à se reformer derrière elle pour essayer de combattre un adversaire beaucoup plus faible.

La plus grande modération avait été recommandée au commandant de la flottille ; son devoir était d'arriver à une époque fixée, afin de renouveler les vivres et les munitions du corps expéditionnaire, sans permettre sur sa route aucun acte hostile propre à attirer des représailles, et à retarder la marche des chalands.

Malgré toute la prudence que lui imposaient les circonstances, il lui devenait impossible, le 28 janvier, de laisser impunies trois agressions successives devant les villages bosséiabé de Thiaski, Ndiafan et Sentch-ou-Bou-Maka dépendant d'Oréfondé; un capitaine de rivière venait d'être blessé sans provocation pendant la halte du dîner devant Thiaski; les marins de l'avant-garde avaient été accueillis à coups de fusil à l'approche de Ndiafan, et la flottille commençait à peine à atteindre le dernier village que l'arrière-garde était assaillie à son tour.

Le commandant Vallon fit masser le convoi, et donna l'ordre de débarquer et de riposter sur les deux rives; quittant leurs avirons avec joie, les laptots s'élancèrent sur leurs agresseurs qui furent bientôt repoussés dans la plaine, abandonnant sept morts sur le terrain; le feu fut aussitôt mis à leurs villages. Cet acte produisit l'effet qui en était attendu, en prouvant que la flottille était en état de se défendre contre un ennemi nombreux, et les Toucouleurs n'osèrent plus l'observer que de loin sans l'inquiéter sérieusement jusqu'à Matam.

Le convoi marchand, retenu à Orénata, avait été ravitaillé chemin faisant, et deux chalands, trop lourds pour s'avancer au delà, avaient été laissés sous bonne garde à ce mouillage, choisi avec discernement par les laptots qui s'y défendaient avec succès depuis près de deux mois.

M. de Pineau ayant annoncé au gouverneur qu'Al-Hadji n'avait pas quitté le Macina et ne manifestait plus l'intention de se diriger sur le Sénégal, il devenait inutile de pousser l'expédition au delà de Matam.

Les troupes commençaient d'ailleurs à être fatiguées ; le nombre des malades grossissait, et l'on était instruit que les Toucouleurs d'Abdoul-Boubakar, réunis aux Ouled-Eyba, tribu maure qui ne reconnaît aucune autorité, voulaient profiter de l'affaiblissement de nos soldats pour essayer de les combattre ; ils se vantaient d'ailleurs d'avoir laissé au climat le soin de leur enlever la première ardeur pour en triompher plus facilement pendant le retour.

Le gouverneur se décida à revenir sur ses pas en parcourant cette fois les villages des bords du fleuve ; et le 4 février, après avoir renforcé la colonne de M. de Pineau, par suite, la garnison de Bakel, d'un peloton d'infanterie de marine, il prit la route de Gaoul, capitale du Damga.

Plusieurs villages furent détruits le long du fleuve, mais l'ennemi ne voulait pas encore se montrer.

Le 7, la colonne expéditionnaire venait de quitter Gaoul, et de s'engager dans un bois qui sépare ce village des plaines inondées pendant l'hivernage, quand, au point du jour, elle fut vivement attaquée sur les deux flancs et par derrière. L'ennemi, employant une tactique habile, avait, sans se découvrir, laissé passer la tête de la colonne ; mais l'arrière-garde, où se trouvaient les volontaires indigènes et le troupeau, couverte seulement par le peloton d'infanterie de marine du lieutenant Masclary, fut bientôt enveloppée; il en résulta une mêlée confuse où Toucouleurs et auxiliaires ne parvenaient plus à se reconnaître au milieu des bonds et des mugissements de plusieurs centaines de bœufs. Les tirailleurs ayant repoussé l'attaque sur les flancs de la colonne, celle-ci se dégagea sans trop de difficultés, et gagna une plaine voisine d'où le bois fut balayé à coups de canon; le bataillon du 4e régiment de marine, commandant de Barolet, fut ensuite lancé contre les Toucouleurs, qu'il chassa devant lui en leur faisant éprouver des pertes considérables; il ramena du bois quelques traînards auxiliaires, chargés du butin de la campagne, qui n'avaient trouvé, dans le premier moment, d'autres ressources que de se disperser dans l'obscurité au milieu des ennemis. Le lieutenant Masclary et la poignée d'hommes qui l'environnaient au moment de l'attaque, avaient glorieusement payé de leur vie une héroïque résistance au milieu d'un cercle d'ennemis à travers lequel ils n'avaient pu se frayer un passage.

Les Ouled-Eyba s'étaient montrés parmi les agresseurs.

Après trois heures de combat, de poursuites, dans lesquelles la cavalerie s'empara de plusieurs prisonniers, ou d'attente sur le champ de bataille, assuré de la défaite de l'ennemi, le gouverneur se rendit au village de Rindiao (rive gauche), où la flottille qui n'avait pas été attaquée arriva quelques heures plus tard.

Le lendemain, quelques centaines de Toucouleurs se montrèrent dans la plaine; le gouverneur, laissant le camp à la garde du commandant de la flottille, se porta au-devant d'eux et les poursuivit jusqu'à une grande distance où ils ne tardèrent pas à disparaître. A dater de ce jour l'ennemi ne se montra plus que rarement au corps d'expédition principal et par groupes isolés, ou pour venir la nuit tirer quelques coups de fusil sur les grand'gardes, en essayant de provoquer la fuite du troupeau.

La journée du 9 fut employée à détruire, en les traversant, les villages qu'avait déjà en partie incendiés la flottille dix jours auparavant, et le camp fut porté à Diourbiouol d'où la colonne, laissant le fleuve à droite, devait marcher directement sur l'ancien bivouac de Galaga.

Le nombre de blessés et surtout de malades devenait embarassant pour la flottille dont il retardait les évolutions; il était également nécessaire de prévenir la colonie de l'époque précise du retour du corps expéditionnaire à Diaouara, où devaient l'attendre les avisos de la station locale; ces motifs décidèrent le gouverneur à détacher en avant trois chalands armés plus légèrement et porteurs des blessés et des malades les plus affaiblis.

Le lieutenant de vaisseau Régnault, ayant sous ses ordres M. Lelarge, chirurgien de 3e classe de la frégate l'*Iphigénie*, fut choisi pour conduire ce convoi à Podor, en suivant le grand bras du fleuve.

Jusqu'à Saldé, cet officier ne rencontra pas d'obstacles à sa marche. Mais le 11 février, arrêté par le passage peu profond de Fondé-Éliman, il se vit assailli, près du village de Tioubalel, des deux rives du fleuve, par des forces considérables.

L'ennemi qui se croyait assuré de sa capture, entrant dans le lit du fleuve, venait insulter le petit nombre des défenseurs du convoi, éloignés de tout secours, et l'eût facilement égorgé sans l'hésitation d'un chef plus prudent qui craignait pour ses villages voisins du fort de Saldé. Tout échange de coups de fusil dans un pareil moment, entraînait la perte des chalands, et le massacre de leur équipage ; il fallait essayer au contraire de gagner du temps et de prévenir le gouverneur ; quelques laptots se dévouèrent pendant la nuit, et l'un d'eux fut assez heureux pour échapper à l'étroite surveillance de l'ennemi, et apporter au camp de Gouy, devant Pété, la nouvelle de cette fâcheuse situation.

Le lieutenant-colonel Faron fut aussitôt chargé de traverser l'île à Morphil, avec une colonne légère, et d'aller dégager M. Régnault. Cette ordre fut aussi promptement que rigoureusement exécuté le lendemain ; quoique laissé libre de ne pas continuer sa route s'il la jugeait impraticable, doué d'une rare énergie, le lieutenant de vaisseau Régnault, ayant obtenu du colonel un renfort composé de quelques tirailleurs d'élite, poursuivit sa mission périlleuse, entre les berges du fleuve couronnées d'ennemis, desquels il n'avait plus cette fois rien à craindre ; les Toucouleurs, l'accompagnant à coups de fusil jusqu'au delà du village d'Aleïbé, criblèrent de balles les chalands et les objets de tout genre dont leurs braves défenseurs, parmi lesquels plusieurs furent atteints, s'étaient fait un abri provisoire.

Au retour du colonel Faron, la colonne se remit en marche et, après quelques alertes de nuit, toujours causées par le désir qu'avait l'ennemi de reprendre les troupeaux enlevés dans ses villages, elle atteignit, le 20 février, Diaouara où l'attendaient ses moyens de transport.

Le retour de la flottille ne fut pas aussi paisible.

Le nombre des blessés et des malades qu'elle transportait s'était peu à peu élevé à cent quarante ; un tiers des marins de l'*Iphigénie*, exténués de fatigue ou en proie aux fièvres, ne pouvait plus rendre aucun service ; des étapes de 12 à 14 heures par jour, et quelquefois de plus de 30 kilomètres en comptant les sinuosités du fleuve, imposaient à cette faible escorte des marches extrêmement pénibles le long des berges sur lesquelles il n'existe aucun sentier, et en présence d'un ennemi toujours prêt à tirailler sur les retardataires.

Le 17, à sept heures du matin, trois chalands d'arrière-garde s'échouèrent au passage d'Aram où l'eau avait baissé, depuis un mois, de 40 à 50 centimètres. L'ennemi en profita pour attaquer les travailleurs qui, sans armes, n'eurent d'autre ressource au premier coup de feu, que de plonger pour s'abriter derrière leurs chalands. C'était ces mêmes Poul et Toucouleurs, irrités de la perte de leurs troupeaux et de la destruction de leurs villages, qui avaient assailli, de l'autre côté de l'île à Morphil, les chalands de M. Régnault, et dont les cris et les imprécations poursuivaient le convoi depuis son départ d'Aram, que la colonne venait d'incendier après y avoir passé la nuit.

Le commandant de la flottille arrêta l'avant-garde qu'il ramena en arrière contre la berge à pic qui lui servit d'abri momentané, et fit sauter à terre tous les hommes armés, même les malades capables de tenir un fusil; l'ennemi était assez nombreux pour envelopper l'espace occupé par toute la flottille, mais il n'était heureusement maître que de la rive droite du fleuve.

Cachés par un rideau peu épais de hautes herbes, les assaillants trahissaient cependant de l'indécision par des cris de mutuel encouragement, et, sans oser avancer davantage tiraient précipitamment et au hasard du côté du fleuve. Ils se montraient à découvert devant le groupe de chalands d'abord attaqué et dégarni de défenseurs.

L'escorte d'arrière-garde avait dû se replier promptement pour ne pas être enveloppée, et quelques moments furent nécessaires pour organiser la défense sur une ligne d'une étendue de 500 à 600 mètres. Lorsque tout fut prêt, une décharge générale à travers les herbes, suivie de l'escalade du talus, jeta le désordre au milieu des ennemis, qui s'enfuirent en traînant après eux plusieurs blessés. Quelques coups d'un obusier rayé, mis en batterie sur la berge, dispersèrent des groupes considérables qui, se croyant hors de portée, paraissaient se consulter pour une nouvelle attaque ; répandus dans les bois, ils n'osèrent se remontrer que de loin en loin.

La marche du convoi fut reprise très lentement, et, jusqu'au camp d'Aéré, tous les hommes valides tiraillèrent le long des fourrés ou devant les villages d'où partaient des coups de fusil, mais que l'obligation de rejoindre la colonne le soir même pour prendre des vivres empêcha de détruire.

Le gouverneur, ayant reconnu l'affaiblissement du personnel de la flottille et l'insuffisance de ses moyens de défense contre une nouvelle attaque, lui donna, en quittant Aéré, une escorte de deux pelotons d'infanterie, et sa navigation s'acheva, sans trop de difficultés jusqu'à Diaouara où le commandant, arrivant quelques heures après le gouverneur, trouva des ordres pour embarquer les dernières troupes sur les avisos laissés à sa disposition, et pour ramener à Saint-Louis le reste des forces expéditionnaires, qui étaient toutes rentrées dans cette ville le 23 février, après quarante et un jours d'absence.

Tous les corps appelés à faire partie de cette longue expédition avaient déployé, au plus haut degré, les qualités qui leur sont particulières ; l'important service des nombreux malades et des blessés, dirigé par MM. les chirurgiens de marine Bel et O'Neil, avait été conduit avec un dévouement qui sauva bien des existences. On comptait 20 tués devant l'ennemi, dont un officier et 13 volontaires ; 55 blessés parmi lesquels 16 volontaires et 9 laptots ; enfin 21 hommes étaient morts de fatigue ou de maladies diverses, et 46 entrèrent successivement à l'hôpital dans les premiers jours du retour à Saint-Louis.

Les résultats politiques de cette campagne ne pouvaient pas se faire longtemps attendre. Les habitants du Toro comptèrent leurs pertes qui étaient énormes ; ils pesèrent les avantages et les maux de la guerre, s'avouèrent entre eux leur impuissance, et reconnaissant la modération des exigences, auxquelles, après la victoire, on n'avait rien ajouté, demandèrent à traiter de la paix, pour sauver de la destruction les villages et les récoltes qu'on avait volontairement épargnés, afin de ne pas entièrement ruiner et affamer un pays français par annexion.

Après plusieurs conférences préliminaires entamées par le capitaine Mailhetard, commandant de Podor et conduites plus tard par le lieutenant de vaisseau Régnault, devenu directeur des affaires indigènes, et délégué par le gouverneur, un traité fut conclu et signé à Moctar-Salam, un mois environ après la rentrée à Saint-Louis des dernières forces de l'expédition du Fouta.

CHAPITRE IX

CONQUÊTE DU CAYOR

Le général Faidherbe avait repris le gouvernement de la colonie en juillet 1863.

En présence des pillages continuels de Lat-Dior dans le Cayor et des intrigues dangereuses par lesquelles il cherchait à violer nos traités, il était urgent d'apporter un remède radical à cette situation.

Le ministère de la marine était d'ailleurs disposé à entrer dans cette voie, car il avait accordé un crédit de 30,000 francs, en 1863, destiné à la construction du poste de Thiès, et un autre de 70,000 francs pour occuper trois autres points dans l'intérieur du Cayor. Le gouverneur pensa que, pour rétablir l'ordre, il fallait nommer et réinstaller un damel, quel qu'il fût, dans la partie centrale de cette province, et détacher du Cayor le Ndiambour, le Mbaouar, du côté de Saint-Louis, et le Sagnokhor, du côté de Gorée, pour les ajouter à nos possessions; il pensa aussi que, pour soutenir et surveiller le damel dans le gouvernement du Cayor central, il importait d'établir un poste solide au cœur même de cette province, à Nguiguis, dans une contrée fertile.

L'exécution de ces projets fut immédiatement entreprise.

Le gouverneur, à la tête des troupes de la colonie,

partit pour Nguiguis, où l'on voulait construire le poste fortifié qu'on devait, d'après les traités, établir d'abord à Ndande. Nguiguis avait été préféré à ce dernier point comme étant plus central. C'était d'ailleurs la résidence du damel Madiodio.

La colonne, composée des troupes de la garnison, se mit en route le 23 novembre, suivie d'un convoi considérable de vivres, et, quatre jours après, elle rejoignit le lieutenant-colonel Laprade, parti également de Gorée avec ses troupes; en même temps, des bâtiments venaient débarquer à Mboro, à moitié chemin entre Saint-Louis et Gorée, des matériaux de construction.

Ces divers mouvements et transports ne furent possibles que grâce à 300 ou 400 chameaux requis à Gandiole, moyennant paiement, car les mulets du train suffisaient à peine pour l'artillerie et l'ambulance.

Le damel Lat-Dior, coupable de tant de violations aux traités, n'attendit pas le gouverneur; quoiqu'ayant réuni toutes ses forces, il battit en retraite devant la colonne qui le suivit jusqu'à la frontière du Cayor, d'où il se réfugia dans le Baol.

Une redoute avait été construite le jour même de l'arrivée de la colonne à Nguiguis, capitale du Cayor, où il y a des puits abondants.

Revenu à Nguiguis et croyant que Lat-Dior renonçait au pouvoir qu'il avait usurpé par sa révolte de 1862, le gouverneur reconnut, pour roi du Cayor, notre ancien allié Madiodio, et fit avec lui un traité qui nous abandonnait le Diambour, le

Mbaouar, l'Andal et le Sagnokhor. (Voir les traités, à la fin du volume.)

Le général Faidherbe partit alors pour Saint-Louis, afin de pouvoir s'occuper des Maures chez lesquels il y avait une certaine agitation. Il laissait à M. le lieutenant-colonel Laprade, pour poursuivre Lat-Dior, une colonne composée comme il suit :

100 hommes d'infanterie de marine, 100 de la compagnie disciplinaire, 40 |de la compagnie indigène du génie, 250 tirailleurs sénégalais, 75 artilleurs (train), 35 spahis, en tout 600 hommes. La colonne s'augmenta en outre de 100 volontaires de Gorée et de 150 Poul de Saint-Louis.

Les armées de Madiodio et de Silmakha-Dieng comprenaient ensemble 500 cavaliers et 1,500 fantassins.

Partie de Nguiguis le 7 décembre 1863, la colonne campa à Soguère, puis à Khaoulou où Lat-Dior se retira devant elle jusqu'à Ndary (Baol). Nos troupes arrivaient à ce dernier campement quelques heures après le départ de l'ennemi ; la poursuite fut vigoureusement continuée, et vers dix heures du matin, nous atteignîmes l'arrière-garde des fuyards qui, se sentant serrée de trop près, se décida à combattre.

Les volontaires, commandés par le sous-lieutenant Beccaria, occupaient la droite ; la compagnie disciplinaire et le bataillon de tirailleurs formaient le centre et étaient appuyés par un obusier.

Ces dispositions prises, le capitaine Ringot, à la tête de trois pelotons de tirailleurs se portait en avant, soutenu par 500 cavaliers volontaires suivis eux-mêmes de fantassins. En un instant l'ennemi fut enveloppé, aussi éprouva-t-il des pertes sensibles. Nos volontaires n'avaient que six hommes tués et cinq blessés.

L'ennemi s'enfuit alors dans toutes les directions; Lat-Dior s'était retiré vers l'ouest, une partie de son armée avait fui dans l'est. Linguère, sa mère, prise en croupe par un de ses cavaliers, se sauvait dans le sud. Quant à Samba-Maram-Khay, son allié, il l'abandonna et vint à Ndiouki et à Khaoulou où il fit sa soumission à Madiodio, devant toutes nos troupes. Après un court séjour à Khaoulou, la colonne ne pouvant poursuivre plus longtemps un ennemi dispersé qui se retirait sans cesse devant elle, rentra à Nguiguis le 14 au matin. Le poste était achevé et bien approvisionné.

Le lieutenant-colonel Laprade rentra donc à Gorée; à Taïba, sur sa route, il trouvait tous les chefs du Sagnokhor qui venaient confirmer leur acceptation aux conditions du traité qui les plaçait sous l'autorité française : paiement de l'impôt personnel, promesse de se défendre mutuellement contre les pillards et de joindre leurs forces à celles de la colonie contre ses ennemis.

Du reste, cette province avait déjà donné une preuve de ses bonnes dispositions en nous envoyant quelques jours avant 500 hommes pour le transport de Mboro à Nguiguis (8 lieues) des bois nécessaires à la construction du poste.

On laissa alors une garnison suffisante à Nguiguis pour protéger au besoin les travailleurs, et les troupes étaient toutes rentrées dans leurs garnisons respectives le 20 décembre.

Contre notre attente, Lat-Dior rentra aussitôt à la tête de ses forces dans le Guet, province extrême du Cayor, vers l'est, et le 24, il était à Ndiagne, venant chercher à Coki, grand village de la province du Ndiambour, un appui à sa cause, comme il l'avait trouvé dans sa révolte de 1862; mais cette province qui avait sollicité son annexion complète à la colonie, lui refusa son concours, et le gouverneur envoya à Coki, pour l'appuyer dans sa résistance, une petite colonne commandée par le capitaine d'infanterie de marine Flize.

Lat-Dior s'éloigna aussitôt du Ndiambour, mais il se dirigea vers Nguiguis, annonçant qu'il allait y attaquer son rival Madiodio. La colonne de Gorée reçut l'ordre de rentrer immédiatement dans le Cayor, sous les ordres du lieutenant-colonel Laprade, et le chef de bataillon d'infanterie de marine de Barolet partit aussi avec des troupes de Saint-Louis. De son côté, le capitaine Flize marcha également sur Nguiguis avec sa colonne.

Pendant ce temps, le capitaine du génie Lorans, chargé de la direction des travaux à Nguiguis et commandant la garnison, persuadé par Madiodio et Samba-Maram-Khay que, s'il les appuyait avec une partie de sa garnison, ils seraient assez forts pour battre l'ennemi commun, sortit le 29 décembre, dans la nuit, avec une compagnie de tirailleurs, un obusier et 8 canonniers, vingt-cinq spahis, vingt ouvriers du génie, et suivi des forces de Madiodio, il alla attaquer Lat-Dior à Ngolgol, à trois lieues de distance. La rencontre eut lieu à la pointe du jour.

L'ennemi se trouva plus nombreux qu'on ne le croyait. L'armée alliée, composée de gens peu aguerris, fit une molle résistance en perdant du terrain, de sorte que la petite troupe du capitaine Lorans eut tous les hommes à pied de l'ennemi sur les bras, en même temps qu'une nombreuse cavalerie, débordant les deux ailes, l'entourait complètement.

Tout le monde comprit qu'il n'y avait plus qu'à mourir dignement. Le capitaine Lorans et le capitaine des tirailleurs Chevrel démontés tous deux, et ce dernier blessé, assistèrent stoïquement, jusqu'à ce qu'ils fussent tués eux-mêmes, à la destruction de leurs hommes, tirailleurs et ouvriers, qui combattaient jusqu'au dernier soupir. Les sept canonniers et l'adjudant Guichard se firent hacher sur leur pièce. Le peloton de spahis, perdu au milieu d'une affreuse bagarre où il ne reconnaissait plus ni amis ni ennemis, dégagea notre damel Madiodio, et tout en perdant son chef, le sous-lieutenant Duport de Saint-Victor et quatre spahis, il parvint à atteindre Nguiguis, ramenant le damel et huit spahis blessés. Les vainqueurs poursuivirent les fuyards jusqu'à la redoute d'où ils se firent repousser en faisant des pertes sensibles. (30 décembre 1863.)

En somme, de 140 hommes environ dont se composait la colonne, il ne revint que 20 spahis dont

8 blessés, 2 officiers, 1 docteur et 6 tirailleurs dont 3 blessés ; nos alliés perdirent en outre beaucoup de monde.

Après ce désastre, où l'honneur de nos armes était seul resté sauf, Lat-Dior, sachant que trois colonnes convergeaient vers lui, se retira de nouveau sur la frontière du Baol.

Immédiatement l'ordre fut envoyé aux troupes de faire leur jonction à Nguiguis, sous le commandement du lieutenant-colonel du génie Laprade, et de se mettre à poursuivre Lat-Dior à outrance, même dans le Baol.

On se porta donc à la frontière, mais Lat-Dior, faisant un détour, nous évita, rentra de nouveau dans le Cayor, et se porta à Ngol, dans le Guet, canton où il est né et sur lequel il savait pouvoir compter.

Le lieutenant-colonel Laprade passa quatre jours à punir les villages où il trouva les dépouilles de nos soldats, et à intimider le roi du Baol pour qu'il ne permît plus à nos ennemis de se réfugier chez lui, d'y laisser leurs biens et leurs familles pour venir commettre des agressions dans le Cayor.

C'est dans ce but que la colonne, au lieu de se porter directement sur Lat-Dior, se dirigea d'abord vers le Baol. Cette pointe eut pour résultat d'intimider les chefs de ce pays et de les détacher complètement de la cause de Lat-Dior, ce qui évita de porter la guerre dans cette région qui fournit des éléments considérables à notre commerce.

Le 9 janvier 1864, on se remit en marche directement sur Lat-Dior.

Partie de Khaoulou le 9 au soir, la colonne arrivait le 10 à Ngaye, le 11 à Mbasine.

Là on apprit que l'ennemi n'était qu'à une lieue de nous et bien disposé à nous attendre. Dans ces conditions, et afin de pouvoir tirer le meilleur parti possible de l'affaire qui devait avoir lieu, le lieutenant-colonel Laprade fit bivouaquer les troupes jusqu'au lendemain. On évitait ainsi d'arriver devant l'ennemi à une heure trop avancée de la journée avec des troupes fatiguées et sans eau, ce qui aurait eu lieu si on avait continué le jour même.

Le 12 janvier au matin, la colonne se mit en marche dans l'ordre suivant :

Quelques éclaireurs de la cavalerie de Silmakha-Dieng ;

Un peloton de 50 laptots déployés en tirailleurs ;

25 ouvriers indigènes du génie ;

200 hommes d'infanterie de marine, sous les ordres du commandant de Barolet ;

2 obusiers sur les flancs et 50 hommes d'artillerie, capitaine Laberge ;

100 hommes de la compagnie disciplinaire, capitaine Bolot ;

Le convoi et l'ambulance, 2 obusiers ;

250 hommes du bataillon des tirailleurs sénégalais, capitaine Ringot ;

80 spahis, capitaine Baussin ;

La cavalerie du Djolof et les volontaires à pied.

Nous trouvâmes, en approchant de Loro, l'armée ennemie en bataille sur un mamelon et nous attendant. Nous comptions un millier d'hommes de troupes régulières et 3,000 volontaires. L'ennemi avait beaucoup plus de cavalerie que nous.

Nous arrivâmes en présence de ses positions à 7 heures du matin. Le choix de ces positions était judicieusement fait, il n'aurait pas été désavoué par un militaire expérimenté.

Les fantassins étaient à couvert derrière une haie d'euphorbes qui couronnait les bords les plus avancés d'un plateau au centre duquel se tenait Lat-Dior avec une forte réserve, de telle sorte que le vallon que nous avions à franchir était admirablement battu par la mousqueterie de l'ennemi ; sur les ailes de cette position se tenait une nombreuse cavalerie.

Avant d'engager sérieusement les troupes, M. le lieutenant-colonel Laprade voulut tirer parti de la grande portée de nos armes. En conséquence, il arrêta la colonne à 400 mètres environ de l'ennemi, fit replier les éclaireurs, les tirailleurs et la section du génie, et commença le feu par l'artillerie appuyée de trois pelotons d'infanterie déployés.

L'ennemi ripostait, mais sans nous atteindre. Bientôt sa cavalerie s'ébranla et menaça nos flancs et nos derrières, mais de ces côtés elle fut contenue par le feu de la compagnie disciplinaire et par celui des deux obusiers placés à la gauche de la colonne.

Lorsque l'ennemi parut suffisamment ébranlé par notre feu, les clairons sonnèrent la charge et la colonne s'avança dans l'ordre le plus imposant jusqu'à deux cents mètres des positions de l'ennemi. Alors les trois pelotons d'infanterie de marine, qui marchaient déployés en tête, prirent le pas de course, sous les ordres du chef de bataillon d'infanterie de marine de Barolet, et enfoncèrent le centre de l'armée de Lat-Dior aux cris de *Vive l'Empereur!*

Le capitaine Baussin, commandant l'escadron de spahis, reçut l'ordre de charger à fond par la trouée qu'avait pratiquée l'infanterie ; à sa suite s'élancèrent avec un élan indicible nos 3,000 auxiliaires.

L'ennemi terrifié fuyait dans toutes les directions ; son infanterie fut écrasée, et sa cavalerie ne dut son salut qu'à la rapidité de ses chevaux.

La poursuite fut poussée jusqu'à quatre lieues du champ de bataille. L'horizon était embrasé par l'incendie de tous les villages de la contrée. A trois heures du soir, nos auxiliaires rentraient encore au camp chargés de butin.

A la suite de ce combat, où l'ennemi laissa plus de 500 cadavres sur le terrain, Lat-Dior s'enfuit avec ses cavaliers vers le sud. La colonne en rentrant à Nguiguis, ne trouva sur sa route que des villages abandonnés, et les volontaires, répandus à plusieurs lieues à la ronde, parcoururent en maîtres cette contrée qui, quelques jours auparavant, était le foyer d'un vaste complot formé contre l'influence française.

Nos pertes, comparées à celles de l'ennemi, furent insignifiantes, elles se réduisirent à 3 volontaires tués. Le capitaine d'infanterie Decheverry, 23 soldats et 26 volontaires furent blessés, presque tous légèrement.

Après le brillant fait d'armes du 12 janvier, il restait à la colonne, expéditionnaire un dernier et pieux devoir à remplir. Le lieutenant-colonel Laprade la conduisit sur le champ de bataille du 29 décembre, pour rendre les derniers honneurs aux victimes de cette triste journée. Cette cérémonie touchante eut lieu le 15 janvier, à 5 heures du soir, au bruit du canon.

Immédiatement après notre victoire du 12 janvier à Loro, le 13, au matin, Lat-Dior, suivi de ses cavaliers, était déjà sorti du Cayor, et rentré dans le Baol ; il ne tarda pas à pénétrer dans la partie sud-est de ce pays. Le roi du Baol, fidèle à la promesse qu'il nous avait faite, après quelques jours de pourparlers, chassa, le 20 janvier, les réfugiés de Ten-ou-Mekhey, vers le Sine. Penda-Tioro, puissant chef du Baol, dont l'autorité balance celle du roi, s'était mis avec lui dans cette circonstance.

Lat-Dior fut encore abanbonné de quelques-uns de ses partisans, et Madiodio, établi près de Nguiguis, reçut un assez grand nombre d'adhésions.

Le 25, Lat-Dior, réfugié à Ngagniam, sur la frontière, entre le Baol et le Sine, n'avait plus avec lui qu'un petit nombre d'hommes, et éprouvait un refus de la part du roi de Sine à qui il demandait un refuge dans ses États.

Les jours suivants, Tègne et Penda-Tioro, craignant notre mécontentement, firent de nouveaux efforts pour chasser complètement les réfugiés du territoire du Baol.

Lat-Dior, ses gens et leurs familles, aux abois, mourant de faim, sans abri, revinrent à Tchirounguène, point extrême du Cayor, vers le sud-est, et pressés par le besoin, ses cavaliers, commandés par Maïssa-Mbay, tentèrent quelques razzias dans le pays. On s'empressa d'envoyer une petite colonne d'observation, et le 8 février, le capitaine Ringot, qui la commandait, arrivait à Nguiguis.

Lat-Dior était toujours à Tchirounguène, qu'on appelle dans le pays la porte du Baol. La colonne du capitaine Ringot se porta droit sur lui et arriva le 12 février à Keur-Mandoumbé. Les uns disaient que Lat-Dior viendrait se rendre, d'autres, qu'il se ferait tuer avec ses fidèles. Il ne fit rien de tout cela, il se sauva, comme toujours, mais cette fois, les derniers chefs du Ndiambour et du Cayor qui l'avaient accompagné jusque-là l'abandonnèrent, emportant les dioundioung ou tamtams de guerre, signe de l'autorité du Damel, et vinrent faire à Madiodio leur soumission définitive. Lat-Dior, avec une trentaine de cavaliers, se réfugia du côté de Mbaké; nos alliés les poursuivirent jusqu'à la frontière du Saloum. La colonne considérant les affaires comme terminées, revint à Nguiguis, le 19, et le

23 elle arriva à Saint-Louis. L'état sanitaire ne laissait rien à désirer.

Ce qu'il y a de remarquable dans cette dernière expédition, c'est que sur notre simple appel 6,000 volontaires, armés de fusils, se sont joints à notre petit noyau de troupes. Jamais auparavant plus de 2,000 volontaires n'avaient marché avec nous.

Lat-Dior, avec une trentaine de cavaliers, se réfugia du côté de Mbaké, il traversa le Baol sans y trouver d'appui et se rallia, sur les rives de la Gambie, à Maba qui venait de s'emparer de quelques provinces riveraines. Nous avions donc, à cette époque, réalisé nos projets et mis le Cayor à l'abri de ces brigandages incessants dont souffraient nos comptoirs.

Un commissaire du gouvernement près le damel était nommé à Nguiguis, et le Cayor entrait dans une ère de paix qui allait lui permettre de réparer les dégâts commis par les bandes de tiédo, et de reprendre les cultures ravagées presque entièrement par les sauterelles pendant deux années consécutives.

Mais Madiodio, désormais protégé contre ses ennemis extérieurs, ne tarda pas à se livrer de nouveau à tous les vices qui caractérisent le tiédo. Retombé dans ses anciennes erreurs, malgré la présence de notre représentant, il était redevenu incapable de faire respecter notre autorité. Le gouvernement résolut alors de le révoquer définitivement. L'ancien poste de Potou devint une habitation pour lui et sa famille, et une pension viagère de six mille francs lui fut servie par la colonie.

En même temps que le damel était révoqué, on évacuait le poste de Nguiguis et nous nommions directement les chefs dans tout le Cayor divisé en cantons.

Bientôt après, le commandant supérieur de Gorée parcourut tout ce pays, investissant du manteau vert les chefs de notre choix, chargés désormais, sous l'autorité du gouverneur, de commander les cantons dont les limites sont déterminées.

L'administration de la colonie, secondée par le commerce, facilitait encore la régénération de cette province en faisant aux habitants pressés par la famine de larges avances pour leurs semailles.

Cet acte de bienveillance fut d'un excellent effet sur l'esprit des habitants; il leur prouvait que si nous savions protéger leurs travaux contre les pillages des tiédo, nous pouvions aussi réparer les ravages bien plus terribles encore d'un insaisissable ennemi : le fléau des sauterelles.

CHAPITRE X

EXPÉDITION DES BOSSÉYABÉ

Dans les derniers jours de juin 1864, huit chalands du commerce s'étaient volontairement échoués, pleins de mil et de marchandises, en face du village de Daoualel, à plus de cent trente lieues de Saint-Louis et à six lieues au-dessus de Saldé. Un chef maure, Ould-Eyba, allié des Toucouleurs bosséyabé, chez lesquels il est très influent, vint sur la rive gauche, à la tête de 200 à 300 brigands, attaquer les embarcations qui, n'ayant qu'un petit nombre de fusils, purent néanmoins résister plusieurs heures.

Les chalands ayant consommé toutes leurs munitions, deux de leurs hommes ayant été tués, plusieurs blessés et quatre patrons ayant eu la sottise d'aller se livrer eux-mêmes au chef de la bande de voleurs, le reste des équipages dut se sauver abandonnant tout, et mettant le feu à deux chalands.

Les gens de Daoualel, qui vendaient leur mil à nos traitants, étaient évidemment d'accord avec Ould-Eyba, comme tous les Toucouleurs de ces environs, et laissèrent voler et tuer nos gens sur leur terrain sans rien faire pour s'y opposer.

Aussitôt après l'affaire, Ould-Eyba partagea le butin, se rendit chez son ami Abdoul-Boubakar, chef des Bosséyabé, puis il alla se retirer dans son camp, qui était confondu avec le village bosséyabé de Kaédi (rive droite).

Certes, c'était une grande imprudence de la part des traitants d'aller aux basses eaux se mettre, eux et leurs marchandises, à la merci de populations chez lesquelles le brigandage marchait encore tête levée et où l'autorité n'existait pas ou n'était puissante que pour le mal ; et cela sans même être assez nombreux et assez bien armés pour se défendre.

Néanmoins, il était nécessaire de réprimer par une punition sévère un brigandage commis ainsi en pleine paix et sans la moindre provocation. De plus, ces mêmes Bosséyabé avaient tiré au mois de mars des coups de fusil sur une embarcation de l'État, montée par un officier de marine, qui faisait le nivellement du fleuve et avaient ainsi empêché cette importante opération.

Aussi, le 15 juillet, la flottille, sous les ordres de M. Aube, capitaine de frégate, partait de Saint-Louis, portant une colonne de 806 hommes commandés par le colonel Despallières, pour tirer vengeance de ces méfaits.

Cette colonne était composée comme suit :

200 hommes d'infanterie de marine, commandés par M. le capitaine Bouët;

300 tirailleurs sénégalais, commandés par le lieutenant-colonel de Barolet;

100 artilleurs, commandant M. Alexandre;

30 hommes du génie, commandant M. Maritz;

130 hommes des compagnies de débarquement, commandés par le lieutenant de vaisseau Nègre.

Le 18, à 11 heures du soir, le capitaine Bouët débarquait près de Daoualel avec 200 hommes, surprenait les habitants, en tuait 40 à la baïonnette et brûlait le village. Le 19, à 5 heures du matin, le reste de la colonne, sous les ordres du colonel

Despalières, enveloppait l'immense village de Kaédi (rive droite).

S'étant aperçu de notre approche, la population prit la fuite sans essayer de se défendre, Ould-Eyba en tête avec ses maures. La flottille lui envoya des paquets de mitraille; 200 tentes de maures et 2,000 cases de Toucouleurs furent livrées aux flammes avec tout ce qu'elles contenaient, approvisionnements, ustensiles et marchandises, les habitants n'ayant rien pu sauver. Beaucoup de femmes, d'enfants et de vieillards furent pris et relâchés.

Dans la même journée et le lendemain, tous les villages bosséyabé des bords du fleuve furent aussi brûlés avec tout ce qu'ils contenaient, principalement ceux de la rive droite. On tua ce jour-là une quarantaine d'hommes aux Bosséyabé.

Les populations demandèrent grâce et la paix au moment où la flottille quittait les lieux pour revenir à Saint-Louis. On leur indiqua les conditions auxquelles elles obtiendraient cette paix.

Le 24, la colonne était rentrée à Saint-Louis, l'état sanitaire était satisfaisant.

La tribu orgueilleuse et fanatique des Bosséyabé est l'âme de ce Fouta qui, depuis un siècle, dévaste toute l'Afrique occidentale par ses guerres saintes ; c'est elle qui était toute-puissante dans le Fouta avant son démembrement, et c'était à son profit que se prélevait, il y a douze ans encore, à Saldé, des droits énormes de passage sur nos bâtiments du commerce, jusqu'à 1,500 francs par navire.

On conçoit qu'ils aient de la peine à se contenter du rôle modeste que nous leur imposons, c'est-à-dire d'être simplement maîtres et indépendants chez eux, sans faire payer de tribut à personne. Aussi, cherchent-ils par tous les moyens possibles à nous faire du tort.

Ce sont eux qui, en nommant un almamy hostile, nous firent faire la guerre par tout le Fouta. Ils avaient cherché quelque temps avant cette expédition à arriver au même but, excités à cela par le plus remuant d'entre eux, Abdoul-Boubakar, d'accord avec Ould-Eyba, le maure, et Samba-Oumané du Toro ; l'almamy Mohammadou, notre allié, était déjà débordé par eux, et, 15 jours après, il se rendit en personne à Saldé pour annoncer au gouverneur, lors de son passage devant ce poste, que les Bosséyabé, à la suite du juste châtiment qui leur fut infligé, avaient fait leur soumission entre ses mains et que les perturbateurs Abdoul-Boubakar, Mohammed-Ould-Eyba et Samba-Oumané avait dû quitter le p ys.

Dans ce coup de main, nous ne perdîmes personne par le feu de l'ennemi ; deux hommes seulement moururent, l'un de maladie et l'autre par accident.

Une fois de plus, les populations du Sénégal virent, par le succès de cette entreprise, qu'on n'assassine et ne vole pas impunément des sujets français.

CHAPITRE XI

EXPÉDITION DE GUIMBERING
(Basse Casamance.)

Dans le courant du mois de mai 1864, les habitants du village de Guimbering pillèrent le trois-mâts *la Valentine*, du port de Marseille, jeté à la côte, vis-à-vis ce village, par le mauvais temps. Quelques mois après, le brick *l'Avocat* eut le même sort. Toutes nos démarches pour obtenir une juste réparation de ces dommages restèrent sans effet; non seulement les habitants de Guimbering refusèrent obstinément la restitution des objets pillés, mais ils prirent vis-à-vis de nous une attitude provocante qu'il importait de réprimer, afin de maintenir notre influence dans la basse Casamance.

La colonne expéditionnaire, commandée par M. le colonel Laprade, commandant supérieur de Gorée, et composée de 500 hommes de troupes régulières, partit de Gorée, le 1er février 1865, sur les avisos à vapeur *l'Archimède* et le *Grand-Bassam*, remorquant la citerne *la Trombe* et le cutter *l'Écureuil*. Ces bâtiments étaient placés sous les ordres de M. le capitaine de frégate Vallon, commandant supérieur de la marine.

Le 2 février, à midi, l'aviso à vapeur le *Griffon*, capitaine Clément, en station dans la Casamance, ralliait la flottille à quelques milles au large de l'entrée de la rivière; il la guida pour franchir la passe nord, dite de Diogué, reconnue et balisée récemment par cet officier.

A 5 heures, nous mouillâmes à Cachewane, le colonel Laprade ordonna immédiatement le débarquement, qui s'exécuta sans coup férir.

Le 3, à 4 heures du matin, la colonne se mit en marche dans l'ordre suivant :

La section du génie, lieutenant Sancery ;

150 hommes d'infanterie de marine, commandant Ringot ;

50 disciplinaires, lieutenant de Villeneuve ;

2 obusiers de montagne et 50 artilleurs, capitaine Martinie ;

50 laptots, lieutenant de vaisseau Clément ;

200 tirailleurs sénégalais, capitaine Bargone.

Après une marche de 8 kilomètres, nous arrivâmes en vue de Guimbering. L'un des chefs de ce village, William, qui a toujours manifesté les meilleures dispositions pour nous, vint se rallier avec ses sujets, et nous annoncer que le reste de la population nous attendait en armes.

L'avant-garde ne tarda pas en effet à signaler l'ennemi. Il avait pris position en dehors du village du côté nord, sur une ligne de monticules, parallèle au bord de la mer, à une distance d'un kilomètre environ, sa droite appuyée à des dunes élevées qui bordent le village, sa gauche à des marais qui nous étaient cachés par un petit bois. Le colonel Laprade prit les dispositions suivantes pour le combat : la colonne fut déployée à 400 mètres de l'ennemi ; à droite l'infanterie de marine et les disciplinaires, à gauche le bataillon de tirailleurs, au centre les deux obusiers en arrière desquels furent placés la section du génie, les laptots et une section de 30 artilleurs.

L'artillerie ouvrit le feu, et quelques coups bien pointés portèrent la confusion dans les groupes ennemis. Le colonel Laprade ordonna au capitaine Bargone de lancer trois pelotons sur les hauteurs où l'ennemi appuyait sa droite, et au commandant Ringot de profiter du bois qui nous séparait de sa gauche pour la faire tourner par trois pelotons d'infanterie de marine.

Lorsque ces deux mouvements parurent assez prononcés, l'artillerie cessa son feu, les laptots et la section du génie furent lancés sur le centre de la position.

Ces diverses attaques faites avec ensemble et au pas de course décidèrent la fuite de l'ennemi qui, s'il eût tenu ferme, aurait été précipité dans la mer. Le mouvement tournant, qui avait été ordonné sur sa droite, conduit avec beaucoup d'intelligence par M. le capitaine Bouët, fut malheureusement un peu retardé par le marais de plus d'un mètre de profondeur que nos soldats eurent à traverser. Il eut cependant pour effet d'atteindre la queue des fuyards qui laissèrent quelques cadavres sur cette partie du champ de bataille. A huit heures du matin, l'ennemi avait disparu, et nous étions maîtres du plus beau et du plus riche village de la basse Casamance; nous n'avions qu'un seul soldat d'infanterie de blessé.

Nous pouvions infliger un châtiment plus sévère aux habitants de Guimbering, en détruisant les vastes greniers de riz qu'ils possédaient, mais le commandant de la colonne ne crut pas utile d'avoir recours à cette mesure extrême, il se contenta de retenir une douzaine de prisonniers jusqu'au paiement parfait d'une amende de 30 tonneaux de riz net, représentant une valeur de 10,000 francs environ. Une partie de l'amende était déjà payée le 6 février, jour où les troupes rentrèrent à bord des bâtiments.

Le reste de l'amende ne tarda pas à être payé peu de jours après.

CHAPITRE XII

GEURRE CONTRE MABA.

Comme El Hadj Omar et tous les prêcheurs de guerre sainte, Maba était originaire du Fouta. Comme eux encore, par des pratiques religieuses faites avec ostentation, par des prédications violentes il avait su réunir autour de lui une petite armée de fanatiques, avec laquelle, en 1861, il s'empara du Rip, province de Saloum, sur les rives de la Gambie.

Il s'était allié avec Macodou, ancien damel du Cayor chassé par nous, qui cherchait à conquérir le Saloum sur son fils Samba-Laobé. Celui-ci vint se refugier auprès du poste de Kaolakh, défendu par douze soldats d'infanterie de marine commandés par le sergent Burg.

Maba et Macodou, avec des forces considérables, attaquèrent le poste le 3 octobre 1862. La petite garnison résista héroïquement pendant vingt-quatre heures à tous les assauts. L'ennemi repoussé fit des pertes considérables; il laissa plus de trois cents cadavres sur le terrain.

Macodou étant mort en 1863, Maba poursuivit seul la lutte contre le roi Samba-Laobé, qui mourut à son tour en 1864. Maba devint ainsi le véritable maître du Saloum et à la fin de 1864, il consentit à signer un traité dans lequel, reconnu comme almamy du Badibou et du Saloum par le gouvernement français et les rois du Cayor, du Baol, du Djolof et du Sine, il s'engagea à respecter les territoires de ses voisins et à accepter, ainsi que les autres parties contractantes, la médiation de la France pour les difficultés qui pourraient s'élever entre eux. (Voir les traités à la fin du volume.)

Malgré ces engagements qu'il n'avait pris, ainsi que les événements l'ont prouvé depuis, que pour gagner du temps, Maba, dont les projets sur le Cayor et sur le Djolof étaient déjà formés, ne tarda pas à en préparer l'exécution en détruisant le pays de Mbaké, province orientale du Baol qui se trouve sur la route entre le Rip et le Djolof. Les habitants furent dispersés ou emmenés dans le Rip et c'est ce qui permit plus tard à Maba de tomber à l'improviste et sans qu'on pût en être averti, sur le Djolof.

A part ce pillage de Mbaké, dont Maba s'empressa de décliner la responsabilité, tout alla bien jusqu'à la fin du mois de juin 1865 ; à cette époque, cédant aux sollicitations de son entourage, principalement à celles de Lat-Dior, ex-damel du Cayor, il envahit tout à coup le Djolof et le détruisit presque complètement ; de là il menaçait le Cayor et surtout le Diambour, où ses bandes s'étaient déjà montrées, lorsqu'il fut arrêté dans ses projets par les mesures que prit immédiatement le gouverneur.

Dès que la nouvelle de son entrée dans le Djolof fut connue à Saint-Louis, une colonne légère, composée du bataillon de tirailleurs, de l'escadron de spahis, et de quatre pièces de montagne, sous les ordres du capitaine Flize, fut dirigée sur Coki, village frontière de nos possessions du Cayor du côté du Djolof. Le poste de Mérinaghen, qui était évacué depuis 11 mois environ, fut réoccupé, enfin une redoute en terre fut construite à Coki pour servir de réduit aux gens de ce village et leur permettre d'attendre des renforts s'ils étaient attaqués. Ces différentes mesures eurent pour effet d'arrêter momentanément les tentatives de Maba sur le Cayor. Mais il profita de son séjour dans ce pays pour chercher à nouer des intrigues avec le Fouta et les Maures Trarza, intrigues qui ne tendaient à rien moins qu'à entraîner dans un mouvement général d'hostilité contre nous le Fouta et les Maures Trarza. En présence d'un pareil danger il n'était plus possible de conserver de doute sur la nécessité d'agir vigoureusement contre Maba; mais nous étions alors en plein hivernage et l'on dut se borner à défendre les pays placés sous notre protection. Cela était d'autant plus important que ces pays, le Cayor surtout, grâce aux secours de la colonie, avaient donné un grand développement à leurs cultures et qu'ils promettaient de se relever, dès cette année, de l'état de misère où ils étaient tombés.

On prit en conséquence les dispositions suivantes :

A la réoccupation du poste de Mérinaghen qui avait déjà eu lieu, ainsi que nous venons de le dire, et à l'établissement d'une redoute en terre à Coki, on ajouta l'établissement d'un blockhaus et d'une enceinte palissadée au village de Niomré, situé dans la partie centrale la plus riche et la plus populeuse du Diambour. On fit occuper le poste de Nguiguis par une forte garnison. Grâce à ces précautions et à des sorties fréquentes de la garnison de Saint-Louis, l'hivernage se passa sans que l'ennemi pût rien effectuer de sérieux contre nos alliés, qui firent ainsi leur récolte sans encombre.

Maba, pendant ce temps, voyant qu'il n'y avait rien à faire contre le Cayor, était retourné dans le Rip, où il organisait une attaque plus sérieuse et mieux combinée contre le Cayor. Le moment était venu d'entrer sérieusement en campagne, aussi dès le 28 octobre les ordres étaient donnés et toutes les troupes se mettaient en marche pour leur concentration sur Dakar d'abord, puis sur Kaolakh, point qui avait été choisi par le gouverneur pour servir de base à nos opérations contre le Rip. La colonne était ainsi composée :

M. le colonel du génie Pinet-Laprade, gouverneur, commandant en chef.
MM. Brunetière, capitaine de spahis, chef d'état-major.
Brossard de Corbigny, enseigne de vaisseau, officier d'ordonnance.
Si el hadj Bou-el-Moghdad, interprète du gouverneur.

Affaires politiques et commandements des contingents indigènes :

MM. Flize, chef de bataillon, commandant de Gorée.
Reybaud, lieutenant à l'infanterie de marine.
Dagon de la Contrie, sous-lieutenant au bataillon de tirailleurs sénégalais.
Léon Diop, chef du cercle de Nder.
Tiécoro et Samba-Fall, interprètes.

État-major particulier de l'artillerie et du génie :

MM. Jullien, chef d'escadrons, commandant l'artillerie.
Revin, capitaine, commandant le génie.

Commissaire d'armée :

M. Dupuis, aide-commissaire.

Ambulance :

M. Cauvin, chirurgien de 1re classe, chef.

Flottille :
Archimède, Espadon, Sphinx, Trombe.

MM. Vallon, capitaine de frégate, commandant.
Des Portes, enseigne de vaisseau, officier adjoint.

Compagnie indigène d'ouvriers du génie :

M. Poutot, capitaine.

Compagnie de débarquement :

M. Richard-Duplessis, lieutenant de vaisseau.

4e de marine :

M. Ringot, chef de bataillon.

Bataillon de tirailleurs sénégalais :

M. D'Arbaud, lieutenant-colonel.

Une section de la compagnie disciplinaire :

M. de Villeneuve, lieutenant.

Batterie d'artillerie :

M. Hédon, capitaine.

Une section de fuséens :

M. Hirtz, lieutenant en premier d'artillerie.

Escadrons de spahis sénégalais :

M. Canard, capitaine, commandant.

Pour tracer les itinéraires suivis par les divers détachements destinés à composer la colonne, itinéraires que nous allons donner ci-après, le gouverneur avait été guidé par des considérations politiques et militaires qu'il est utile de signaler.

Le prestige qu'exerçait Maba sur les populations ignorantes et superstitieuses que nous avions à protéger contre ses attaques, était considérable. Pour les entraîner à s'unir franchement à nous dans la lutte que nous soutenions contre l'ennemi commun, il fallait frapper leur imagination par la vue de nos colonnes traversant leur pays ; ce n'est que par ce moyen qu'on pouvait obtenir de faire combattre à nos côtés les contingents de ces différents États qui se montèrent, arrivés à Kaolakh, à plus de 2,000 cavaliers et 4,000 fantassins. Il n'y avait pas lieu d'hésiter en présence d'un pareil résultat, à faire faire à nos troupes par terre 150 lieues qu'on eût pu autrement leur faire parcourir par mer avec moins de fatigues.

Voici l'itinéraire de la colonne du Rip : une partie du 4ᵉ de marine, les tirailleurs, l'artillerie avec son matériel s'embarquent sur *l'Archimède*, le gouverneur et son état-major prennent passage à bord du *Castor*, qui porte également le reste du 4ᵉ de marine et les compagnies de débarquement. Ces avisos arrivent le 29 à Dakar, point où doivent se réunir les différentes troupes qui composeront la colonne expéditionnaire.

L'escadron de spahis, les mulets d'artillerie et le train partis par terre de Saint-Louis, le 23 octobre, arrivent à Dakar le 3 novembre, après avoir suivi l'itinéraire de Gandiole, camp des Poteaux, Bétel, Mboro, Cayar et Niakourab.

M. le sous-lieutenant Lasmolles, commandant de Mérinaghen, chargé de réunir et de commander les contingents indigènes du fleuve, part de Mérinaghen le 29 octobre avec les volontaires du Oualo commandés par Samba-Dien, qui avait reçu l'ordre de s'y trouver le 27 au matin avec tous ses cavaliers et ses fantassins. Il se rend à Ngay où il trouve les contingents de Nder et de Ros, ayant à leur tête les chefs de canton, de Ngay à Mérina-Diop, de Mérina-Diop à Potou où rallièrent quelques volontaires du Diambour, de Potou à Lompoul, de Lompoul à Bétet où l'attendent les volontaires du Cayor avec leur chef. Il passa par Mboro, Saou, Mbidjem, rallie les contingents du Diander et va camper à Niakourab. Il arrive à Dakar avec environ 500 chevaux et un millier de fantassins.

Du 1er au 10, organisation de la colonne et du convoi.

Les disciplinaires et la compagnie indigène du génie viennent prendre leur place au camp le 10 au soir et le 11 au matin la colonne se met en route pour aller coucher à Hann ; le 12 à Mbao, le 13 à Deen-y-Dack, le 14 à Pout, où se trouvent réunis de nouveaux volontaires du Diander qui se mettent sous les ordres de M. Lasmolles, le 15 à Thiès. Un convoi de 200 chameaux chargés de vivres et parti de Saint-Louis le 4 novembre sous les ordres de

M. le sous-lieutenant Bancal, attend la colonne depuis la veille. La colonne des volontaires est tellement considérable qu'elle met toute la journée à défiler; le 16 à Ngouyane, le 17 à Diarring, capitale du Baol (entrevue avec le roi de ce pays), le 18 à Ngoye (entrevue avec Penda-Tioro), le 19 à Dotau-Bouré, le 20 à Diakhao, capitale du Sine (entrevue avec le roi de ce pays), le 21 à Marout, le 22 à Diokoul, et le 23 à Kaolakh.

Dans les pays que traverse pour la première fois une colonne de blancs, suivie d'un nombre aussi considérable d'auxiliaires, la première impression que nous remarquons est une certaine crainte bien naturelle de la part de gens pour lesquels la présence d'une troupe armée est presque toujours le signal d'un pillage. Mais l'ordre qui règne dans notre colonne, la discipline de nos soldats qu'observent les volontaires eux-mêmes vigoureusement contenus, le respect de la propriété que nous observons scrupuleusement et la nouvelle qui se répand de proche en proche que nous marchons pour les protéger et les défendre, change bientôt cette crainte en un sentiment de reconnaissance et de sympathie dont nous avons la preuve en voyant accourir sous nos drapeaux pour marcher avec nous, tous les hommes armés des pays par lesquels nous passons.

La colonne se trouvait réunie à Kaolakh le 23 novembre. Dès le 24 au matin on se mit en marche sur Maka, dont Maba avait fait sa ville forte dans le Saloum et qu'il avait annoncé devoir défendre vigoureusement, mais au dernier moment il changea d'avis et nous abandonna la place sans combat. Les fortifications, qui étaient très solidement établies, furent détuites et la colonne revint à Kaolakh, où elle passa la journée du 25 à prendre toutes les dispositions nécessaires pour assurer le succès des opérations qui allaient dès lors se poursuivre dans le Rip.

Le 28, la colonne franchissait la rivière du Saloum au gué de Iguer, et le 29 elle campait à Tiket, à l'entrée du Rip. Il restait douze lieues à faire pour atteindre Nioro, capitale du Rip et trouver de l'eau, et sur ces douze lieues dix par un étroit sentier à travers une forêt très fourrée. La difficulté était grande, surtout sous le climat du Sénégal, pour une colonne composée de 4,000 fantassins et de 2,000 cavaliers. Voici comment elle fut vaincue :

Le 29 novembre, à trois heures de l'après-midi, la colonne se mit en marche. Pendant la nuit, elle fit une halte de cinq heures près du petit village de Ngapakh et repartit au point du jour le 30 novembre.

Vers les huit heures du matin, l'avant-garde, composée de la compagnie indigène du génie, signala des vedettes qui se repliaient devant elle. Les guides commençaient à montrer de l'hésitation : tout annonçait que l'ennemi était proche.

A huit heures et demie, un coup de fusil tiré sur l'avant-garde fut le signal de la bataille.

Maba avait établi toutes ses forces dans la forêt même : les contingents les plus importants et les plus solides, perpendiculairement au sentier sur lequel défilait la colonne pour le lui barrer, les autres formaient une ligne oblique pour attaquer le flanc gauche et tenter un mouvement tournant.

Le gouverneur, de son côté, avait décidé de ne prendre ses dispositions de combat qu'au moment où l'on rencontrerait l'ennemi, vu la nature du terrain et l'épaisseur des bois qui n'auraient permis de marcher en bataille qu'avec des difficultés inouïes et une excessive lenteur. Or, il n'y avait pas de temps à perdre pour arriver au point où l'on devait trouver l'eau.

A huit heures et demie, la compagnie indigène du génie, qui arrivait à hauteur des premières embuscades fut accueillie par une fusillade extrêmement vive. Ces braves soldats n'en furent point ébranlés. Le gouverneur, qui était en tête de la colonne, lança aussitôt les laptots commandés par M. le lieutenant de vaisseau Duplessis, à l'appui de la compagnie du génie, et ordonna au commandant Ringot de déployer deux pelotons d'infanterie sur la gauche du sentier. Ces dispositions prises, il fit sonner la charge. Ce fut le signal d'un combat terrible dans lequel officiers et soldats déployèrent la plus brillante bravoure. L'ennemi défendait ses positions avec une tenacité sans exemple, mais il fut forcé de reculer devant nos baïonnettes. L'escadron de spahis, à qui le chef de la colonne avait envoyé l'ordre de presser l'allure pour arriver à hauteur de la droite, prit une part importante à ce combat. Porté sur l'aile gauche de la partie déployée des troupes pour charger l'ennemi dès qu'on déboucherait de la forêt, il eut à s'ouvrir son chemin à coups de sabre et s'en acquitta à son honneur.

On peut se faire une idée de l'énergie de la lutte par les pertes que nous avons éprouvées. Le capitaine Croizier, commandant le premier peloton de l'infanterie de marine, fut blessé mortellement. Le chirurgien de 2e classe Monstey Charbounié fut tué ; le lieutenant de vaisseau Duplessis reçut quatre coups de feu presque à bout portant ; le sergent-major de la compagnie du génie, trois ; le capitaine Canard, commandant l'escadron, eut le bras traversé. Un quart de l'effectif des compagnies de débarquement fut tué ou blessé. La compagnie du génie eut 6 hommes tués et 10 blessés. Le gouverneur, lui-même, reçut un coup de feu à l'épaule gauche dès le commencement de l'action, ce qui ne l'empêcha pas, heureusement, de conserver le commandement. M. l'enseigne de vaisseau Des Portes, attaché à l'état-major, fut contusionné, et plusieurs hommes de l'escorte furent blessés ou eurent leurs chevaux tués. Mais ces pertes furent le prix de la plus éclatante victoire. Les forces ennemies qui défendaient le sentier et la moitié de la ligne oblique qui opérait sur la gauche de la colonne furent écrasées, et leurs débris culbutés hors des bois, la baïonnette dans les reins.

Pendant que la tête de la colonne accomplissait si glorieusement sa tâche, la droite de l'ennemi qui était coupée du reste de ses forces se trouva accidentellement à hauteur du train d'artillerie; elle y jeta un moment de désordre, tua une dizaine de mulets dont elle enleva les charges; mais elle fut bientôt assaillie et ramenée par les tirailleurs sénégalais qui formaient la gauche de la colonne. Le capitaine Bargone et le sous-lieutenant indigène Koly-Soriba furent blessés sur ce point.

A 9 heures, la colonne entière débouchait dans la petite éclaircie qui précède le village de Soukhoto où s'étaient réfugiés quelques ennemis. Mais ils furent promptement délogés par l'artillerie qui, au milieu de difficultés de toute nature, était parvenue à sortir du bois en même temps que la tête de colonne.

Il restait encore deux lieues à faire pour arriver à Nioro. Après un moment de repos, la colonne se remit en marche, mais on ne tarda pas à s'apercevoir que les guides suivaient une route incertaine. Pressés de s'expliquer, ils avouèrent que la peur les avait empêchés de marcher en droite ligne sur Nioro, et à 10 heures 1/2 on se retrouva au village de Soukhoto.

Cet incident n'inspira aucune crainte au commandant en chef, certain qu'il était d'arriver dans la journée à Nioro. Mais les soldats, qui ne pouvaient juger comme leur chef de la vraie situation, auraient pu concevoir quelques appréhensions. Ils conservèrent la plus grande confiance.

On distribua aux troupes européennes un millier de litres d'eau que le gouverneur avait eu la précaution de faire charger sur les chameaux, et le sous-lieutenant de spahis Lasmolles, à qui avait été confié le commandement des volontaires, reçut l'ordre de pousser une reconnaissance dans la direction connue de Nioro pour trouver les fontaines. Cette opération fut appuyée par un peloton de tirailleurs, capitaine Maurial, et par les laptots, commandés par M. Véron, lieutenant de vaisseau, remplaçant M. Duplessis, blessé dans l'affaire de la matinée. Recevant l'avis de M. Lasmolles que les volontaires étaient en présence de l'ennemi et que l'escadron pourrait rendre de bons services, le gouverneur l'expédia aussitôt. Appuyés par ces forces, les 5,000 volontaires, jaloux d'avoir leur part de gloire, chargèrent vivement l'ennemi qui avait perdu une grande partie de sa confiance, et le poursuivirent jusqu'au delà de Nioro où toute l'armée se trouva ralliée à 6 heures du soir.

C'est dans cette charge que M. le lieutenant Perraud, qui avait pris le commandement de l'escadron par suite de la blessure du capitaine Canard, fut atteint de deux coups de feu. Cet officier avait eu son cheval tué sous lui à l'affaire du matin.

L'ennemi était vaincu, dispersé, démoralisé. Les flammes des beaux villages de Diamagam, commandés par Lat-Dior, et de Nioro, capitale du Rip, éclairèrent la fin de cette belle journée et annoncèrent nos succès à toute la contrée. A partir de ce moment on ne rencontra plus de résistance, et pendant les journées des 1er et 2 décembre, les volontaires purent à leur gré détruire toutes les richesses de ces brigands qui faisaient déjà trembler toute la Sénégambie. Plus de trente beaux villages regorgeant des récoltes de l'année furent livrés aux flammes. La vallée de *Paouos* et la forêt qui furent le théâtre du glorieux combat du 30 novembre, étaient jonchés des cadavres de l'armée de Maba. Nos volontaires firent plus de 1,000 prisonniers.

Le 2 décembre, au soir, la colonne reprit la route de Kaolakh où elle arriva le 6. Quant aux volontaires ils se dirigèrent sur le Signi, pour détruire cette petite province qui servait d'étape aux bandes de Maba quand elles traversaient le désert qui sépare le Saloum du Djolof. Le roi du Djolof, qui avait rejoint l'armée du gouverneur, alla reprendre possession de ses États.

L'expédition du Rip eut pour effet principal de rompre l'alliance déjà arrêtée entre Maba et les chefs maures et toucouleurs des bords du Sénégal, et d'intimider ces derniers à ce point qu'ils n'eurent plus d'autre préoccupation que d'éviter tout sujet de guerre avec nous.

D'un autre côté, les pertes sensibles éprouvées par Maba pendant cette expédition le mirent dans l'impossibilité de rien entreprendre de sérieux contre la colonie pendant les dix-huit mois qui suivirent ; la seule présence de nos troupes sur les frontières suffit pour faire rentrer ses bandes dans le Rip toutes les fois qu'elles ont tenté des incursions sur notre territoire.

Aussi dirigea-t-il pendant ce temps ses principaux efforts sur les provinces riveraines de la Gambie, et ce n'est qu'aux succès qu'il obtint de ce côté qu'on put attribuer le réveil de sa puissance, qu'il ne paraissait pas d'ailleurs disposé à vouloir compromettre de nouveau en s'attaquant directement à nos possessions, mais qu'il eut voulu augmenter en ravageant les pays de nos alliés, le Sine et le Baol, comme il avait ravagé le Saloum, le Mbaké et le Djolof.

Mais le gouvernement de la colonie ne pouvait laisser s'accomplir cette œuvre de destruction. C'eut été méconnaître nos véritables intérêts, c'eût été commettre une action déloyale puisque nous eussions laissé sans appui des populations qui avaient mis en nous toute leur confiance et cimenté notre traité d'alliance avec elles en mêlant leur sang à celui de nos soldats dans les plaines du Rip ; le drapeau français se fût replié devant les excès de la barbarie. Or, dans l'œuvre de civilisation entreprise au Sénégal depuis 1854, ce drapeau n'avait jamais reculé, et ce n'était qu'en le portant constamment d'une main ferme qu'on pouvait consolider les résultats obtenus et fonder une grande colonie.

Était-il permis de concevoir quelque doute à ce sujet quand on voyait les paisibles populations du Cayor, débarrassées des Tiédo, se relever, en une seule année, de l'état de misère où les avaient plongées la guerre, les épidémies, la famine, fournir des produits abondants à notre commerce et reconnaître les bienfaits de notre administration.

Au commencement de l'année 1867, les partisans de Maba, qui occupaient le delta compris entre les embouchures du Saloum et de la Gambie, se livraient à la piraterie, enlevaient les pirogues des traitants de Joal et pillaient les villages du bas Saloum placés sous notre protectorat. De plus le bruit courait que Maba se préparait à envahir le Sine et le Baol.

Le gouverneur Pinet-Laprade donna l'ordre au chef de bataillon Flize, commandant supérieur de Gorée, de se porter, avec toutes les troupes dont il pourrait disposer, dans ces parages. Le commandant Flize avec 270 hommes embarqués sur l'*Espadon*, parcourut les rivières de Saloum et de Sine, brûla les villages de Foura, de Diogué, de Diouce, etc., dont les habitants s'étaient rendus coupables de méfaits à l'égard de nos protégés ; mais il ne put recueillir aucune nouvelle certaine sur la présence et les projets de Maba. Pour donner au roi de Sine un appui matériel et moral il laissa à Kaolakh, en poste d'observation, 160 hommes sous le commandement du capitaine Le Creurer. Avec le reste de ses troupes il rentra à Gorée.

Le 20 avril des bandes de Maba étant signalées aux environs du poste, le capitaine Le Creurer se porta en avant pour chercher à les joindre.

A midi, comme la petite colonne, harassée de fatigue, s'était arrêtée dans une clairière, près de l'ancien village de Tioffat, et creusait des puits pour avoir de l'eau, elle fut soudainement entourée par plus de 2000 hommes. C'était l'armée toute entière de Maba, alors en marche sur le Sine, que ces 160 hommes allaient avoir à combattre. Pendant plus de deux heures, ils résistèrent en terrain découvert, à cette multitude d'ennemis. Enfin les munitions étant épuisées, 60 hommes tués dont 4 officiers, le capitaine Le Creurer un des premiers, les survivants au nombre d'une centaine, dont trente blessés, résolurent de s'ouvrir un passage à la baïonnette et de rejoindre le poste de Kaolakh dont ils étaient éloignés de 10 kilomètres. Poursuivis, harcelés par les fanatiques de Maba, que cette longue résistance avait exaspérés ils atteignirent cependant Kaolakh, à travers des difficultés inouïes et sans se laisser entamer une seule fois. L'ennemi ne cessa sa poursuite qu'à la portée des canons du poste. Il avait eu 200 hommes tués.

Ce beau fait d'armes retarda la marche de l'envahisseur et permit au roi de Sine de réunir des contingents assez nombreux pour que Maba n'osât l'attaquer. Ce dernier se retira dans le Rip.

Au mois de juillet suivant, Maba renouvela ses tentatives. Il pénétra dans le Sine à la tête de tous ses partisans. Mais le roi de Sine, prévenu, avait pu réunir des forces capables de lutter contre celles de son ennemi. Il avait reçu en outre du gouvernement de la colonie les secours en munitions qu'il lui avait demandés.

Un grand combat eut lieu, le 18 juillet 1867, à Somb, village situé entre Diakkao et Marout. A l'issue de ce combat, qui dura de 5 heures du matin à 6 heures du soir, l'armée de Maba fut mise en pleine déroute. Lat-Dior, qui assistait à la bataille, avait fait défection vers le milieu de la journée et s'était enfui vers le Rip.

Maba, son fils, son neveu, ses principaux lieutenants furent tués. Ainsi fut close l'ère d'agitation dont les provinces du Sine et du Saloum avaient été le théâtre pendant six années.

CHAPITRE XIII

GUERRE CONTRE LAT-DIOR ET AHMADOU-CHEIKHOU

Maba venait à peine de disparaître qu'un autre prêcheur de guerre sainte allait, de concert avec Lat-Dior, susciter de nouvelles difficultés au gouvernement de la colonie et cela presque aux portes mêmes de Saint-Louis.

La famine, et le choléra qui s'était déclaré dans la colonie en novembre 1868, avaient produit une grande exaltation religieuse parmi les indigènes du Cayor, du Oualo et des États riverains du bas Sénégal. Un marabout du Toro, nommé Ahmadou-Cheikhou, affilié à la secte de Tidjani, d'Aïn-Madi (Sud de l'Algérie), exploita habilement ces dispositions. Il annonça que ceux-là seuls qui embrasseraient sa cause seraient protégés contre le redoutable fléau. Le nombre de ses prosélytes devint bientôt assez considérable pour qu'il crût pouvoir entreprendre une guerre sainte et soulever les populations.

Ce fut dans le Cayor qu'il tenta de porter ses premiers coups. Le Cayor, annexé à la colonie depuis 1865, souffrait encore d'une famine provenant de l'invasion des sauterelles et d'épidémies sur les troupeaux. De plus il était travaillé par les intrigues des partisans de Lat-Dior. Les difficultés d'administration de cette grande province étaient donc considérables ; aussi le gouverneur Pinet-Laprade s'était-il décidé, au commencement de 1869, à permettre à Lat-Dior de rentrer dans le Cayor. Il l'avait même nommé chef de son canton natal, celui de Guet. Il espérait ainsi calmer les esprits et ramener la confiance au sein de ces populations si éprouvées.

Mais Lat-Dior, à peine rentré, oublia les engagements pris vis-à-vis du gouverneur et chercha à rallier à son parti tous les chefs de canton. Il saisit avec empressement l'offre qui lui était faite par le chef toucouleur de se joindre à lui contre les Français.

Le gouverneur, averti des menées de Lat-Dior et des projets d'Ahmadou-Cheikhou, prit de suite des dispositions militaires en conséquence.

C'était d'Ouoro-Madiou, son village natal, situé sur le marigot de Doué, qu'Ahmadou-Cheikhou était parti avec ses partisans, se dirigeant vers le Cayor. Le gouverneur envoya, le 27 juin 1869, 200 hommes, sous le commandement de M. le capitaine de frégate Vallon, avec ordre de détruire ce village. Il voulait, par cet acte, effrayer les populations turbulentes du Fouta et les empêcher de se soulever. L'opération fut effectuée dans la nuit du 28 au 29 juin.

Au même moment Ibrahima-Penda, lieutenant d'Ahmadou, pénétrait dans le Cayor, battait le chef de Coki et faisait assassiner le chef du canton de Nguéoul. Une colonne expéditionnaire sous les ordres de M. le chef de bataillon du génie Brunon, fut immédiatement dirigée sur N'diagne. Cette colonne, outre l'escadron de spahis, en position d'observation à N'diagne depuis quelques jours, comprenait 500 hommes d'infanterie et 2,000 volontaires de la province de N'diambour.

Combat de Mékhey. — La colonne quitta N'diagne le 3 juillet et se dirigea vers le sud où Ibrahima-Penda et Lat-Dior avaient fait leur jonction. Le 9, elle s'arrêta à Khisso et le commandant Brunon envoya l'escadron de spahis et les volontaires en reconnaissance vers Mékhey, où les bandes de Lat-Dior étaient signalées.

Arrivés devant les tapades du village, les volontaires ouvrirent un feu désordonné contre les défenseurs bien abrités, puis, saisis de panique, s'enfuirent en désordre à travers la brousse. L'escadron, ainsi abandonné, fut entouré par les cavaliers de Lat-Dior. Les spahis les chargèrent vigoureusement à plusieurs reprises, mais chaque fois qu'ils arrivaient contre les cases du village, ils étaient criblés de balles. M. Audibert, capitaine en second, est tué ; le sous-lieutenant Couloumy est blessé ; un grand nombre d'hommes sont mortellement atteints. Le capitaine Canard, commandant l'escadron, jugeant la place intenable pour ses cavaliers devant des ennemis embusqués dans des cases, se résout à battre en retraite. Pendant que la plus grande partie des survivants de l'escadron rentraient au camp sous la conduite du sous-lieutenant Couloumy, une quinzaine de spahis avec le capitaine Canard, les sous-lieutenants Bancal et Faidherbe, le vétérinaire Sorbière protégeaient la retraite et luttaient pied à pied contre les cavaliers de Lat-Dior. Poursuivis sans relâche par ceux-ci, ces courageux officiers voyaient leurs hommes tomber un à un ; bientôt ils furent réduits à six, égarés dans la brousse, démontés, séparés les uns des autres, épuisés de fatigue et mourant de soif, le capitaine Canard et ses compagnons purent néanmoins rejoindre, dans la soirée, la colonne à son camp de Khaoulou.

En résumé l'escadron, qui comptait 75 hommes, eut dans cette affaire de Mékhey, 24 hommes tués, dont un officier et 3 sous-officiers, 13 blessés, 3 prisonniers et 42 chevaux tués.

Après la destruction de l'escadron et la fuite des volontaires, le commandant de la colonne, ne se croyant plus assez fort, rentra à Saint-Louis.

A la suite du combat de Mékhey, Lat-Dior s'était retiré vers l'est, mais il rentrait bientôt dans le Cayor à la tête de forces plus nombreuses. A la fin du mois d'août il était signalé aux environs de

Louga et de N'diagne où nous avions un poste, bloqué alors par les indigènes insurgés.

Une colonne sous les ordres du lieutenant-colonel Le Camus, fut chargée de dégager ce poste et de le ravitailler. Elle se composait de 350 hommes d'infanterie, 62 spahis, 2 pièces d'artillerie et d'un convoi de 200 chameaux et 100 mulets chargés de vivres et de munitions de guerre.

Combats de Louga. — Partie de Saint-Louis, le 11 septembre 1869, la colonne arriva le 15 près de Louga où l'ennemi semblait vouloir lui disputer le passage. Pendant que les hommes établissaient le camp et dégageaient les puits obstrués par l'ennemi, le lieutenant-colonel Le Camus envoya 150 hommes sous le commandement du capitaine d'état-major Bois pour reconnaître les positions occupées par les guerriers de Lat-Dior. Le village de Louga fut traversé sans qu'un seul coup de fusil révélât la présence de l'ennemi, lorsque longeant une haie épaisse, au delà du village, les tirailleurs furent assaillis à bout portant par un feu si violent, que 80 des leurs furent tués, y compris le capitaine Salmont qui les commandait. La reconnaissance dut battre en retraite et rejoindre le camp, où l'on prit des dispositions pour résister aux attaques que Lat-Dior, enhardi par ce succès, ne manquerait pas de tenter. En effet, aussitôt le jour tombé et pendant une partie de la nuit, les noirs vinrent tirailler contre le camp, mais du reste sans succès.

Le lendemain, à six heures du matin, le lieutenant-colonel Lecamus forma sa troupe en carré autour du convoi et se dirigea sur Louga. Le carré, bientôt entouré par près de 7000 ennemis, continua sa marche tout en faisant feu des quatre faces. Pendant trois heures et demie il résista à toutes les charges des cavaliers de Lat-Dior, aux assauts furieux de ses fantassins qui venaient se faire tuer jusque sur la pointe des baïonnettes. Enfin on atteignit Louga dont on s'empara. Lat-Dior s'enfuit abandonnant plus de 700 cadavres sur le terrain et emmenant un plus grand nombre de blessés. La colonne n'avait eu que 25 hommes mis hors de combat.

Le 18, elle atteignait le poste de N'diagne et le ravitaillait. Le 26, sa mission accomplie, elle rentrait à Saint-Louis sans avoir été inquiétée depuis les brillants combats de Louga.

Malgré ces défaites successives et les pertes considérables qu'il avait subies, et quoique Ahmadou-Cheikhou eut rappelé à lui ses partisans pour combattre dans le Toro, Lat-Dior tenait toujours dans le Cayor.

Une colonne expéditionnaire, sous les ordres du capitaine, Canard fut lancée contre lui au mois de décembre 1869. Elle l'atteignit le 17 à Salen, petit village situé près de Mékhey, lui tua 90 hommes et l'obligea à battre en retraite. Lat-Dior se retira dans le Rip. Il ne devait pas tarder à en revenir.

Enfin, en 1871, le gouvernement de la colonie, espérant clore l'ère des hostilités, le reconnut comme Damel et lui rendit le Cayor, sauf les banlieues de Saint-Louis et de Dakar et la province de Diander.

Pendant que les luttes dans le Cayor absorbaient toutes les forces de la colonie, Ahmadou-Cheikhou, libre de ses mouvements, avait employé les derniers mois de 1869 à révolutionner le Toro et le Dimar. Un seul chef, le Lam Toro Samba-Oumané, était resté fidèle à notre cause et subissait dans Guédé les assauts répétés des partisans d'Ahmadou.

Après le combat de Salen et la retraite de Lat-Dior dans le Rip, qui en fut la conséquence, le gouverneur rappela toutes les troupes du Cayor et les dirigea sur le Toro. Le 31 janvier 1870, 500 hommes, sous le commandement du lieutenant-colonel Trève, s'embarquèrent à Saint-Louis. Le 6 février ils débarquèrent sur la rive gauche du marigot de Doué, près de Diawara.

Ralliée par les gens de Samba-Oumané, la colonne rencontrait le jour même de son débarquement, à Mbantoul, un parti d'insurgés qu'elle mit en fuite presque sans combat.

Le lendemain 7, à Fanao, la lutte fut plus chaude, Ahmadou-Cheikhou, qui disposait d'environ 1500 hommes, en perdit une centaine.

Le 8 février, les tirailleurs et les volontaires s'emparent, près de Saéré, de 150 bœufs et de 2000 moutons. Le 9, Ahmadou-Cheikhou, à la tête de 2000 hommes, tente, près de Diawara, une attaque infructueuse contre la colonne pour reprendre ses troupeaux. Il laisse 200 cadavres sur le terrain.

Pendant ce temps, les gens de Podor opéraient de leur côté une razzia de 2500 moutons.

• Le 12, la colonne qui s'était reposée quelques jours à Diawara reprend sa marche en avant à la poursuite du marabout ; le 15 elle aperçoit les forces ennemies massées près de N'dioum. La bataille allait s'engager, déjà quelques coups de fusils avaient été échangés, quand un grand mouvement se produisit dans les rangs ennemis ; le drapeau parlementaire fut hissé et Ahmadou-Cheikhou, abandonné par les siens, s'enfuit suivi seulement de quelques cavaliers.

Les jours suivants furent employés par les troupes de la colonne à brûler les villages les plus compromis dans les troubles et à dissiper les derniers groupes d'insurgés qui s'étaient retirés dans l'île à Morphil. Le 7, tout étant rentré dans l'ordre, la colonne se rembarquait pour Saint-Louis, laissant Samba-Oumané comme chef du Toro.

Ahmadou-Cheikhou s'était réfugié dans le Fouta ; mais bientôt il pénétra dans le Djolof où il avait de nombreux partisans. En peu de temps il s'y rendit assez puissant pour en chasser le roi et prendre sa place. Tous les ans, à la tête de ses bandes, Ahmadou-Cheikhou faisait des incursions dans le Toro, pillant les villages et razziant les troupeaux. Il n'osait s'aventurer dans le Cayor dont le damel Lat-Dior, devenu notre allié, avait cessé tout rapport avec lui et lui interdisait l'entrée de ses États. Cependant par des émissaires habiles il recrutait dans les provinces environnantes et jusque dans Saint-

Louis des adhérents à la confrérie de Tidjani, dont il s'était proclamé le chef pour le Soudan. Le nombre de ces adhérents allait toujours en croissant et en 1875, Ahmadou-Cheikhou se crut assez fort pour avouer hautement que le but qu'il poursuivait était la délivrance de son pays par l'extermination des blancs. Il comptait qu'une insurrection éclaterait à Saint-Louis même et l'aiderait dans l'accomplissement de ses desseins.

Le gouvernement de la colonie ne se laissa pas surprendre. Apprenant qu'Ahmadou-Cheikhou avait fait irruption dans le Cayor et s'y livrait aux violences, pillages et incendies qui signalaient d'ordinaire sa présence, il y envoya aussitôt une forte colonne de 580 combattants avec deux pièces d'artillerie, pour y agir de concert avec Lat-Dior. Le lieutenant-colonel Bégin en reçut le commandement.

Le 4 février 1875, la colonne expéditionnaire quittait Saint-Louis. Elle ralliait bientôt l'armée de Lat-Dior et, dans la nuit du 10 au 11, elle campait à Pété, village situé à 11 kilomètres au nord de Coki. C'est sur ce point qu'Ahmadou-Cheikhou se trouvait en ce moment avec toutes ses forces. Des renseignements précis représentaient les ennemis comme très nombreux et très décidés ; on devait s'attendre à une résistance sérieuse.

Combat de Boumdou. — Le 11 au matin, la colonne, éclairée par toute sa cavalerie, s'ébranla, marchant sur Coki.

Le convoi, fortement massé (train, bagages, ambulances, chameaux), était encadré par les pelotons d'infanterie de marine et de tirailleurs, habilement disposés; les troupes de Lat-Dior flanquaient la queue de la colonne, à gauche. On s'avançait ainsi dans le plus grand ordre, sur un terrain couvert de broussailles, lorsque l'ennemi fut signalé sur le flanc gauche par la cavalerie.

L'ordre est aussitôt donné de former le carré autour du convoi, l'armée de Lat-Dior marchant derrière nos troupes. Bien qu'exécuté avec la plus grande célérité, le mouvement est à peine terminé que le combat s'engage de très près, à une distance de cent pas environ. Le nombre des assaillants augmente dans une proportion considérable; les ennemis, cachés dans les herbes, se rapprochant rapidement, visant bien, gagnent du terrain et dessinent un mouvement tournant vers la gauche dans le double but de nous couper de la ligne de retraite, et, en évitant la première face du carré occupée par l'infanterie de marine, de s'attaquer aux tirailleurs et aux volontaires pour atteindre plus facilement le convoi.

Malgré un feu très nourri de notre part, les gens d'Ahmadou, protégés par un pli de terrain, continuent leur mouvement, et, bientôt, ils ne se trouvent qu'à 40 ou 50 pas. Le feu si terrible de nos chassepots et de nos canons semble impuissant à les arrêter. Beaucoup d'hommes sont tués ou blessés, et parmi eux un grand nombre d'officiers.

Les assaillants se montrent de plus en plus audacieux, ils ont complètement tourné une des faces du carré, et le feu s'est engagé depuis quelques minutes entre les gens d'Ahmadou et ceux de Lat-Dior. Il est à craindre que ceux-ci, repoussés, ne viennent se jeter sur nous et porter dans nos rangs un désordre compromettant pour la sécurité générale.

Dès lors il est évident qu'un mouvement offensif seul peut nous dégager. Le commandant de la colonne donne l'ordre à l'escadron de spahis commandé par le capitaine Lasmolles et le lieutenant Faidherbe de charger, et alors toute l'armée de Lat-Dior, entraînée par l'exemple, se précipite sur l'ennemi qui est mis en complète déroute et poursuivi avec acharnement, à travers la brousse, par les partisans de Lat-Dior qui massacrent sans pitié tous ceux qu'ils rejoignent.

Après s'être assuré qu'il n'y avait pas de retour offensif à redouter de la part de l'ennemi, M. le lieutenant-colonel Bégin fit reformer la colonne dans l'ordre primitif pour marcher sur Coki, distant de 5 kilomètres.

Des dispositions avaient été rapidement prises, pour l'attaque du Sagné, sorte de petite redoute qu'Ahmadou avait fait établir en avant du village, lorsque les éclaireurs vinrent annoncer qu'il était abandonné. Nos troupes purent donc, sans coup férir, y pénétrer et l'occuper militairement.

Cependant la poursuite du marabout se continuait par l'armée de Lat-Dior sur la route du Djolof.

Des nouvelles apportées successivement purent faire apprécier à la colonne l'étendue de sa victoire. Ahmadou-Cheikhou était tué, son armée anéantie. Le nombre d'ennemis trouvés morts sur le champ de bataille s'élevait à 450 ; tous les principaux lieutenants du prophète avaient succombé.

Ainsi notre succès était complet; la question grosse de menaces de la domination du marabout dans le Cayor était vidée en trois quarts d'heure. Nos pertes, il est vrai, étaient considérables ; nous comptions 88 hommes blessés dont 9 officiers, parmi lesquels les capitaines de Kersabiec, Lambert, Chaumont, de Comeiras, les sous-lieutenants Michaud, Brémond, Herrewyn, Bel-Kreir, et 14 hommes tués, dont un officier indigène, M. Ahmady-Samba.

CHAPITRE XIV

LES CAMPAGNES DE PÉNÉTRATION VERS LE NIGER.

Au point où nous en sommes arrivés dans ce récit chronologique, à une période de calme, presque d'atonie, va succéder une phase des plus actives, des plus importantes dans l'histoire de la colonie du Sénégal, des plus fécondes en résultats pour l'avenir de l'influence et du commerce de la France dans l'Afrique occidentale.

Le gouverneur Faidherbe, en créant le poste de

Médine, en 1855, avait entendu poser un premier jalon sur la route de la partie navigable du Sénégal au Niger. Le voyage de Mage avait pour but d'étudier cette route. Le gouverneur avait même indiqué à cet officier comme probablement à occuper les points de Bafoulabé, Kita, Bangassi et Bammakou.

Pendant les douze années qui suivirent le départ de ce gouverneur, ces projets restèrent dans l'oubli ; ils ne furent repris qu'en 1877 par le gouverneur Brière de l'Isle, avec l'assentiment du ministre de la marine, l'amiral Jauréguiberry.

Ce sont les campagnes qui amenèrent nos troupes jusque sur les bords du Niger que nous allons maintenant raconter.

Comme dans tout le cours de cet ouvrage nous laisserons de côté ce qui a trait à la politique, aux explorations géographiques, topographiques, etc., nous bornant exclusivement au récit des opérations militaires. Les faits du reste sont encore assez récents pour que les causes qui les ont amenés soient présentes à toutes les mémoires ; et les discussions au Parlement, dans la presse, les ouvrages nombreux[1] qui ont été publiés sur le projet du chemin de fer du Sénégal au Niger et sur la

---

1. Voir entre autres :
Exploration du Haut-Niger, par le commandant Galliéni. — Hachette, éditeur;
Le Soudan français, par le général Faidherbe. — Danel, édit., à Lille ;
La France dans l'Afrique occidentale, publication du Ministère de la marine. — Challamel, éditeur ;
Les Français au Niger, par le capitaine Piétri. — Hachette, 1885.

politique à suivre dans le Soudan ont rendu la question familière à tous.

Avant d'aborder le récit des campagnes de pénétration, nous dirons quelques mots de la prise de Sabouciré, qui en forme en quelque sorte le prologue, et de la mission Galliéni.

§ 1. — Prise de Sabouciré.

Le village fortifié de Sabouciré, situé à 16 kilomètres en amont de Médine, avait, en 1878, une population de plusieurs milliers d'habitants, pour la plupart Khassonké et Toucouleurs. Ils étaient en hostilités ouvertes avec le roi du Khasso, notre vieil allié Sambala, un des défenseurs de Médine, et leur chef Niamody, réclamait l'appui du Sultan de Ségou, Ahmadou, avec lequel il entretenait des relations suivies.

Il eut été dangereux pour nos établissements du Haut-fleuve et contraire à nos projets de pénétration vers le Niger, de laisser les Toucouleurs s'installer en force dans cette localité.

Aussi le gouverneur Brière de l'Isle, après avoir épuisé auprès de Niamody tous les moyens de conciliation pour l'amener à cesser ses hostilités contre notre allié Sambala, confia au lieutenant-colonel Reybaud, de l'infanterie de marine, la direction d'une expédition dont le but était de mettre fin à cet état de choses.

La colonne expéditionnaire, forte de 535 hommes,

80 chevaux, 4 pièces d'artillerie, s'embarqua à Saint-Louis le 10 septembre 1878; le 22 septembre elle était devant Sabouciré. Après que la brèche été ouverte à coups de canon dans le tata, les troupes se lancèrent à l'assaut et un combat corps à corps s'engagea avec les défenseurs, dont la résistance fut opiniâtre. Cinq heures durant les Toucouleurs luttèrent pied à pied avec nos soldats ; enfin ils durent céder. Niamody avait été tué presque au début de l'action ; 150 des siens furent trouvés morts dans le village ; un grand nombre d'autres périrent en voulant traverser le fleuve à la nage.

Nos pertes avaient été relativement considérables ; nous eûmes treize hommes tués, dont deux officiers ; le capitaine Dubois et le lieutenant Béjoutet, et 51 blessés.

Les guerriers du Khasso qui, sous le commandement du fils de Sambala, Demba, ancien élève de l'École des ôtages, nous avaient prêté leur concours, occupèrent Sabouciré, après que nos troupes en eurent détruit le tata et les cases fortifiées

Cette opération, habilement et vigoureusement conduite par le lieutenant-colonel Reybaud, nous ouvrait la route du Niger.

§ 2. — La mission Galliéni.

L'année suivante, en 1879, fut construit le poste de Bafoulabé, au confluent du Bafing et du Bakhoy.

Il était d'une bonne politique, avant d'aller plus

loin dans la direction de l'est, de chercher à éviter toute cause de conflit avec le roi de Ségou, possesseur de droit, sinon de fait, des territoires que devait traverser notre ligne de postes.

Le gouverneur du Sénégal envoya à cet effet à Ségou, M. Galliéni, capitaine d'infanterie de marine; MM. les lieutenants Vallière et Piétri, les docteurs Tautain et Bayol, l'accompagnaient. Vingt tirailleurs et dix spahis formaient l'escorte armée; une centaine d'âniers conduisaient les 250 ânes ou mulets qui, chargés de vivres et de cadeaux, constituaient le convoi.

La mission quitta Médine le 20 mars 1880. Elle traversa sans incidents Bafoulabé, Badoumbé, Kita. Pendant le court séjour qu'il fit dans cette dernière localité, le capitaine Galliéni signa avec les chefs indigènes un traité qui assurait le protectorat de la France sur la petite confédération de Kita et y préparait notre future installation.

Quelques marches après Kita, la mission pénétra dans le Bélédougou. Cette région était habitée par les Bambara dits Béléri, ennemis déclarés des musulmans en général et des Toucouleurs d'Ahmadou en particulier. Aussi le chef de la mission avait-il fait défense expresse à ses hommes de parler de Ségou et du but du voyage.

Dans les premiers villages la réception, sans être cordiale, avait été pacifique. Cependant au village d'Ouoloni, le docteur Tautain, laissé seul avec quelques hommes, pendant un certain temps, à la garde d'une partie des bagages, n'avait dû qu'à sa contenance énergique d'avoir pu en éviter le pillage. On sentait que les convoitises s'allumaient autour de ces richesses dont les Bambara s'exagéraient l'importance.

A Guinina ce fut plus que de la froideur qu'on rencontra chez le chef du village. Ses brutales réponses, son air de défi, les bruits qu'on entendait derrière le tata du village, les mouvements des guerriers, tout semblait présager une attaque imminente. Elle n'eut pas lieu, peut-être par suite des dispositions défensives prises ostensiblement par le capitaine Galliéni.

Cependant la mission, conduite par des guides que le chef de Guinina avait fini par accorder, atteignit Dio et établit son camp à 600 mètres au delà. Le chef du village envoya ses frères saluer Galliéni mais refusa de le recevoir dans son tata qui de l'extérieur paraissait abandonné. Des espions que le capitaine envoya pendant la nuit rôder autour de Dio lui rapportèrent que, loin d'être abandonné, ce village était rempli de guerriers qui concertaient bruyamment leur plan d'attaque contre la mission.

Le lendemain, 11 mai 1880, à une heure de l'après-midi, après une reconnaissance préalable de la route à suivre, la mission se remit en route. Le capitaine Galliéni, le docteur Bayol, dix spahis et dix tirailleurs ouvraient la marche ; puis le convoi suivait, s'allongeant en une file indienne de plus de 500 mètres de longueur, formée d'animaux fatigués, blessés, et s'arrêtant à chaque pas ; le docteur Tautain, dix tirailleurs et quelques laptots armés de fusils, formaient l'arrière-garde.

On avait déjà parcouru près d'un kilomètre et les derniers hommes allaient franchir le ruisseau de Dio, lorsque tout à coup la fusillade éclate sur toute la longueur de la colonne. Les Bambara, au nombre de plus de deux mille, dissimulés derrière les arbres, derrière les moindres accidents de terrain, ou sortant en foule du village de Dio, exécutent contre nos hommes un feu nourri, puis se précipitent en avant ; les âniers non armés fuient, les animaux sont pris ou tués, en quelques minutes le convoi est détruit et la colonne coupée en deux tronçons trop éloignés pour se prêter un mutuel secours.

Le capitaine Galliéni et ses vingt braves soldats résistent, non sans pertes, au premier choc. Entourés d'ennemis de tous les côtés, ils ouvrent contre leurs assaillants un feu meurtrier qui élargit le cercle qui les enserre. Les spahis chargent les ennemis, et gagnent, avec les tirailleurs à leur suite, les ruines d'un tata qui se trouvaient à proximité du sentier. Derrière cet obstacle, leurs armes perfectionnées, leur discipline et leur courage leur permettent de lutter avec avantage contre un ennemi si supérieur en nombre. Après une demi-heure de combat, les abords des ruines sont assez déblayés pour que le capitaine Galliéni puisse tenter une sortie et chercher à rejoindre l'arrière-garde. A ce moment le docteur Tautain, en croupe sur le cheval de l'interprète Alassane, débouchait en face des ruines du tata, suivi par quelques tirailleurs. Attaqué de tous côtés, il avait réussi à se faire jour à travers les ennemis, mais presque tous ses hommes avaient été tués ou mis hors de combat.

Ayant rassemblé ses hommes et mis ses blessés sur les quelques mulets qu'on avait pu rattraper, le capitaine Galliéni fit reprendre la marche vers l'est. Les Béleri n'abandonnèrent la poursuite qu'à la tombée de la nuit. Pendant cette terrible journée la mission avait eu 15 hommes tués, 16 blessés et 7 disparus. Le lendemain, après des alertes continuelles et un orage terrible, la petite troupe, harassée de fatigue, entrait dans la vallée du Niger et s'arrêtait devant Bammakou, où elle était reçue par les lieutenants Vallière et Piétri, qui, chargés de reconnaissances spéciales en avant de la colonne, étaient arrivés en cet endroit depuis plusieurs jours. L'accueil des habitants de Bammakou, sans être ouvertement hostile, fut cependant assez malveillant pour que le capitaine Galliéni ne voulût pas prolonger son séjour près de ce village. Quoique dénué de ressources et ne possédant plus aucun des cadeaux qu'il devait offrir à Ahmadou, il résolut d'accomplir sa mission jusqu'au bout. Il remonta le cours du Niger et alla le traverser au gué de Nafadié, localité située à quelques lieues en amont de Bammakou.

Avant de franchir le fleuve, le capitaine Galliéni s'était débarrassé du personnel désormais inutile et qui ne pouvait plus qu'encombrer sa marche. Une soixantaine d'âniers, conduits par le docteur

Bayol, reprirent à travers le Manding, la route tranquille et sûre de Kita et du Sénégal.

Rassuré ainsi sur le sort de ceux dont il se séparait, le capitaine Galliéni avec les lieutenants Piétri et Vallière et le docteur Tautain, suivi des tirailleurs, des spahis, des laptots et de tous les blessés (une cinquantaine d'hommes environ) se dirigea, par la rive droite du Niger, vers Ségou.

Il ne put atteindre cette ville ; par ordre d'Ahmadou, il dut s'arrêter à Nango, à 40 kilomètres en deçà de Ségou.

Pendant dix mois la mission attendit dans ce village et la signature du traité et la permission de partir qu'Ahmadou remettait toujours au lendemain.

Enfin la nouvelle de la marche d'une colonne commandée par le colonel Borgnis-Desbordes qui venait de s'emparer de Goubanko, près de Kita, éveillant les craintes des Toucouleurs, Ahmadou fit hâter les préparatifs de départ de la mission. Le 21 mars 1881, elle quittait Nango, remontait la vallée du Niger et regagnait Kita par Nafadié, Niagassola et Mourgoula.

Le texte arabe du traité que rapportait Galliéni, et qui fut traduit à Saint-Louis, était tout différent du texte français. Il ne fut pas accepté par le gouverneur Canard qui remit à un envoyé de Ségou, venu ultérieurement à Saint-Louis, une nouvelle rédaction au sujet de laquelle Ahmadou ne répondit pas.

§ 3. — Première campagne (1880-1881).

Au mois d'octobre 1880, le lieutenant-colonel Borgnis-Desbordes, de l'artillerie de marine, était nommé commandant supérieur du Haut-Sénégal.

Il avait pour mission, dans la campagne qui allait s'ouvrir, d'assurer l'occupation du pays entre Médine et Kita en y créant des postes fortifiés dont il était libre de choisir les emplacements, de faire procéder aux études en vue de l'établissement d'un chemin de fer de Médine au Niger. Cette deuxième partie du programme ministériel était spécialement réservée à la mission topographique, placée sous la direction du commandant Derrien.

Par suite du vote tardif des crédits nécessaires à l'expédition et d'une baisse rapide des eaux du Sénégal, et malgré la vigoureuse impulsion donnée à tous les services de la colonie par le gouverneur, colonel Brière de l'Isle, les troupes et le matériel ne furent complètement rendus à Médine que le 2 janvier 1881.

Le 9 janvier la colonne expéditionnaire se mettait en route ; elle comptait 424 **combattants dont 156 Européens**, commandés par **18 officiers, 4 canons**, 355 non combattants, ouvriers indigènes, muletiers et âniers. Le convoi en chevaux, ânes et mulets comprenait 452 animaux.

Après avoir, en passant, brûlé le village de Foukhara dont les habitants avaient fait preuve d'hostilité envers le personnel de la mission topographique, la colonne atteignit Bafoulabé le 17 janvier. Elle y laissa ses malades, continua sa route et arriva à Kita le 7 février, ayant parcouru depuis Médine 340 kilomètres.

Le village de Goubanko, situé à 17 kilomètres au sud-est de Kita, était habité par un ramassis de brigands dont l'unique moyen d'existence était le pillage des villages voisins et des caravanes. De plus ils étaient soupçonnés, et à juste titre, d'avoir pris part à l'attaque de la mission Galliéni, à Dio. Il n'était pas possible de laisser subsister cette menaçante agglomération à proximité de notre nouvel établissement de Kita. Les tentatives de pourparlers avec le chef de Goubanko ayant été dédaigneusement repoussées, le lieutenant-colonel Borgnis-Desbordes se décida à employer la force.

Attaque et prise de Goubanko. — Le 12 février, avec 300 hommes et 4 canons, il arrivait devant le village et commençait immédiatement l'attaque.

« L'enceinte de Goubanko était constituée par une muraille en argile ferrugineuse ayant la forme générale d'un vaste rectangle avec des retours formant flanquement, des portes fortifiées avec corridors à retour, des créneaux et plateformes pour le tir. Deux fortes traverses, également en argile, partageaient le village en trois parties inégales dont chacune formait à vrai dire, une véritable forteresse, la prise de l'une d'elles n'entraînant pas la prise des deux autres. Enfin un fossé extérieur, dont les bords étaient presque partout à pic, entourait toute l'enceinte extérieure.

« Le village fut attaqué à l'angle nord-est, à 7 heures du matin. A 10 heures les obus mettaient le feu à une partie du village, mais le mur, dentelé par les trous d'obus, restait debout. Les projectiles allaient manquer : il ne restait plus que onze obus. Le capitaine Du Demaine, qui dirigeait le feu de la batterie avec autant de sang-froid que de précision, informait le colonel de cette situation et lui offrait de tenter de faire brèche à la pioche. Le colonel refusa d'employer ce moyen héroïque auquel il aurait été toujours temps de recourir lorsqu'il n'y en aurait plus eu d'autres, et ordonna de continuer le tir. La muraille tomba enfin en comblant à peu près le fossé, et une brèche praticable de 11 mètres de largeur était ouverte. Les tirailleurs commandés par M. le chef de bataillon Voyron, donnèrent l'assaut; la compagnie d'ouvriers d'artillerie, sous les ordres du capitaine Archinard, était en réserve et entra bientôt elle-même en action.

« Après une lutte pied-à-pied qui ne dura pas moins de trois quarts d'heure, et dans laquelle M. le commandant Voyron, MM. les capitaines Monségur, Sujol et Archinard firent des prodiges de courage, deux des tata tombèrent en notre pouvoir. Une partie des défenseurs prirent la fuite et furent chargés par les spahis ; les autres, retirés dans le troisième tata, vendirent chèrement leur vie en combattant avec une bravoure remarquable.

« C'est à cette dernière attaque que fut blessé mortellement M. Pol, capitaine d'artillerie de marine, tout jeune officier auquel des qualités éminentes réservaient un brillant avenir. En passant près du commandant supérieur, M. Pol, porté par des tirailleurs, retrouva assez de force pour lui dire : « Mon colonel, je meurs en soldat. Je n'ai qu'un regret: ce n'est pas ici, sous les coups des noirs, que j'aurais voulu tomber. »

« La ville était enfin à nous, il y régna bientôt une confusion indescriptible. Les Malinké de Kita, qui nous avaient suivis, et que le capitaine Marchi n'avait pu, par son audacieux exemple, entraîner à l'attaque de la ville, s'y étaient précipités dès qu'ils avaient vu tout danger disparu.

« Les troupes furent ralliées en dehors du village. Il était midi et demi.

« La colonne avait : 1 officier tué, 5 hommes tués et 24 blessés.

« Un dixième de son effectif était donc tué ou hors de combat. L'ennemi avait perdu plus de 300 hommes. Le dernier coup de canon tiré sur Goubanko avait tué le chef même du village.

« La colonne se reposa jusqu'à 4 heures et reprit ensuite la route de Kita où elle arriva 8 heures du soir[1]. »

Après cette exécution nécessaire, les travaux du fort de Kita furent repris avec la plus grande activité.

Pendant qu'ils avaient lieu, le lieutenant colo-

---

1. *La France dans l'Afrique occidentale*, publication du Ministère de la marine. Pages 144 et suivantes.

nel Borgnis-Desbordes envoya le capitaine Du Demaine en mission à Mourgoula. Cette place, élevée par les ordres d'El Hadj Omar pour assurer le maintien de la puissance des Toucouleurs dans la vallée du Bakhoy, était commandée par l'almamy Abdallah et son ministre Suleyman. Ceux-ci, à la suite de la prise et de la destruction de Goubanko dont ils considéraient les habitants comme leurs sujets, pouvaient nous susciter des difficultés. Le moment n'était pas venu de rompre ouvertement en visière avec les Toucouleurs ; il était donc politique de chercher à les rassurer sur nos intentions ; c'est ce dont fut chargé le capitaine Du Demaine qui reçut des Toucouleurs les meilleures assurances d'amitié. Cependant Abdallah et surtout Suleyman commencèrent dès ce moment une lutte sourde et déloyale contre nous, mais heureusement sans succès.

Le 7 mai la colonne repartit pour Médine, laissant le fort de Kita inachevé, mais néanmoins en état de résister à une attaque de la part des noirs ; 135 hommes y étaient laissés comme garnison avec 4 canons largement approvisionnés.

La prise de possession de Kita, c'est-à-dire d'un point situé à mi-distance entre Médine et le Niger, notre protectorat reconnu par toutes les peuplades entre Bafoulabé et Kita, la destruction de Goubanko, tels étaient les résultats très considérables de cette première campagne.

§ 4. — Deuxième campagne (1881-1882).

D'après les instructions que le ministre de la marine adressa à M. le colonel Borgnis-Desbordes, maintenu comme commandant supérieur du Haut-Sénégal, la deuxième campagne devait avoir pour objet d'aller jusqu'au Niger et de s'y établir. Malheureusement une épidémie de fièvre jaune qui de Saint-Louis avait bientôt gagné Gorée et Dakar, obligea à restreindre le programme ministériel. Il fut décidé qu'on se bornerait à ravitailler les postes de Bafoulabé et de Kita, à terminer ce dernier et à en construire un ou deux intermédiaires sur la route qui les joignait.

La colonne expéditionnaire, un peu moins forte que celle de l'année précédente (349 combattants, 636 non combattants, 555 animaux de convoi) arriva à Kita le 9 janvier 1882. En route le colonel Borgnis-Desbordes punit, soit en leur infligeant des amendes, soit en les brûlant, les villages de Mahïna et de Kalé, dont les habitants s'étaient livrés au pillage des caravanes. En quittant Badoumbé, au lieu de suivre pour se rendre à Kita la même route que l'année précédente, il s'y était dirigé par le Gangaran. Il voulait, par cette marche, effrayer les Malinké de cet État qui se montraient hostiles envers un prince Bambara, Mary-Ciré, notre ami, réfugié chez eux ; ouvrir une deuxième voie de communication entre Bafoulabé et Kita ; enfin montrer aux populations hésitantes que, malgré les bruits qu'on faisait courir, tous les Français n'étaient pas morts de la fièvre jaune.

A Kita, les travaux du fort venaient à peine de commencer, lorsque des événements imprévus amenèrent le colonel Borgnis-Desbordes à pousser une pointe audacieuse bien au delà des limites qu'il s'était fixées au début de la campagne.

Un chef puissant, de race soninké, Samory, qui jusqu'alors était resté sur la rive droite du Niger, cherchait à étendre sa domination sur la rive gauche. Le Manding oriental de Kangaba venait de reconnaître son autorité ; Samory pesait en ce moment sur le Bouré pour le décider à se joindre à lui ; les habitants de Niagassola restaient fidèles à l'alliance qu'ils avaient conclue avec nous l'année précédente, mais effrayés par l'annonce de l'approche de Samory, ils avaient précipitamment quitté leurs villages et s'étaient réfugiés dans les montagnes. En somme, les peuplades voisines de notre poste avancé de Kita étaient en ce moment agitées, inquiètes et semblaient attendre avec impatience que nous les délivrions du danger qui semblait les menacer. Le colonel jugea qu'il était indispensable, pour maintenir ces populations dans notre alliance, de leur rendre la confiance en notre force ; pour cela il fallait agir rapidement et énergiquement.

Le commandant de Kita avait, pendant l'hivernage, envoyé à Samory le sous-lieutenant Alakamessa pour lui demander d'épargner aux habitants du grand marché du Ouassoulou, Keniéra, qu'il assiégeait alors, les horreurs de la famine. Samory avait maltraité, menacé de mort et finalement fait jeter en prison notre envoyé. Bien que celui-ci se fût heureusement échappé, c'était là une injure qu'on ne pouvait laisser impunie. Enfin Kéniéra résistait toujours ; peut-être pourrait-on arriver à temps pour sauver cette ville et épargner à ses courageux défenseurs les tortures, la mort ou l'esclavage qui les attendaient.

Pour tous ces motifs le colonel se résolut à aller attaquer Samory sur la rive droite du Niger, dans ses camps d'investissement autour de Kéniéra.

Le 16 février 1882, il sortit de Kita à la tête d'une petite colonne très mobile comptant 220 combattants, et prit la route de Mourgoula.

L'almamy Abdallah et son ministre Suleyman essayèrent vainement de s'opposer à la marche de la colonne. Le colonel, par son habileté, sut éviter un conflit et continua sa route.

« A Niagassola, l'accueil fait à la colonne et à son chef fut très sympathique ; à Nafadié, la réserve fut plus grande : l'influence de Samory s'y était déjà fait sentir.

« La colonne passa le Niger dès son arrivée, le 25 février; les hommes à pied traversèrent dans des pirogues préparées à l'avance ; l'artillerie et la cavalerie passèrent par un gué excellent à fond de sable sur lequel il n'y avait pas plus d'un mètre d'eau.

« Le colonel entra immédiatement en relation avec le roi du Kourbaridougou, Bala. La frayeur avait paralysé tous les habitants, et lorsqu'on n'a pas assisté soi-même à ces paniques, qui sont de tous les pays et de tous les temps, on ne peut s'en faire une idée. Le colonel décida cependant quatre à cinq cents guerriers du pays à partir avec lui. Vigoureux, grands, bien faits, tous armés de fusils, couverts de gris-gris, il semblait que la colonne dût trouver en eux des auxiliaires utiles.

« Nous étions à quarante-six kilomètres de Kéniéra et il fut impossible d'avoir le moindre renseignement sur la position de l'armée de Samory, sur la nature de ses retranchements, sur la résistance de Kéniéra. Un homme, cependant, annonçait que la ville, réduite par la famine, était au pouvoir de l'ennemi.

« Le 26, la colonne arrive, à huit heures du matin, au marigot de Kadiala et fait halte.

« Notre approche n'est annoncée par aucun indice et c'est par hasard que des cavaliers de Samory, en poursuivant des captifs qui fuyaient, tombent sur les grand'gardes. Le colonel fait alors commencer l'attaque sans perdre un instant, car l'ennemi était trop nombreux pour qu'il fût prudent de lui donner le temps de se reconnaître. Les cavaliers se retirent devant des feux de salve et la colonne marche en avant. Elle aperçoit bientôt les camps retranchés de Samory.

« Ces camps retranchés, appelés « sagnés » dans le pays, sont formés par des palissades très bien faites. Dans l'intérieur se trouvent les cases des guerriers, les chevaux, les troupeaux, les provisions. Il y avait quatre camps retranchés semblables aux quatre sommets d'un vaste rectangle dont Kéniéra occcupait le centre. Des postes intermédiaires complétaient le blocus, et Samory avait attendu tranquillement que la famine lui eût livré la ville.

« Le sagné nord est incendié, et la colonne marche sur le sagné sud occupé par Samory lui-même. Ce chef, qui a annoncé à grand fracas qu'il ne reculerait pas devant les Français, de la largeur de son pied, et qui avait promis à ses femmes des blancs pour les distraire, fuit honteusement, et on voit bientôt une fourmilière d'hommes et de femmes, de fantassins et de cavaliers qui gravissent une colline voisine pour s'enfoncer dans les terres. Quelques obus hâtent leur fuite. A midi, la colonne occupe le sagné de Samory, s'y retranche et y prend un peu de repos dont elle a bien besoin, car elle marche et se bat depuis quatre heures du matin, et il fait une chaleur accablante.

« En allant du sagné nord au sagné sud, on avait passé près de Kéniéra. La ville était déserte ; il y avait cinq jours qu'elle s'était rendue.

« A une heure, le sagné Est est bombardé et brûlé. A trois heures et demie, la ville de Keniéra est fouillée pour bien constater que les gens de Samory ne s'y sont pas cachés et le sagné ouest est occupé.

« Des cadavres enchaînés, au nombre de plus de 200, y sont trouvés ; tous sont des hommes de Kéniéra qui ont été brûlés par leurs vainqueurs.

Ce sont ces exécutions barbares qui donnent à Samory cette puissance extraordinaire, résultant de la terreur folle qu'il inspire.

« Le colonel avait pu constater qu'il se trouvait avec ses 200 combattants en face de plus de 4,000 ennemis. Surpris, décontenancés par des feux à longue distance et quelques obus, ces derniers avaient fui, mais il ne fallait pas leur donner le temps de se reconnaître. Il fallait ou les poursuivre ou se retirer rapidement. Les poursuivre était impossible pour la petite troupe exténuée de fatigue, dont les approvisionnements en vivres et en munitions étaient bien minimes, et dont les chevaux, ayant les pieds usés par les terrains ferrugineux qu'on avait traversés, ne pouvaient plus marcher. Le colonel se décida alors à revenir sur le Niger.

« A quatre heures du soir, le même jour, la colonne se mettait en marche ; elle arrive au marigot de Kadiala à six heures quarante, à la nuit tombante, et là elle est reçue par une vive fusillade. Au bout de quelques minutes, les gens de Samory sont en fuite, le marigot est passé et la colonne campe. Nos auxiliaires, les Malinké de Faraba et de Falama, qui ont fui au premier coup de feu tiré à l'attaque des sagnés, reparaissent pour se mettre à l'abri de la colonne.

« Le 27, à onze heures du soir, la colonne arrive au Niger et commence immédiatement à passer sur la rive gauche, sans autre incident que quelques coups de fusil tirés par des cavaliers de Samory, qui, conduits par son frère Fabou, voltigent aux alentours.

« Du 25 février à quatre heures trente du soir, au 27 février, à onze heures du soir, la colonne avait parcouru 97 kilomètres et combattu une partie de la journée du 26. Un vent d'est brûlant soufflait depuis quelques jours et la chaleur était très pénible.

« Personne cependant ne resta en arrière. L'état sanitaire était très satisfaisant. Il n'y avait que les chevaux qui ne pouvaient plus marcher, ils étaient tous fourbus.

« Le 1er mars, la colonne quitte les bords du Niger pour rentrer à Kita par le chemin qu'elle avait déjà suivi en venant. A quelques kilomètres du marigot de Koba, le 2 mars, les 5 spahis dont les chevaux peuvent encore porter leurs cavaliers et qui couvrent les derrières de la colonne, sont attaqués subitement par une soixantaine de cavaliers commandés par Fabou.

« La situation était critique. L'officier de spahis, M. de Melville, manœuvre avec audace et sang-froid. Il bat en retraite lentement, s'arrêtant toutes les fois qu'il peut pour faire feu. Mais il était bientôt grièvement blessé et allait être cerné avec ses hommes lorsque les tirailleurs d'arrière-garde, sous la conduite de M. Alakamessa, lieutenant indigène, arrivèrent au pas de course. Les cavaliers ennemis disparurent alors pour ne plus revenir.

« La colonne rentrait le 11 mars à Kita, après

avoir parcouru 544 kilomètres depuis le 16 février[1]. »

Le 14 juin, toute la colonne, sauf les garnisons laissées dans le fort de Kita achevé et dans le poste de Badoumbé, créé pendant cette campagne, était de retour à Kayes.

§ 5. — Troisième campagne (1882-1883).

Devancer Samory à Bammakou qu'il disait vouloir attaquer, nous y installer solidement et, par une marche en avant, faire tomber les résistances qu'une plus longue immobilité de notre part aurait pu provoquer parmi les populations hésitantes du Haut-Sénégal, tel fut le but poursuivi et atteint dans la troisième campagne de pénétration.

542 combattants dont 29 officiers, 4 canons, 738 non combattants, 677 animaux de convoi, composèrent la colonne placée sous les ordres du colonel Borgnis-Desbordes.

Partie le 22 novembre 1882 de Sabouciré où elle s'était concentrée, cette colonne arriva à Kita le 16 décembre, après un arrêt de quelques jours à Bafoulabé et à Badoumbé.

L'état sanitaire général et la mise en train des travaux de réparation du poste de Kita obligèrent le colonel à accorder à ses troupes un repos bien

---

1. *La France dans l'Afrique occidentale*, page 180 et suivantes.

nécessaire avant d'entreprendre une nouvelle marche en pays inconnu.

Destruction de Mourgoula. — Il résolut de mettre à profit ce temps d'inaction forcée pour chasser les Toucouleurs de Mourgoula et raser les murailles derrières lesquelles ils abritaient leurs intrigues et cachaient le fruit de leurs exactions.

L'almamy Abdallah et son ministre Suleyman s'étaient, pendant tout l'hivernage, opposés au ravitaillement du poste en arrêtant les troupeaux que nous envoyaient le Manding, le Baleya et d'autres États riverains du Niger ; ils encourageaient les désertions parmi nos troupes indigènes ; enfin ils avaient noué d'étroites relations avec Samory et le poussaient à attaquer Kita.

Laisser impunis de pareils agissements, c'eût été compromettre notre établissement dans le Soudan. L'acte de vigueur auquel s'était résolu le colonel était donc nécessaire pour notre sécurité : de plus, il délivrerait les Malinké d'un joug détesté et les mettrait dans notre alliance.

Le 22 décembre, le colonel disposait ses troupes (376 combattants) pour l'attaque, à 400 mètres des murailles de Mourgoula, et sommait l'almamy et Suleyman de se rendre à son camp. Ceux-ci, effrayés par cet appareil militaire, obéirent. Le colonel leur reprocha leur duplicité, leurs relations avec Samory, leur mauvais vouloir envers les Français. Il termina son discours en leur disant qu'il ne voulait plus d'eux à Mourgoula ; mais que cependant, s'ils voulaient se défendre, ils étaient libres de retourner derrière leur tata, mais « vous le voyez, ajouta le colonel, mes dispositions sont prises et dans quelques instants Mourgoula n'existera plus. »

L'almamy et Suleyman se résignèrent. Emmenant leurs serviteurs, leurs femmes et leurs enfants ils suivirent la colonne à Kita d'où le colonel les dirigea sur Nioro.

Quelques jours après les Toucouleurs qui étaient restés à Mourgoula, quittèrent à leur tour cette ville dans laquelle ils ne se sentaient pas en sûreté. Il se retirèrent, avec l'assentiment du colonel, dans le Diombokho, dans le Dialafara ou dans le Kaarta.

Le 26 et le 27 janvier, M. Borgnis-Desbordes faisait procéder à la destruction des tata de Mourgoula par les habitants du Birgo sous la direction d'un officier de la colonne.

Rassuré de ce côté, le commandant de la colonne se prépara à marcher sur Bammakou, point choisi pour l'établissement d'un poste sur les bords du Niger. De Kita deux routes s'offraient à lui pour l'atteindre : celle par la vallée du Bakhoy, passant par Mourgoula, Niagassola, Sibi, Nafadié et celle par Kondou et le Bélédougou. La première, un peu plus longue que la seconde, mais d'un parcours plus facile, était à ce moment menacée par les bandes de Samory qui, sous le commandement de son frère Fabou, s'étaient portées sur la rive gauche du Niger. Il eut fallu probablement livrer des combats pour s'ouvrir cette route, certainement s'affaiblir pour la protéger.

Le colonel Borgnis-Desbordes se décida à prendre la seconde, espérant que les Bambara du Bélédougou, dont quelques chefs étaient venus le visiter à Kita lui feraient bon accueil, qu'il pourrait même contracter d'utiles alliances avec les petites confédérations de ce pays et qu'enfin, de ce côté, il gagnerait Bammakou sans tirer un coup de fusil. Son espoir fut déçu. Au passage du Baoulé, le capitaine Piétri, qui commandait l'avant-garde, apprit que les gens du village de Daba s'apprêtaient à nous disputer le passage. Les tentatives de conciliation ayant échoué, le colonel se décida à attaquer ce village fortifié, dont le chef Naba avait été le principal instigateur de l'attaque de la mission Galliéni à Dio, en mai 1880.

Attaque et prise de Daba. — Le 13 janvier 1883 la colonne forte de 520 combattants, passait le Baoulé : « Le 19 au matin le capitaine Piétri débouchait devant Daba. Un indigène, envoyé la veille au soir en parlementaire pour essayer une fois encore d'éviter une collision, ne revint pas. On apprit plus tard qu'il avait été tué.

« Le capitaine Piétri veut encore entrer en pourparlers, mais la fusillade répond à ses paroles de paix, et son interprète, un brave caporal de tirailleurs, tombe à côté de lui mortellement frappé.

« Le village de Daba était placé dans une plaine. Un très fort tata, dont l'épaisseur atteignait et dépassait souvent 1^m,20, faisait le tour de la ville ; ce tata avait la forme d'un grand quadrilatère. Toutes les maisons étaient de vraies casemates défensives, entourées de petits tata qui se reliaient les uns aux autres avec des flanquements, et qui ne laissaient pour la circulation dans le village que des rues tortueuses et étroites ayant quelquefois 60 centimètres seulement de largeur, et enfilées par des créneaux découpés dans des redans nombreux. Deux espingoles et deux perriers pris à la mission Galliéni étaient placés sur les murs du tata, et augmentaient encore le courage des défenseurs par la confiance que leur inspiraient ces canons pris aux blancs.

« Une heure après l'arrivée du capitaine Piétri, la colonne débouchait à son tour devant le front est de Daba, qu'on avait choisi pour l'attaque.

« L'artillerie était très habilement dirigée par le capitaine de Gasquet qui faisait sa troisième campagne dans le Soudan ; cet officier commençait le feu immédiatement, désorganisait la défense en envoyant des projectiles dans tout le village, puis tirait en brèche jusqu'à ce que la chute d'un pan de muraille de 10 à 11 mètres de large permit de donner l'assaut.

« A dix heures un quart, la colonne d'assaut, formée d'une compagnie de tirailleurs et d'une compagnie d'infanterie de marine, s'ébranlait sous les ordres du capitaine Combes, qui pénétrait le premier par la brèche. Les défenseurs, que les feux de l'artillerie avaient un moment écartés, se reportaient en avant et ouvraient sur les assaillants un feu meurtier qui ralentissait leur marche sans l'arrêter. Après une lutte qui dura jusqu'à midi, Daba était pris.

« La compagnie de tirailleurs, forte de 80 hommes, avait ses quatre officiers blessés (l'un deux, M. Picquart, lieutenant aux tirailleurs, mourait le soir même), 2 hommes tués, 24 blessés. La compagnie d'infanterie, qui ne comptait que 64 hommes, avait un sous-officier tué et 13 hommes blessés.

« L'attaque du village avait été dirigée avec une intrépidité et un sang-froid remarquables par le capitaine Combes.

« Le vieux chef, Naba, avait été tué, ainsi que 23 membres de sa famille.

« On reprit les deux espingoles et les deux perriers, deux mulets, des instruments de chirurgie, un revolver modèle 1858, un fusil modèle 1866 et beaucoup d'autres objets sans valeur, le tout provenant du pillage de la mission Galliéni[1] »

Le capitaine Piétri fut reçu par des coups de fusil, à Segnerabougou, où il avait reçu l'ordre de transporter les blessés ; le surlendemain, la colonne, dans les mêmes parages, eut encore un petit engagement avec les fuyards de Daba. Pendant les jours qui suivirent jusqu'au 25 janvier, de petites colonnes mobiles parcoururent les environs de

---

1. Op. cit., page 216.

Kondou et de Daba; elle ne rencontrèrent aucune résistance.

La colonne put donc reprendre sa marche vers l'Est. A Ouoloni, Guinina, Dio, tous villages compromis dans l'attaque de la mission Galliéni, le colonel exigea, en réparation de cette insulte, des amendes, des excuses et la remise des objets volés à la mission. Partout il obtint satisfaction; il put même se convaincre qu'avec le temps il serait possible de nouer des relations avec les Bambara. Cette espérance s'est réalisée; aujourd'hui les gens du Bélédougou sont pour nous des alliés fidèles, sûrs et utiles.

Le 1er février 1883, à 10 heures du matin, la colonne arrivait à Bammakou. Les habitants de ce village et du petit État du même nom étaient divisés en deux camps, d'un côté les Bambara fétichistes, ennemis des Toucouleurs et de Samory, et dont le chef Titi nous accueillit comme des libérateurs; de l'autre côté, les Maures, marchands d'esclaves qui avaient fait alliance avec le grand pourvoyeur de ce genre de marchandise, Samory, et qui entretenaient des relations suivies avec lui.

L'arrivée de nos troupes à Bammakou dérangeait leur projet de s'emparer, avec l'aide de Samory, du pouvoir que leur disputaient les Bambara. Ils dissimulèrent cependant leur irritation sous des protestations d'amitié, mais, en dessous, cherchèrent à nous créer des embarras de tous genres, en mettant des entraves à notre approvisionnement et au recrutement des ouvriers indigènes pour la construction du fort; enfin ils continuèrent leurs intrigues pour amener Samory à Bammakou.

Malgré ces préoccupations politiques, le colonel Borgnis-Desbordes fit, dès le 7 février commencer les travaux du poste. Ils étaient en pleine activité lorsqu'au commencement d'avril de graves événements se produisirent. Les troupes de Samory conduites par son frère Fabou venaient de se mettre en mouvement.

« Une petite colonne de ces troupes passait le 29 mars dans le petit Bélédougou par la route de Sibi à Domila. La ligne de ravitaillement était coupée, la ligne télégraphique détruite, la brigade de construction était attaquée le 3 avril, et l'ennemi nous enlevait un troupeau de bœufs. Tout le ravitaillement était arrêté.

« En même temps, l'armée principale, guidée par le fils de Tiécoro, un des chefs maures de Bammakou, continuait sa marche le long du Niger et des cavaliers débouchaient dans la plaine de Bammakou, le 1er avril.

« La colonne était dans une situation des plus critiques. La maladie et la mort avaient singulièrement réduit son effectif déjà si faible; la chaleur était devenue accablante, les travaux du fort étaient loin d'être achevés et demandaient, pour l'être en temps utile, un travail sans relâche. »

On était donc dans les conditions les plus défavorables pour résister à un ennemi audacieux et fanatisé. Cependant le courage, l'entrain des troupes, les mesures énergiques prises par le colonel Borgnis-Desbordes, permirent de triompher de ces nouvelles difficultés.

« Le 31 mars, le capitaine Piétri prenait le commandement d'une petite colonne composée de 13 hommes d'infanterie, montés sur des mulets, d'un peloton de tirailleurs, de 12 spahis, d'un canon de 4 rayé de montagne. Il avait pour mission de rétablir, coûte que coûte, nos communications et d'arrêter dans le Bélédougou toute velléité de révolte.

« Le 2 avril, les quelques spahis qui restaient à Bammakou (14 cavaliers) étaient envoyés en reconnaissance du côté de l'armée de Fabou. Ils bousculèrent les avant-postes et arrivèrent au marigot de Oueyako ; là ils se trouvèrent en présence d'un grand nombre de fantassins et de cavaliers. Ils furent ramenés jusqu'à Bammakou où ils arrivèrent en bon ordre.

« La colonne, qui avait entendu la fusillade, avait pris les armes, et le colonel jugea utile de faire immédiatement acte de vigueur, malgré le petit nombre d'hommes dont il disposait : 240 combattants au plus.

« Le seul médecin de la colonne, présent à Bammakou, était malade ; il fut remplacé par le vétérinaire.

« L'ennemi recula devant la colonne et l'attendit, au nombre de plus de 3,000 hommes, sur le marigot de Oueyako, qui était pour lui une excellente ligne de défense.

« Déjà les tirailleurs, conduits par le capitaine

Fournier, avaient traversé le marigot avec un élan admirable, et avaient été suivis par les canonniers ouvriers, lorsque l'ennemi déborda notre gauche et bientôt après notre droite, Le feu avait une intensité qui témoignait de l'énergie de la lutte et il devint nécessaire de faire repasser le marigot aux tirailleurs et aux canonniers ouvriers et de prendre une attitude défensive. Après diverses péripéties dans le détail desquelles il est inutile d'entrer, les cartouches commencèrent à manquer. Il était midi; la chaleur était accablante, et les soldats européens étaient tellement épuisés que plusieurs d'entre eux n'avaient plus la force de mettre leur fusil en joue. Les chevaux des spahis ne tenaient plus debout.

« L'ennemi avait fait des pertes considérables; son feu s'était ralenti, une dernière charge des spahis avait dégagé notre droite. Le carré fut alors formé. Les cartouches restantes furent partagées.

« Quelques-uns des blessés, montés sur des cacolets, furent mis au centre du carré et confiés au vétérinaire ; les autres, ceux qui pouvaient encore marcher, saisirent la queue d'un mulet d'une main et se traînèrent ainsi péniblement. La colonne opéra sa retraite en bon ordre sur Bammakou.

« L'ennemi se montra bientôt sur nos derrières, et devint assez pressant pour qu'il fût nécessaire de faire halte et de le tenir en respect par quelques feux bien dirigés.

« Les Européens étaient littéralement à bout de forces et plusieurs s'arrêtaient en route. On avait beau leur répéter qu'en restant en arrière, ils seraient mutilés et tués, ils répondaient qu'ils ne pouvaient plus marcher. Ils furent sauvés d'une mort certaine, grâce au dévouement de M. de Poly, lieutenant de spahis, et de M. Bonnier, lieutenant d'artillerie.

« A 1 heure et demie la colonne rentrait à Bammakou.

« Nous avions : deux tirailleurs disparus, 1 homme tué et 20 blessés, c'est-à-dire, plus du dixième de notre effectif hors de combat. Il avait été tiré 8,368 coups de fusil et 25 coups de canon.

« Les résultats de cette lutte qui d'abord put paraître indécise, se révélèrent plus tard.

« Pendant ce temps, le capitaine Piétri était arrivé à Guinina le 1ᵉʳ avril, à Domila le 2, à Guénigué le 3. Ces deux derniers villages étaient abandonnés. Le 4, il arrivait à Sibi, brûlait Kalassa et apprenait que l'ennemi se rendait à Douabougou. Le 5, il marchait à sa rencontre et campait au marigot de Boudanko.

« A 3 h. 1/2, les grand'gardes signalèrent la présence de l'ennemi. Sans lui donner le temps de se reconnaître, le capitaine Piétri tombait dessus, et, au bout d'une heure de combat, l'ennemi était en déroute, après avoir eu 25 hommes tués. Il laissait entre nos mains 13 prisonniers, 14 chevaux et l'étendard du chef.

« Le 6 avril, le capitaine Piétri reprenait le troupeau de bœufs qui nous avait été enlevé; le 7, il entrait dans Douabougou, village qui nous avait trahis. Un grand nombre d'habitants furent tués, et le feu fut mis au village le 8. Le 9, il rentrait à Bammakou, ayant conduit avec beaucoup d'intelligence, d'entrain et de vigueur cette campagne de dix jours.

« Pendant que ces événements se passaient sur notre ligne de ravitaillement, Fabou envoyait au colonel l'ordre de quitter immédiatement l'Afrique, et il mutilait et tuait devant nos grand'gardes quelques indigènes de nos partisans, qui étaient tombés entre ses mains au combat de Boudanko.

« Dès que le capitaine Piétri fut rentré, le colonel prit avec lui tous les hommes capables de marcher, y compris ceux légèrement blessés, forma une colonne de 371 combattants et d'une section d'artillerie, auxquels il adjoignit 200 fantassins bambara et 20 cavaliers indigènes ayant Mary Ciré à leur tête. Le 12 avril, cette colonne se mit en marche contre l'armé de Fabou, et se dirigea sur le marigot de Oueyako en tournant l'ennemi par sa gauche.

« Fabou ne réussit pas à mettre ses troupes en ligne contre nous : le combat du 2 avril les avait démoralisées, et l'ennemi, après une résistance très molle pendant laquelle nous tirons 3,273 cartouches, s'enfuit avec précipitation. Les prisonniers s'accordaient tous à dire que l'armée de Fabou ne voulait plus se battre contre les Français, et, sans reprendre haleine, elle se retira jusqu'à Bankhoumana. Malheureusement l'état sanitaire de la colonne ne permit pas de poursuivre immédiatement l'ennemi.

« Le camp de Fabou fut incendié. La colonne revint à Bammakou, et les travaux, qui d'ailleurs n'avaient jamais été interrompus, reprirent avec une nouvelle activité. Le ravitaillement, qui avait cessé depuis le 30 mars, recommença avec toutes les ressources dont on disposait[1]. »

Apprenant que Fabou cherchait à reconstituer ses forces à Bankhoumana, à 65 kilomètres en amont de Bammakou, le colonel Borgnis-Desbordes réunit le peu de troupes dont il pouvait encore disposer après cette rude campagne et marcha contre lui. Il ne voulait pas, au moment de reprendre la route de Saint-Louis avec la colonne, laisser la petite garnison du poste exposée à de nouvelles attaques. Fabou ne l'attendit pas et s'enfuit sur la rive droite du Niger où il rejoignit son chef Samory.

Les combats qu'ils venaient de livrer contre nous les avaient édifiés sur notre puissance; depuis ils n'osèrent plus nous attaquer et allèrent exercer leur humeur belliqueuse, sans plus de succès du reste, contre les Toucouleurs de l'état de Ségou.

---

1. Op. cit., pages 224 et suivantes.

§ 6. — Quatrième (1883-1884) et cinquième (1884-1885) campagnes.

Ces deux dernières campagnes furent toutes pacifiques. Elles eurent pour but principal le ravitaillement des postes du Haut-Sénégal et du Niger.

Pendant la quatrième (1883-1884), la canonnière *le Niger* fut montée et lancée à Bammakou ; elle commença à naviguer ; mais, par suite d'installations incomplètes, elle ne put dépasser Koulikoro. M. le commandant Archinard, de l'artillerie de marine, qui avait fait les trois campagnes précédentes, construisit le poste de Kondou, entre Kita et Bammakou.

Dans la cinquième campagne (1884-1885), M. le commandant Combes qui commandait la colonne de ravitaillement, fit construire le poste de Niagassola qui ouvre, à partir de Kita, une deuxième route vers le Niger amont.

CHAPITRE XV

OPÉRATIONS DANS LE FOUTA SÉNÉGALAIS ET DANS LE CAYOR.

Pour ne pas couper le récit des campagnes de pénétration, nous n'avons pas parlé, à leur ordre chronologique, des opérations militaires qui eurent lieu dans le Fouta et dans le Cayor pendant ces dernières années. Nous allons les résumer succinctement.

§ 1. — Opérations dans le Fouta sénégalais.

Abdoul-Boubakar, chef des Bosséyabé du Fouta sénégalais, depuis longtemps déjà suscitait des embarras au gouvernement de la colonie par son humeur turbulente et par ses intrigues. Poussé par les Toucouleurs de Ségou et du Kaarta, avec lesquelles il entretenait des relations suivies, il rêvait de reconstituer sous son autorité l'ancien État du Fouta que le gouverneur Faidherbe avait réduit à l'impuissance en en séparant le Toro et le Damga.

Ses agissements étaient devenus tels qu'en 1877 une colonne d'observation avait été envoyée dans le Fouta pour y mettre fin. Cette campagne s'était dénouée pacifiquement par le traité de Galoya (octobre 1877), par lequel les différents chefs du Fouta reconnaissaient les traités antérieurs et s'engageaient à les respecter. Cependant, deux ans plus tard, Abdoul-Boubakar entrait en lutte avec Ahmadou-Abdoul, almamy du Toro, notre allié. Enfin, dans les derniers mois de 1880, il faisait savoir qu'il s'opposait par la force à l'établissement de la ligne télégraphique de Saldé à Matam qui devait traverser le territoire du Bosséa.

Au commencement de février 1881, une colonne

expéditionnaire sous les ordres du commandant Pons, de l'infanterie de marine, fut envoyée de Saint-Louis pour protéger les travailleurs. Elle se composait de deux compagnies d'infanterie de marine, d'une compagnie de tirailleurs sénégalais, d'un escadron de spahis, d'une section d'artillerie et d'un section de disciplinaires.

Combat de N'Dourdabian, 8 mars 1881. — Depuis un mois, cette colonne parcourait le pays sans rencontrer l'ennemi, lorsque le 8 mars, un convoi de ravitaillement, escorté par l'escadron de spahis et par 90 soldats d'infanterie, fut subitement attaqué, près de N'Dourbadian, par les partisans d'Abdoul-Boubakar.

Les Toucouleurs s'étaient formés en trois colonnes épaisses et cherchaient à envelopper le convoi au passage d'un marigot. Pendant que les disciplinaires et les soldats d'infanterie de marine arrêtaient les colonnes de gauche et du centre par un feu bien dirigé, l'escadron de spahis chargea à fond celle de droite. Il fut accueilli par une décharge à bout portant. Trois officiers, MM. Badenhuyer, capitaine commandant l'escadron, le sous-lieutenant Fonet, le vétérinaire Aouchane, un sous-officier et huit hommes furent tués ; six hommes furent blessés. Malgré ces pertes considérables, les spahis et les troupes d'infanterie continuèrent bravement la lutte contre les Toucouleurs ; au bout d'une demi-heure de combat, ceux-ci lâchèrent pied, entraînant Abdoul-Boubakar dans leur fuite et laissant sur le terrain une centaine de cadavres.

Après ce combat, le commandant Pons détruisit les villages qui avaient ouvertement participé à la rebellion d'Abdoul-Boubakar. Enfin, au mois de mai, les Toucouleurs, réduits à l'impuissance, demandèrent et obtinrent la paix. Abdoul-Boubakar signa un traité par lequel lui et les autres chefs du Bosséa s'engageaient à « respecter religieusement » les traités antérieurs, à laisser construire la ligne télégraphique et à en empêcher la destruction.

§ 2. — Opérations dans le Cayor.

Depuis 1871, et surtout depuis 1875, époque où nous lui avions prêté un appui efficace dans sa lutte contre Ahmadou-Cheikhou, Lat-Dior vivait en bonne intelligence avec le gouvernement de la colonie, lui donnant même, quand l'occasion s'en présentait, des preuves non équivoques de son bon vouloir et de sa soumission. En 1879, il avait signé un traité nous autorisant à construire un chemin de fer au travers de ses États. Les études préliminaires étaient presque achevées et les travaux allaient commencer, lorsque Lat-Dior, poussé par les tiédo de son entourage et cédant à leurs mauvais conseils, revint sur l'autorisation qu'il avait accordée et déclara qu'il s'opposait à la construction du chemin de fer. Il chercha, mais en vain, à entraîner dans sa campagne de résistance contre nous le Bourba-Djolof, le roi des Trarza et l'almamy du Fouta.

A la fin de décembre 1882, comme il annonçait qu'il allait se mettre à la tête de ses troupes pour marcher contre les Français, une colonne expéditionnaire, commandée par le colonel Vendling, entra dans le Cayor et chercha à l'atteindre; mais Lat-Dior n'osa pas livrer bataille et s'enfuit dans le Baol, poursuivi par la colonne presque jusqu'à Mandoumbé-Kari.

Le gouverneur de la colonie, M. René Servatius, le déclara déchu du pouvoir ainsi que son neveu, Samba-Laobé, et proclama damel un autre neveu de Lat-Dior, Amady-Ngoné-Fal II. Celui-ci vint à Saint-Louis et signa un traité qui confirmait celui de 1879, en ce qui concernait nos droits à la construction de la voie ferrée et par lequel, en outre, le Cayor était placé sous le protectorat de la France et la province de N'diambour annexée à la colonie.

Cependant Lat-Dior et son neveu n'avaient pas perdu tout espoir de ressaisir le pouvoir; Samba-Laobé profita du retour du corps expéditionnaire à Saint-Louis pour envahir le Cayor, à la tête de ses partisans. Trois petites colonnes très mobiles se mirent à sa poursuite. Grâce aux habiles dispositions prises par M. le chef de bataillon d'infanterie de marine Dodds qui dirigeait l'expédition, grâce à la rapidité de marche du capitaine Dupré qui, à la tête de ses spahis et de tirailleurs sénégalais, montés à dos de chameau, pourchassa sans arrêt

Samba-Laobé, celui-ci, qui avait tenté plusieurs fois de se jeter, soit dans le Baol, soit dans le Djolof, avait toujours vu sa retraite coupée. Il finit par être acculé dans le nord du Cayor. Dans l'impossibilité de s'échapper, entouré de tous côtés, il renonça à la résistance et capitula avec tout son monde, le 2 mai 1883.

Samba-Laobé, par sa naissance, était le véritable héritier des damels du Cayor. La nomination d'Amady-Ngoné-Fal n'avait été qu'un expédient imposé par les circonstances. Le Cayor pacifié, Lat-Dior en fuite, Samba-Laobé repentant et soumis, il était d'une bonne politique de rendre à l'assemblée des diambours du Cayor, son droit d'élection du damel : c'est ce qui fut fait. Samba-Laobé fut élu par cette assemblée au mois d'août 1883, et reconnu par le gouvernement français. En prenant le pouvoir, il approuva par traité (voir à la fin du volume) la construction de la ligne ferrée, accorda à la France la propriété du terrain sur lequel devaient être établis la voie et les forts destinés à la protéger, promit des travailleurs pour les travaux et s'engagea à interdire à jamais l'accès du Cayor à Lat-Dior.

TRAITÉS DE PAIX

PASSÉS AVEC LES DIVERS ÉTATS INDIGÈNES DU SÉNÉGAL

ET DÉPENDANCES

ET QUI RÈGLENT AUJOURD'HUI NOS RELATIONS AVEC CES ÉTATS

---

§ 1.

TRAITÉS AVEC LES MAURES DE LA RIVE DROITE DU SÉNÉGAL.

En vertu des dispositions du traité du 3 septembre 1783, qui réglait les droits respectifs de la France et de l'Angleterre sur la côte occidentale d'Afrique, la France a la souveraineté exclusive du littoral qui s'étend du cap Blanc au nord, jusques et y compris la rivière de Saloum au sud. Le même traité assure la possession de la Gambie à l'Angleterre. Ce traité a été modifié en un point par la convention du 7 mars 1857 entre la France et la Grande-Bretagne ; les Anglais renoncent au droit qu'ils avaient de commercer depuis l'embouchure de la rivière Saint-Jean jusqu'à la baie ou au fort de Portendick. Ils reçoivent en échange le comptoir d'Albréda sur la Gambie.

Convention avec le roi des Douaïch.

Bakel, le 1ᵉʳ novembre 1855.

Entre le gouverneur du Sénégal, L. FAIDHERBE, et BAKAR, roi des Douaïch.

Considérant qu'il est très juste que les cheikhs des nations maures Douaïch, Brackna, Trarza, tirent un revenu du commerce de la gomme, produit des forêts de leur pays, récolté et apporté à nos comptoirs par leurs sujets ;

Le gouvernement français consentirait à ce que ces chefs fissent percevoir, à leur profit, dans nos postes du fleuve, un droit d'environ 3 p. 100 sur la valeur des gommes apportées de la rive droite.

Ce qui ferait, en traduisant en pièces de guinée suivant l'usage du pays :

A Saint-Louis, Dagana et Podor, une pièce de guinée marchande pour 500 kilogrammes de gomme ;

A Matam, une pièce de guinée marchande pour 700 kilogr. ;

A Bakel, une pièce de guinée marchande pour 800 kilogr. ;

A Médine, une pièce de guinée marchande pour 900 kilogr.

A cet effet, les cheikhs des trois nations maures auraient des agents dans ceux de nos comptoirs qui sont situés à hauteur de leurs territoires respectifs, savoir : le cheikh des Douaïch à Bakel et à Matam ; le cheikh des Brakna à Podor ; le cheikh des Trarza à Dagana et à Saint-Louis.

Pour plus de commodité dans la perception, les commerçants français qui achètent les gommes payeraient eux-mêmes le droit de sortie dont serait grevé ce produit, au profit des cheikhs, après en avoir tenu compte dans le prix qu'ils donneraient aux Maures.

Le commandant du comptoir, d'accord avec les agents des chefs maures, s'assurerait des quantités de gommes traitées et percevrait le droit proportionnel qui serait livré aux chefs maures, par l'entremise de leurs agents, aux époques et suivant le mode convenu avec chacun d'eux.

Les chefs maures auraient intérêt à empêcher leurs sujets d'aller nous vendre leurs gommes sur d'autres points que dans nos comptoirs, car ce n'est que dans ceux-ci que le Gouvernement français ferait percevoir le droit convenu.

Les chefs maures décideraient quelle fraction du droit sur les gommes serait abandonnée à leurs agents, chargés de la perception, comme rémunération de leurs soins. Aucun autre droit ne serait exigé sous aucun prétexte, soit des commerçants, soit des bateaux, soit des établissements à terre, par les chefs maures, qui n'ont à se mêler en rien de ce que nous faisons dans le fleuve ou sur la rive gauche.

Le gouvernement français, de son côté, avertirait les commerçants qu'il reconnaît aux chefs maures le droit d'empêcher, par tous les moyens, leurs sujets de faire le commerce des gommes sur d'autres points que dans les postes. Leur action répressive ne pourrait pas cependant s'exercer à bord des navires ; mais ils pourraient confisquer les gommes encore à terre, entre les mains de leurs sujets, quand même les traitants prétendraient les avoir payées.

Signé : L. FAIDHERBE.

Signé : BAKAR, pour ce qui concerne les Douaïch.

Traité de paix avec le roi des Trarza.

20 mai 1858.

Gloire à Dieu, Maître des mondes, Créateur de tout ce qui existe dans les cieux et sur la terre,

Au nom de Sa Majesté Napoléon III, Empereur des Français,

L. FAIDHERBE, lieutenant-colonel du génie, officier de la Légion d'honneur, gouverneur du Sénégal et dépendances, d'une part, et MOHAMMED-EL-HABIB, roi des Trarza, d'autre part,

Pour mettre fin à la guerre qui dure depuis trois ans entre les Français et les Trarza, ont conclu le traité de paix suivant :

ARTICLE 1er. — Le roi des Trarza reconnait en son nom et au nom de ses successeurs, que les territoires du Oualo, de Gaé, de Bokol, du Toubé, de Dialakhar, de Gandiole, de Thionq, de Djiaos et de N'diago appartiennent à la France et que tous ceux qui les habitent ou les habiteront plus tard sont soumis au gouvernement français, et, par suite, ne peuvent être astreints à aucune espèce de redevances ni de dépendance quelconque envers d'autres chefs que ceux que leur donnera le gouverneur du Sénégal.

ART. 2. — Le roi des Trarza reconnaît en son nom et au nom de ses successeurs, que le gouverneur du Sénégal est le protecteur des États ouolof du Dimar, du Djolof, du Ndiambour, et du Cayor. Comme quelques-uns de ces États sont tributaires des Trarza, c'est par l'intermédiaire du gouverneur que les tributs seront perçus et livrés au roi des Trarza, et c'est par lui que seront levées les difficultés qui pourraient s'élever entre le roi des Trarza et ces États. En conséquence, aucun Maure armé ne traversera le fleuve pour aller dans ces pays, sans le consentement préalable du gouverneur.

ART. 3. — Le roi des Trarza s'engage en son nom et au nom de ses successeurs, à exercer la plus grande surveillance pour empêcher les courses et pillages de quelques-unes de ses tribus sur la rive gauche du fleuve. Le gouverneur du Sénégal s'engage à aider de tout son pouvoir le roi des Trarza dans ce but, et à soutenir son autorité contre ceux de ses sujets qui voudraient, malgré lui, revenir à leurs anciennes habitudes.

ART. 4. — Les relations commerciales seront immédiatement rétablies entre les Français et les Trarza. Les Français ne veulent, pour le moment, acheter la gomme que dans leurs établissements de Saint-Louis, Dagana, Podor, Saldé, Matam, Bakel et Médine, et veulent l'acheter toute l'année. Le roi des Trarza ne veut, pour le moment, laisser venir les gommes des Trarza qu'à Dagana ; il en est le maître. Le roi des Trarza et le gouverneur prendront, chacun de leur côté et dans la limite de leurs droits, les mesures nécessaires pour faire exécuter leur volonté par leurs sujets et administrés respectifs. Le commerce de tous les autres produits du pays des Trarza se fera librement et partout, soit à terre, soit à bord des embarcations.

Art. 5. — Comme le commerce d'un pays doit rapporter des revenus au gouvernement de ce pays, il est juste que le roi des Trarza tire un profit du commerce des gommes. La perception de cet impôt sur le commerce de ses sujets offrant pour lui des difficultés de plus d'un genre, le gouvernement français, comme preuve de bienveillance envers son allié, veut bien se charger de cette perception. En conséquence, les commerçants qui achèteront la gomme des Trarza à Dagana, ou peut-être plus tard sur d'autres points, sauront que ce produit est grevé, à sa sortie du pays des Trarza, d'un droit d'une pièce de guinée par 500 kilogrammes de gomme, soit environ 3 p. 100 au profit du roi des Trarza, et qu'ils auront à verser ce droit entre les mains du commandant ou de telle autre personne désignée, qui le livrera au roi des Trarza quand celui-ci le désirera. La pièce de guinée par 1,000 livres de gomme, sera également perçue à Saint-Louis, au profit du roi des Trarza quand les caravanes trarza en apporteront sur ce point avec son autorisation.

Art. 6. — Le roi des Trarza s'engage à protéger, par tous les moyens en son pouvoir, le commerce des gommes et autres produits contre tous ceux qui voudraient l'empêcher ou le gêner, et à ne jamais intervenir entre les vendeurs et les acheteurs, pas plus que le gouverneur ne le fait: si l'on apprenait que moyennant payement ou gratuitement, il influençât ses sujets pour leur faire vendre de préférence à tel ou tel particulier, on cesserait aussitôt la perception du droit d'une pièce.

Art. 7. — Le gouverneur permettra, en temps de paix avec les Trarza, à leurs caravanes, de traverser les territoires français pour aller faire du commerce sur la rive gauche, mais aucun Maure armé n'accompagnera ces caravanes, sans une permission spéciale du gouverneur ou de ses agents autorisés. De leur côté, et en observant les mêmes conditions, les sujets français pourront circuler librement et en toute sécurité sur le territoire du roi des Trarza.

Art. 8. — Les sujets français ne pourront, sans en avoir préalablement obtenu l'autorisation du roi des Trarza, cultiver ou pêcher, ou en un mot faire aucun acte de propriété sur son territoire. De leur côté, les Trarza sont soumis aux mêmes conditions vis-à-vis des Français.

Par exception, les roniers situés sur la rive droite, entre Richard-Toll et Dagana, restent à l'entière disposition du gouvernement français.

Art. 9. — Les gommes des Aidou-el-Hadj (Darmankour) iront,

comme les autres, à Dagana et rapporteront le même droit de sortie que les autres au roi des Trarza, à moins que celui-ci ne les laisse venir à Saint-Louis, auquel cas le gouverneur consentirait à percevoir la pièce pour 1,000 livres, au profit de Chems, chef de cette tribu.

Art. 10. — Le présent traité servira seul, à l'avenir, de base aux relations politiques et commerciales des Français avec les Trarza. Tous les traités et conventions antérieures sont annulés de plein droit et du consentement des parties contractantes.

Fait et signé en triple expédition, à Saint-Louis, le 20 mai 1858.

Signé : L. Faidherbe.

Celui qui, ces présentes lira, saura que Mohammed-el-Habib donne son assentiment à ce traité de paix entre lui et les Français, traité qui lui a été apporté par Khiaroum, de la part de son père Mokhtar-Sidi, le dimanche 10e jour du mois de Choual de l'année 1274 de l'hégire.

Mohammed-el-Habib, roi des Trarza, à ses successeurs et à ses peuples.

Traité avec Ely, roi des Trarza.

24 août 1877.

Gloire à Dieu, Maître des mondes, Créateur de tout ce qui existe dans les cieux et sur la terre,

Au nom du gouvernement français,

G. Brière de l'Isle, colonel d'infanterie de marine, commandeur de la Légion d'honneur, gouverneur du Sénégal et dépendances, d'une part, et Ely, roi des Trarza, d'autre part;

Pour éviter à l'avenir toute difficulté entre les deux parties contractantes qui vivent dans des relations de bonne amitié depuis le traité accepté par Mohammed-el-Habib, le dixième jour du mois de Choual de l'année 1274 de l'hégire (29 mai 1858), ont conclu ce qui suit pour compléter ledit traité qui a annulé toutes les conventions antérieures.

Article 1er. — Le roi des Trarza s'engage à conduire ou à faire conduire à Saint-Louis, le plus tôt possible, les marins de toutes les nations qui feront naufrage sur les côtes de ses États.

Art. 2. — Il fera rendre au gouverneur, pour être remis aux propriétaires, tous les objets qui pourraient être pillés dans les premiers moments du sinistre et avant l'arrivée des chefs sur les lieux.

En cas de mauvais traitement, dépouillement des vêtements, coups, blessures, garrottage, travail forcé, etc., le roi des Trarza fera poursuivre et punir les coupables.

Art. 3. — Si le naufrage a lieu au sud du marigot des Maringouins, le gouverneur enverra tel détachement qu'il voudra pour recueillir les naufragés. Le roi des Trarza les ferait d'ailleurs conduire à Saint-Louis si, dans le moment, ses sujets se trouvaient à proximité de la plage.

Art. 4. — Pour éviter tout conflit provenant de la défiance des naufragés envers des indigènes qui ne parlent pas leur langue, il sera présenté au chef de l'équipage des lettres du gouverneur préparées à l'avance dans le but de leur faire reconnaître les chefs maures qui devront les conduire sains et saufs avec leurs effets à Saint-Louis.

Art. 5. — Les biens et propriétés des sujets du roi des Trarza étant garantis dans toutes les circonstances sur le territoire du gouvernement français, il en est de même des biens et propriétés des sujets français que les accidents de mer jettent sur la côte des Trarza. En conséquence, tous les bâtiments naufragés ainsi que les marchandises et objets qui y sont contenus ne peuvent appartenir aux Trarza que lorsque les propriétaires de ces bâtiments ont renoncé à en faire le sauvetage. Le roi s'engage à en empêcher le pillage.

Fait et signé en double expédition, à Saint-Louis, le 24 août 1877.

Le Gouverneur,
Signé : Brière de l'Isle.

Signé : Ely, roi des Trarza.

Maouloud, conseiller intime du roi et son premier ministre, témoin.

Reybaud, lieutenant-colonel, commandant supérieur des troupes, témoin.

Acte additionnel au traité de paix conclu le 31 mai 1858 entre le Gouverneur du Sénégal et le roi des Maures Trarza.

2 avril 1879.

L'article 4 du traité du 31 mai 1858, en limitant à la seule escale de Dagana le commerce de la gomme entre les Français et les Maures Trarza, laissait pressentir que cette disposition devait être élargie dans l'avenir.

Après 21 ans de paix profonde entre les deux nations, le moment est venu d'introduire dans leurs relations commerciales des modifications en rapport avec les liens d'amitié des deux peuples. L'acte additionnel suivant a été conclu dans ce but entre le gouverneur du Sénégal, d'une part, et le roi des Maures Trarza, d'autre part :

Article 1er. — Le commerce de la gomme est libre comme celui de tous les autres pays des Trarza: il se fera librement et partout, soit à terre, soit à bord des embarcations, soit à Dagana, soit à Saint-Louis; il n'est donc plus limité à la seule escale de Dagana comme le voulait l'article 4 du traité du 31 mai 1858.

Art. 2. — La coutume fixée par l'article 5 du traité du 31 mai 1858 et consistant en un droit d'une pièce de guinée par 500 kilogrammes de gomme, ne pouvant être perçue à Dagana sur toutes les gommes en conséquence de l'article 1er ci-dessus, est remplacée par une indemnité fixe qui sera comptée au roi des Trarza à Dagana.

Cette indemnité sera payée par le commandant du poste par quart, le 1er mars, le 1er avril, le 1er mai et le 1er juin.

Art. 3. — La quotité de l'indemnité fixe stipulée par l'art. 2 ci-dessus sera réglée ultérieurement entre le gouverneur du Sénégal et le roi des Trarza, lorsque le présent acte pourra être mis à exécution, ainsi qu'il sera dit plus loin à l'article 4.

Art. 4. — Le roi des Trarza s'engage, comme par le passé, à protéger par tous les moyens en son pouvoir le commerce des gommes et autres produits et à ne jamais intervenir entre les vendeurs et les acheteurs, pas plus que le gouverneur ne le fait.

Il s'engage également à n'exiger des commerçants ou traitants français aucun droit, aucun cadeau ni impôt sous une forme quelconque. Il empêchera ses sujets d'exiger ces cadeaux ou impôts quelconques, et fera exercer la plus grande surveillance sur tous les points où le commerce aura lieu, afin de punir avec la dernière rigueur ceux qui voudraient troubler la paix des transactions entre nos commerçants ou traitants et les Maures.

Art. 5. — Par exception et sur la demande du roi des Trarza, il sera distrait de l'indemnité fixe consentie en sa faveur par l'article 2 du présent acte, une certaine quantité de pièces de guinée à déterminer lors de la fixation du montant de cette indemnité, pour être comptée à Chems, chef de la tribu des Aïdou-el-Hadj et de l'ancienne escale des Darmankours. Le payement en sera fait également par quart et aux époques indiquées par l'article 2.

Art. 6. — Le présent acte ne sera valable que lorsqu'il aura reçu l'approbation du gouvernement de la Métropole; il ne pourra avoir un commencement d'exécution qu'à partir de l'année où ladite approbation sera annoncée au roi des Trarza avant le 1er mars. Jusque-là rien n'est changé aux dispositions du traité du 31 mai 1858, qui conserve son plein effet.

Fait et signé en double expédition, à Saint-Louis, le 2 avril 1879.

Signé : Brière de l'Isle.

Ely.

Convention passée pour le règlement de l'indemnité fixe.

22 mai 1880.

Pour faire suite à l'acte additionnel au traité de paix du 31 mai 1858, passé le 2 août 1879 entre le gouverneur du Sénégal et le roi Ely des Trarza, il a été convenu ce qui suit :

Article 1er. — La quotité de l'indemnité à payer annuellement par quart au roi des Trarza, conformément aux stipulations de l'article 2 de l'acte additionnel du 2 avril 1879, est fixée à *douze cents pièces de guinée filature*.

Art. 2. — Deux cents pièces seront distraites des douze cents énoncées dans l'article 1er ci-dessus pour être comptées à Chems, chef de la tribu des Aïdou-el-Hadj et de l'ancienne escale des Darmankours. Le roi des Trarza ne touchera directement de ce fait que mille pièces.

Art. 3. — La présente convention pourra être revisée après cinq campagnes consécutives de traite sur la demande de l'une ou de l'autre des parties contractantes pour remanier la quotité de l'indemnité, d'après les lois de l'équité et les résultats de l'expérience des cinq années écoulées.

Fait à Saint-Louis, le 22 mai 1880, en double expédition.

Signé : Brière de l'Isle.
Ely.

Traité de paix avec les Brakna.

10 juin 1858.

Au nom de Dieu clément et miséricordieux,

Sous le règne de Sa Majesté Napoléon III, Empereur des Français,

L. Faidherbe, lieutenant-colonel du génie, officier de la Légion d'honneur, gouverneur du Sénégal et dépendances, a conclu le traité de paix suivant avec les Brakna, pour établir sur des bases nouvelles les relations politiques et commerciales entre eux et les Français :

Article 1er. — Le roi des Brakna s'engage, en son nom et au nom de ses successeurs, à exercer la plus grande surveillance pour empêcher les courses et pillages de ses tribus sur la rive gauche du fleuve, au-dessous de Mokhtar-Salam, dans le Dimar et dans le Djolof, dont il reconnaît le gouverneur du Sénégal pour protecteur.

Art. 2. — Les relations commerciales seront partout rétablies entre les Brakna et les Français ; les Français ne veulent, pour e moment, acheter les gommes que dans leurs établissements de Saint-Louis, Dagana, Podor, Saldé, Matam, Bakel et Médine, et veulent l'acheter toute l'année. Les Brakna porteront leurs gommes à Podor et à Saldé. Le roi des Brakna et le gouverneur prendront, chacun de leur côté et dans la limite de leurs droits, les mesures nécessaires pour faire exécuter leur volonté par leurs sujets et administrés respectifs. Le commerce de tous les autres produits du pays des Brakna se fera librement et partout, soit à terre, soit à bord des embarcations, autant que le permettra l'état de nos relations avec le Fouta.

Art. 3. — Comme le commerce d'un pays doit rapporter des revenus au gouvernement de ce pays, il est juste que le roi des Brakna tire un profit du commerce des gommes. La perception de cet impôt sur le commerce de ses sujets offrant pour lui des difficultés de plus d'un genre, le gouvernement français, comme preuve de bienveillance envers son allié, veut bien se charger de cette perception. En conséquence, les commerçants qui achèteront la gomme des Brakna, à Podor ou à Saldé, ou peut-être plus tard sur d'autres points, sauront que ce produit est grevé, à sa sortie du pays des Brakna, d'un droit d'une pièce de guinée pour 500 kilogrammes de gomme traitée à Podor, et d'une pièce de guinée pour 600 kilogrammes de gomme traitée à Saldé (c'est-à-dire environ 3 p. 100).

Art. 4. — Le roi des Brakna s'engage à protéger, par tous les moyens en son pouvoir, le commerce des gommes et autres produits contre tous ceux qui voudraient l'empêcher ou le gêner, et à ne jamais intervenir entre les vendeurs et les acheteurs, pas plus que le gouverneur ne le fait. Si l'on apprenait que, moyennant payement ou gratuitement, il influençât ses sujets pour leur faire vendre de préférence à tel ou tel particulier, on cesserait aussitôt la perception du droit d'une pièce.

Art. 5. — Les Français auront le droit de couper du bois partout, sur le territoire des Brakna, sans payer aucune redevance.

Art. 6. — Le présent traité servira seul, à l'avenir, de base aux relations politiques et commerciales des Français avec les Brakna. Tous les traités et conventions antérieurs seront annulés de plein droit du consentement des deux parties contractantes.

Fait en triple expédition, à Podor, le 10 juin 1858.

Signé : L. Faidherbe.
Signé : Mohammed-Sidi.

Acte additionnel au traité conclu le 10 juin 1858 entre le Gouverneur et le roi des Maures Brackna.

5 juin 1879.

L'article 2 du traité du 10 juin 1858, en limitant aux seules escales de Podor et de Saldé le commerce de la gomme entre les Français et les Maures Brackna, laissait pressentir que cette disposition devait être élargie dans l'avenir.

Après 21 ans de paix profonde entre les deux nations, le moment est venu d'introduire dans leurs relations commerciales des modifications en rapport avec les liens d'amitié des deux peuples. L'acte additionnel suivant a été conclu entre le gouverneur du Sénégal, d'une part, et le roi des Maures Brackna, d'autre part :

Article 1er. — Le commerce de la gomme est libre comme celui de tous les autres produits du pays des Brackna ; il se fera librement et partout, soit à terre, soit à bord des embarcations, soit à Podor, soit à Saldé, soit à Saint-Louis ; il n'est donc plus limité aux seules escales de Podor et de Saldé comme le voulait l'article 2 du traité du 10 juin 1858.

Art. 2. — La coutume fixée par l'article 3 du traité du 10 juin 1858 et consistant en un droit d'une pièce de guinée par 500 kilogrammes de gomme à Podor et par 600 kilogrammes à Saldé, ne pouvant être perçue dans ces deux escales sur toutes les gommes en conséquence de l'article 1er ci-dessus, est remplacée par une indemnité fixe qui sera comptée au roi des Brackna, à Podor.

Cette indemnité sera payée par le commandant du poste par quart, le 1er mars, le 1er avril, le 1er mai et le 15 juin.

Art. 3. — La quotité de l'indemnité fixe stipulée par l'article 2 ci-dessus, sera réglée ultérieurement entre le gouverneur du Sénégal et le roi des Brackna, lorsque le présent acte pourra être mis à exécution, ainsi qu'il sera dit plus loin à l'art. 5 [1].

Art. 4. — Le roi des Brackna s'engage, comme par le passé, à protéger, par tous les moyens en son pouvoir, le commerce des gommes et autres produits, à ne jamais intervenir entre les vendeurs et les acheteurs, pas plus que le gouverneur ne le fait.

Il s'engage également à n'exiger des commerçants ou traitants français aucun droit, aucun cadeau ni impôt sous une forme quelconque.

Il empêchera ses sujets d'exiger ces cadeaux ou impôts quel-

---

1. Par convention conclue le 22 mai 1880, analogue à celle passée avec les Maures Trarza, cette indemnité a été fixée à douze cents pièces de guinée filature.

conques, et fera exercer la plus grande surveillance sur tous les points où le commerce aura lieu; afin de punir avec la dernière rigueur ceux qui voudraient troubler la paix des transactions entre nos commerçants ou traitants et les Maures.

Art. 5. — Le présent acte ne sera valable que lorsqu'il aura reçu l'approbation du gouvernement de la Métropole; il ne pourra avoir un commencement d'exécution qu'à partir de l'année où ladite approbation sera annoncée au roi des Brackna, avant le 1er mars. Jusque-là rien n'est changé aux dispositions du traité du 10 juin 1858, qui conserve son plein effet.

Fait et signé en double expédition, à Podor, le 2 juin 1879.

Pour le gouverneur :

Le Capitaine d'infanterie de marine, commandant le cercle de Podor,

Signé : Louis.

Ely.

Traité avec les Oulad-Ely.

Entre F. DE LANNEAU, capitaine de vaisseau, commandeur de la Légion d'honneur, gouverneur du Sénégal et dépendances, représenté par M. Rémy, capitaine d'infanterie de marine, directeur des affaires politiques d'une part; et MOHAMET-OULD-EYBA, roi des Maures Oulad-Ely, d'autre part,

A été conclu le traité suivant :

Article 1er. — Mohamet-Ould-Eyba s'engage formellement en son nom et au nom de ses successeurs à être, en toutes circonstances, le fidèle allié des Français.

Art. 2. — Si la France déclare la guerre aux Bosséa, le roi des Oulad-Ely leur refusera asile sur la rive droite.

Art. 3. Le roi des Maures Oulad-Ely protégera les caravanes qui apportent de la gomme ou tous autres produits dans les escales de son pays.

Art. 4. — Le roi des Oulad-Ely, pendant les basses eaux du fleuve, portera aide et secours aux convois, entre Saldé et Matam, il les fera escorter toutes les fois que le commandant du poste de Saldé le demandera.

Art. 5. — Les traitants qui viendront commercer sur les rives du fleuve dans tout le pays des Oulad-Ely recevront de leur part aide et protection en toutes circonstances.

Art. 6. — Le roi des Oulad-Ely poursuivra à outrance les brigands qui viennent, trop souvent, cacher dans son pays les vols et les pillages qu'ils font dans les pays qui sont sous la protection des Français.

Art. 7. — En reconnaissance des services qu'il rendra aux Français et de l'exécution du présent traité, le roi des Oulad-Ely touchera chaque année, au poste de Saldé, quatre cents pièces de guinée filature, savoir : cent pièces le 1er mars, cent pièces le 1er avril, cent pièces le 1er mai, cent pièces le 1er juin. Pour chaque homme d'escorte qui lui sera demandé, il recevra 1 fr. 50 cent. par jour et la ration indigène.

Signé : Rémy ;
Holle.

(Signature des notables de la mission de Bosséa.)

Signé : Mohamet-Ould-Eyba ;
Sumeis ;
Marhmoud.

Approuvé,
Le gouverneur,
F. de Lanneau.

§ 2.

Traités avec le Cayor, le Baol, le Sine et le Saloum

Traité de paix avec Samba-Laobé, roi du Saloum.

Les Français seuls pourront s'établir sur la rive droite de la rivière de Saloum.

Le gouvernement français choisira tel point qui lui conviendra pour bâtir un fort. (On a construit à Kaolakh.)

Les commerçants français bâtiront des établissements en maçonnerie s'ils le jugent convenable et achèteront les terrains nécessaires aux particuliers qui en sont propriétaires ; ils ne seront justiciables que de l'autorité française.

Les produits sortant du Saloum payeront un droit de 3 p. 100 au profit du roi ; ce droit sera perçu par un agent du roi placé dans chaque comptoir et agréé par nous ; en dehors de ce droit, le roi ne percevra aucune coutume et il laissera passer librement sur son territoire les produits ou troupeaux se dirigeant vers nos comptoirs.

Le roi défendra aux princes, tiédo, etc., de s'immiscer dans les affaires commerciales et de fréquenter les comptoirs.

Toutes les conventions antérieures à celle-ci sont annulées.

Sine et Baol.

Des traités semblables ont été passés avec le roi de Sine (Boukar Kilas) et le roi de Baol (Tié-Yacine).

Traité de paix avec le roi du Cayor.

1ᵉʳ février 1861.

Au nom de Sa Majesté Napoléon III, Empereur des Français,

Entre M. L. Faidherbe, colonel du génie, officier de la Légion d'honneur, gouverneur du Sénégal et dépendances, et Macodou, damel (roi) du Cayor, ont été arrêtées les conventions suivantes :

Article 1ᵉʳ. — Le gouverneur assure à Damel, sur toutes les frontières du Cayor, la perception de ses droits de sortie sur les produits de ce pays, tels qu'ils sont fixés par le tarif en usage.

Art. 2. — La frontière du Cayor est à Vindé-Bourli dans le Nord et à la Tanma dans le Sud.

Art. 3. — Toute la côte, entre les Niayes et la mer, est française. Les Niayes, entre Vindé-Bourli et la Tanma, reste la propriété du Damel.

Art. 4. — Damel garantit toute sécurité sur la route de Saint-Louis à Gorée, en passant par Lompoul, Mboro et Mbidjem, aux courriers, aux voyageurs isolés, aux caravanes et aux détachements de troupes.

Art. 5. — Les sujets Français et leurs alliés trouveront dans tout le Cayor, pour eux et pour leurs biens, la même protection que trouvent les sujets de Damel dans nos établissements.

Art. 6. — Damel promet de ne plus vendre aucun de ses sujets libres et de ne plus laisser enlever et détruire un seul village par ses tiédo, dans le seul but de le piller. Il ne fera plus esclaves les étrangers qui traversent son pays.

Art. 7. — Comme compensation pour les territoires que nous nous annexons et qui comprennent les salines de Gandiole (ces salines fourniront à la colonie un revenu annuel assez considérable), Damel recevra :

1º Quittance de toutes les sommes qu'il doit pour pillages antérieurs faits dans le Cayor ;

2º Trois beaux chevaux ;

3º 10,000 francs en argent ou en marchandises.

Art. 8. — Si Damel gouverne sagement ses États, le gouverneur l'assure de son appui contre ses sujets qui se révolteraient et même contre ses ennemis extérieurs.

Signé : L. Faidherbe.
Signé : damel Macodou.

Traité avec le damel Madiodio.
2 février 1862.

Entre M. Jauréguiberry, capitaine de vaisseau, commandeur de la Légion d'honneur, gouverneur du Sénégal et dépendances, et damel Madiodio, assisté de diaoudine-mboul Samba-Maram-Khaye, laman-diamatil Madéguène et des principaux chefs du Cayor,

Il a été convenu ce qui suit :

Article 1er. — Damel fera ouvrir, entre Ndand et Potou, une route de 30 mètres de largeur passant par Ndiobougour, Tiari-Mbay, Bay-Guignakh, Diokoul, Dara-Andal, Tibbe, Mérina-Ngay, Ndianaour, Ngari et Ndiam.

Art. 2. — Cette route une fois ouverte pourra être améliorée par le gouverneur.

Art. 3. — Damel s'engage à faire respecter sur cette route, comme partout ailleurs, dans son pays, les propriétés et les personnes de tous les Français ou de toutes les caravanes qui la fréquenteront.

Art. 4. — Le Cayor cède à la France, en toute propriété, à 200 mètres du puits de Ndand, un carré de terre de 500 mètres de côté pour y construire des magasins ou autres établissements jugés nécessaires aux opérations que la France peut être amenée à faire pour l'exécution de ses engagements vis-à-vis de Damel.

Art. 5. — Il n'est du reste rien changé, en dehors de cette cession de terrain, aux limites du Cayor telles qu'elles sont déterminées par le traité du mois de février 1861.

Fait à Ndand, le 2 février 1861.

Signé : Madiodio, diaoudine-mboul Samba-Maram-Khaye et laman-diamatil Madéguène.

Signé : Jauréguiberry.

Traité avec le Cayor.
4 décembre 1863.

Au nom de Sa Majesté Napoléon III, Empereur des Français,

Entre le général de brigade Faidherbe, gouverneur du Sénégal et dépendances et Madiodio a été conclu le traité suivant :

Article 1er. — Le gouvernement français nomme Madiodio roi du Cayor.

Art. 2. — Le roi du Cayor reconnaît la suzeraineté de l'Empereur des Français et se place sous la protection de la France.

Art. 3. — Les provinces du N'diambour, du Mbaouar, de l'Andal et du Saniokhor sont séparées du Cayor et annexées, sur leur demande, à nos possessions immédiates.

Art. 4. — Le gouverneur assure au roi du Cayor, sur toutes les frontières de ses États, la perception des droits de sortie sur les produits de son pays, tels qu'ils sont fixés par les tarifs en usage.

Art. 5. — Le roi du Cayor renonce formellement aux droits que s'arrogeaient les damels ses prédécesseurs, de vendre leurs sujets libres et de faire attaquer les villages par les tiédo dans le seul but de les piller. Il ne fera plus esclaves les étrangers qui traversent son pays.

Art. 6. — Le roi du Cayor promet de gouverner son pays avec justice, de protéger les cultivateurs, les bergers, et, en général, les gens paisibles qui vivent de leur travail. Il assure, dans l'intérêt du commerce, toute sécurité aux caravanes de Gandiole ou autres. Il nommera pour chefs de ses provinces les hommes les plus capables de les administrer sagement. Enfin, il fera tout son possible pour assurer la prospérité de son pays, reconnaissant qu'il n'est roi que pour cela.

Art. 7. — Tant que le roi du Cayor remplira fidèlement ses engagements, le gouvernement français lui promet son appui contre ses sujets qui se révolteraient, et contre ses ennemis extérieurs.

A cet effet, il va être immédiatement construit un fort occupé par une garnison française à Nguiguis, capitale du pays. Le roi du Cayor jure de joindre, à la première réquisition, ses forces aux nôtres contre les agressions des Maures nomades de la rive droite, contre les fauteurs de guerre sainte et contre les rois tiédo voisins qui pratiquent ou laissent encore pratiquer dans leurs États le brigandage à main armée par les tiédo.

Fait à Mboul, le 4 décembre 1683.

Signé : L. Faidherbe.
Signé : Madiodio.

Nota. — A la suite d'une séance du conseil d'administration, tenue le 17 février 1865, la partie centrale du Cayor fut annexée à la colonie.

Sine et Saloum.

8 mars 1861.

Au nom de Sa Majesté Napoléon III, Empereur des Français,

Entre M. Pinet-Laprade, chef de bataillon du génie, officier de la Légion d'honneur, commandant particulier de Gorée et dépendances, agissant en vertu des pouvoirs qui lui ont été délégués par M. le gouverneur du Sénégal et dépendances et sauf son approbation, et entre Samba-Laobé, roi du Saloum,

Ont été arrêtées les conditions suivantes :

ARTICLE 1ᵉʳ. — La traite sera ouverte immédiatement.

ART. 2. — Le roi Samba-Laobé s'engage à assurer l'exécution rigoureuse du traité de 1859.

En outre, il cède en toute propriété à la France le terrain qui environne la tour de Kaolakh, dans un rayon de 600 mètres.

ART. 3. — Le roi du Saloum s'engage à livrer à Dakar 500 bœufs au gouvernement français, à titre de contribution de guerre.

ART. 4. — Le commandant de Gorée promet de rendre tous les prisonniers de guerre au roi du Saloum, dès que les conditions énoncées ci-dessus auront été exécutées.

Le présent traité, fait en triple expédition (français et arabe), a été conclu et signé à Kaolakh, le 8 mars 1861, par les parties contractantes.

Signature arabe du DJARAFF.
Idem de BITÉOU.
Idem de SAMBA-LAOBÉ.
Signé : PINET-LAPRADE.

Traité entre le Gouverneur du Sénégal, le Djolof, le Cayor, le Sine, le Baol et Maba, almamy du Saloum.

Octobre 1864.

ARTICLE 1ᵉʳ. — MABA est reconnu par les autres parties contractantes comme chef du Badibou et du Saloum, qu'il gouvernera sous le nom d'almamy.

ART. 2. — Les frontières entre le Saloum d'une part et d'autre part le Djolof, le Baol, le Sine, restent ce qu'elles ont été jusqu'ici.

ART. 3. — Maba reconnait aux Français seuls le droit de fonder des établissements sur les deux rives et dans les marigots de la rivière de Saloum.

ART. 4. — Les rois du Djolof, du Cayor, du Baol, du Sine et l'almamy du Saloum s'engagent à gouverner leurs sujets avec justice et bonté sans faire de distinction entre les marabouts et les tiédo, pourvu qu'ils ne commettent ni les uns ni les autres aucune violence, aucun désordre.

ART. 5. — Le commerce se fera librement entre toutes les parties contractantes ; les sujets de l'une trouvant toujours dans les États des autres, toute la sécurité et toute la protection nécessaire pour eux et pour leurs biens.

ART. 6. — Si l'une des parties contractantes envahit, sans raison, les États d'une autre, toutes les autres se réuniront contre elle et la dépouilleront de ses États.

ART. 7. — Toutes les parties contractantes réuniront leurs

forces chaque fois que les noirs seront menacés d'une invasion des Maures de la rive droite du Sénégal, qui sont leurs ennemis communs. Si, au contraire, les Maures ne commettent aucune agression sur la rive gauche, leurs commerçants et leurs caravanes seront protégés et feront librement leur commerce dans toutes ces contrées.

Art. 8. — S'il survient quelque sujet de discussion entre deux des parties contractantes, l'affaire sera soumise au gouverneur du Sénégal avant qu'on en vienne à des hostilités.

Suivent les signatures.

Traité avec le Cayor.
12 janvier 1871.

Au nom de la République française,

Entre le colonel VALIÈRE, gouverneur du Sénégal et dépendances, et LAT-DIOR, damel du Cayor, a été conclu le traité suivant :

ARTICLE 1er. — La France abandonne, en toute souveraineté à Lat-Dior, toutes les provinces composant l'ancien royaume du Cayor, à l'exception de la province du Diander, celle du Gangoune, celle du Pankey, comprenant les territoires de Gandiole, celle du Toubé, celle du Khatet et celle du M'Pal, qui restent sous sa souveraineté.

Lat-Dior reconnait en conséquence et accepte que le royaume actuel du Cayor est borné au Nord par les territoires du Pankey, du Gangouné, de Khatet et de M'Pal qui appartiennent à la France, et au Sud par la province du Diander qui, également, reste sous la souveraineté de la France.

Art. 2. — Lat-Dior s'engage à protéger la ligne télégraphique de Saint-Louis à Gorée contre toute violence dans toute l'étendue de son territoire. Il garantit également, dans tous les pays soumis à sa domination, sécurité complète à tout sujet français et à tout commerçant en général.

Art. 3. — Tout sujet français pourra faire le commerce, cultiver, voyager et faire paître ses troupeaux dans le Cayor sans être assujetti à aucune redevance.

Saint-Louis, le 12 janvier 1871.

Signé : VALIÈRE.

De la part de LAT-DIOR, roi du Cayor, au gouverneur VALIÈRE, salut le plus complet,

Je vous fais savoir que moi, LAT-DIOR, j'accepte les conditions ci-dessus que vous m'imposez pour ce pays du Cayor, sachez cela sûrement.

Salut! Signé : LAT-DIOR.

Traité avec le roi du Sine, Sanou-Faye.

13 septembre 1877.

Gloire à Dieu, Créateur de toutes choses, Source de tous les biens!

Au nom du gouvernement français,

G. BRIÈRE DE L'ISLE, colonel d'infanterie de marine, commandeur de la Légion d'honneur, gouverneur du Sénégal et dépendances, accueillant les demandes faites par SANOU-FAYE, roi du Sine, de placer son royaume et sa famille sous la protection de la France, avons délégué M. REYBAUD, lieutenant-colonel d'infanterie de marine, commandant supérieur des troupes au Sénégal, chevalier de la Légion d'honneur, pour se rendre à Faoué à l'effet de signer avec le roi du Sine le traité suivant, dont les clauses ont été déjà acceptées en principe par SANOU-FAYE.

ARTICLE 1er. — Le roi du Sine, stipulant en son nom et pour ses successeurs, reconnaît la nécessité de renouveler et de compléter les traités de 1859 et 1861 existant entre le gouvernement français et le royaume du Sine; il place son pays et sa famille sous la protection de la France.

ART. 2. — Le gouvernement français reconnaît SANOU-FAYE comme roi du Sine et lui promet aide et protection, sous la condition formelle qu'il n'entreprendra aucune guerre ni expédition sans avoir pris au préalable l'avis du gouverneur du Sénégal.

ART. 3. — Les Français seuls pourront s'établir dans le pays du Sine. Les commerçants pourront bâtir, s'ils le veulent, des établissements en maçonnerie à Fatick et à Siliff; les terrains nécessaires pour ces établissements seront achetés à ceux qui en sont actuellement propriétaires.

ART. 4. — Tous les produits sortant du territoire du Sine payeront un droit de *trois pour cent* au profit du roi.

Le roi aura à Fatick et à Siliff un agent agréé par le commandant de Gorée pour percevoir ce droit.

En dehors de ce droit de 3 pour 100, le roi, ni aucun des chefs du Sine, ne pourra prétendre à aucun impôt, aucune coutume, ni aucun cadeau.

ART. 5. — La présence d'hommes armés produisant toujours un très mauvais effet sur les populations se livrant aux opérations commerciales, le roi défendra aux princes et aux Tiédo de fréquenter les escales où les commerçants français seront établis; lui-même s'abstiendra de visiter les susdites escales et d'y envoyer des guerriers.

ART. 6. — Tous les sujets français établis dans le Sine ne seront justiciables que de l'autorité française, même dans leurs différends avec les sujets du Sine.

Art. 7. — Tous les produits français et les troupeaux qui traverseront le pays du Sine pour venir dans les comptoirs français établis à Fatick et à Siliff pour être exportés, payeront le droit de sortie de 3 pour 100 au profit du roi, ainsi qu'il est stipulé à l'article 4 ci-dessus.

Fait et signé en double expédition, à Faoué, le 13 septembre 1877.

Signé : Reybaud.
Sanou-Faye.

Convention avec le Cayor.
10 septembre 1879.

Entre Lat-Dior, damel, roi du Cayor, et le gouverneur du Sénégal et dépendances, G. Brière de l'Isle, colonel d'infanterie de marine, commandeur de la Légion d'honneur, représenté par le cadi et tamsir Si el Hadj Bou-el-Moghdad, officier de la Légion d'honneur, a été passée la convention suivante :

Article 1er. — Le Cayor tel qu'il existe en ce jour, d'après le traité du 12 janvier 1871, étant la propriété du damel, est garanti par les Français à la famille régnante des Gueidj.

C'est-à-dire, si des étrangers venaient à attaquer ce pays, le gouverneur du Sénégal enverrait son armée, comme en 1875, prêter main-forte à l'armée du damel pour chasser ces étrangers du Cayor et les punir. Aucune indemnité quelconque ne serait demandée au Cayor pour le service qui lui serait ainsi rendu.

Art. 2. — En échange des avantages stipulés dans l'article 1er ci-dessus, le damel s'engage de son côté à accorder aux Français la jouissance d'une route commerciale qui, venant du poste français de Thiès, passera par Tewaouane, Kelle, Louga et Sakal appartenant au Cayor, pour arriver au canton français de M'Pal.

Art. 3. — Il ne sera jamais placé de poste de soldats français ni de soldats du Cayor sur cette route.

Si des troubles nécessitaient la présence de quelques détachements provisoires sur la route ou à côté, la question se règlera d'un commun accord entre les deux parties contractantes.

Art. 4. — Tous les frais de construction de la route seront supportés par les Français.

Le damel donne gratuitement le terrain nécessaire pour la route et pour tous les établissements qui en dépendent.

Art. 5. — Cette concession n'est faite qu'à la condition que les Français arrangeront le chemin pour faciliter le commerce, le transport rapide des marchandises, des produits du sol et des voyageurs au moyen de grandes voitures traînées par des machines à vapeur (locomotives).

Le travail devra être terminé la troisième année après qu'il aura été commencé.

Art. 6. — Le damel, avec une suite de vingt personnes au plus, aura le droit de circuler gratuitement sur cette route.

Les sujets du Cayor seront traités pour le prix des places dans les voitures et pour le prix du transport de leurs marchandises, produits du sol, bestiaux, etc., comme les sujets français eux-mêmes. Les puits qui seront creusés sur le parcours pourront être fréquentés par les habitants.

Art. 7. — Dans tous les endroits reconnus nécessaires pour que la locomotive fasse de l'eau et qui sont marqués au rouge sur la carte annexée au présent traité, il sera élevé des constructions, dites gares, où les voyageurs et les marchandises pourront être embarqués et débarqués.

Art. 8. — Pour faciliter le voyage des gens qui veulent aller sur des points situés à droite ou à gauche de la route ou bien qui veulent s'arrêter entre les gares, des baraques ou petites maisons seront construites aux points d'arrêts marqués à l'encre bleue sur la carte.

Art. 9. — La carte annexée à la présente convention donne le tracé général de la route. Mais il reste entendu que lors des études définitives pour l'exécution des travaux, il pourra y être porté des changements que nécessiteraient ces nouvelles études portant sur la facilité des travaux.

Art. 10. — La concession du terrain soit pour le passage de la route, soit pour les gares, soit pour les points d'arrêts ne peut en aucun cas constituer des droits sur les alentours en faveur des Français, ni servir de lieu de refuge aux sujets du damel qui voudraient se soustraire à son autorité.

En conséquence, aucun sujet du Cayor ne pourra résider à l'intérieur des limites des concessions sans l'autorisation expresse du damel, la présente convention ne pouvant toucher en rien aux droits du damel dans l'exercice de sa souveraineté.

Art. 11. — La police des gares et des points d'arrêts sera faite exclusivement par les Français, mais, sauf le cas prévu par le § 2 de l'article 4 ci-dessus et conformément aux stipulations du § 1er dudit article 4, il ne sera jamais placé de garnison dans les gares ni dans les points d'arrêts, pas plus que sur le reste de la route.

Tous les employés et fonctionnaires qui résideront sur

cette route seront exclusivement de l'ordre civil, et il leur sera absolument interdit de s'immiscer dans les affaires du Cayor.

Art. 12. — Conformément aux traités antérieurs qui assurent aux sujets de toutes les nations la libre circulation des voyageurs et commerçants dans l'intérieur du Cayor sans qu'ils aient à payer aucun droit ni redevance, aucun payement ne sera demandé par le damel, ni par les chefs du Cayor, sur cette route, soit pour les marchandises et produits du sol, soit pour les animaux, ainsi que pour les personnes qui viendront pour y être transportées ou pour commercer dans les gares.

Art. 13. — Une convention ultérieure réglera l'indemnité fixe qui sera payée chaque année au damel ou aux personnes qu'il désignera pour compenser les droits que ses alcatys touchent à Leybar, Dialakar, Gandiole et M'Bidjem.

Art. 14. — La présente convention est faite exclusivement à l'avantage des deux pays pour assurer l'indépendance du Cayor contre tous les envahisseurs, pour faire que la paix et l'amitié qui existent entre le gouverneur du Sénégal et le damel deviennent perpétuelles et pour donner aux habitants du Cayor toutes les richesses que possèdent les peuples qui ont des chemins de fer dans leur pays et qui peuvent vendre leurs produits tout près de l'endroit où ils les récoltent.

Nous, représentant du gouverneur, cadi tamsir, déclarons être complètement d'accord avec LAT-DIOR sur toutes les conditions contenues dans la présente convention.

Dans le Cayor, à Keur-Amadou-Yella, le 10 septembre 1879.

Signé : BOU-EL-MOGHDAD.

Par ordre de LAT-DIOR, en sa présence, nous, cadi du Cayor, déclarons qu'il accepte toutes les conditions contenues dans cette convention, présentée par l'envoyé du gouverneur SI EL HADJ-BOU-EL-MOGHDAD.

Dans le Cayor, à Keur-Amadou-Yella, le 10 septembre 1879.

Signé : MADIAKATE-KALLA (*Cachet de Lat-Dior*).

Ratifié sauf approbation ministérielle.

Le Gouverneur,
Signé : G. BRIÈRE DE L'ISLE.

Acte additionnel à la convention du 10 septembre 1879 avec le Cayor.

12 septembre 1879.

Pour exécuter la route concédée par la convention signée par nous le 10 septembre du présent mois,

Nous, LAT-DIOR, damel, roi du Cayor, et le cadi et tamsir SI EL-

Hadj Bou-el-Moghdad, agissant au nom du gouverneur du Sénégal et dépendances ;

Avons convenu ce qui suit :

Article 1er. — Lorsque des études nouvelles auront permis aux ingénieurs d'arrêter définitivement le tracé de la route, le damel enverra sur le parcours de la voie, aux points qui seront indiqués, le nombre d'hommes qui sera demandé par le gouverneur, afin qu'ils coupent les arbres et les herbes et travaillent la terre pour la confection de cette voie. Tous les outils seront fournis par les Français.

Art. 2. — Il sera payé pour chaque journée de travail 1 fr. 25 cent. comme à Saint-Louis, et si la ration de riz est fournie, 0 fr. 75 cent. seulement. Les enfants de moins de douze ans ne pourront être employés sur ces travaux

Art. 3. — Les travailleurs ne pourront être demandés chaque année, avant le 1er décembre et seront renvoyés le 15 mai au plus tard. Dans le cas où ils seraient nourris, ils recevraient trois rations de riz le jour de leur départ.

Art. 4. — Les Français s'engagent à fournir de l'eau douce en abondance sur tous les chantiers soit en creusant des puits, soit en faisant porter l'eau.

Partout où les puits seront creusés, ils seront disposés pour pouvoir desservir les populations voisines ou celles qui voudraient venir s'établir aux alentours avec l'autorisation du damel.

Art. 5. — Les bois de roniers et autres, ainsi que tous autres matériaux qui seraient nécessaires à la construction de la voie et à tous les travaux se rapportant au chemin de fer, seront donnés gratuitement aux Français qui payeront seulement la main-d'œuvre pour l'exploitation de ces bois et matériaux. Les roniers femelles ne pourront pas être coupés.

Art. 6. — A la fin de chaque campagne, après que les travailleurs auront été renvoyés, le gouverneur donnera au damel douze beaux chevaux arabes en témoignage de sa satisfaction pour la manière dont ses sujets ont travaillé. Il sera fait facultativement des cadeaux aux chefs directs des provinces traversées ainsi qu'à tous ceux qui auront envoyé sur les travaux, pendant toute la durée de la campagne, une moyenne de plus de soixante hommes parmi leurs administrés.

Nous, représentant du gouverneur, cadi tamsir, déclarons être d'accord avec Lat-Dior sur les conditions contenues dans le présent acte, moyennant addition à faire à l'article 1er que les gens du Cayor ne travailleront que dans la limite de leurs forces.

Dans le Cayor, à Keur-Amadou-Yella, le 12 septembre 1879.

Signé : Boü-el-Moghdad.

Nous, cadi du Cayor, au nom de Lat-Dior et en sa présence, déclarons qu'il accepte les conditions contenues dans le présent acte, mais avec cette restriction formelle à inscrire dans l'article 1er de n'exiger des gens du Cayor qui seront employés comme travailleurs, qu'une somme de travail dans la limite de leurs forces.

Dans le Cayor, à Keur-Amadou-Yella, le 12 septembre 1879.

Signé : MADIAKATÉ-KALLA (*Cachet de Lat-Dior*).

Ratifié sauf approbation ministérielle,
Le Gouverneur,
Signé : G. BRIÈRE DE L'ISLE.

Traité avec le N'diambour.

2 février 1883.

Entre René SERVATIUS, gouverneur du Sénégal et dépendances et : 1° IBRAHIMA-N'DIAYE, fils de l'ancien djaraf N'diambour MAÏSSA-CELLÉ ; 2° Serigne-Louga MASSEMBA-DIÉRI ; 3° Serigne-Niomré BIRAMA-AWA ; 4° Serigne-Maka BIRAM-GUEYE BIRA-KHALI ; 5° Serigne DAM-LÔ ; 6° ARDO-AHMADOU-MOCTAR-DIALLO ;

Il a été conclu le traité suivant :

ARTICLE 1er. — Le N'diambour forme une province indépendante sous le protectorat et la suzeraineté de la France. Il comprend les cantons actuels de Louga et de Coki. Il est borné au nord par la province de N'guick-Mérina-Diop, au sud par les cantons de Guéoul et de Guet (Cayor) et à l'est par le Djolof.

ART. 2. — Il n'est rien changé aux mœurs, coutumes et institutions du pays, les chefs actuels conservent leurs anciens droits et privilèges. Le bour N'diambour promet d'administrer son pays avec justice et de protéger les cultivateurs, les bergers et en général les gens paisibles qui vivent de leur travail. Il s'abstiendra de faire piller les villages sous quelque prétexte que ce soit et il les garantira contre tout pillage ; enfin il fera tout son possible pour assurer la prospérité de son pays.

ART. 3. — Ibrahima-N'diaye, fils de l'ancien djaraf N'diambour-Maïssa-Cellé est nommé bour N'diambour et le pouvoir est héréditaire dans la famille des N'diaye. Chaque transmission héréditaire sera toutefois soumise à la sanction du gouvernement français.

ART. 4. — Le bour s'engage à donner toutes les facilités possibles pour la construction du chemin de fer sur son territoire et à fournir au besoin des travailleurs qui recevront un salaire et une ration fixés par le gouverneur.

ART. 5. — Des postes fortifiés pourront être construits par la France sur toute la ligne ferrée, ligne dont la pleine propriété appartiendra à la France.

ART. 6. — La France aura droit de construire dans toute l'étendue du N'diambour des routes, des chemins de fer, lignes télégraphiques, postes fortifiés qui seront sa propriété. Le bour sera tenu de les faire respecter.

Art. 7. — Le commerce est entièrement libre; le bour N'diambour fera respecter les commerçants et leurs propriétés; il pourra percevoir les droits habituels de trois pour cent sur les produits du sol et les bestiaux qui font l'objet des transactions commerciales, mais ses percepteurs ne pourront opérer que dans la province du N'diambour.

Art. 8. — Ardo-Ahmadou-Moctar-Diallo est nommé chef supérieur des Poul du N'diambour sous la haute autorité du bour.

Art. 9. — Gonon est nommé chef des Poul établis à Coki et sur tout le territoire à l'est de ce village. Il relève du chef supérieur des Poul du N'diambour sous la haute autorité du bour.

Art. 10. — Samba-M'barka est nommé chef des Poul établis à N'diague et sur tout le territoire à l'est de ce village. Il relève du chef supérieur des Poul sous la haute autorité du bour N'diambour.

Art. 11. — La limite entre les deux cantons Poul de Coki et de N'diague sera fixée par décision du chef supérieur des Poul du N'diambour Ardo-Ahmadou-Moctar.

Art. 12. — Tout attentat contre la personne ou la propriété de sujets français ou européens habitant ou circulant dans le N'diambour sera sévèrement puni. Des arrêtés du gouverneur détermineront les dispositions pénales ou d'instruction nécessaires à cet effet, ainsi qu'à la conservation des divers ouvrages d'utilité publique établis par les Français.

Art. 13. — Tous les différends entre indigènes continueront à être jugés par leurs chefs et d'après les coutumes du pays. Tout différend civil ou commercial entre un indigène et un sujet français ou européen sera jugé en première instance par le bour N'diambour et en appel, sans frais ni procédure, par le gouverneur en conseil privé.

Art. 14. — Nul ne peut s'établir dans le N'diambour ni y entreprendre des travaux d'utilité publique sans l'autorisation du gouverneur.

Art. 15. — Toutes les questions intéressant les relations entre la France et le N'diambour et dont il n'est pas parlé dans ce traité seront réglées ultérieurement.

Fait en triple expédition, à Saint-Louis, le 2 février 1883.

René Servatius.
Ibrahima-N'diaye bour N'diambour.

Ont signé comme témoins :

Colonel Wendling, commandant en chef de la colonne expéditionnaire du Cayor; Gabrié, directeur de l'intérieur ; commandant Serval, commandant supérieur de la marine; Oraison, chef du service judiciaire ; Le Fol, commissaireadjoint de la marine, chef du secrétariat du gouvernement ; DESCEMET, président du conseil général ; Raymond MARTIN et BÉZIAT, conseillers généraux, membres du conseil privé ; RÉMY, directeur des affaires politiques ; Victor BALLOT, commandant du cercle de Saint-Louis ; MASSEMBA-DIÉRI, serigne Louga ; BIRAMA-AWA, serigne Niomré, BIRA-KHALI, serigne Maka-Biram-Gueye ; DAM-LÔ, serigne Dam ; ARDO-AHMADOU-MOCTAR-DIALO ; GONON ; SAMBA-M'BARKA.

Traité avec le teigne du Baol.
8 mars 1883.

Le gouverneur du Sénégal et dépendances, René SERVATIUS, représenté par M. DUPRÉ, capitaine commandant l'escadron de spahis du Sénégal, a conclu avec le roi du Baol le traité suivant :
En présence de :
D'une part,
MM. RAJAUT, lieutenant d'infanterie de la marine, commandant le cercle de Thiès ; JUGNAN, vétérinaire à l'escadron de spahis ; SOULEYMANN-SY, interprète de 3e classe.
Et, d'autre part,
TEIGNE TIÉ-YACINE, roi du Baol ; THIALAW-N'DOUP, DJARAF-BAOL-MASSAMBA-N'DOUMBÉ ; ALCATY MABAGUEYE ; YABA-DIOP, secrétaire du roi.

ARTICLE 1er. — Le Baol est placé sous le protectorat de la France.

ART. 2. — Le roi du Baol s'engage à accorder toutes les facilités possibles pour la construction d'un chemin de fer dans le cas où le gouvernement français déciderait la création d'un embranchement traversant le pays.

ART. 3. — Dans le cas où la création d'un chemin de fer aurait lieu, des postes fortifiés pourraient être construits dans le but de protéger la voie ferrée ; ces postes n'auraient aucune action sur les affaires du pays.

ART. 4. — La France aura le droit d'établir des routes et lignes télégraphiques qui, de même que le chemin de fer, seront sa propriété ; le roi les fera respecter.

ART. 5. — Le commerce est entièrement libre, le roi protégera les commerçants et leurs propriétés, il continuera à percevoir les droits et coutumes qui sont actuellement en vigueur.

ART. 6. — Si le gouvernement français désirait acheter des chevaux dans le Baol, le roi s'engage à favoriser et à protéger les achats.

ART. 7. — Le roi s'engage à interdire le territoire du Baol à Lat-Dior en particulier et en général à tous les ennemis de la France.

Art. 8. — La République française promet aide et protection au Baol dans le cas où les habitants de ce pays seraient menacés dans leurs personnes ou leurs biens pour avoir exécuté le pacte d'amitié qu'il conclut librement avec la France.

Art. 9. — La République française ne s'immiscera pas ni dans le gouvernement, ni dans les affaires intérieures du Baol. Les droits de Teigne et de ses successeurs restent absolument les mêmes que par le passé.

Art. 10. — La République française reconnaît d'avance la succession au trône du Baol dans la famille Tié-Yacine et d'après les usages anciens du pays, à la condition que le successeur reconnaîtra les clauses du présent traité.

Art. 11. — La République française s'engage à ne jamais permettre que le damel du Cayor devienne roi du Baol.

Art. 12. — Le présent traité, fait en triple expédition, sera soumis à la ratification du gouverneur.

Fait à N'dengueles, le 8 mars 1883.

F. Dupré, capitaine, commandant l'escadron de spahis du Sénégal;

Rajaut, lieutenant d'infanterie de marine, commandant le cercle de Thiès;

Jugnan, vétérinaire de l'escadron de spahis du Sénégal;

Souleymna-Sy, interprète.

Pour ratification :
Le Gouverneur du Sénégal et dépendances,
René Servatius.

Traité avec le Cayor.

28 août 1883.

Au nom de la République française,

Entre le colonel d'artillerie Bourdiaux, officier de la Légion d'honneur, gouverneur du Sénégal et dépendances, représenté par M. Victor Ballot, directeur des affaires politiques du Sénégal et dépendances, d'une part;

Et Samba-Laobé-Fal, damel du Cayor, d'autre part;

A été conclu le traité suivant :

Article 1er. — Tous les traités antérieurs conclus avec les damels du Cayor sont annulés. Les habitants de ce pays se placent sous le protectorat de la France et acceptent avec reconnaissance sa suzeraineté.

Art. 2. — La province du Cayor comprendra désormais le Saniokhor, le Denbanian, le Khatta, le M'bakol, le Guet, le N'guiguis, le M'bawar et le Guéoul.

Le poste de Bétète et le terrain qui l'entoure dans un rayon de un kilomètre ainsi que cinquante mètres de chaque côté de la voie ferrée qui traversera le Cayor, et un rayon de cent mètres de terrain autour de chaque gare ou station, appartiennent au gouvernement français.

Art. 3. — Le damel Samba-Laobé s'engage à reconnaître et à faire respecter comme diambour Amady-N'goné-Fal et à lui conserver en toute propriété le M'bawar, le N'gourane et le Bédienne qui lui sont dévolus par droit de naissance.

Art. 4. — Lat-Dior est à jamais exclu du Cayor. Samba-Laobé, les diambours et les captifs de la couronne s'engagent à lui en interdire formellement l'accès.

Art. 5. — Le damel s'engage à donner toutes les facilités possibles pour la construction du chemin de fer sur son territoire et à fournir au besoin des travailleurs qui recevront de nous un salaire et une ration fixés par le gouverneur.

Art. 6. — Des postes fortifiés pourront être construits par la France sur toute la ligne ferrée, ligne dont la pleine propriété appartiendra à la France, ainsi que le terrain des forts dans un rayon de un kilomètre.

Art. 7. — La France aura droit de construire dans toute l'étendue du Cayor, des routes, des chemins de fer, lignes télégraphiques, postes fortifiés qui seront sa propriété. Le damel sera tenu de les faire respecter.

Art. 8. — Le commerce est entièrement libre; le damel fera respecter les commerçants et leurs propriétés; il pourra percevoir les droits habituels de trois pour cent sur les produits du sol et les bestiaux qui feront l'objet des transactions commerciales, mais ses percepteurs ne pourront opérer que dans la province du Cayor.

Art. 9. — Samba-Laobé-Fal, les diambours et les captifs de la couronne, représentés par leurs chefs, s'engagent solidairement à respecter le présent traité.

Art. 10. — Toutes les questions intéressant les relations entre la France et le Cayor et dont il n'est pas parlé dans ce traité seront réglées ultérieurement.

Le présent traité ne recevra son exécution qu'après avoir obtenu l'approbation du gouverneur du Sénégal et dépendances.

Fait au fort de Bétet, le 28 août 1883.

Signé :
Victor Ballot;
Damel Samba-Laobé-Fal.

Ont signé comme témoins :

Laude, commandant de cercle, résident du gouvernement français dans le Cayor;

Le Maréchal, chef du poste de Bétet.

Abdoulaye-Kane, interprète du gouvernement;

Mandao-Ousmane, interprète du gouvernement;
Mody, chef du village de Bétet;
Ibra-Fatim-Sar, Devba-Ware, Sangoné-Dior, Moussé-Boury, Demba-Saly, Thiéyacine-Fal, captifs de la couronne du Cayor;
Dessemba-Maïssa, Diaoudine des princes du Cayor; Ma-Déguène, Lamane-Diamatil; Moddou-Koddou, Lamane-Khatta; Daour-Fal, Lamane Palmé; Moutoufa-Fal, Lamane-N'daude; N'dour-Dir, Ba-Diagaté; Mody-Gaye, Motel-Diop; Makhone-N'della, Demba-Niang, Diambours grands électeurs du damel du Cayor.

Approuvé :
Le Gouverneur du Sénégal et dépendances p. i.,
Bourdiaux.

Traité de paix avec le Djolof.

18 avril 1885.

Aly-Boury, témoignant de tout son repentir pour les actes de brigandage qui en 1883, ont rompu les liens d'amitié qui unissaient le Djolof à la France, supplie M. le gouverneur du Sénégal et dépendances de vouloir bien accepter sa soumission et signer avec lui une convention destinée à régler définitivement les relations qui devront, à l'avenir, exister entre les deux pays.

M. le gouverneur Seignac-Lesseps, désireux de mettre un terme aux brigandages qui désolent le Djolof et les pays l'avoisinant et entravent le commerce, voulant de plus user d'indulgence, consent à oublier les torts envers la France du roi du Djolof et donne plein pouvoir à son représentant, M. Victor Ballot, directeur des affaires politiques, pour conclure avec ce chef le traité suivant :

Article 1er. — Le Bourba-Djolof, Aly-Boury-N'Diaye, déclare en son nom et au nom de ses successeurs, placer son pays et ses sujets sous la suzeraineté et le protectorat de la France.

Art. 2. — Le gouvernement français reconnaît Aly-Boury-N'Diaye, comme roi du Djolof et lui promet aide et protection, sous la condition formelle qu'il n'entreprendra aucune guerre ni expédition sans avoir, au préalable, pris l'avis du gouverneur du Sénégal.

Art. 3. — La présence d'hommes armés produisant très mauvais effet sur les populations paisibles, Aly-Boury-N'Diaye, pour ne pas exposer le Djolof à être considéré comme un repaire de bandits, prend l'engagement formel de chasser de son pays, sur l'ordre du gouverneur, tout individu qui s'y réfugierait dans le but de nuire à la sécurité des habitants de la banlieue de Saint-Louis, du N'Diambour, du Cayor et du Baol.

De son côté, le gouvernement français s'engage à ne pas donner asile, dans les pays annexés, aux ennemis et aux sujets révoltés du Bourba-Djolof et à punir très sévèrement les sujets français ou les habitants du N'Diambour qui commettraient des pillages dans le Djolof.

Art. 4. — Le commerce se fera librement dans tout le Djolof et sur le pied de la plus parfaite égalité entre les sujets français et tous les indigènes sous la protection de la France.

Le Bourba-Djolof s'engage à ne gêner en rien les transactions commerciales, à ne jamais intercepter les communications et à user de son autorité pour protéger le commerce, favoriser l'arrivage des produits et des troupeaux et développer les cultures de son pays.

Art. 5. — Tous les produits et les troupeaux qui traverseront le Djolof, pour venir à nos escales ou comptoirs, ne payeront qu'un droit de 3 p. 0/0 au profit du Bourba-Djolof.

Art. 6. — Dans le cas où le gouvernement français désirerait relier une des stations du chemin de fer de Dakar-Saint-Louis à l'escale de Bakel par une voie ferrée, qui traverserait le Djolof et le Ferlo, le Bourba-Djolof s'engage à donner toutes les facilités possibles pour la construction de cette route.

Il fournirait au besoin des travailleurs pour creuser des puits sur le parcours de cette ligne ferrée, ligne dont la pleine propriété appartiendrait à la France.

Une convention ultérieure réglera, s'il y a lieu, les indemnités à payer au Bourba-Djolof pour l'acquisition des terrains ainsi que le salaire des ouvriers.

Art. 7. — Pour prouver au gouverneur du Sénégal tout son repentir et lui donner un gage certain de ses bonnes intentions pour l'avenir, le Bourba-Djolof s'engage à lui confier son fils aîné.

Le gouvernement français s'engage de son côté, à faire élever avec soin ce jeune prince à Saint-Louis et à lui donner une instruction suffisante pour lui permettre de régner, un jour, avec sagesse sur le Djolof.

Art. 8. — Aucune convention antérieure n'ayant jamais été signée directement entre la France et le Djolof, le présent traité, qui sera soumis au département, servira, à l'avenir, de base aux relations entre les deux pays.

Fait et signé dans le désert de M'Bafar, au tamarinier de Méguélé, le 18 avril 1885.

Signé : Victor BALLOT.
Signé : BOURBA-ALY-BOURY-N'DIAYE.

Nota. — Ce traité, non encore ratifié, n'a été inséré que pour mémoire, certains de ses articles pouvant subir des modifications.

§ 3.

Traités avec le Fouta, le Dimar, le Toro, le Damga

Traité de paix avec le chef du Dimar.

18 juin 1858.

Entre le gouverneur du Sénégal, et Eliman Abdoul-Boly, chef du Dimar.

Louange à Dieu l'unique ! Que toutes ses bénédictions accompagnent ceux qui suivent le sentier de la justice.

Sous le règne de Napoléon III, Empereur des Français,

L. Faidherbe, lieutenant-colonel du génie, officier de la Légion d'honneur, gouverneur du Sénégal et dépendances, a conclu le traité suivant avec Eliman Abdoul-Boly, chef du Dimar :

Article 1er. — Tous les villages compris entre le marigot de N'dor ou Galanka et celui de Doué, réunis sous l'autorité d'Eliman-Abdoul-Boly, et formant la province du Dimar, déclarent, par l'organe du chef qu'ils ont choisi, se séparer complètement du Fouta. Le gouverneur reconnaît l'indépendance de ce nouvel État, ainsi que le chef Abdoul-Boly qu'il s'est nommé, et lui accorde sa protection.

Art. 2. — Abdoul-Boly s'engage à ne pas permettre que des étrangers, réfugiés dans son pays, viennent commettre aucun méfait sur les territoires annexés à la France. Si cela arrivait, il se reconnaît responsable du dommage causé et promet de livrer les coupables à la justice des Français.

Art. 3. — Le commerce continuera à se faire dans le Dimar, par les sujets français, tant à terre que sur les navires, sans qu'il soit exigé des traitants ou commerçants aucun tribut, coutume ou cadeau, de quelque nature et sous quelque forme que ce soit.

De leur côté, les gens du Dimar pourront circuler librement, avec leurs produits, dans tous les pays français, sans qu'il leur soit réclamé aucun droit ou tribut.

Art. 4. — Eliman-Abdoul-Boly s'engage à protéger les sujets français et leurs biens dans son pays, comme ses sujets et leurs biens sont protégés dans les pays français.

Il promet de rendre bonne et prompte justice pour tout délit qui serait commis par un des habitants de son pays au détriment d'un sujet français.

Art. 5. — Les Français pourront couper du bois et faire paître du bétail sur le territoire du Dimar. De leur côté, les sujets d'Eliman-Abdoul-Boly jouiront des mêmes avantages dans les pays soumis à la France.

Art. 6. — Sont abrogées toutes les dispositions antérieures au présent traité qui servira seul, à l'avenir, de base aux relations politiques et commerciales entre l'État indépendant du Dimar et les Français.

Fait et signé en triple expédition, à Saint-Louis, le 18 juin 1858.

Signé : FAIDHERBE.
Signé : ABDOUL-BOLY.

NOTA. — Le Dimar fut annexé à la colonie en 1860.

Traité de paix avec le chef du Toro.
10 avril 1859.

Au nom de Sa Majesté Napoléon III, Empereur des Français,

Entre M. L. FAIDHERBE, colonel du génie, officier de la Légion d'honneur, gouverneur du Sénégal et dépendances, représenté par M. FLIZE, capitaine à l'état-major de l'infanterie de marine, chevalier de la Légion d'honneur, directeur des affaires indigènes, et AMADY-BOUKAR, chef du Toro, a été conclu le traité suivant :

ARTICLE 1er. — Le Toro, reconnaissant que sa réunion politique avec le Fouta lui a toujours été plus nuisible qu'utile, et voulant s'assurer, pour l'avenir, la protection des Français, et une paix durable avec eux, déclare former à l'avenir un État indépendant, qui s'étend sur le fleuve, depuis Mao jusqu'à Alébé et sur le marigot, depuis Dado jusqu'à Aéré.

ART. 2. — Cet État a pour chef actuel lam Toro Amady-Boukar, élu le 10 avril 1859, à Guédé. Ce chef représentera le Toro dans ses rapports avec les étrangers et assurera l'exécution des lois à l'intérieur.

ART. 3. — Le gouverneur reconnaît l'indépendance de ce nouvel État et son chef électif. Il lui promet aide et protection contre les ennemis que pourrait lui susciter le présent traité et, en particulier, dans le cas où les villages qui forment la limite du Toro, du côté du Fouta, auraient à souffrir des dommages de la part des habitants de ce dernier pays, le gouverneur promet de faire construire une tour à l'endroit le plus convenable pour assurer une protection efficace au Toro.

ART. 4. — Le chef du Toro, Amady-Boukar, s'engage en son nom et au nom de ses successeurs, à faire respecter les territoires français ou alliés des Français, limitrophes du Toro, et empêcher qu'il y soit commis des pillages par ses sujets. A cette condition, le gouverneur promet sa médiation et son appui pour le cas où des pillages seraient commis par des étrangers Maures ou noirs contre les gens du Toro.

ART. 5. — En cas de guerre entre les Français et les Maures, ou tout autre État voisin et éloigné du Toro, Amady-Boukar s'engage à ne pas donner asile dans ses villages aux ennemis des Français.

Art. 6. — Les relations commerciales continueront, comme par le passé, entre les sujets français et ceux du Toro, sans que ceux-ci ou leurs chefs aient à exiger des Français qui iront faire du commerce dans leur pays, aucune espèce de coutume, impôt, droit de passage ou cadeau de quelque nature et si minime qu'il soit. De leur côté, les gens du Toro pourront venir librement commercer dans tous les pays ou établissements français, sans qu'il leur soit demandé aucune redevance.

Art. 7. — Amady-Boukar s'engage à respecter et à faire respecter dans son pays les sujets français et leurs biens, de même qu'eux et leurs propriétés sont respectés chez les Français.

En cas de contestation entre un sujet de la France et un habitant du Toro, il en sera référé au gouverneur.

Art. 8. — Les Français auront le droit de couper du bois, sans rien payer, sur les rives du fleuve et du bras de l'île à Morfil, dans toute l'étendue du Toro.

Art. 9. — Le présent traité servira seul de base, à l'avenir, aux relations des Français avec le Toro.

Toutes les conventions antérieures faites avec le Fouta, lorsque le Toro en faisait partie, sont abrogées.

Fait et signé à bord du *Griffon*, mouillé devant Guédé, le 10 avril 1859, en présence de MM. Guirand, enseigne de vaisseau, capitaine du *Griffon*; Chaumelle, enseigne de vaisseau, capitaine du *Crocodile*; Berg, chirurgien de 2e classe de la marine, et Berteloot, enseigne de vaisseau, attaché à l'hydrographie du fleuve.

Les chefs d'Eddi, de Guédé, de Guédé-Ouro, de Ndioum, de Ngadiagne, de Ndiaoura, de Mokhtar-Salam ont également signé avec Amady-Boukar.

Nota. — Le Toro a été annexé à la colonie en 1860.

Traité de paix avec le Fouta.

15 août 1859.

Louange à Dieu l'unique !

Que toutes ses bénédictions accompagnent ceux qui suivent le sentier de la justice.

Au nom de Sa Majesté Napoléon III, Empereur des Français,

Entre M. L. Faidherbe, colonel du génie, officier de la Légion d'honneur, gouverneur du Sénégal, d'une part, et l'almamy du Fouta, en son nom et au nom de ses successeurs, d'autre part, a été conclu le traité suivant :

Article 1er. — Les Français déclarent l'almamy du Fouta chef responsable envers eux du pays du Fouta proprement dit, ou Fouta central, s'étendant dans l'Est jusqu'à Gaoul inclusivement, et dans l'Ouest jusqu'à Boki inclusivement, dans le principal bras du fleuve et jusqu'à Koïlel inclusivement, dans le bras de l'île à Morfil. Ils reconnaîtront les almamys régulièrement élus suivant l'usage du pays.

Art. 2. — Le désir des deux parties contractantes est de vivre en paix l'une avec l'autre, afin que l'agriculture, l'élève des troupeaux et le commerce puissent prendre un grand développement dans leur intérêt réciproque.

Art. 3. — Les relations commerciales se feront sur le pied de la plus parfaite égalité entre les sujets français et les gens du Fouta, sur tout le parcours du fleuve et des marigots, c'est-à-dire qu'on ne fera payer nulle part aux traitants aucune espèce de coutume, impôt, droit de passage ou cadeau quelconque de quelque nature et si minime qu'il soit, de même que, de leur côté, les gens du Fouta pourront naviguer et pêcher librement dans le fleuve et venir commercer dans tous les pays ou établissements français, sans qu'il leur soit demandé aucune redevance.

Art. 4. — L'almamy fera respecter dans son pays les sujets français et leurs biens, de même que ses propres sujets et leurs biens sont respectés chez les Français.

En cas de contestation entre un sujet de la France et un habitant du Fouta, les deux gouvernements s'entendront pour juger l'affaire.

Art. 5. — Les Français accorderont protection sous leurs forts à leurs alliés du Fouta et feront leur possible pour mettre un terme aux pillages des Maures sur la rive gauche.

Art. 6. — Les Français auront le droit de couper du bois et de l'herbe, sans rien payer, sur les rives du fleuve et du bras de l'île à Morfil, dans toute l'étendue du Fouta.

Art. 7. — Tous les traités antérieurs faits avec le Fouta sont abrogés.

Moi, Moustapha, almamy actuel du Fouta, j'ai compris ce qui est écrit dans ce traité et l'ai accepté en mon nom et au nom de ceux qui me succéderont comme chefs du Fouta.

Signé : L. Faidherbe.
Signé : Moustapha, almamy du Fouta.

Moustapha ayant été remplacé par Mohamadou, ce dernier a fait connaître son adhésion au traité ci-dessus en ces termes :

De la part de l'émir El-Moumenin-Mohamadou, au gouverneur, salut :

Cette lettre a pour but de vous informer que j'accepte moi-même ce qu'ont accepté le Fouta, le Toro et le Damga, qu'il m'en advienne du bien ou du mal, que j'en sois amoindri ou agrandi.

Traité de paix avec le Damga.
10 septembre 1859.

Louange à Dieu l'unique!

Que toutes les bénédictions accompagnent ceux qui suivent le sentier de la justice.

Au nom de Sa Majesté Napoléon III, Empereur des Français,

Entre M. L. FAIDHERBE, colonel du génie, officier de la Légion d'honneur, gouverneur du Sénégal, d'une part, et EL-FÉKI-MAHMOUDOU, chef du Damga, agissant en son nom et au nom de ses successeurs, d'autre part, a été conclu le traité suivant :

ARTICLE 1er. — Les Français reconnaissent El-Féki Mahmoudou chef responsable envers eux du pays du Damga, s'étendant dans l'Ouest jusqu'à Gaoul inclusivement, et dans l'Est jusqu'à Dombacané inclusivement. Ils reconnaîtront ses successeurs régulièrement élus par le Damga.

Les articles 2, 3, 4, 5 et 6 sont les mêmes que dans le traité précédent.

ART. 7. — Tous les traités faits jusqu'ici avec le Fouta sont abrogés, en ce qui concerne le Damga, avec lequel nos relations seront, à l'avenir, réglées suivant cette unique convention.

Le Gouverneur,
L. FAIDHERBE.

Le Chef du Damga,
EL-FÉKI-MAHMOUDOU.

Ont signé comme témoins, à bord du *Griffon*, le 10 septembre 1859, MM. GUIRAND, enseigne de vaisseau, capitaine du *Griffon* et BERG, chirurgien de 2e classe de la marine.

NOTA. — Le Damga a été annexé à la colonie en 1860.

Fouta et Toro.
20 mars 1863.

Au nom de Sa Majesté Napoléon III, Empereur des Français.

Le gouverneur du Sénégal et dépendances accepte la soumission des habitants du Toro et consent à leur accorder la paix aux conditions suivantes :

ARTICLE 1er. — Les habitants du Toro reconnaissent que leur pays est annexé à la colonie française du Sénégal, qu'ils sont par conséquent sous la dépendance et la protection de Sa Majesté l'Empereur des Français, représenté en Sénégambie par le gouverneur.

Art. 2. — Le Toro continuera à s'administrer d'après ses lois, usages et coutumes.

Art. 3. — La religion des habitants sera sérieusement respectée.

Art. 4. — Aucun homme libre du Toro ne pourra, dorénavant, être réduit en servitude.

Art. 5. — Les chefs s'opposeront, même par la force, à ce que des Maures armés pénètrent dans le Toro. Les caravanes seules pourront traverser ce pays dans tous les sens, à la condition de déclarer aux chefs des territoires qu'elles parcourront le but de leur voyage, le nombre d'hommes et de bêtes de somme et les produits qu'elles portent.

Les chefs seront alors responsables de leur sécurité.

Art. 6. — Les chefs sont chargés de faire exécuter, dans tous les villages soumis à leur autorité, les lois du pays et les ordres du gouverneur; ils empêchent par tous les moyens, sur les routes et dans les villages, le brigandage et le vol; ils encouragent, autant qu'il dépend d'eux, la culture et le commerce.

Art. 7. — Toute affaire entre un habitant du Toro et un homme soumis aux lois françaises, sera jugée par le commandant de Podor, ou, suivant le cas, déférée au gouverneur.

Art. 8. — Le lam Toro sera nommé par l'assemblée générale des chefs, mais sa nomination ne sera définitive que lorsqu'elle aura été sanctionnée par le gouverneur.

Le lam Toro nomme et révoque les chefs, mais ces nominations et révocations doivent être approuvées par le gouverneur.

Art. 9. — Le gouverneur, désirant voir le Toro heureux et riche, interposera son autorité pour faire cesser les troubles qui remuent le pays ou empêchent les habitants de se livrer à des cultures utiles.

Art. 10. — Les villages de Podor, Thioffy, Souyma, Naolé, Doué, Dado, Fondéas, Diatal et leur territoire dépendent complètement de la ville de Podor et ne relèvent pas de l'autorité du lam Toro.

Le Capitaine de vaisseau, commandeur de la Légion d'honneur, gouverneur du Sénégal et dépendances.

Signé : JAURÉGUIBERRY.

La présente convention, lue et expliquée à tous les chefs du Toro réunis à Moctar-Salam par M. Regnault, lieutenant de vaisseau, chevalier de la Légion d'honneur, directeur des affaires indigènes, assisté de MM. Mailhetard, officier de la Légion d'honneur, commandant de Podor : Nègre, chevalier de la Légion d'honneur, capitaine du *Crocodile* : Marteville, chevalier de la Légion d'honneur, capitaine de la *Couleuvrine*, et de Si el hadj Bou-el-Moghdad, interprète principal du gouverneur, chevalier de la Légion d'honneur, a été signée par les chefs dont les noms suivent, qui s'engagent tous à s'y conformer.

Samba-Oumané, lam Toro; Hamet-Dalo, alowali Diama; Ardo-Isma, chef des Peuls Ouroubé; Bara, éliman Ndioum; Mackhenta, éliman Diawara; Amadou, éliman Diatal; Ndaye-Botoul, de Sowanabé; Abdoul-Ayssa, éliman Moctar-Salam; Boubakar, éliman Aloar; Ardo-Galo, chef de Peuls Ouodabé; Ardo-Bantou, chef de Peuls; Arouna, Diaguia; Siré, diom Guamagué; Ardo-Boubakar, chef de Peuls Ouroubé; Hamet, diom Lerabé; Farba-Fari, Ndioum; Amadou-Sayecou, éliman Ouroum-Adiou; éliman Ardoul-Tabara, Moctar-Salam; Ibrahim-Kan, éliman Tioffy; Racine-Kan, éliman Souyma; Bouteneya, éliman Podor; Amadou-Hamet, éliman Mao; Siley, éliman Kodit.

Aujourd'hui vingt-six mars mil huit cent soixante-trois.

M. Mailhetard, officier de la Légion d'honneur, capitaine d'artillerie de marine, commandant de l'arrondissement de Podor.

MM. Nègre, chevalier de la Légion d'honneur, lieutenant de vaisseau, capitaine du *Crocodile*;

Marteville, chevalier de la Légion d'honneur, lieutenant de vaisseau, capitaine de la *Couleuvrine*;

Convoqués par M. Regnault, chevalier de la Légion d'honneur, lieutenant de vaisseau, directeur des affaires indigènes;

D'après les ordres de M. Jaureguiberry, commandeur de la Légion d'honneur, capitaine de vaisseau, gouverneur du Sénégal et dépendances;

Certifient que les chefs dont les noms sont mentionnés dans le traité passé aujourd'hui avec le Toro, étaient présents à Moctar-Salam et ont réellement signé avec eux le traité ci-joint, après traduction faite et commentée par Si el hadj Bou-el-Moghdad, chevalier de la Légion d'honneur, interprète principal du gouverneur.

Ils certifient de plus que Samba-Oumané, nommé lam Toro, après la signature du traité, s'est rendu garant de l'adhésion des chefs absents.

Fait à Moctar-Salam, les jour, mois et an que dessus.

A. Mailhetard; A. Marteville; A. Nègre;
Regnault; Bou-el-Moghdad.

Convention passée avec le Fouta.
10 août 1863.

Au nom de Sa Majesté Napoléon III, Empereur des français,

Entre le général de brigade Faidherbe, commandeur de la Légion d'honneur, gouverneur du Sénégal et dépendances, d'une part, et l'almamy MOHAMADOU, assisté des principaux chefs du Fouta, d'autre part.

A été faite et signée la convention suivante :

ARTICLE UNIQUE. — Le Fouta, unanimement décidé à vivre désormais en paix avec les Français, renouvelle les engagements qu'il a contractés dans le traité du 15 août 1859 ; il promet qu'à l'avenir il exécutera fidèlement toutes les conditions qui y sont énoncées et par conséquent renonce à toute prétention sur le Damga et sur le Toro.

La présente déclaration a été faite et signée à Boumba, le 10 août 1863, en présence de MM. FLIZE, directeur des affaires indigènes, délégué du gouverneur, MOLL, lieutenant de vaisseau, capitaine de l'*Archimède*, LEGOURMAND, chirurgien-major de l'*Archimède*, et DESCEMET, commis de marine.

Ont également signé avec l'almamy LAMINE-SOULÉ-BÉLA, chef des Éliabé ; BOUMOUY-DJBY, chef des Orgo ; AMADOU-SAMBA-DOUNDOU, chef des Bosséiabé ; AL-DAMEL, chef de Dabia.

Boumba, le 10 août 1863.

Ont signé : FLIZE ; MOLL ; LEGOURMAND ; DESCEMET.

Traité avec le Toro.
1ᵉʳ septembre 1863.

Cejourd'hui, 1ᵉʳ septembre 1863, les principaux chefs du Toro, réunis à Guédé, ont renouvelé la déclaration de leur indépendance, vis-à-vis du Fouta, consacrée par le traité du 15 août 1859, et ont de nouveau reconnu l'annexion de leur province à la colonie du Sénégal, annexion solennellement et publiquement prononcée en présence de tous les chefs du pays, notamment des signataires de la présente déclaration, à Aéré, le 7 septembre 1860.

Les chefs, en leur nom et au nom des différentes populations du Toro, s'engagent à obéir aux ordres du gouverneur du Sénégal ; ils promettent de vivre en paix les uns avec les autres et de se secourir mutuellement contre les ennemis étrangers.

De son côté, et dans ces conditions, le gouverneur promet en son nom et au nom de ses successeurs de faire tous ses efforts pour protéger le Toro contre tout ennemi extérieur et contre les brigandages des Maures.

La présente déclaration a été signée par les chefs, dont les noms suivent :

MOULEY, nommé lam Toro, sur la proposition des chefs, en remplacement de SAMBA-OUMANÉ, révoqué.

ARAONA, DIA-GUIA, chef de Guia ; ELIMAN-BABA, chef de Guia-

Ouara; AMADOU-CHEIKH, chef d'Ouromadiou; DIAGODINE-MA-
LICK et DIAFODO, chefs de Guédé; ARDO-ISMA. ARDO-GALO et
ARDO-DIAGBÉ, chefs des Peuls; ELIMAN MOHAMADOU, chef de
Mao; FARBA-FARY, chef de Ndioum; SILEY, envoyé et repré-
sentant du chef de Diama: ALOUALY-DIAVEKNDÉ, chef de
Diambo; ELIMAN-ABDOUL-TABARA, chef de Moctar-Salam;
DIOM-HAMET, chef de Lérabé.

Et en présence de MM. FLIZE, directeur des affaires politiques,
délégué du gouverneur; MARTIN, commandant du cercle de Podor, et NÈGRE, lieutenant de vaisseau, chevalier de la Légion
d'honneur, capitaine de la *Bourrasque*.

Ont signé : FLIZE; MARTIN; NÈGRE.

Déclaration du Damga.
9 août 1863.

Cejourd'hui, 9 août 1863, les principaux chefs du Damga
réunis à Matam ont renouvelé la déclaration de leur indépendance, vis-à-vis du Fouta, consacrée par le traité du 15 août
1859, et ont de nouveau reconnu l'annexion de leur province à
la colonie du Sénégal, qui a eu lieu au mois de septembre 1860.

Les chefs en leur nom et au nom des différentes populations
du Damga, s'engagent à obéir aux ordres du gouverneur du
Sénégal; ils promettent de vivre en paix les uns avec les autres,
et de se secourir mutuellement contre les ennemis étrangers.

De son côté et dans ces conditions, le gouverneur promet en
son nom et au nom de ses successeurs de faire tous ses efforts
pour protéger le Damga contre tout ennemi extérieur et contre
les brigandages des Maures.

Fait à Matam, en présence de MM. FLIZE, directeur des affaires politiques, délégué du gouverneur, MOLL, lieutenant de
vaisseau, capitaine de l'*Archimède*, MOREAU, chirurgien de marine, commandant de Matam, LEGOURMAND, chirurgien-major de
l'*Archimède* et DESCEMET, commis de marine.

Ont également signé les chefs dont les noms suivent :

EL-FÉKI MOHAMADOU; SAMBA-DIOM; SOULÉ BILEL: ELIMAN-ALIOU;
TIERNO-FOUNÉBÉ; BOUBAKAR MOHAMADOU; SAMBA-BANNA, chef
de Doundou; ELIMAN MAKA: SAMBA-ABDOUL: MALIK-SAMBA:
ELIMAN-AMADY-SEYDI; TIERNO-SADEL; MALIK-YAM, chef de
Boynadié; IBRAHIMA-ABDOUL; BOUBAKAR-MOHAMADOU, pour le
chef de Ouddourou; SIRÉ-DIÉ, pour son père l'almamy des
Déniaṅké.

Ont signé : FLIZE; MOLL; MOREAU; LEGOURMAND;
DESCEMET.

Traité avec le Fouta.
24 octobre 1877.

Gloire à Dieu, Maître des mondes, Créateur de tout ce qui existe dans les cieux et sur la terre;

Au nom du gouvernement français,

Entre nous, G. BRIÈRE DE L'ISLE, colonel d'infanterie de marine, commandeur de la Légion d'honneur, gouverneur du Sénégal et dépendances, représenté par M. le lieutenant-colonel d'infanterie de marine REYBAUD, chevalier de la Légion d'honneur, commandant supérieur des troupes, d'une part, et les différents chefs du Fouta, tous électeurs de l'almamy, d'autre part, a été conclu :

ARTICLE 1er. — Le Fouta, prenant la ferme résolution de vivre en paix avec les Français, s'engage à observer religieusement les traités du 15 août 1859, du 10 août 1863 et du 5 novembre 1864, ainsi que les modifications qui vont y être apportées par la stipulation suivante :

ART. 2. — Le pays du Lao, commandé actuellement par Ibra-Almamy, qui s'étend depuis Wandé et Koïlel dans l'Ouest jusqu'à M'Boumba dans l'Est, ainsi que le pays des Irlabé, commandé actuellement par Ismaïla, comprenant les villages de Walla, Vacétaki, N'Gouye, Saldé, Peté, désirant rester, à l'avenir, en dehors de toutes les agitations politiques si nombreuses dans le Fouta, les chefs du Fouta reconnaissent solennellement un fait déjà accompli en réalité depuis plusieurs années, celui de la séparation de ces deux pays du reste du Fouta.

ART. 3. — Le Lao et l'Irlabé formant chacun un État indépendant, se placent sous la protection de la France dans les mêmes conditions que le Toro.

ART. 4. — Les chefs du Fouta s'engagent solennellement à ne plus élever désormais aucune prétention sur les pays placés sous la protection de la France, tant par le présent traité que par les traités antérieurs, ces prétentions ne pouvant avoir d'autre résultat que de troubler les relations amicales avec les Français et de nuire à la prospérité du pays.

ART. 5. — Les chefs du Fouta s'engagent à empêcher toute incursion de leurs sujets et des gens auxquels ils donnent l'hospitalité dans le Djolof, pays placé sous le protectorat de la France. De son côté, le Bourba-Djolof s'engage à ne rien entreprendre contre le Fouta et à ne pas permettre le passage dans son pays aux Peuls venant du Cayor ou d'autres lieux pour aller faire des pillages dans le Fouta.

Fait et signé en double expédition, à Galoya, le 24 octobre 1877.

Signé : P. REYBAUD.

(Suivent les signatures d'ABDOUL-BOUBAKAR et des autres chefs du Fouta.)

Ont signé comme témoins :

MM. J. GAILLARD, lieutenant de vaisseau, commandant l'*Archimède*.
RÉMY, capitaine d'infanterie de marine, directeur des affaires politiques p. i.
HAMAT-NDIAYE-AN, cadi à Saint-Louis.
HOURY, lieutenant d'infanterie de marine.

Traité avec le Fouta.
16 mai 1881.

Entre F. DE LANNEAU, capitaine de vaisseau, commandeur de la Légion d'honneur, gouverneur du Sénégal et dépendances, représenté par M. RÉMY, capitaine d'infanterie, directeur des affaires politiques, et une délégation des commerçants de Saint-Louis, d'une part, et les chefs du Bosséa ABDOUL-BOUBAKAR, TIERNO-MOLÉ, MALICK-AMAT, etc., d'autre part ;

A été conclu le traité suivant :

ARTICLE 1er. — Pour mettre fin à un état de guerre qui nuit à tous, les chefs du Bosséa s'engagent à respecter religieusement les traités du 15 août 1859, du 10 août 1863, du 5 novembre 1864, et du 24 octobre 1877.

ART. 2. — Les chefs du Bosséa et l'almamy qu'ils nomment, comprenant que la construction d'une ligne télégraphique dans leur pays n'a d'autre but que de faciliter les relations commerciales, s'engagent à la laisser construire au plus tôt, à en empêcher la destruction, à punir les villages sur les territoires, desquels des dégradations y seraient faites.

ART. 3. — Les traités fidèlement exécutés, les Français s'engagent à respecter les mœurs, les coutumes des habitants du Bosséa, à reconnaître les chefs qu'ils se donnent et à les laisser à leur guise et toujours administrer leur pays.

ART. 4. — Tous les sujets français devront recevoir protection dans le Fouta et la partie du fleuve qui en dépend; les employés du télégraphe, les convois, les courriers pourront toujours parcourir la ligne.

ART. 5. — Si les Français veulent construire des magasins dans le Damga, les chefs du Bosséa n'y verront pas une menace contre eux, mais un moyen d'avoir sous la main tout ce qui est nécessaire pour la construction de la ligne.

ART. 6. — Les chefs du Bosséa feront leurs efforts pour faciliter la navigation dans le fleuve et protègeront le commerce en toutes circonstances.

Signé : RÉMY;
HOLLE.

(Signature des notables de la mission du Bosséa.)
Signé : ABDOUL-BOUBAKAR;
TIERNO-MOLÉ ;
MALICK-AMAT ;
ALY-SID :
HAMET-HAM.

Approuvé,
Le Gouverneur,
F. DE LANNEAU.

Traité avec le Fouta central.

14 août 1883.

Entre le colonel d'artillerie BOURDIAUX, officier de la Légion d'honneur, gouverneur du Sénégal et dépendances, représenté par M. BALLOT, chef du service des affaires politiques, d'une part ;

Et les chefs de l'Irlabé-Diéri, de l'Ebiabé, du Founangué-Bosséa, de l'Irnangué-Bosséa et de l'Orgo-Bosséa, provinces dont la réunion forme le Fouta central, d'autre part ;

A été conclu le traité suivant :

ARTICLE 1er. — Les chefs du Fouta central ayant la ferme intention de vivre en paix avec le gouvernement français, renouvellent les engagements qu'ils ont contractés par le traité du 16 mai 1881.

ART. 2. — Le Fouta central, composé de l'Irlabé-Diéri, de l'Ebiabé, du Founangué-Bosséa de l'Irnangué-Bosséa et de l'Orgo-Bosséa, forme une république fédérative entièrement séparée du reste de l'ancien Fouta et administrée par les chefs indépendants les uns des autres, à qui appartient le droit d'élire un chef religieux (Almamy).

ART. 3. — Le gouvernement français reconnaît tous les chefs du Fouta central actuellement au pouvoir, sans exception, et prend l'engagement de ne pas s'immiscer dans la politique locale de leur pays, son but, en entretenant avec eux des relations d'amitié étant de favoriser le commerce et l'agriculture, d'établir la sécurité de navigation dans le fleuve, de faciliter ses communications avec le Haut-Sénégal et d'assurer ainsi la prospérité de la colonie tout entière.

ART. 4. — De leur côté les chefs du Fouta central s'engagent à ne rien entreprendre contre le Lao et l'Irlabé, dont ils ont déjà reconnu l'indépendance ; toute prétention contre ces États serait complètement inutile, car le gouvernement français ne souffrira jamais le moindre empiètement sur ces pays placés sous protectorat par le traité du 24 octobre 1877.

ART. 5. — Le gouvernement français s'engage à respecter la religion, les usages, les institutions, les mœurs et les lois du pays et à sévir contre les sujets français qui essayeraient d'y porter atteinte.

Art. 6. — Ainsi qu'il a été stipulé par l'article 3 du traité du 15 août 1859, les traitants, dans le Fouta central, ne seront soumis à aucun impôt. A l'avenir les chalands de l'État et du commerce, ainsi que les courriers, les convois et les troupeaux ne seront plus arrêtés, inquiétés ni insultés. Les chefs s'engagent à les protéger contre les brigandages de leurs sujets et à punir sévèrement les pillards et les insolents.

Réciproquement le gouvernement français s'engage à réprimer toute insulte faite par ses sujets aux gens du Fouta central.

Art. 7. — Comme compensation des engagements de l'article précédent, le gouvernement français autorise les chefs du Fouta central à s'entendre entre eux pour placer sur l'île de Sor un agent chargé de percevoir un droit de 3 0/0 sur les troupeaux du haut pays et ayant traversé le Fouta central par voie de terre.

Art. 8. — Conformément à l'article 2 du traité du 16 mai 1881, les chefs du Fouta central se sont engagés à laisser construire une ligne télégraphique, qui doit réunir Saldé à Bakel, et à punir les villages sur les territoires desquels des dégradations y seraient faites.

Les chefs du Fouta central renouvellent tous ces engagements et jurent de protéger et de respecter notre télégraphe.

Art. 9. — Les habitants du pays seront libres de travailler à la construction de la ligne télégraphique ; ceux qui voudraient aider nos ouvriers recevraient une solde de 1 fr. 50 par jour et la ration indigène.

Art. 10. — Les travaux de la ligne télégraphique commenceront dès que le matériel attendu de France sera arrivé dans la colonie.

Art. 11. — Le présent traité ne recevra son exécution qu'après avoir obtenu l'autorisation du gouverneur du Sénégal.

Fait et signé à M'bolo le 14 août 1883.

Signé : Victor Ballot,
chef du service des affaires politiques.

Signé : Abdoul Boubakar et Tierno Mollé, chefs du Founaugué-Bosséa ; Amar Boubakar et Omar-Ahmadou-Eliman-Kindia, chefs de l'Irnangué-Bosséa ; Boumouth-Sambala et Elimane M'bolo-Kama, chefs de l'Orgo-Bosséa ; Mahamadou-Elimane et Aly-Sidy, chefs des Irlabé ; Sattigir-Modi et Omar, chefs des Ebiabé.

Signatures des témoins.

Approuvé le gouverneur du Sénégal.
Bourdiaux.

§ 4

TRAITÉS AVEC LES ÉTATS DU HAUT-SÉNÉGAL ET DU HAUT-NIGER.

Traité de paix avec les chefs du Khasso.
30 septembre 1855.

Entre M. le chef de bataillon du génie FAIDHERBE, gouverneur du Sénégal et dépendances, représentant du gouvernement français, et SAMBALA, fils de AOUA-DEMBA, SANI-MOUSSA, ALI-MAHMOUDOU, KANI-BIRAMA, NIAMODI, SÉMOUNOU, MODIBA, DIATI-MADI, AMANGAÇA-DEMBA, SAMBA-OULÉ, BANDIOUGOU, DALLA-DEMBA, DIOUGOU-SAMBALA, chefs et propriétaires du pays de Khasso.

ARTICLE 1er. — Les Français sont les maîtres du fleuve, ainsi que des terrains où ils ont des établissements.

ART. 2. — Ils sont libres de créer des établissements nouveaux partout où ils voudront, en indemnisant les propriétaires du terrain, s'il est occupé.

ART. 3. — Les chefs et les habitants des villages riverains laisseront faire librement le commerce aux bâtiments mouillés devant leurs villages, sans en exiger aucun droit ni présent ; toute exigence de ce genre sera considérée comme un acte d'hostilité contre nous.

ART. 4. — Les chefs du pays s'engagent, à moins de force majeure, à assurer la sécurité des sujets français et de leurs biens sur leur territoire, comme nous assurons celle de leurs sujets dans nos établissements.

ART. 5. — Si un pillage est commis par les habitants d'un village, tout le pays auquel appartient ce village en est responsable, et doit s'attendre à toute espèce de représailles de notre part, tant qu'on ne nous aura pas accordé la réparation que nous aurons demandée.

ART. 6. — Les chefs et habitants du pays de Khasso promettent d'être toujours en paix avec les Français, de chercher à étendre le commerce qu'ils font avec eux, et de ne pas mettre d'obstacle à celui que les Français font avec les pays voisins.

ART. 7. — Le gouverneur s'engage à accorder à ces chefs et à ces populations un refuge sous les canons du fort de Médine, contre toute agression injuste des peuples étrangers.

ART. 8. — Par suite de renseignements pris sur place, les habitants du Khasso ne peuvent être rendus responsables du pillage des marchandises que les traitants de Bakel avaient reçu l'ordre du gouverneur de faire rentrer dans ce poste fortifié, à l'approche de l'armée d'Al-Hadji, en 1855.

Ils feront leur possible pour faire recouvrer à leurs propriétaires celles de ces marchandises qui n'ont pas encore été transportées dans le Fouta-Dialon.

Art. 9. — Les différents chefs du Khasso s'engagent à vivre en paix les uns avec les autres, pour faire prospérer dans leur pays l'agriculture et le commerce. Leurs affaires avec nous se traiteront par l'intermédiaire de Sambala.

Fait et signé à Médine, le 30 septembre 1855.

Les nommés Diougou-Sambala, Dalla-demba, Mahmoudou pour son grand'père Maly-Mahmoudou, Niamodi, Kani-Birama et Sambala, ne sachant signer, ont fait leur marque.

Ont signé : L. Faidherbe ; Bonnet, capitaine d'artillerie de marine, aide de camp du gouverneur ; L. Flize, lieutenant d'infanterie de marine, directeur des affaires indigènes ; Paul Holl, commandant de Médine.

Traité avec le Khasso.

29 septembre 1878.

Sambala, fils de Awa Demba, fils de Sambala, en son nom et au nom de tous ses frères, Makaisé Sambala-Ilo-Oussoubi-Ahmadou, de ses deux fils Guéladio, Sidi-Moriba, Demba-Sadio, Séga-Sadio, Sadio-Sada adresse au gouverneur du Sénégal et dépendances, M. le colonel Brière de l'Isle, tous ses remerciements pour l'appui efficace qu'il lui a prêté contre son ennemi Niamody, lequel avait rompu ouvertement le traité qu'il avait signé en 1855 avec le gouvernement français et tous les chefs du Khasso.

Le gouverneur du Sénégal a envoyé dans le haut-fleuve une colonne expéditionnaire qui a détruit le grand village de Sabouciré, chassé Niamody et permis à toute l'armée Khassonkaise de rejeter sur la rive droite et jusque dans le Bambouk toute l'armée de Niamody et ses alliés (principalement les Toucouleurs).

Sambala, en son nom et au nom de toute sa famille et de tous ses successeurs, s'engage à rester plus que jamais le fidèle allié des Français, à ne jamais entreprendre aucune guerre ou expédition sans avoir l'assentiment du gouverneur du Sénégal, enfin à ne reconnaître que la suzeraineté du gouvernement français et à faire tous ses efforts pour que les produits du haut pays arrivent sur les bords du fleuve Sénégal pour se rendre à Saint-Louis.

Médine, le 26 septembre 1878.

> Signé : Bourdiaux, chef d'escadron, directeur d'artillerie de la marine, chevalier de la Légion d'honneur.
> Gabet, chef de bataillon d'infanterie de marine, chevalier de la Légion d'honneur.
> Hennique, capitaine adjudant-major d'infanterie de marine.
> Chevrier, médecin de la marine.
> Boilève, chef de bataillon d'infanterie de marine, directeur des affaires politiques, chevalier de la Légion d'honneur.
> P. Reybaud, lieutenant-colonel, commandant supérieur des troupes, officier de la Légion d'honneur.
> Ahmadou, Ilo, Makaisé Sambala, Moriba, Sidi, Guéladio, Demba Sambala, et Demba Sambala, son père.

Traité de paix avec les chefs du Kaméra.

6 octobre 1855.

Entre M. le chef de bataillon du génie Faidherbe, gouverneur du Sénégal et dépendances, représentant du gouvernement français, et Dalla, Madigentki, Tambo, Kellé-Oury et Ali-Mana, des villages de Moussala, Tamboucané, Diakhandapé, Makhana et Kotéré, chefs ou agissant au nom des chefs et propriétaires du pays de Kaméra.

Les articles 1, 2, 3, 4, 5, 6 et 7 sont les mêmes que dans le traité avec les chefs du Khasso.

Art. 8. — Les chefs du Kaméra, renouvellent l'engagement qu'ils ont pris de rembourser intégralement toutes les marchandises qui ont été pillées dans leurs villages au préjudice de nos traitants. Ces pillages s'élevaient à la somme de 8,060 francs 85 centimes ; ils ont déjà restitué en marchandises une valeur de 1,767 francs, ce qui réduit leur dette à 6,293 fr. 85 centimes, qu'ils s'engagent à payer d'ici au mois de juillet 1856.

Fait à Bakel, le 6 octobre 1855, en présence de MM. Bonnet, chef d'Etat-major de la colonie ; Parent, capitaine du génie, commandant de Bakel, et Flize, directeur des affaires extérieures.

Dalla, Madigentki, Ali-Mana, Bou-Seif et Kellé-Oury, ne sachant signer, ont fait leur marque.

Ont signé : L. Flize, lieutenant d'infanterie de marine, directeur des affaires indigènes ; Parent, capitaine, chef du génie ; Bonnet, capitaine d'artillerie de marine, aide de camp du gouverneur, et L. Faidherbe.

Traité de paix avec les chefs des Guidi-Maka.

6 octobre 1855.

Entre M. le chef de bataillon du génie Faidherbe, gouverneur du Sénégal et dépendances, représentant du gouvernement français, et Gaé-Diogou, Mamady-Awa, Sadio-Favouré, Diathié-Salou et Koré-Kanedhi, chefs des villages de Diaguila, Moulécimo, Ndiougoutouré, Soulou et Khabou, du pays des Guidi-Maka.

Les articles 1, 2, 3, 4, 5, 6 et 7 sont les mêmes que dans le traité avec les chefs du Khasso.

Art. 8. — Les chefs du pays des Guidi-Maka renouvellent l'engagement qu'ils ont pris envers le commandant du fort de Bakel, relativement aux pillages de nos marchandises qui ont été commis chez eux. Ces pillages s'élevaient à 23 barriques de mil, 279 barriques de pistaches et 10 peaux de bœufs ; ils ont déjà rendu, en deux fois, la valeur de 43 barriques et 66 moules de pistache ; ils promettent de rembourser le reste, c'est-à-dire 23 barriques de mil, 235 barriques et 94 moules de pistaches et 10 peaux de bœufs à la récolte prochaine, qui aura lieu vers la fin de janvier 1856.

Fait et signé à Bakel, en présence de MM. Bonnet, capitaine d'artillerie, chef d'état-major de la colonne ; Parent, capitaine du génie en chef, commandant du fort de Bakel, et Flize, lieutenant d'infanterie, directeur des affaires extérieures, le 6 octobre 1855.

Les nommés : Siré-Boye, Soulé-Awa, Galadi-Dialla, ne sachant signer, on fait leur marque.

Ont signé : Lassana-Awa, Souleiman, Issa-Bambi, L. Flize, Parent, Bonnet, L. Faidherbe.

Traité de paix avec l'almamy du Bondou.

18 août 1858.

Au nom de Sa Majesté Napoléon III, Empereur des Français,

L. Faidherbe, lieutenant-colonel du génie, officier de la Légion d'honneur, gouverneur du Sénégal, a conclu le traité suivant avec Boubakar-Saada, almamy du Bondou :

Article 1er. — En reconnaissance des services qui lui ont été rendus, l'almamy du Bondou, Boubakar-Saada reconnaît, en son nom et au nom de ses successeurs, que, outre le cours de la Falémé, les territoires suivants appartiennent à la France en toute propriété :

1° Le territoire de Sénoudébou, dont Boubakar évacuera la partie qu'il occupe, dès que les circonstances le lui permettront ;

2° Une route de 20 mètres de largeur de Sénoudébou à Bakel ;

3° Le territoire du village de Ndangan ;

4° Une route de 20 mètres de largeur de Ndangan à Kéniéba ;

5° Une route de 20 mètres de largeur, conduisant directement de Sénoudébou (rive droite) à Kéniéba.

Le tracé de ces routes est au choix du gouvernement français.

Art. 2. — L'almamy ne percevra aucun droit sur les caravanes qui viennent de l'est directement à Sénoudébou.

Art. 3. — Quand Boubakar aura quitté Sénoudébou, il ne mettra aucun obstacle à ce que les gens du Bondou, libres de leurs personnes, viennent grossir les populations de nos villages.

Art. 4. — Les Français auront la faculté de fonder un établissement sur la Haute-Falémé, lorsqu'ils le jugeront à propos, en dédommageant les propriétaires du terrain, s'il est occupé.

Art. 5. — Les Français sont complètement maîtres et indépendants dans leurs établissements. Ils laisseront le gouvernement du pays à ses chefs naturels, Boubakar-Saada et ses successeurs.

Art. 6. — Tous les traités ou conventions antérieurs sont abrogés.

Sénoudébou, le 18 août 1858.

Le Gouverneur du Sénégal,
L. Faidherbe.

Signé : Boubakar.

Ont signé comme témoins :
Le Commandant de Sénoudébou,
Coquet.
Le Capitaine d'artillerie, chef d'état-major.
Bonnet.

Traité de paix avec les chefs du Bambouk.

18 août 1858.

Au nom de Sa Majesté Napoléon III, Empereur des Français, L. Faidherbe, lieutenant-colonel du génie, officier de la Légion d'honneur, gouverneur du Sénégal, a conclu le traité suivant avec Bougoul, chef de Farabana et du Niagala, descendant des anciens roi du Bambouk, quand ce pays ne formait qu'un seul État, traitant au nom de tous les chefs du Bambouk.

Article 1er. — Les Français pourront s'établir partout où ils voudront dans le Bambouk, à l'exclusion de toute autre nation.

Art. 2. — Les Français seront maîtres et indépendants dans leurs établissements, mais ils laisseront le gouvernement du pays à ses chefs naturels.

Art. 3. — Les Français accorderont protection sous leurs forts aux populations du pays, contre leurs ennemis extérieurs.

Art. 4. — Ils exploiteront les mines d'or, concurremment avec les indigènes, cultiveront les terres, élèveront des troupeaux, bâtiront des habitations, sans rien payer à personne.

Le Gouverneur du Sénégal,
L. FAIDHERBE.
Signé : BOUGOUL.

Ont signé comme témoins :
Le Directeur des mines,
A. MARITZ.
Le Capitaine d'artillerie, chef d'état-major,
BONNET.

Traité de paix avec le tonka du Guoy.
19 août 1858.

Au nom de Sa Majesté Napoléon III, Empereur des Français,

Entre le lieutenant-colonel du génie FAIDHERBE, officier de la Légion d'honneur, gouverneur du Sénégal, et le tonka du Guoy, BOUBAKAR-SOULÉ :

Le tonka (roi) du Guoy, reconnaissant qu'en dehors de l'alliance française, il n'y a pour lui et les siens que ruine et misère, demande la paix au gouverneur du Sénégal.

Il cède à la France, en toute propriété et sans aucune condition, tout le territoire compris entre Bakel inclusivement et la Falémé.

Le gouverneur le reconnaît comme roi de la partie du Guoy comprise entre Bakel exclusivement et le Fouta, et lui accorde sa protection.

Fait et signé à Bakel, le 19 août 1858.

Le Gouverneur du Sénégal,
L. FAIDHERBE.
Signature du tonka BOUBAKAR-SOULÉ.
Signé : MAMADOU, fils du tonka.

Ont signé comme témoins :
Le Capitaine commandant de Bakel,
CORNU.
Le Capitaine d'artillerie, Chef d'état-major,
BONNET.

Traité de paix avec Al-Hadji Omar.

Août 1860.

1° La frontière entre les États d'Al-Hadji et les pays sous la protection de la France est le Bafing, depuis Bafoulabé jusqu'à Médine. Nos pays sont : Natiaga, Logo, Médine, Niagala, Farabana, Tambaoura, Kamanan, Konkodougou, Dentilia, Diabéla, tout le cours de la Falémé, Guidimakha, Kaméra Guoy, Bondou....... etc.

Les pays d'Al-Hadji sont : Diombokho, Kaarta, la partie du Khasso sur la rive droite du Bafing, Bakhounou. Fouladougou, Bélédougou..... et tout ce qu'il pourra prendre de ce côté.

2° Al-Hadji ne bâtira pas de tata et n'établira pas de villages guerriers dans le pays de Khoulou, ni de Kanamakhounou.

3° Al-Hadji rendra les marchandises qu'il a prises à Médine (impossible dans l'exécution).

4° Tout pillage, toute expédition de guerre cessera d'un côté comme de l'autre. Les sujets de l'un des pays n'iront pas en armes dans l'autre pays.

5° Le commerce se fera librement entre les deux pays. Nous vendrons à Al-Hadji tout ce qu'il nous demandera.

6° Chaque pays gardera ses sujets et ses captifs comme il l'entendra. On ne rendra ni sujets ni captifs qui se sauveraient d'un pays dans l'autre. Cette condition est nécessaire, parce que, sans cela, on aurait continuellement des difficultés au sujet des fugitifs.

1879-1880-1881.

Traités passés : par le capitaine Galliéni, avec les diverses populations du Makadougou, du Bétéadougou, du Farimboula, du pays de Kita; par le colonel Desbordes, avec le Bagnakadougou, le Gadougou, le Manding de Niagassola, le Manding de Kangaba[1], le pays de Sibi, le Bammako, le Bouré.

Tous ces traités sont semblables et peuvent se résumer ainsi :

Reconnaissance du protectorat de la France. — Droit par la France de créer des établissements militaires, routes, gîtes d'étape, comptoirs. — Liberté de commerce. — Suppression des coutumes. — Législation relatives aux contestations entre Français et indigènes.

---

1. Ces deux petits États sont, depuis la signature de ces traités, devenus les alliés de Samory.

Traité avec le Bafing.

14 décembre 1882.

Au nom de la République française,

Entre M. Vallon, capitaine de vaisseau, commandeur de la Légion d'honneur, gouverneur du Sénégal et dépendances, représenté par M. Bonnier, capitaine d'artillerie de marine, agissant en vertu des pouvoirs qui lui ont été conférés par M. le lieutenant-colonel Boronis-Desbordes, commandant supérieur du Haut-Fleuve, et Sago-Bamaka, roi du Bafing, agissant tant en son nom qu'en celui de ses frères, de ses fils et neveux et des principaux chefs et notables du pays :

A été conclu le traité suivant :

Article 1er. — Le Bafing est placé sous le protectorat de la France.

Art. 2. — La République française promet aide et protection au Bafing, dans le cas où les habitants de ce pays seraient menacés dans leurs personnes ou leurs biens pour avoir exécuté le pacte d'amitié qu'il conclut librement avec la France.

Art. 3. — La République française ne s'immiscera ni dans le gouvernement, ni dans les affaires intérieures du Bafing.

Toutes les contestations entre les différents villages continueront à être réglées selon les coutumes du pays.

Toutefois, le gouverneur aura le droit d'intervenir dans le cas où il le jugerait nécessaire dans l'intérêt de la France.

Dans le cas où les contestations qui surgiraient entre les habitants du Bafing et les Français, ou les pays qui sont liés à la France par des traités d'amitié, ne pourraient être réglées à l'amiable, elles seront portées devant le commandant de Kita, qui décidera.

Appel pourra être fait de sa décision, par l'une ou l'autre partie, au commandant supérieur d'abord, au gouverneur en dernier ressort.

Art. 4. — La France aura le droit de construire dans le Bafing les établissements militaires et d'exécuter les grandes voies de communications qu'elle jugerait utiles.

Dans ce cas les habitants de la région fourniraient des manœuvres qui seraient payés comme dans la région voisine du Gangaran.

Art. 5. — Le commerce se fera librement et sur le pied de la plus parfaite égalité entre les Malinké du Bafing et les sujets français ou autres placés sous le protectorat de la France.

Les caravanes et marchandises seront scrupuleusement respectées dans leurs personnes et leurs biens.

Art. 6. — Le roi du Bafing s'engage à donner aide et protection à tous les courriers et à tous les convois, par terre ou par eau, venant des postes français tels que Kita et Bafoulabé.

Toutes les dépenses faites par les courriers ou les convois devront être payées ; s'il en était autrement, le roi du Bafing aurait recours à l'autorité du commandant de Kita.

Art. 7. — Le présent traité, fait en triple expédition, ne sera définitif qu'après approbation du gouvernement français.

Fait et signé à Gapand, résidence du roi Sago-Bamakha, le 14 décembre 1882, en présence de :

Silmann-Silly, interprète ;
Silmann-Silly fils ;
Gniouko, fils aîné du roi ;
Sago-Bamaka, roi du Bafing ;
P. Madioulé, héritier du royaume du Bafing et par procuration le roi.

Bonnier,
Capitaine d'artillerie.
Pour ratification :
Le Gouverneur du Sénégal et dépendances,
René Servatius.

Traités de protectorat passés par le docteur Bayol avec les chefs : des cantons de Nossombougou, Nonkho (Petit Bélédougou, de Doirébougou (Meskala), de Koumi (Grand-Bélédougou ; de la confédération de Damfa ; du pays de Mourdia, des cantons de Dionkoloni et de Ségala.

Mai 1883.

Traité avec le Tambaoura.

8 novembre 1883.

Traité conclu, d'une part entre le Dr Colin, chargé par M. le ministre de la marine et des colonies de passer des traités avec les chefs des pays aurifères du Soudan occidental, et d'autre part entre Nia-Toumané, chef reconnu du Tambaoura, le 8 novembre 1883, en présence de Doussou-Moussa, etc.

Article 1er. — Le chef de Tambaoura, les chefs auquel a été soumis ce traité, de Niafato, de Kama, de Dangara, de Boubou, de Bourdella, villages du Tambaoura, ont déclaré qu'ils désiraient vivement voir les Français s'établir dans leur pays et leur accorder leur protection.

Art. 2. — A dater de la signature du présent traité, le Tambaoura ne pourra accorder à aucune autre puissance européenne le droit d'exploiter l'or dans le Tambaoura, ce droit est uniquement réservé à la France. La France se réserve également le droit de taxer, si elle le juge convenable, les marchandises qui seraient introduites par des puissances étrangères pour le commerce de l'or.

Art. 3. — Les Français auront le droit de placer le siège de leurs travaux partout où ils le jugeront convenable. Ils pourront relier leurs différents établissements entre eux ou avec leurs postes voisins au moyen de routes qu'ils feront passer par les points qu'ils leur paraîtront le plus convenable.

Art. 4. — Si l'établissement des travaux ou la construction des habitations et des routes lèse quelque habitant du pays dans sa propriété, il lui sera donné l'indemnité qui lui est due.

Cette indemnité sera fixée par une commission composée de trois Français et de trois notables du pays. Une fois la décision rendue, la partie en cause devra s'y conformer immédiatement, sans appel. Les chefs naturels du pays devront la faire exécuter suivant les lois et coutumes du pays.

Art. 5. — Les Français auront le droit de se construire les habitations auxquelles ils sont habitués, de se munir de toutes les troupes, armes et moyens de défense qu'ils jugeront nécessaires à leur sécurité et à la protection du pays.

Art. 6. — A dater du jour de l'entrée des Français dans le Tambaoura, ce pays sera entièrement sous leur protection, et nul ne saurait faire contre lui quelque tentative de pillage ou attaque à main armée sans en être responsable devant la France.

Art. 7. — De leur côté, le chef du Tambaoura et les chefs des villages de ce pays, s'engagent à donner aide et protection dans toute la mesure de leurs forces aux Français, voyageant dans leur pays, à leur procurer, moyennant salaire, les hommes, les animaux, vivres, matériaux qui pourraient leur être nécessaires.

Art. 8. — En reconnaissance de la cession du droit exclusif d'exploitation de l'or dans le pays, la France s'engage à servir au chef du pays une rente annuelle dont le montant sera fixé lors de leur établissement dans le pays, mais qui ne saurait en aucun cas excéder la valeur de cent pièces de guinée.

Cette rente lui sera régulièrement payée, par semestre, au 1er juillet et au 1er janvier de chaque année, sans préjudice des divers cadeaux qui pourront lui être faits pour les services qu'il nous aurait rendus.

Fait à Dialafara, le 8 novembre 1883.

Ont signé, d'une part : Le docteur Colin,
    d'autre part :
Le chef du Tambaoura, son frère Doussou-Moussa, son fils aîné, Moussoukoni-Kama, son second fils Dalla-Phyllie, les chefs de Dangara, Niafato, Kama, Monia, Diokeba, Boubou, Bourdella, Salin-Dji.

Traité avec Famalé, chef du Diébédougou.
25 novembre 1883.

Analogue, en tous points, au traité passé avec le Tambaoura ; il concède en outre à la France le droit d'établir un poste à Kassama, résidence du chef du Diébédougou.

Traité avec le pays de Baguinta (Haut-Niger).
1883.

Au nom de la République française,
Entre M. SERVATIUS, gouverneur du Sénégal et dépendances, représenté par M. BORGNIS-DESBORDES, lieutenant-colonel d'artillerie de marine, commandant supérieur du Haut-Sénégal.
Et le chef du pays de Baguinta, sur la rive droite du Niger, comprenant les villages de Baguinta, Sibila, Konié, Kabakora-Niatoulo, Siracoro, Dounenia, Sonougouba, Taniouma, Guéniéli, Tayenna, Bofa, Kokou, agissant tant en son nom qu'en celui des chefs et des principaux notables du pays, a été conclu le traité suivant :

ARTICLE 1er. — Le Baguinta est placé sous le protectorat de la France.

ART. 2. — La République française promet aide et protection au Baguinta, dans le cas où les habitants de ce pays seraient menacés dans leurs personnes et dans leurs biens pour avoir exécuté le pacte d'amitié qu'ils concluent librement avec la France.

ART. 3. — La République française ne s'immiscera ni dans le gouvernement, ni dans les affaires intérieures du Baguinta.

ART. 4. — La France aura le droit de faire dans le Baguinta des établissements militaires et d'exécuter les travaux nécessaires pour établir des voies de communication. Les manœuvres seraient fournis par le Baguinta et payés comme à Bammako.

ART. 5. — Le commerce se fera librement et sur le pied de la plus parfaite égalité entre les Bambara du Baguinta et les sujets français et autres placés sous le protectorat de la France.
Les caravanes et marchands seront scrupuleusement respectés dans leurs personnes et leurs biens. Le chef de Baguinta s'engage en outre, à donner aide et protection aux courriers et convois appartenant aux colonnes françaises.

ART. 6. — Toutes les contestations seront jugées en premier ressort par le commandant du cercle de Bammako ; appel pourra être fait devant le commandant supérieur du Haut-Sénégal d'abord, et devant le gouverneur du Sénégal, en dernier ressort.

ART. 7. — Le chef de Baguinta ne pourra faire aucune convention militaire, politique ou commerciale avec une autre puissance que la France, quelle qu'elle soit, sans l'autorisation du gouverneur du Sénégal.

ART. 8. — Le présent traité, fait en triple expédition, sera exécutoire à compter du jour où il aura été ratifié par le gouverneur.

Une expédition restera au gouvernement, une autre sera déposée au fort de Bammako, la troisième sera remise au chef de Baguinta.

Bammako, le   1883.
MORIBA.
ALPHA-SÉGUA.
M. OUSMAN.

Approuvé :
Le Gouverneur du Sénégal et dépendances,
BOURDIAUX.

Traité avec N'Doo, chef du pays de Marcabougou.

24 novembre 1883.

Entre M. BOURDIAUX, colonel d'artillerie de marine, gouverneur du Sénégal et dépendances, représenté par M. RUAULT, capitaine d'artillerie de marine, commandant le cercle de Bammako, en vertu des pouvoirs qui lui ont été conférés par M. BOILÈVE, lieutenant-colonel d'infanterie de marine, commandant supérieur du Haut-Sénégal et N'Doo, chef du pays de Marcabougou, comprenant les villages de :

Marcabougou, Sonango, Messerebougou, Doténema, Laba, Koni, Niéni-Féna, Nolobabougou, Banongou, Temenkora, Dongalé, Nampala, Serbabougou, Kanionce, Komabougou, Sogo, Sorébougou, Diado, Siso, Canton, Diempendali, Sansandig.

Agissant tant en son nom qu'en celui des chefs et des principaux notables du pays, a été conclu le traité suivant : semblable au traité conclu avec le pays de Daba. Suivent les signatures.

Traité avec le pays de Daba (Petit-Bélédougou).

8 avril 1884.

Entre M. BOURDIAUX, colonel d'artillerie de la marine, gouverneur du Sénégal et dépendances, représenté par M. G. BONNIER, capitaine d'artillerie de la marine, en vertu des pouvoirs qui lui ont été conférés par M. BOILÈVE, lieutenant-colonel d'infanterie de marine, commandant supérieur du Haut-Sénégal.

Et DANSOA-TARAORÉ, chef du pays de Daba comprenant les villages de : Guisoumalé, Saguemabougou, Bouala, Boumoulou, Guibourla, Biabougou, Téhédo, Falagnié, Serinaloulou, Boulougou, Bananko, Siératoma, Sirahorobougou, Kilibana, Tiésémabougou, Kolombougou, Dacébougou.

Agissant tant en son nom qu'en celui des chefs et des principaux notables du pays.

A été conclu le traité suivant :

ARTICLE 1er. — Le pays de Daba est placé sous le protectorat de la France.

ART. 2. — La République française promet aide et protection au pays de Daba dans le cas où les habitants seraient menacés dans leurs personnes ou dans leurs biens, pour avoir exécuté le pacte d'amitié qu'ils concluent librement avec la France; sous la réserve que le pays de Daba fera acte de virilité en se défendant et en donnant aux troupes françaises le temps d'arriver.

ART. 3. — Le pays de Daba s'engage à combattre avec les Français ou avec leurs alliés, si ceux-ci étaient attaqués par les états musulmans qui avoisinent le Bélédougou.

Les articles 4, 5, 6, 7, 8 et 9 sont les mêmes que les articles 3, 4, 5, 6, 7 et 8 du traité avec le pays de Baguinta.

Traités avec les chefs des pays de Niékona, Diédongou, Domba, Toutoudo, Diako, Dio, Doosamana, Donsofara (Petit-Bélédougou).

Avril 1884.

Analogues au traité passé avec le pays de Daba.

Traité avec le pays de Méguétana.

17 septembre 1884.

Au nom de la République française.

Entre M. SEIGNAC, gouverneur du Sénégal et dépendances, représenté par le capitaine de cavalerie DELANNEAU, commissaire du gouvernement à bord de la canonnière *le Niger*, en vertu des pouvoirs qui lui ont été conférés par M. BOILÈVE, lieutenant-colonel d'infanterie de marine, commandant supérieur du Haut-Sénégal.

Et OUDIOU, chef du pays de Méguétana, comprenant les villages de :

1° Koulikoro,

2° Kayan,
3° Manabougou,
4 Massala,
5° Souha,
6° Tieufa,

agissant tant en son nom qu'en celui des chefs principaux notables du pays.

A été conclu le traité suivant :

. . . .

Art. 3. — Le pays de Méguétana s'engage à combattre avec les Français si ceux-ci étaient attaqués par des chefs de la rive droite et particulièrement par des chefs musulmans menaçant la sécurité et l'indépendance des habitants de la rive gauche.

. . . .

Tous les autres articles semblables à ceux du traité passé avec le pays de Daba.

(Suivent les signatures.)

§ 5.

TRAITÉS AVEC LES ÉTATS DES RIVIÈRES DU SUD.

Rivière Casamance.

De 1828 à 1861, des traités passés avec les chefs de provinces ou de villages de la Casamance ont reconnu à la France la propriété :

D'un terrain près du village de Brin (1828), de l'île Djogué (1828), de l'île de Carabane (1836), du territoire du poste de Sedhiou (1837), de la pointe de Guimbéring (1837), du littoral de Souna sur 200 mètres de profondeur (1839), du littoral du Pakao sur 200 mètres de profondeur (1839), du littoral de Banjiéri sur 200 mètres de profondeur (1840).

Ont reconnu la suzeraineté de la France sur les territoires des villages de Samalité (1851), Caguin (1851), du Boudhié (1850), d'Oukoff, d'Hilor, de Courba, sur le territoire des Djougoutes de Mangangoulay, sur le territoire des villages de Manou, d'Elana, Tandouk (1869), Kandiolo (Songrougou), Bassada, Mambina, Bossa, du pays d'Affinian (1861).

Basse-Casamance.

Par un traité du 7 novembre 1855, les villages Balantes de Iatacounda et de Niafour cèdent à la France le littoral de leur territoire, sur une profondeur de 200 mètres, en s'y réservant l'exploitation des palmiers. Ils cèdent le droit d'y couper des roniers.

Par un traité du 9 janvier 1859, les villages Balantes de Cougnaro et de Souna cèdent à la France le littoral de leur territoire, sur une profondeur de 300 mètres.

Par un traité du 6 avril 1860, les Floups de Mlomp ont cédé à la France la pointe Sosor ou de Saint-Georges ; de plus, ils ont soumis leur territoire à la suzeraineté de la France. Les Djougoutes de Thionq en ont fait autant par un traité du 5 mai 1860 ; les gens de Wagaram par un traité du 6 mai 1860 ; les gens de Cassinol par un traité du 13 mai 1860 ; les gens de Blis par un traité du 15 juin 1860 ; les gens de Baiat par un traité à la même date ; les gens de Karone par un traité du 17 juin 1860.

Traité avec le Souna (Haute-Casamance).

14 février 1861.

Au nom de Sa Majesté Napoléon III, Empereur des Français,
En vertu des pouvoirs a lui délégués par le gouverneur du Sénégal et dépendances, le chef de bataillon du génie PINET-LAPRADE, officier de l'ordre impérial de la Légion d'honneur, commandant particulier de Gorée et dépendances, a conclu le traité suivant avec les chefs du Souna :

ARTICLE 1er. — Le Souna reconnaît la souveraineté de la France.

ART. 2. — Tout sujet français pourra s'établir dans le Souna, en achetant aux habitants le terrain qui lui sera nécessaire. Il pourra couper, sans redevances, tout le bois dont il aura besoin pour ses établissements et ses embarcations. Aucun étranger ne pourra s'établir dans le Souna sans l'autorisation de l'autorité française.

ART. 3. — Les Français et étrangers commerçant dans le Souna ne seront soumis qu'aux redevances consenties par l'autorité française.

ART. 4. — Les contestations entre le Souna et ses voisins seront vidées par l'autorité française.

ART. 5. — Le Souna va restituer immédiatement tous les pillages et payer 5,000 francs de contribution de guerre.

ART. 6. — Comme garantie de l'éxécution de ce traité, le Souna donnera en otage quatre fils des principaux chefs.

ART. 7. — Toutes les conventions antérieures sont abrogées.

Signé : E. PINET-LAPRADE.
Approuvé :
Le Gouverneur,
L. FAIDHERBE.

(Suivent les signatures des chefs de Sandiniéri, de Karantaba, Dioudoubou et Dilinki.)

Traité conclu avec les Bagnouls, habitants de la rive gauche de la Casamance et dont le pays est compris entre le marigot de Birmaka, près de Dyarring dans l'est et le marigot de Diounoucouna dans l'ouest.

18 mars 1865.

En vertu des pouvoirs qui nous ont été conférés par M. le commandant supérieur de l'arrondissement, agissant au nom de M. le gouverneur du Sénégal et dépendances et sauf son approbation,

Nous, MAILHETARD (Pierre-Alexandre), capitaine en premier d'artillerie de la marine, commandant du cercle de Sédhiou, officier de la Légion d'honneur, en présence de M. CLÉMENT, lieutenant de vaisseau, commandant du *Griffon*, officier de la Légion d'honneur et assisté du nommé DIANGO-NDIAY, interprète du poste de Sédhiou, au village de Diagnou, avons conclu le traité suivant avec les chefs des Bagnouls, habitants la rive gauche de la Casamance, et dont le pays est situé entre le marigot de Birmaka, près de Dyarring dans l'est et le marigot de Diounoucouna dans l'ouest, comprend les villages suivants :

Diagnou, village reconnu pour capitale, chef Badhio-Mané.
Niéna, Diégoume-Mansaly, chef.
Gonou, Faty-Dinaly, chef.
Coubone, Bayaka-Dinaly, chef.
Samick, Toumané-Mané, chef.
Gandiane, Diomouk, chef.
Bissé, Sédy-Sadio, chef.
Toudenal, Masiré-Soumbou, chef.
Abal, Maoa-Soumbou, chef.
Niado, Ondaly-Mané, chef.

ARTICLE 1er. — Les Bagnouls, habitant la rive gauche de la Casamance, et dont les villages sont ci-dessus dénommés, ainsi que tout leur territoire, sont soumis à la suzeraineté de la France.

ART. 2. — Outre ce territoire sur la rive gauche, les Bagnouls placent aussi sous la suzeraineté de la France le pays de Dioumanar qui leur appartient également. Ce territoire se trouve sur l'autre rive de la Casamance ; le village principal se nomme Bouméda, chef Bonadé-Mané, en face Diagnou.

ART. 3. — Les Français seuls auront le droit de commercer, de créer des établissements et de couper des bois sur ces territoires.

ART. 4. — Moyennant les conditions stipulées aux articles 1, 2 et 3, les Bagnouls, sus-désignés, auront droit à l'amitié et à la protection qu'ils ont réclamées de nous ; ils pourront de plus venir librement à Sédhiou et s'y établir au besoin. Quatre pavillons nationaux ont été délivrés aux villages de Diagnou, Niénia, Gonou et Bouméda qui sont sur les rives du fleuve.

Fait en triple expédition, à Diagnou, le 18 mars 1865, en présence de BADHIO-MANÉ, BAYAKA-DINALY, DIÉGOUM-MANSALY, chefs des pays, et CISSAO, GILATA-MANSALY et CIENDÉ-GUINALY, notables qui ont signé avec nous.

Ont signé : MAILHETARD ; CLÉMENT.
(Suivent les signatures des chefs et notables.)
Vu et soumis à l'approbation de M. le Gouverneur du Sénégal et dépendances,
Le Commandant supérieur de l'arrondissement de Gorée.
Signé : E. PINET-LAPRADE.
Approuvé :
Le Général de brigade, Gouverneur du Sénégal et dépendances.
Signé : L. FAIDHERBE.

Des traités semblables, sauf les articles que nous allons citer, ont été passés à la même époque.

Traité conclu avec les chefs d'Ouonkou (rive droite du Songrougrou, entrée de cette rivière, et ses habitants).

20 mars 1865.

ARTICLE 1er. — Ouonkou et tout son territoire est soumis à la suzeraineté de la France.

ART. 2. — Les villages de Diadiou et de Faracounda sur la rive gauche du Songrougou, à l'entrée en face d'Ouonkou, appartenant au chef de ce dernier, sont également soumis à la suzeraineté de la France ainsi que tout le territoire qui en dépend.

Pour les articles 3 et 4, voir le traité précédent.

Traité conclu avec le chef de Soura (rive gauche du Songrougou) et ses habitants.

20 mars 1865.

ARTICLE 1er. — Soura, ainsi que tout son territoire, est soumis à la suzeraineté de la France.

ART. 2 et 3. — Voir le traité précédent.

20 mars 1865.

Un traité semblable a été passé avec le chef de Tapelam et d'Athioune (baie du Songrougou, rive droite).

Traité conclu avec les Mandingues de Colibanta (Balmadou).

3 janvier 1866.

Aujourd'hui 3 janvier 1866, entre nous, MAILHETARD (Pierre-Alexandre), capitaine en premier d'artillerie de marine, officier de la Légion d'honneur, commandant du cercle de Sédhiou (Casamance) : au nom de M. le gouverneur du Sénégal et dépendances et sauf son approbation, d'une part,

Et les nommés MOCTAR-NDIAYE, alcaty de Colibanta (Balmadou) et DEMBA-KÉTA, almamy de Colibanta, assistés des nommés BAKARY-KAMARA, représentant le chef de Sédhiou-Mandingue (Morécounda), MAMADY-GALO et FAMARA-DIAWARA, notables de Colibanta et de Tambana, d'autre part.

Il a été convenu ce qui suit :

ARTICLE 1er. — Les chefs de Colibanta (Balmadou) ayant remarqué que les villages de la haute Casamance alliés avec les Français, jouissent de la plus grande tranquillité et de tous les avantages qu'offre un commerce libre et dépourvu de toute entrave, du consentement de leur peuple, demandent à placer leur pays sous la suzeraineté de la France, comme l'a déjà fait Kéracounda, de la même province.

ART. 2. — Par le présent traité, le gouvernement français accepte cette suzeraineté.

ART. 3. — On ne vendra aucun terrain soit à des Français, soit à des étrangers, sans l'autorisation du gouverneur.

ART. 4. — Tout étranger qui aura obtenu de l'autorité française de s'établir à Colibanta sera soumis aux lois et aux règlements de la police en vigueur pour les sujets français.

ART. 5. — Du jour de la signature du présent traité, les Français et étrangers qui s'établiront à Colibanta ne seront soumis qu'aux droits convenus entre les chefs de ce pays et l'autorité française.

ART. 6. — Toutes les contestations qui pourront s'élever entre les habitants de Colibanta et les traitants autorisés seront vidées par l'autorité française.

ART. 7. — Le présent traité a été conclu de bonne foi, les chefs et les notables ci-dessus désignés ayant déclaré n'avoir aucun traité avec aucune puissance et être libres de leur volonté.

Fait en triple expédition au poste de Sédhiou, les jours, an et mois que dessus, en présence de M. SAGLIO, lieutenant de vaisseau, chevalier de la Légion d'honneur, DIANGO-NDIAYE, interprète du poste et SAMBA-AÏSSATA, traitant, qui ont signé avec nous, et des chefs et notables ci-dessus dénommés.

Ont signé : MAILHETARD ; SAGLIO.

(Suivent les signatures des chefs et notables.)

Vu pour légalisation des signatures et marques :
Le Commandant de Sédhiou,
Signé : MAILHETARD.

Approuvé
Le Gouverneur du Sénégal et dépendances,
Signé : PINET-LAPRADE.

Traité conclu avec les Yolas, habitant le pays compris entre le marigot d'Athioune et le marigot de Finto (rive droite de la Casamance).
16 avril 1865.

Cejourd'hui, 16 avril 1865, nous, MAILHETARD (Pierre-Alexandre), capitaine en premier d'artillerie de marine, commandant du cercle de Sédhiou, officier de la Légion d'honneur, en présence de M. CLÉMENT, lieutenant de vaisseau, commandan tdu *Griffon*, officier de la Légion d'honneur, et assisté des sieurs DIANGO, interprète du poste de Sédhiou, et BAPTISTE, capitaine de rivière du *Griffon*.

En vertu des pouvoirs qui nous ont été conférés par M. le commandant supérieur de Gorée, agissant au nom de M. le gouverneur du Sénégal et dépendances et sauf son approbation.

Au village d'Athioune, sur la demande du nommé MOUSSOUBEN, chef principal de ce village, agissant en son nom et au nom des chefs de villages compris entre le marigot d'Athioune et le marigot de Finto, de placer tout le pays compris entre ces deux marigots sous la suzeraineté de la France, comme il a été fait le 20 mars dernier pour Ouonkou, Tapelam et Athioune proprement dit.

Avons conclu le traité suivant :

ARTICLE 1er. — Tout le pays compris entre le marigot d'Athioune et le marigot de Finto (rive droite de la Casamance) est placé sous la suzeraineté de la France.

ART. 2. — Sauf les droits internationaux réservés, les Français auront seuls le droit de commercer, de créer des établissements et de couper des bois sur ce territoire.

ART. 3. — Moyennant les conditions stipulées aux articles 1 et 2, les habitants du pays ci-dessus limité auront droit à l'amitié et à la protection de la France qu'ils réclament de nous. Ils pourront de plus venir librement à Sédhiou et s'y établir au besoin.

Fait en triple, à Athioune, le 15 avril 1865, en présence des susnommés, qui ont signé avec nous.

Ont signé : MAILHETARD ; CLÉMENT.
(Suivent les signatures des chefs.)

Vu et soumis à l'approbation de M. le gouverneur du Sénégal
et dépendances,
Le Commandant supérieur de Gorée p. i.,
Signé : Ringot.

Approuvé :
Le Gouverneur du Sénégal et dépendances,
Signé : Pinet-Laprade.

Nota. — Un pavillon a été remis à Moussouben.

---

17 avril 1865.

Un traité semblable a été conclu, le 17 avril, avec les Yolas, habitant le pays compris entre le marigot de Finto et celui de Diougou ; le 19, avec ceux de la rivière Diogobel, entre Bagane et Afiniam : le 21, avec ceux du marigot de Diogobel, depuis le village de ce nom jusqu'au village de Kandiouk inclus.

Traité de paix passé avec le village de Guimbéring.

30 avril 1865.

Aujourd'hui 30 avril 1865, entre nous, Mailhetard (Pierre-Alexandre), capitaine en premier d'artillerie, officier de la Légion d'honneur, commandant du cercle de Sédhiou, agissant au nom et sauf l'approbation de M. le gouverneur du Sénégal et dépendances et en présence des témoins ci-dessous dénommés et soussignés d'une part.

Et les nommés William, Guilay, Coubate, Diagondia et Aguenka (frère d'Ourouxdi, représentant ce dernier en voyage), tous chefs à Guimbéring agissant en leur nom et au nom des habitants de leur pays, d'autre part,

Il a été convenu et arrêté ce qui suit :

Article 1er. — Les habitants de Guimbéring témoignant le repentir des actes de piraterie qui ont attiré sur eux le juste châtiment qui leur a été infligé par notre expédition du 3 février de cette année, prient M. le gouverneur du Sénégal et dépendances de leur accorder le pardon du passé et la paix.

M. le gouverneur, eu égard à la soumission que viennent de faire les habitants de Guimbéring, lesquels reconnaissent avoir mérité leur châtiment et promettent de ne plus donner des sujets de plainte contre eux et de n'entretenir que de bonnes relations tant avec les Français qu'avec les populations soumises à la France, M. le gouverneur voulant user d'indulgence envers les habitants de Guimbéring et cependant convaincre les autres peuplades de la Casamance de leur repentir et de leur soumission, leur accorde la paix et remet à la récolte prochaine le reste de l'amende qui leur a été infligée à la suite de l'expédition.

Art. 2. — Le territoire de Guimbéring est placé à compter de ce jour sous la souveraineté de la France. Les habitants sont soumis à l'impôt personnel, comme ceux de Carabane.

Art. 3. — Les Français seuls auront le droit de créer des établissements sur le territoire du Guimbéring. Le commerce y sera libre et exempt de tous droits ou coutumes.

Art. 4. — Les habitants de Guimbéring promettent de porter secours aux navires naufragés. Ils aideront au sauvetage et auront la part qui leur revient d'après les lois.

Art. 5. — Ils promettent de vivre en bonne intelligence avec les autres villages placés sous la souveraineté ou la suzeraineté de la France et de s'en rapporter à la décision de l'autorité française pour tous les différends qui pourraient surgir entre eux et lesdits villages.

Art. 6. — Moyennant les conditions stipulées ci-dessus, les habitants de Guimbéring auront droit à l'amitié et à la protection de la France.

Fait en quatre expéditions, les jour, mois et an que dessus, en présence de M. Clément, lieutenant de vaisseau, officier de la Legion d'honneur, commandant du *Griffon*, de M. Féraud, aide-commissaire de la marine, commandant de Carabane, des sieurs Antoine Seck, Cadet-Diouf, chef d'Eponé, Malamine, chef de Cachéouane, Biram-Ndaw, chef d'Élinkine et Séga-Bastion, interprète du poste de Carabane, qui ont signé avec nous.

Les chefs de Guimbéring ont fait leur marque.

Ont signé : Mailhetard ; Clément ; Féraud.

(Suivent les signatures des chefs.)

Vu et soumis à l'approbation de M. le Gouverneur du Sénégal et dépendances,

Le Commandant de Gorée p. i.,

Signé : Ringot.

Approuvé :

Le Gouverneur du Sénégal et dépendances,

Signé : E. Pinet-Laprade.

Traité avec le Forgny.

2 décembre 1865.

Entre nous, Beaupoil de Saint-Aulaire (Charles-Frédéric), capitaine d'infanterie de marine, commandant du poste de Carabane, agissant au nom et sauf approbation de M. le gouverneur du Sénégal et dépendances et en présence des témoins ci-dessous dénommés et soussignés, d'une part,

Et Mousso-Kassy, roi de Forgny, résidant à Yaloum, assisté de Sago-Touré, agissant en son nom et en celui de Karfa-Touré, malade, tous deux ministres du roi et résidant audit village de Yaloum ; Mancoto-Diaban, fils du roi et résidant également à Yaloum ; Foté-Diaban, frère du roi, résidant à Soutouto, d'autre part ;

Il a été convenu ce qui suit :

Article 1er. — Les habitants de Forgny demandent à être placés sous la suzeraineté de la France. M. le gouverneur du Sénégal et dépendances accepte et remet au roi un pavillon français qui devra être arboré chaque fois qu'il arrivera un navire à hauteur de son village.

Art. 2. — Le roi de Forgny s'engage à donner aide et protection à tous négociants ou traitants français qui iraient s'établir dans son pays et à leur donner sans indemnité aucune les terrains nécessaires aux établissements qu'ils voudraient créer. Le commerce sera libre et exempt de tous droits ou coutumes.

Art. 3. — Le roi de Forgny s'opposera à l'établissement dans son pays de tout négociant ou traitant étranger qui n'en aurait préalablement pas demandé l'autorisation au gouvernement français.

Art. 4. — Les habitants de Forgny s'engagent à vivre en paix et en bonne intelligence avec ceux des pays amis de la France ou placés sous sa suzeraineté.

Art. 5. — Le roi de Forgny tiendra le commandant de Carabane au courant de tout ce qui pourrait troubler la paix du pays, lors même que des faits de cette nature se seraient passés dans des pays autres que le sien.

Art. 6. — Quand un homme se présentera pour vendre un captif ou le confier et que le roi supposera que ce captif est un homme libre volé, le roi les arrêtera tous les deux et les enverra à la disposition du commandant de Carabane.

Art. 7. — En cas de contestation avec un pays placé sous la suzeraineté de la France, le roi de Forgny en référera à l'autorité française dont il acceptera les décisions.

Art. 8. — A ces conditions, les habitants et le roi de Forgny auront droit à l'amitié et à la protection de la France.

Fait en quatre expéditions à Carabane, les jour, mois et an que dessus, en présence de MM. Saglio, lieutenant de vaisseau, chevalier de la Légion d'honneur, commandant du *Crocodile*, Chatel, enseigne de vaisseau, lieutenant du *Crocodile*, du sieur Malescot de Kérangoné, caporal d'infanterie de marine, du nommé Alkasson, traitant français à Forgny et de Séga-Bastion, interprète du poste de Carabane. Le roi du pays et ses ministres et parents ont fait leur marque.

Ont signé : BEAUPOIL DE SAINT-AULAIRE; SAGLIO ; CHATEL ; MALESCOT DE KÉRANGONÉ ; SÉGA-BASTION.
(Suivent les signatures et les marques des chefs.)
Vu : *Le Commandant de Sédhiou,*
Signé : MAILHETARD.
Approuvé :
Le Gouverneur du Sénégal et dépendances,
Signé : PINET-LAPRADE.

Traité de paix avec le Yacine.

18 mars 1882.

ARTICLE 1er. — Le Yacine, comme tous les autres pays de la Haute-Casamance, à l'exception de Boudhié, dont le territoire est français, demeure placé sous la suzeraineté de la France conformément au traité du 19 janvier 1873.

ART. 2. — Le gouvernement français reconnaît Fodé-Landé comme chef du Yacine et lui promet aide et protection, sous la condition qu'il n'entreprendra aucune guerre sans avoir pris au préalable l'avis du gouverneur du Sénégal.

ART. 3. — Le territoire du Boudhié, situé sur la rive droite de la Casamance, est délimité par le marigot de Diendé, d'une part, et celui de Faracounda, de l'autre.

ART. 4. — Le chef du Yacine s'engage à ne jamais faire pénétrer dans le Boudhié des gens armés, ni permettre à ses troupes de le traverser pour porter la guerre ailleurs.

ART. 5. — Le droit de commerce dans le Forgny et dans le Yacine est exclusivement réservé aux Français.

ART. 6. — Le chef du Yacine s'engage à ne gêner en rien les transactions commerciales et à toujours accorder aide et protection aux sujets français établis sur son territoire.

ART. 7. — Les commerçants pourront placer leurs établissements sur les emplacements qui leur conviendront en s'entendant avec les propriétaires du sol pour l'achat ou la location des terrains.

ART. 8. — Les contestations entre sujets français et les habitants du Yacine seront déférées au commandant du cercle de Sédhiou, sauf appel devant le gouverneur.
Le chef du Yacine s'engage à faire exécuter les décisions rendues contre ses sujets.

ART. 9. — En retour de la protection qu'il accorde aux commerçants français, le chef du Yacine continuera à percevoir, à titre de coutume, la somme de *soixante-quinze francs* par an et par traitant établi sur son territoire.

Cette redevance sera perçue par chaque chef de village où s'établira le traitant.

Traité de paix avec le Balmadou et le Souna.

7 avril 1882.

ARTICLE 1er. — Les pays mandingues de la rive gauche de la Casamance formant le Balmadou et le Souna demeurent placés sous la suzeraineté de la France.

ART. 2. — Les chefs du Balmadou et du Souna s'engagent à n'entreprendre aucune guerre sans avoir pris au préalable l'avis du gouverneur du Sénégal qui, de son côté, leur promet aide et protection.

ART. 3. — Les chefs de Balmadou et du Souna s'engagent à refuser le passage dans leurs pays aux guerriers armés qui voudraient les traverser pour porter la guerre ou faire des pillages dans les autres parties de la Casamance.

ART. 4. — Le commerce dans le Balmadou et le Souna est exclusivement réservé aux Français.

ART. 5. — Les commerçants français pourront s'établir sur tels emplacements qui leur conviendront; ils s'entendront avec les propriétaires du sol pour l'achat ou la location des terrains nécessaires pour ces établissements.

Art. 6. — Toute contestation entre sujets français et habitants du Balmadou ou du Souna sera déférée au commandant de cercle de Sédhiou, sauf appel devant le chef de la colonie.

Les chefs du Balmadou et du Souna s'engagent à exécuter les jugements rendus contre les sujets mandingues suivant les lois de ces pays.

ART. 7. — Les chefs du Balmadou et du Souna promettent aide et protection aux sujets français établis sur leur territoire ou de passage dans leur pays.

Ils s'engagent à ne jamais suspendre ni même entraver les transactions commerciales.

ART. 8. — En retour de la protection qu'ils accordent aux sujets français, les chefs du Balmadou et du Souna continueront à percevoir une redevance annuelle de *soixante-quinze francs* sur chaque traitant établi dans ces pays.

Traité de paix avec le Pakao.

11 avril 1882.

ARTICLE 1er. — Le Pakao demeure placé sous la suzeraineté de la France.

ART. 2. — Les chefs du Pakao s'engagent à n'entreprendre aucune guerre sans avoir pris au préalable l'avis du gouverneur du Sénégal qui, de son côté, leur promet aide et protection.

ART. 3. — Les chefs du Pakao s'engagent à refuser le passage dans leurs pays aux guerriers armés qui voudraient les traverser pour porter la guerre ou faire des pillages dans les autres parties de la Casamance.

ART. 4. — Ils s'engagent à ne pas donner asile aux ennemis des Français.

ART. 5. — Le commerce dans le Pakao est exclusivement réservé aux Français.

ART. 6. — Les commerçants français pourront s'établir sur tels emplacements qui leur conviendront en s'entendant avec les propriétaires du sol pour l'achat ou la location des terrains nécessaires pour ces établissements.

ART. 7. — Toute contestation entre sujets français et habitants du Pakao sera déférée au commandant du cercle de Sédhiou, sauf appel devant le chef de la colonie.

Les chefs du Pakao s'engagent à exécuter les jugements rendus contre les sujets maudingues suivant les lois de ces pays.

ART. 8. — Les chefs du Pakao promettent aide et protection aux sujets français établis sur leur territoire ou de passage dans leurs pays.

Ils s'engagent à ne jamais suspendre ni même entraver les transactions commerciales.

ART. 9. — En retour de la protection qu'ils accordent au sujets français, les chefs du Pakao continueront à percevoir une redevance annuelle de *soixante-quinze francs* sur chaque traitant établi dans ces pays.

Traité avec le roi du Firdou.

3 novembre 1883.

Au nom de la République française :

Entre M. BOURDIAUX, colonel d'artillerie de la marine, officier de la Légion d'honneur, gouverneur du Sénégal et dépendances, représenté par M. LENOIR, lieutenant de l'infanterie de marine, commandant le cercle de la Haute-Casamance à Sédhiou, d'une part :

Et MOUSSA, fils de MOLO, roi du Firdou, qui commande aussi les pays de Ramako, Diéka, Farinco, Bougobo, Kolla, Kanfodiang, Faubantang, Karess, Makana, Sankolla, Kanadou, Mansouna, Diola-Dou, Kibo, Mamancounda, Dimara, Sotouma, Kalitho, Badaré, Mani Thiacounda, pays fodé Kaba, Manboha, Dangdou, Badora, Bassoung, Korbaly ;

En son nom et au nom de ses successeurs, d'autre part ;

A été conclu le traité suivant :

Article 1er. — Moussa, fils de Molo, convaincu des avantages que peut procurer à son pays un traité de bonne amitié et de commerce avec les Français, place tous les pays qu'il commande sous la suzeraineté et le protectorat de la France et s'engage à ne jamais céder aucune partie de sa souveraineté sans le consentement du gouvernement français.

Art. 2. — Le commerce se fera librement et sur le pied de la plus parfaite égalité entre les Français et les indigènes sous le protectorat de la France. Moussa s'engage, pour sa famille et pour ses chefs, à ne gêner en rien les transactions entre vendeurs et acheteurs, à ne jamais intercepter les communications et à n'user de son autorité que pour protéger le commerce, favoriser l'écoulement des produits sur Sédhiou et développer les cultures.

Art. 3. — Les commerçants français qui voudront s'établir dans le pays pourront choisir tel emplacement qui leur conviendra, sauf à s'entendre avec les propriétaires du sol pour louer ou acheter le terrain dont ils auront besoin. Ils pourront bâtir des maisons en pierre.

Les contrats de location ou de vente seront enregistrés au poste de Sédhiou.

Art. 4. — En aucune circonstance et sous quelque prétexte que ce soit, les opérations commerciales d'un négociant ou traitant ne pourront être suspendues par ordre du roi Moussa ou de ses chefs. En cas de contestation entre un sujet français et un indigène, l'affaire sera jugée par le commandant de Sédhiou, sauf appel devant le gouverneur du Sénégal.

Moussa s'engage à faire exécuter selon les lois de son pays les jugements rendus contre ses sujets. Les jugements rendus contre les sujets français seront exécutés par les soins du gouverneur du Sénégal.

Art. 5 — Sauf les redevances que le roi et les propriétaires du sol percevront pour les terrains loués ou achetés, sur les traitants, à titre de location du sol, il ne sera perçu aucun droit, aucune coutume, aucun cadeau.

Art. 6. — Le roi Moussa, persuadé qu'une route commerciale ferrée comme celle que l'on construit en ce moment à Médine, ne peut amener que la prospérité et la richesse dans son pays, s'engage, pour le présent et pour l'avenir, à fournir à la France, gratis, tout le terrain dont elle pourrait avoir besoin pour la construction d'un chemin de fer partant soit de Bakel, soit de Médine, et se dirigeant sur Dianah ou tout autre point de la Casamance, par la vallée de la Falémé, ou par toute voie naturelle au choix de la France. La France pourra construire des forts sur la ligne.

Art. 7. — A l'avenir, le présent traité servira de base aux relations entre le gouvernement français et Moussa-Molo et ses successeurs. Tous les traités ou conventions antérieurs, s'il en existe, sont abrogés.

Art. 8. — Le roi Moussa déclare n'avoir jamais passé aucun traité, aucune convention avec d'autres puissances. Du reste, tout traité, toute convention faite antérieurement avec d'autres nations ne pourraient en rien entraver l'exécution des stipulations du présent traité, qui a été fait de bonne foi.

Art. 9. — Le présent traité aura son effet plein et entier dès que le gouvernement français aura donné avis au gouverneur qu'il est ratifié.

Fait et signé à Dianah, Haute-Casamance, le 3 novembre 1883.

Lenoir, sous-lieutenant d'infanterie de marine, commandant le cercle de Sedhiou ; Moussa-Molo, roi du Firdou.

Signatures des témoins.

Approuvé :
Le Gouverneur.
Bourdiaux.

2°

Rio Cassini.

Acte de prise de possession de la rivière Kitafine dite Rio-Cassini.

25 mars 1857.

Au nom de S. M. Napoléon III, par la grâce de Dieu et la volonté nationale, Empereur des Français.

Nous, lieutenant de vaisseau, chevalier de la Légion d'honneur, commandant l'aviso à vapeur le *Dialmatch*,

Sauf approbation de M. le chef de la division navale des côtes occidentales d'Afrique, commandant supérieur de Gorée et dépendances,

Déclarons :

Article 1er. — La France prend possession des rives et des eaux de la rivière Kitafine, dite Rio Cassini, dont l'embouchure est située entre les 10°50' et 11° de latitude nord sur la partie des cartes indiquée comme non reconnue.

Art. 2. — La France se réserve exclusivement la police du commerce et de la navigation de ce cours d'eau et de ses affluents.

Art. 3. — Nul établissement militaire ou commercial n'y sera fait sans une autorisation spéciale du chef de division, commandant supérieur de Gorée et dépendances.

Art. 4. — Nous y avons constaté l'existence des trois factoreries de MM. Bicaise (rive gauche), Colombino-Wiski et Le Cerf (rive droite), aux points indiqués sur la carte ci-annexée.

Art. 5. — Dès qu'il aura été notifié aux traitants sus-nommés que le gouvernement français approuve le présent acte, ils auront à informer officiellement, et dans le plus bref délai, M. le chef de division, commandant supérieur de Gorée et dépendances, de leur établissement et du genre de commerce qu'ils comptent y poursuivre, sous peine de ne pas y être régulièrement reconnus.

Art. 6. — Le chef de la division navale des côtes occidentales d'Afrique se réserve seul le droit de passer avec les chefs riverains (Nalous) les traités qui assureront à la France la possession du terrain à moins d'un mille des rives.

Art. 7. — Il se réserve seul le droit de faire des concessions de terrain sur les points qui pourraient lui être demandés dans cette limite par le commerce actuel ou à venir.

Art. 8. — Il réglera et fera connaître aux intéressés les conditions auxquelles les bâtiments de toutes les nations pourron être admis à l'entrée et au commerce de la rivière.

Art. 9. — Est réputé terrain appartenant au cours du Rio-Cassini :

1° Au nord, les rives de la Kalancabonne, dont un bras communique avec le Rio-Cassini en contournant l'île de Meloo (ou du milieu) au nord et à l'est.

2° Au Sud, les rives de la rivière Catak, Cajet ou Casset dont un bras communique avec le Rio-Cassini entre les pointes Véron et Pampaïré.

3° Tout affluent reconnu ou à reconnaître, dans ses embranchements et jusqu'à sa source au-dessus et au-dessous des pointes Riffard et Pampaïré.

Art. 10. — Le pavillon français sera salué demain, à 8 heures du matin, dans le fleuve, de 21 coups de canon, à l'occasion de cette prise de possession, et copie de la présente déclaration sera donnée aux personnes de la rivière qui peuvent en connaître et qu'elle intéresse. (MM. Bicaise, Le Cerf et le chef du village de Cassini, chef de la rive gauche.

Fait à bord du *Dialmatch*, en rivière, le 25 mars 1857.

Le lieutenant de vaisseau, chevalier de la Légion d'honneur, commandant le *Dialmatch*.

A. VALLON.

(Signatures des témoins et du chef du village de Cassini.)

3°

Rio Nunez.

Traité conclu avec les Nalous.

28 novembre 1865.

Au nom de Sa Majesté Napoléon III, Empereur des Français,

Entre M. E. Pinet-Laprade, colonel du génie, officier de la Légion d'honneur, gouverneur du Sénégal et dépendances, d'une part,

Et Youra, roi des Nalous en son nom et au nom de ses successeurs, d'autre part,

A été conclu le traité suivant :

Article 1er. — Le roi des Nalous, chef des pays qui s'étendent sur les deux rives du Rio-Nunez depuis son embouchure jusqu'à Boké, déclare placer, lui, son pays et ses sujets, sous la suzeraineté et le protectorat de la France.

Art. 2. — Le gouverneur du Sénégal reconnaît Youra comme seul chef des Nalous et fixe ses appointements à 5,000 francs.

Ces appointements lui seront payés en argent, par semestre, par les soins du gouverneur du Sénégal.

Art. 3. — Le gouverneur promet à Youra son appui dans les guerres qu'il aura à soutenir pour faire respecter le territoire des Nalous par les peuplades voisines.

Youra, de son côté, s'engage à mettre toutes ses forces à la disposition du gouverneur dans les guerres qu'il aura à soutenir dans l'intérêt du commerce français dans le Rio Nunez.

Art. — 4. Le gouvernement français se réserve de faire sur le territoire des Nalous les établissements qu'il jugera utiles aux intérêts des parties contractantes, sauf à indemniser, s'il y a lieu, les particuliers dont les terrains seraient choisis pour servir d'emplacement à ces établissements.

Art. 5. — Les traitants ou autres qui voudront créer des établissements commerciaux dans les pays des Nalous ne pourront disposer des terrains qui leur seront nécessaires qu'après en avoir obtenu, par des arrangements avec les propriétaires indigènes, la jouissance ou la propriété.

Art. 6. — Tous les droits d'ancrage, de traite ou autres consentis par des traités antérieurs au profit des chefs indigènes sont et demeurent abolis.

Fait à Victoria, le 28 novembre 1865.

Le gouverneur.
Signé : E. Pinet-Laprade.

(Suivent les signatures du roi des Nalous et de son frère Carima-Towal.)

Cession de terrain du roi des Nalous au Gouvernement français.

1er décembre 1865.

Moi, YOURA-TOWEL, roi des Nalous, en mon nom et au nom de mes successeurs, cède en toute propriété, libre d'impôts, au gouverneur du Sénégal et dépendances, le terrain désigné sous le nom de Skeltonia, à Victoria.

Cède en outre le terrain compris entre le marigot de Thomas au sud et la propriété de MM. Théraizol au nord, ledit terrain comprenant plusieurs cases et complanté d'arbres fruitiers (Bel-Air).

Rio-Nunez, le 1er décembre 1865.

(Suivent les signatures du roi des Nalous et de CARIMA-TOWEL.)

Traité conclu avec les Landoumans.

21 janvier 1866.

Au nom de Sa Majesté Napoléon III, Empereur des Français,

Entre le colonel du génie, gouverneur du Sénégal et dépendances, PINET-LAPRADE, représenté par le commandant FLIZE, commandant supérieur de l'arrondissement de Gorée, d'une part,

Et DOUKA, roi des Landoumans, assisté des principaux chefs du pays, notamment de DIOUNG, chef du village de Boké, d'autre part,

A été conclu le traité suivant :

ARTICLE 1er. — Douka déclare se placer lui et son pays sous la suzeraineté de la France.

ART. 2. — Le gouverneur reconnaît Douka comme roi des Landoumans et lui promet sa protection ; si des difficultés surgissent entre les Landoumans et leurs voisins, elles seront soumises à l'arbitrage du gouverneur du Sénégal.

ART. 3. — Douka et Dioung cèdent en toute propriété, sans aucune redevance au gouverneur du Sénégal, le plateau de Boké tel qu'il est limité sur le plan désigné pour y élever telle construction qu'il jugera convenable. Douka et Dioung se chargeront d'obtenir des propriétaires, moyennant une indemnité, la cession des cases, dont la démolition sera nécessitée pour l'établissement du poste.

ART. 4. — Douka s'engage à favoriser le commerce dans toute l'étendue de son pays et à protéger, par tous les moyens en son pouvoir, l'arrivage des caravanes de l'intérieur et des marchandises venant du bas de la rivière.

Art. 5. — Rien n'est changé pour le moment aux conventions qui règlent les droits que payent à Douka les habitants pour leurs établissements à terre.

Art. 6. — Les contestations qui pourront s'élever entre les indigènes et les traitants français, soit les étrangers apportant des produits, seront jugées par le commandant du poste, d'accord avec le chef de Boké.

Le présent traité a été fait à Boké le 21 janvier 1866, en présence de MM. REQUIN, lieutenant de vaisseau, capitaine du *Castor*; CAUVIN, lieutenant d'infanterie de marine, commandant du poste de Boké ; LE SARRAZIN, lieutenant d'infanterie de marine, chef du bureau politique de Gorée ; THÉRAIZOL (Gustave), négociant, établi à Bel-Air, et Hippolyte D'ERNEVILLE, commerçant à Boké, qui a bien voulu servir d'interprète.

Signé : DOUKA, DIOUNG.

A la date du 20 janvier 1884, les Nalous ont cédé à la France le pays compris entre les marigots de Caniope et de Ropas.]

4°

Rio Pongo.

Traité conclu avec le Rio-Pongo.

15 février 1866.]

Au nom de Sa Majesté Napoléon III, Empereur des Français.

Entre le colonel du génie, gouverneur du Sénégal et dépendances, PINET-LAPRADE, représenté par M. le commandant FLIZE, commandant supérieur de Gorée, d'une part,

Et le sieur YANGHI-WILL, roi du Rio-Pongo, assisté des principaux chefs du pays, notamment de MM. STYLS-LECHBHON, Alexandre KATY, fils du roi BOUBOU-BOKARY, etc.

ARTICLE 1er. — Le roi du Rio-Pongo déclare placer son pays sous la suzeraineté de la France.

ART. 2. — Le gouverneur du Sénégal reconnaît Yanghi-Will comme roi du Rio-Pongo et lui promet sa protection.

ART. 3. — Le commerce se fera librement et sur le pied de la plus parfaite égalité entre les sujets français ou autres placés sous la protection de la France et les indigènes. Les chefs s'engagent à ne gêner en rien les transactions entre vendeurs et acheteurs et à n'user de leur autorité que pour protéger le commerce, favoriser l'arrivage des produits et développer les cultures.

Art. 4. — Les commerçants français qui voudront s'établir dans le Pongo pourront choisir tel emplacement qui leur conviendra, sauf à s'entendre avec le chef ou le propriétaire pour l'indemnité à lui allouer.

Art. 5. — En cas de contestation entre un sujet français et un chef du pays ou l'un de ses sujets, l'affaire sera jugée par le représentant du gouverneur, sauf appel devant le chef de la colonie. En aucune circonstance et sous quelque prétexte que ce soit, les opérations commerciales d'un traitant ne pourront être suspendues par ordre des chefs indigènes.

Art. 6. — Le roi Will s'engage à préserver de tout pillage les bâtiments qui viendraient à faire naufrage dans la rivière à quelque nationalité qu'ils appartiennent.

Art. 7 — Le roi Yanghi-Will fait abandon des droits d'ancrage que payaient jusqu'à ce jour les bâtiments de commerce dans le Rio-Pongo. En échange de l'abandon de ces droits, le gouvernement français s'engage à payer annuellement au roi de Rio-Pongo, reconnu par lui, une rente de 2,500 francs à titre de pension.

Art. 8. — Sauf les redevances que le chef continuera à percevoir sur les traitants établis à terre conformément aux usages suivis jusqu'à ce jour, à titre d'indemnité ou de location pour les terrains qu'ils occupent, il ne sera exigé aucun droit, aucune coutume, ou cadeau de la part des chefs pour autoriser le commerce.

Art. 9. — Le roi cède aujourd'hui en toute propriété et sans aucune redevance au gouvernement français tel emplacement que le gouverneur jugera convenable et qu'il choisira plus tard pour établir la résidence du représentant du gouvernement.

Art. 10. — Le présent traité servira seul de base à l'avenir aux relations entre le gouvernement français et le Rio-Pongo. Tous les traités ou conventions antérieurs sont abrogés.

Fait et signé en triple expédition, au village de Boffa, le 15 février 1866, en présence de MM. Requin, lieutenant de vaisseau, commandant du *Castor*, Le Sarrazin, lieutenant d'infanterie de marine, chef du bureau politique de Gorée, Martin, chirurgien de 2e classe à bord du *Castor*, et Bicaise, ancien négociant, qui a bien voulu servir d'interprète.

Ont signé : Flize ; Requin ; Martin ; Bicaise ;

Le Sarrazin.

(Suivent les signatures des chefs et des notables.)

Traité avec le Rio-Pongo.

15 février 1876.

Au nom de la République française,
Et en vertu des pouvoirs qui nous sont délégués par M. le gouverneur du Sénégal et dépendances,
Nous, Henri CANARD, lieutenant-colonel de cavalerie, officier de la Légion d'honneur, commandant le 2e arrondissement du Sénégal, avons conclu le traité suivant avec le roi du Rio-Pongo :

ARTICLE 1er. — Le roi du Rio-Pongo déclare placer son pays sous la suzeraineté de la France.

ART. 2. — Le gouverneur du Sénégal reconnaît John CATTY comme roi du Rio-Pongo et lui promet aide et protection.

ART. 3. — Le commerce se fera librement et sur le pied de la plus parfaite égalité entre les sujets français ou autres sous la protection de la France et les indigènes.

Le roi du Rio-Pongo, toute sa famille et tous les chefs influents de la rivière s'engagent à ne gêner en rien les transactions entre vendeurs et acheteurs, à ne jamais intercepter les communications avec le haut pays et à n'user de leur autorité que pour protéger le commerce, favoriser l'arrivage des produits et développer les cultures.

ART. 4. — Les commerçants français qui voudront s'établir dans le Rio-Pongo pourront choisir tel emplacement qui leur conviendra, sauf à s'entendre avec les propriétaires du sol pour acheter ou louer le terrain dont ils auront besoin. Les contrats de ventes et de locations seront enregistrés au poste de Boffa.

ART. 5. — En aucune circonstance et sous quelque prétexte que ce soit, les opérations commerciales d'un traitant ne pourront être suspendues par ordre des chefs indigènes.

En cas de contestation entre un sujet français et un chef du pays, l'affaire sera jugée par le représentant du gouverneur, d'accord avec le roi, sauf appel devant le chef de la colonie.

Le roi du Rio-Pongo s'engage à faire exécuter, suivant les lois de son pays, les jugements rendus contre ses sujets. Les jugements rendus contre les sujets français ou autres sous la protection de la France, seront exécutés par les soins du gouverneur du Sénégal.

ART. 6. — Le roi du Pongo s'engage à préserver de tout pillage les bâtiments qui viendraient à faire naufrage dans la rivière, quelle que soit leur nationalité.

ART. 7. — Sauf les redevances que le roi et les propriétaires du sol continueront à percevoir sur les traitants établis à terre, à titre de location pour les terrains qu'ils occupent, il ne sera exigé ni par le roi, ni par aucun chef de la rivière, aucun droit, aucune coutume ni aucun cadeau.

Les droits d'ancrage continueront à être perçus par le gouvernement français.

Art. 8. — Le roi John cède en toute propriété et sans aucune redevance au gouvernement français tout le terrain nécessaire pour installer convenablement le commandant et l'administration du Rio-Pongo. Ce terrain est indiqué sur le plan annexé au présent traité par une ligne bleue.

Art. 9. — Afin de donner une position indépendante au roi du Pongo, position qui lui permettra d'assurer, en ce qui le concerne, les stipulations du présent traité, le gouvernement français s'engage à lui payer annellement, à titre de pension, une somme de 5,000 francs.

Art. 10. — A l'avenir, le présent traité servira seul de base aux relations entre le gouvernement français et le Rio-Pongo.

Tous les traités ou conventions antérieurs sont abrogés.

Fait et signé en triple expédition, au poste de Boffa, le 15 février 1876.

Le Commandant du 2e arrondissement du Sénégal.
Signé : H. Canard.
John Catty.

(Suivent les signatures des frères du Roi, des chefs et des notables.)

Traité avec les chefs du Lakata et environs (Rio-Pongo).

26 janvier 1884.

Au nom de la République française.

En vertu des pouvoirs qui nous ont été délégués par M. le lieutenant gouverneur des Rivières du sud du Sénégal, représentant le gouverneur Bourdiaux et sauf son approbation,

Nous, Bour, Charles, commandant du cercle du Rio-Pongo et Cavalié, Henri, lieutenant de vaisseau, commandant de l'aviso *l'Oriflamme*, nous avons conclu le traité suivant avec les chefs du Lakata et environs.

Article 1er. — Les chefs du Lakata déclarent donner tout leur pays volontairement et librement en toute souveraineté à la France.

Art. 2. — Les Français ou autres pourront s'établir sur les territoires du Lakata pour y faire le commerce, ils devront s'entendre avec les propriétaires du sol pour louer ou acheter le terrain qui leur sera nécessaire.

Art. 3. — Les chefs du Lakata promettent aide et protection aux Français ou autres qui s'établiront dans leur pays.

Art. 4. — La France de son côté promet aide et protection aux chefs du Lakata.

Art. 5. — Ils s'engagent à favoriser le commerce, développer les cultures, ne jamais fermer les routes et à ne jamais empêcher les opérations d'un traitant.

Art. 6. — La France pourra construire tels établissements de douane ou autres qui lui conviendront et sur tels emplacements qu'elle choisira.

Art. 7. — Les lois, religions et coutumes des sujets ne seront en aucune façon inquiétées.

Fait et signé en triple expédition au poste de Boffa les jour, mois et an que dessus.

H. Cavalié, Ch. Bour, Tom Youka, roi du Lakata.

Signatures des témoins.

Le Lieutenant-Gouverneur.

J. Bayol.

Approuvé :

Le Gouverneur.

Bourdiaux.

5°

Rivières Bramaya, Dubréka et Mellacorée.

Traité avec l'almamy Maléguy-Touré.

22 novembre 1865.

Au nom de Sa Majesté Napoléon III, Empereur des Français.

Entre M. E. Pinet-Laprade, colonel du génie, officier de la Légion d'honneur, gouverneur du Sénégal et dépendances, d'une part, et Maléguy-Touré, almamy du Foréccaréah, en son nom et au nom de ses successeurs.

A été conclu le traité suivant :

Article 1er. — L'almamy de Foréccaréah, étant de fait, comme chef de la tribu des Touré, roi de tout le pays Moréah, comprenant la Mellacorée, le Tannah, le Béreire et le Foréccaréah, déclare placer lui et ses sujets sous la suzeraineté et le protectorat de la France.

Art. 2. — Le gouverneur du Sénégal reconnaît Maléguy-Touré comme seul chef de tout le pays Moréah (Mellacorée, le Tannah, le Béreire et le Foréccaréah).

Art. 3. — Un traité plus détaillé pour le règlement des affaires commerciales dans les rivières, droits d'ancrage, droits

de traite, indemnité, etc., sera passé à la fin de la guerre actuelle entre le gouverneur du Sénégal et Maléguy-Touré.
Béreire, le 22 novembre 1865.

Pour le gouverneur du Sénégal et dépendances :
Le Commandant du Castor,
Signé : REQUIN.
(Suit la signature de MALÉGUY-TOURÉ)
Approuvé :
Le Gouverneur,
Signé : PINET-LAPRADE.

Traité avec l'almamy Bokary.

30 décembre 1866.

Entre le colonel PINET-LAPRADE, commandeur de la Légion d'honneur, gouverneur du Sénégal et dépendances, représenté par M. SUAREZ, chevalier de l'ordre impérial de la Légion d'honneur et d'Isabelle-la-Catholique, consul *p. i.* de France à Sierra-Léone,

Et l'almamy BOKARY, chef des pays Moréah, comprenant la Mellacorée, le Taunah, le Béreire et le Foréccaréah.

ARTICLE 1er. — Le gouverneur reconnaît l'almamy Bokary comme successeur de Maléguy-Touré, chef de tout le pays Moréah comprenant les rivières ci-dessus.

ART. 2. — En cette qualité, l'almamy Bokary accepte toutes les conditions du traité passé avec son prédécesseur le 22 novembre 1865.

ART. 3. — L'almamy Bokary s'engage à n'exercer aucune représaille vis-à-vis des partisans de Maléguy-Touré qu'il traitera à l'avenir sur le pied de l'égalité la plus complète avec ses gens.

ART. 4. — Un traité plus détaillé pour le règlement des affaires commerciales dans les rivières, droits d'ancrage, indemnités pour terrains, etc., sera passé ultérieurement entre le gouverneur du Sénégal et l'almamy Bokary.

Ville de Foréccaréah, le 30 décembre 1866.

Au nom du gouverneur.
Le Consul de France p. i.,
Signé : SUAREZ.
(Suit la signature de l'almamy BOKARY.)
Approuvé :
Le Gouverneur,
Signé : PINET-LAPRADE.

Traité avec Bey-Scherbro, roi du pays de Samo.
3 avril 1879.

Au nom de la République française,

Entre M. G. BRIÈRE DE L'ISLE, colonel d'infanterie de marine, commandeur de la Légion d'honneur, gouverneur du Sénégal et dépendances, représenté par M. C. BOILÈVE, chef de bataillon d'infanterie de marine, chevalier de la Légion d'honneur, directeur des affaires politiques, d'une part, et BEY-SCHERBRO, roi du pays de Samo, en son nom et au nom de ses successeurs, d'autre part,

A été conclu le traité suivant :

ARTICLE 1er. — Bey-Scherbro déclare placer son pays et ses sujets sous la suzeraineté et le protectorat de la France et s'engage à ne jamais céder aucune partie de sa souveraineté sans le consentement du gouvernement français.

ART. 2. — Bey-Scherbro reconnaît avoir cédé en toute propriété au gouvernement français :

1° Un terrain situé à l'embouchure du fleuve Mellacorée pour y construire un poste qui portera le nom de Benty.

2° Le 14 février 1867, un terrain situé dans la partie ouest du village de Kacoutlaye, sur la hauteur qui le domine et s'étendant jusqu'à la rivière.

ART. 3. — Le commerce se fera librement et sur le pied de la plus parfaite égalité entre les sujets français ou autres sous le protectorat de la France et les indigènes.

Bey-Scherbro s'engage pour lui et pour ses successeurs à ne gêner en rien les transactions entre vendeurs et acheteurs, à ne jamais intercepter les communications avec le haut pays et à n'user de son autorité que pour protéger le commerce, favoriser l'arrivée des produits et développer les cultures.

ART. 4. — Les commerçants français ou autres qui voudront s'établir dans le Samo pourront choisir tel emplacement qui leur conviendra, sauf à s'entendre avec les propriétaires du sol pour acheter ou louer le terrain dont ils auront besoin.

Les contrats de vente ou de location seront enregistrés au poste de Benty.

ART. 5. — En aucune circonstance, et sous quelque prétexte que ce soit, les opérations commerciales d'un négociant ou traitant ne pourront être suspendues par ordre du roi du Samo ou de ses chefs.

En cas de contestation entre un sujet français ou autre sous la protection de la France et le roi du Samo, l'affaire sera jugée par le représentant du gouverneur, sauf appel devant le chef de la colonie.

Le roi du Samo s'engage à faire exécuter selon les lois du

pays les jugements rendus contre ses sujets. Les jugements rendus contre les sujets français ou autres sous la protection de la France seront exécutés par les soins du gouverneur du Sénégal.

Art. 6. — Le roi du Samo s'engage à préserver de tout pillage les bâtiments qui viendraient à faire naufrage dans la Mellacorée, quelle que soit leur nationalité.

Art. 7. — Sauf les redevances que le roi de Samo et les propriétaires du sol continueront à percevoir sur les traitants établis à terre, à titre de location pour les terrains qu'ils occupent, il ne sera exigé aucun droit, aucune coutume, aucun cadeau.

Les droits d'ancrage seront perçus par le gouvernement français et payés au poste de Benty.

Art. 8. — En échange des revenus résultant de ce droit et de tous autres perçus comme cadeaux ou autrement, le gouvernement français s'engage à payer annuellement à Bey Scherbro pour le présent et à ses successeurs dans l'avenir, une indemnité de douze cent cinquante francs (deux cent cinquante gourdes).

Cette indemnité sera payée par semestre et à terme échu.

Art. 9. — A l'avenir, le présent traité servira seul de base aux relations entre le gouvernement français et le roi de Samo.

Tous les traités ou conventions antérieurs sont abolis; les conventions passées antérieurement avec d'autres nations ne peuvent en rien entraver l'exécution des stipulations du présent traité; ces conventions n'étant d'ailleurs que des dispositions particulières devant faciliter le commerce des sujets de ces nations avec les gens du Samo et Bey-Scherbro, ainsi que les chefs n'ayant jamais, en connaissance de cause, signé aucun traité avec d'autres nations que les Français établis depuis treize ans sur son territoire.

Art. 10. — Le présent traité aura son effet plein et entier dès que le gouvernement français aura donné avis au gouverneur du Sénégal qu'il est ratifié.

Fait et signé en double expédition à Mangourou, le 3 avril 1879, en présence de M. Adolphe Valantin, négociant en Mellacorée, qui a bien voulu servir d'interprète; de Morécanou, chef de Tongna; de Foudia-Soorie chef de Titiké; d'Amara-Candou, chef de Kacoutlaye; d'Ansou, chef de Benty; de Corombo, fils aîné de Bey-Scherbro et de Cabo-Soorie, chef de Kikbel.

Signé : Bey-Scherbro. roi du Samo, sa marque; Morécanou, chef du Tongna, sa marque; Fodia-Soorie, sa signature en arabe; Amara-Candou, chef de Kacoutlaye, sa marque; Ansou, chef de Benty, signature arabe; Corombo, fils aîné de Bey-Scherbro, sa marque; Cabo-Soorie, signature arabe.

A. Valantin.
C. Boilève.

Traité avec Moré-Sédou, chef de la contrée de Kaback.

21 avril 1880.

Au nom de la République française,

Entre M. G. Brière de l'Isle, colonel d'infanterie de marine, commandeur de Légion d'honneur, gouverneur du Sénégal et dépendances, représenté par M. Chapelet (Alfred), capitaine d'infanterie de marine, commandant le cercle de la Mellacorée, d'une part, et Moré-Sédou, chef de la contrée de Kaback et de ses dépendances, en son nom et au nom de ses successeurs, d'autre part,

A été conclu le traité suivant :

Article 1er. — Moré-Sédou déclare placer son pays et ses sujets sous la suzeraineté et le protectorat de la France et s'engager à ne jamais céder aucune partie de son territoire sans le consentement du gouvernement français.

Art. 2. — Le commerce se fera librement et sur le pied de la plus parfaite égalité entre les Français ou autre et les indigènes sous la protection de la France.

Moré-Sédou s'engage pour lui et pour ses chefs à ne gêner en rien la transaction entre vendeurs et acheteurs, à ne jamais intercepter les communications avec le haut pays et à n'user de son autorité que pour protéger le commerce, favoriser l'arrivage des produits et développer les cultures.

Art. 3. — Les commerçants français ou autres qui voudront s'établir dans le Kaback et dépendances pourront choisir tel emplacement qui leur conviendra, sauf à s'entendre avec les propriétaires du sol pour acheter ou louer le terrain dont ils auraient besoin. Les contrats de vente ou de location seront enregistrés au poste de Benty.

Art. 4. — En aucune circonstance et sous quelque prétexte que ce soit, les opérations commerciales d'un négociant ou traitant ne pourront être suspendues par ordre du chef de Kaback.

En cas de contestation entre un sujet français et le chef de Kaback, l'affaire sera jugée par le représentant du gouverneur, sauf appel devant le gouverneur du Sénégal et dépendances.

Art. 5. — Le chef de Kaback s'engage à préserver de tout pillage les bâtiments ou pirogues qui viendraient à faire naufrage dans les rivières dont il est chef, quelle que soit leur nationalité.

Art. 6. — Sauf les redevances que le chef du Kaback et les propriétaires du sol continueront à percevoir sur les traitants établis à terre à titre de location pour les terrains qu'ils occupent, il ne sera exigé aucun droit, aucune coutume, aucun cadeau.

Les droits d'ancrage seront perçus par le gouvernement français et payés au poste de Benty.

Art. 7. — En échange des revenus résultant de ce droit et de tous autres perçus comme cadeaux ou autrement, le gouvernement français s'engage à payer annuellement à Moré-Sédou pour le présent et à ses successeurs dans l'avenir une indemnité de cinq cents francs (cent gourdes). Cette indemnité sera payée par semestre et à terme échu.

Art. 8. — A l'avenir, le présent traité servira seul de base aux relations entre le gouvernement français et le chef du Kaback. Toutes les conventions ou traités antérieurs seront abrogés.

Art. 9. — Le présent traité aura son effet plein et entier dès que le gouvernement français aura donné avis au gouverneur du Sénégal qu'il est ratifié.

Fait et signé en double expédition à Katouka, le 21 avril 1880, en présence de MM. Capetter, lieutenant de vaisseau, chevalier de la Légion d'honneur, commandant l'aviso à roues *le Castor;* Tétrel, chef du service des douanes au Sénégal, sous inspecteur ; A. Valantin, négociant ; Coné-Modou ; almamy Bouré, santiguis du chef de Kaback ; Toumané *dit* Ansou, chef du village de Benty, et de M. Chapelet, commandant le cercle de la Mellacorée.

Signé : Capetter, Tétrel, Valantin, Chapelet.

Signature arabe de Toumané *dit* Ansou, *Marques* de Moré-Sédou, de Coné-Modou, de almamy Bouré.

Traité avec Balé-Demba.

29 juin 1880.

Au nom de la République française,

Entre M. Brière de l'Isle, colonel d'infanterie de marine, commandeur de la Légion d'honneur, gouverneur du Sénégal et dépendances, représenté par M. A. Chapelet, capitaine d'infanterie de marine, commandant du cercle de la Mellacorée, d'une part, et Balé-Demba, roi du pays qui s'étend de la pointe Candiah à la rive droite de Manéah et qui comprend le Kabita, le Kaloum, le Taboussou, le Manéah, le Correra, ainsi que l'île Tombo, en son nom et au nom de ses successeurs, d'autre part ;

A été conclu le traité suivant :

Article 1er. — Balé-Demba déclare placer son pays et ses sujets sous la suzeraineté et le protectorat de la France, et s'engager à ne jamais céder aucune partie de sa souveraineté sans le consentement du gouvernement français.

Art. 2. — Le commerce se fera librement et sur le pied de la plus parfaite égalité entre les Français ou autres et les indigènes sous la protection de la France.

Balé-Demba s'engage pour sa famille et pour ses chefs à ne gêner en rien les transactions entre vendeurs et acheteurs, à ne jamais intercepter les communications avec le haut pays et à n'user de son autorité que pour protéger le commerce, favoriser l'arrivage des produits et développer les cultures.

Art. 3. — Les commerçants français ou autres qui voudront s'établir dans le pays pourront choisir tel emplacement qui leur conviendra, sauf à s'entendre avec les propriétaires du sol pour acheter ou louer le terrain dont ils auront besoin. Les contrats de vente ou de location seront enregistrés au poste de Benty.

Art. 4. — En aucune circonstance et sous quelque prétexte que ce soit, les opérations commerciales d'un négociant ou traitant ne pourront être suspendues par ordre du roi Balé-Demba ou de ses chefs.

En cas de contestation entre un sujet français et un chef du pays, l'affaire sera jugée par le représentant du gouverneur d'accord avec le roi, sauf appel devant le chef de la colonie.

Le roi s'engage à faire exécuter selon les lois du pays les jugements rendus contre ses sujets. Les jugements rendus contre les sujets français ou autres sous la protection de la France, seront exécutés par les soins du gouverneur du Sénégal.

Art. 5. — Le roi s'engage à préserver de tout pillage les bâtiments ou pirogues qui viendraient à faire naufrage dans les rivières qu'il commande, quelle que soit leur nationalité.

Art. 6. — Sauf les redevances que le roi et les propriétaires du sol continueront à percevoir sur les traitants établis à terre à titre de location pour le terrain qu'ils occupent, il ne sera perçu aucun droit, aucune coutume, aucun cadeau.

Les droits d'ancrage seront perçus par le gouvernement français et payés au poste de Benty.

Art. 7. — En échange des revenus résultant de ce droit et de tous autres perçus par le roi comme cadeaux ou autrement, le gouvernement français s'engage à payer annuellement à Balé-Demba pour le présent et à ses successeurs dans l'avenir, une indemnité de deux mille francs (quatre cents gourdes). Cette indemnité sera payée par semestre et à terme échu.

Art. 8. — A l'avenir, le présent traité servira seul de base aux relations entre le gouvernement français et Balé-Demba ou ses successeurs.

Tous les traités et conventions antérieurs sont abrogés.

Les conventions passées antérieurement avec d'autres nations ne peuvent en rien entraver l'exécution des stipulations du présent traité, ces conventions n'étant d'ailleurs que des dispositions particulières devant faciliter le commerce des sujets de ces nations avec les indigènes.

Art. 9. — Le présent traité aura son effet plein et entier dès que le gouvernement français aura donné avis au gouverneur du Sénégal qu'il est ratifié.

Fait et signé en double expédition, à Tannency, résidence de Balé-Demba, le 20 juin 1880, en présence de M. P. Pons, négociant à Dubreka ; de M. Ohse (César), représentant de la maison Randall et Fischer, à Tompété ; de M. Jouga (Étienne), agent de la maison J. Gaillard, à Cobian ; de M. Taylor (Thomas), commis-négociant ; de Goré-Demba, cousin du roi Balé-Demba ; d'almamy Seydou, chef du Taboussou ; de Yelé-Sihaska, chef du Kaloum ; de Calé-Lamine, chef de Kaporo ; de Binta-Sary, chef de Konakry ; de Takou, chef de Bolobiné ; de Fodé-Casama, de Tannency ; de Sokna-Sobé, chef de Dubreka, et de Sadio, interprète.

Signé : A. Chapelet, César Ohse, P. Pons, T. Taylor, É. Jouga, Benta-Sary, Khara-Demba, Dily-Isahakho, Fodé-Casama, Sapha, Kalé-Lamine, Abas-Kaniara, almamy Seydou.

Le présent traité a été confirmé au poste de Benty, le 30 juin 1880, par le roi Balé-Demba, en présence de M. Maupin, lieutenant de vaisseau, commandant la canonnière le *Jaguar* ; de M. Vallat, négociant à Benty ; de M. Routa, commis des douanes ; de M. Villard, médecin du poste ; Ansou, chef de Benty ; Yeli-Sihaska, chef de Kaloum ; Binta-Sary, chef de Konakry ; Takou, chef de Bolobiné ; almamy Seydou, chef de Taboussou ; Yalamadou, notable de Kaporo ; de Sadio et de M. Rigondo, tous deux interprètes ; Mouna-Modou, de Kaporo, et Manga-Moui, de Sangarea.

Signé : Raymond Vallat, V. Maupin, Routa, Villard, Baly-Diba, Taka, Siyakaa, Aly-Seidou, Yala-Mahammodo, Bachir, Rigondo, Mona-Mohamadou, Sapho, Makamsury et Chapelet.

Traité avec le roi du Bramaya.
14 juin 1883.

Entre nous, Bour, Charles, commandant du cercle du Rio-Pongo, agissant en qualité de représentant de M. le gouverneur du Sénégal et dépendances, d'une part.

Et William-Fernandez, roi du Bramaya, d'autre part,

A été conclu le traité suivant,

Article 1er. — William-Fernandez, roi du Bramaya, en son nom et au nom de ses successeurs, déclare placer volontairement lui et son pays sous la protection et la suzeraineté de la France.

Art. 2. — Le gouverneur du Sénégal et dépendances reconnaît William-Fernandez, comme roi du Bamaya et lui promet aide et protection.

Art. 3. — Le roi du Bramaya donne en toute propriété et sans aucune redevance, au gouvernement français, un terrain de 500 mètres carrés sur tel emplacement qu'il désignera.

Art. 4. — Le commerce se fera librement et sur le pied de la plus parfaite égalité entre les sujets français ou autres, sous la protection de la France et les indigènes. Le roi du Bramaya et tous les chefs de la rivière s'engagent à protéger les personnes et les biens des Européens ou de leurs agents, à ne jamais porter obstacle aux transactions des traitants, à ne jamais fermer les routes, et à préserver de tout pillage les bâtiments qui viendraient à faire naufrage dans la rivière; ils s'engagent en outre à favoriser le développement des cultures et l'arrivage des produits.

Art. 5. — Les Français ou autres qui voudront s'établir dans le Bramaya devront s'entendre avec les propriétaires du sol pour louer ou acheter le terrain dont ils auront besoin. Les contrats de vente et de location devront être approuvés par le roi et déposés à l'enregistrement au poste de Boffa dans un délai de six mois. En cas de contestation entre un Français ou autre placé sous la protection de la France, l'affaire sera jugée par le représentant du gouverneur, sauf appel devant le chef de la colonie. Les jugements rendus contre les indigènes seront exécutés par le roi du Bramaya, et ceux contre les Français ou autres par le représentant du gouverneur.

Art. 6. — Le roi du Bramaya s'engage à soumettre au commandant du Rio-Pongo tous les différends qu'il pourrait avoir avec ses voisins et à n'entreprendre aucune guerre sans le consentement du gouverneur.

Art. 7. — Les écoles françaises seront seules autorisées à se fixer dans le Bramaya.

Art. 8. — Afin de donner au roi de Bramaya une position indépendante qui lui permette d'assurer, en ce qui le concerne, les clauses du présent traité, il lui sera servi une pension annuelle de mille francs, payable les 1er janvier et 1er juillet de chaque année.

Art. 9. — Le présent traité provisoire a été conclu, sauf approbation de M. le gouverneur du Sénégal et dépendances, et pourra recevoir toutes les modifications à y introduire par un texte définitif.

Fait et signé en triple expédition à Boffa (Rio-Pongo) le 14 juin 1883.

Signé : Ch. Bour et William-Fernandez.

(Suivent les signatures du roi et des ministres du Pongo, des ministres et chefs du Bramaya, témoins.)

Pendant l'impression de cet ouvrage on a reçu des nouvelles du Haut-Niger; le commandant Combes a établi le protectorat de la France sur l'état du Bouré et en a nommé le chef.

TABLE DES MATIÈRES

Avant-propos		v
Liste des Gouverneurs du Sénégal de 1850 à 1885		xi
Chap. premier. — § 1. Expédition du Dimar		1
§ 2. Conquête du Oualo		5
Chap. II.	Guerre contre les Trarza et leurs alliés du Oualo et des Brackna	22
Chap. III.	Guerre contre Al-Hadji-Omar et ses adhérents	101
Chap. IV.	Expéditions de Nguick, de Niomré, de Sine, de la Casamance et du Cayor	188
	§ 1. Expédition de Nguick	190
	§ 2. Expédition de Niomré	193
	§ 3. Expédition de Sine	203
	§ 4. Expédition de la Basse-Casamance	215
	§ 5. Expédition du Cayor	223
	§ 6. Expédition de la Haute-Casamance (Souna)	233
Chap. V.	Expédition de Sine et de Saloum	237
Chap. VI.	Opérations militaires dans le Cayor	244
Chap. VII.	Expédition contre les Sérères	266
Chap. VIII.	Affaires du Fouta	278
Chap. IX.	Conquête du Cayor	305
Chap. X.	Expédition des Bosséyabé	318
Chap. XI.	Expédition de Guimbering (Basse-Casamance)	323
Chap. XII.	Guerre contre Maba	326
Chap. XIII.	Guerre contre Lat-Dior et Ahmadou-Cheikou	344

Chap. XIV. Les campagnes de pénétration vers le Niger   355
          § 1. Prise de Sabouciré...............   357
          § 2. La mission Galliéni............   358
          § 3. Première campagne (1880-1881)..   364
          § 4. Deuxième campagne (1881-1882)..   369
          § 5. Troisième campagne (1882-1883).   376
          § 6. Quatrième (1883-1884) et cinquième (1884-1885) campagnes...............   389
Chap. XV. Opérations dans le Fouta sénégalais et dans le Cayor.....................................   389
          § 1. Opérations dans le Fouta sénégalais   390
          § 2. Opérations dans le Cayor....... ..   392

TRAITÉS DE PAIX PASSÉS AVEC LES DIVERS ÉTATS INDIGÈNES DU SÉNÉGAL ET DÉPENDANCES ET QUI RÈGLENT AUJOURD'HUI NOS RELATIONS AVEC CES ÉTATS.

     § 1. Traités avec les Maures de la rive droite du Sénégal................................   395
     § 2. Traités avec le Cayor, le Baol, le Sine et le Saloum...................................   406
     § 3. Traités avec le Fouta, le Dimar, le Toro, le Damga...................................   424
     § 4. Traités avec les États du Haut-Sénégal et du Haut-Niger.............................   437
     § 5. Traités avec les États des rivières du Sud :
         1° Rivière Casamance................   450
         2° Rio-Cassini.......................   463
         3° Rio-Nunez........................   465
         4° Rio-Pongo........................   467
         5° Rivières Bramaya, Dubréka, Mellacorée.   471
Note..   481

ANGERS, IMPRIMERIE BURDIN ET Cie, RUE GARNIER, 4

www.ingramcontent.com/pod-product-compliance
Lightning Source LLC
Chambersburg PA
CBHW071706230426
43670CB00008B/920